本丛书由澳门基金会策划并资助出版

澳门特别行政区法律丛书

澳门特别行政区法律丛书

澳门博彩法律制度

Legal Regime of Gaming
in Macau

邱庭彪 / 著

社会科学文献出版社
SOCIAL SCIENCES ACADEMIC PRESS (CHINA)

澳門基金會
FUNDAÇÃO MACAU

总　序

　　自 1995 年澳门基金会开始编辑出版第一套《澳门法律丛书》至今，整整 17 年过去了。在历史的长河中，17 年或许只是昙花一现，但对澳门来说，这 17 年却具有非同凡响的时代意义；它不仅跨越了两个世纪，更重要的是，它开创了"一国两制"的新纪元，首创性地成功实践了"澳人治澳、高度自治"的政治理念。如果说，17 年前我们编辑出版《澳门法律丛书》还仅仅是澳门历史上首次用中文对澳门法律作初步研究的尝试，以配合过渡期澳门法律本地化政策的开展，那么，17 年后我们再组织编写这套更为详细、更有深度的《澳门特别行政区法律丛书》，便是完全受回归后当家作主的使命感所驱使，旨在让广大澳门居民更全面、更准确、更深刻地认识和了解澳门法律，以适应澳门法律改革的需要。

　　目前，在澳门实行的法律包括三个部分，即《澳门基本法》、被保留下来的澳门原有法律和澳门特别行政区立法机关新制定的法律。其中，《澳门基本法》在整个澳门本地法律体系中具有宪制性法律的地位，而被保留下来的以《刑法典》《民法典》《刑事诉讼法典》《民事诉讼法典》和《商法典》为核心的澳门原有法律，则继续成为澳门现行法律中最主要的组成部分。正因为如此，澳门回归后虽然在政治领域和经济领域发生了巨大的变化，但法律领域相对来说变化不大。这种法制现状一方面表明澳门法律就其特征而言，仍然保留了回归前受葡萄牙法律影响而形成的大陆法系成文法特色，另一方面也表明澳门法律就其内容而言，"老化"程度比较明显，不少原有法律已经跟不上澳门社会发展的步伐。近几年来，澳门居民要求切实加强法律改革措施的呼声之所以越来越强烈，其道理就在于此。从这一意义上说，组织编写《澳门特别行政区法律丛书》，既是为了向澳门地区内外的广大中文读者介绍澳门特别行政区的法律，同时也是为了对澳门法律作更系统、更深入的研究，并通过对澳门法律的全面梳理，激浊扬清，承前启后，以此来推动澳门法律改革的深化与发展。

与回归前出版的《澳门法律丛书》相比，《澳门特别行政区法律丛书》除了具有特殊的政治意义之外，其本身还折射出很多亮点，尤其是在作者阵容、选题范围与内容涵盖方面，更颇具特色。

在作者阵容方面，《澳门特别行政区法律丛书》最显著的特点就是所有的作者都是本地的法律专家、学者及法律实务工作者，其中尤以本地的中青年法律人才为主。众所周知，由于历史的原因，澳门本地法律人才的培养起步很晚，可以说，在1992年之前，澳门基本上还没有本地华人法律人才。今天，这一人才状况得到了极大的改善，由澳门居民组成的本地法律人才队伍已经初步形成并不断扩大，其中多数本地法律人才为澳门本地大学法学院自己培养的毕业生。他们年轻，充满朝气，求知欲旺盛；他们羽翼未丰，却敢于思索，敢于挑起时代的重任。正是有了这样一支本地法律人才队伍，《澳门特别行政区法律丛书》的编辑出版才会今非昔比。特别应当指出的是，参与撰写本套法律丛书的作者分别来自不同的工作部门，他们有的是大学教师、有的是法官或检察官、有的是政府法律顾问、有的是律师工作者，但无论是来自哪一个工作部门，这些作者都对其负责介绍和研究的法律领域具有全面、深刻的认识。通过长期的法律教学或法律实务工作经验的积累，通过自身孜孜不倦地钻研和探索，他们在相应部门法领域中的专业水平得到了公认。毋庸置疑，作者阵容的本地化和专业性，不仅充分展示了十多年来澳门本地法律人才的崛起与成熟，而且也使本套法律丛书的权威性得到了切实的保证。

在选题范围方面，《澳门特别行政区法律丛书》最显著的特点就是范围广、分工细。如上所述，澳门法律具有典型的大陆法系成文法特色，各种社会管理活动都必须以法律为依据，然而，由于澳门是一个享有高度自治权的特别行政区，除少数涉及国家主权且列于《澳门基本法》附件三的全国性法律之外，其他的全国性法律并不在澳门生效和实施。因此，在法律领域，用"麻雀虽小，五脏俱全"来形容澳门法律是再合适不过了。正是考虑到澳门法律的全面性和多样性，我们在组织编写《澳门特别行政区法律丛书》时，采用了比较规范的法律分类法，将所有的法律分为两大类：第一类为重要的部门法领域，包括基本法、刑法、民法、商法、行政法、各种诉讼法、国际公法与私法、法制史等理论界一致公认的部门法；第二类为特定的法律制度，包括与选举、教育、税务、金融、博彩、劳资关系、居留权、个人身份资料保护、环境保护等社会管理制度直接相关的各种专项法律。按此分类，本套法律丛书共计 35 本（且不排除增加的可能性），将分批出版，其规模之大、选题之全、分类之细、论述之新，实为澳门开埠以来之首创。由此可见，本套法律丛书的出版，必将为世人认识和研究澳门法律提供一个最权威、最丰富、最完整的资料平台。

　　在内容涵盖方面，《澳门特别行政区法律丛书》最显著的特点就是既有具体法律条款的解释与介绍，又有作者从理论研究的角度出发所作之评析与批判。在大陆法系国家或地区，法律本身与法学理论是息息相关、不可分割的，法学理论不仅催生了各种法律，而且也是推动法律不断完善、不断发展的源泉。澳门法律同样如此，它所赖以生存的理论基础正是来自大陆法系的各种学说和理念，一言以蔽之，要真正懂得并了解澳门法律，就必须全面掌握大陆法系的法学理论。遗憾的是，受制于种种原因，法学理论研究长期以来在澳门受到了不应有的"冷落"；法学理论研究的匮乏，客观上成为澳门法律改革步履维艰、进展缓慢的重要原因之一。基于此，为了营造一个百家争鸣、百花齐放的法学理论研究氛围，进一步深化对澳门法律的认识和研究，提升本套法律丛书的学术价值，我们鼓励每一位作者在介绍、解释现行法律条款的同时，加强理论探索，大胆提出质疑，将大陆法系的法学理论融入对法律条款的解释之中。可以预见，在本套法律丛书的带动下，澳门的法学理论研究一定会逐步得到重视，而由此取得的各种理论研究成果，一定会生生不息，成为推动澳门法律改革发展的强大动力。

　　编辑出版《澳门特别行政区法律丛书》无疑也是时代赋予我们的重任。在《澳门基本法》所确立的"一国两制"框架下，澳门法律虽是中国法律的一个组成部分，但又具有相对的独立性，从而在中国境内形成了一个独特的大陆法系法域。我们希望通过本套法律丛书在中国内地的出版，可以让所有的中国内地居民都能更深刻、更全面地了解澳门、熟悉澳门，因为澳门也是祖国大家庭的一个成员；我们也希望通过本套法律丛书在中国内地的出版，为澳门和中国内地法律界之间的交流架起一道更宽阔、更紧密的桥梁，因为只有沟通，才能在法律领域真正做到相互尊重，相互理解，相互支持。

编辑出版《澳门特别行政区法律丛书》显然还是一项浩瀚的文字工程。值此丛书出版之际，我们谨对社会科学文献出版社为此付出的艰辛努力和劳动，表示最诚挚的谢意。

《澳门特别行政区法律丛书》

编委会

Contents

目　录

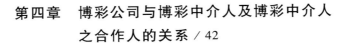

自　序

　　笔者在澳门土生土长，记起小学一年级恰是葡京酒店刚落成不久，午饭的时候，在一位同班同学的带领下跑到那里，在澳门唯一的电动行人扶梯①上跑上跑下，被酒店的保安喝止，接着想进入赌场转一转，当然被拒进入，至今已 40 多年。

　　由于博彩业对澳门的经济一向非常重要，在生活中，也经常面对与博彩相关的事宜。当时在"新公司"②工作的员工工资很高，一名在赌场工作的杂役一个月工资相当于市面上一般职工的六个月工资，洋楼、名车都是庄荷们拥有；家人的一些亲朋好友在赌场赢钱以后，请我们大吃大喝，但当时真不知为何他们的邀请常被家人婉拒，这些往事真是令当时年少的笔者羡慕；当然亦有令笔者困惑的，记起当年常有一些香港的亲友到我家商借"水脚"③回港，甚至听闻一些人会被人追债而需要远走他乡；亦有被人利用亦不知悉的事宜，如曾经被借提款卡进行借贷的活动，而当时并不知悉这可能属违法的事宜。

　　长大后出来工作，接触社会久了，认识了博彩业这把"双刃剑"之后，在读硕士研究生时，开始研究澳门博彩法。当时很多人都不同意笔者搞这一门研究，后来利用自己的工余时间，再加上笔者在社会上的关系，现在对博彩法的研究已不单是对法条的解读，而且亦加入了个人从事律师工作的体会以及社会上从事这门职业的人士的意见，对澳门博彩法开始有一套

---

　　①　现仍存在的。
　　②　指澳门旅游娱乐有限公司，相对于之前的经营者而言。
　　③　澳门当时大部分的赌客是来自香港，"水脚"意思是购买船票的费用。

自己的看法。适闻澳门基金会组织出版《澳门特别行政区法律丛书》，不自量力向编辑委员会自荐撰写"澳门博彩法"，很幸运获得批准。

　　本书的写作结合了社会上各种关于博彩法的法律资料，并进行了多年的资料收集以及笔者的考察而生成，目的是希望读者能对澳门的博彩业及相关的法律有一定了解，供读者作为学习、研究澳门博彩法的参考书。

邱庭彪

2012 年 1 月

第一章

澳门博彩简史

1794 年 12 月 12 日，清朝政府已经明文禁赌，更三令五申广东需要严惩赌博活动；及至 1844 年港英当局亦颁布《禁止赌博条例》。在 19 世纪中叶，俗称"卖猪仔"① 和鸦片走私的活动曾令澳门的经济一度繁荣。虽然清政府当时在澳门管治上仍有一定的影响力，但澳葡当局对赌博采取放任自流的态度，使澳门成为香港及广东一带的豪客专程来赌博的地方。

一 澳门近代博彩法制史简介

从前，澳门的博彩运作并无法律规范，但因社会上存在很多博彩行为，且其运作直接关系到澳葡政府的经济财政收入，所以澳葡政府自 19 世纪开始逐步将博彩从法律、法规、行政手段进行规范。

---

① "卖猪仔"是将劳动力非法输入和输出的形象说法，其实质是贩卖人口。澳门在 19 世纪时是人口贩卖的中心。圣安多尼教堂至大三巴附近（俗称"长楼"一带）尤为兴盛。

（一） 葡治前期

1847 年，澳葡政府颁布命令，宣告将赌博合法化①。澳门的"卖猪仔"活动被取缔②，鸦片走私的地位也已被香港取代，而澳门又没有一套能持久发展的产业模式，因此，澳葡政府决定以赌税作为维持政府的主要税收。据资料显示，自 16 世纪中叶以后，原属广东省香山县的澳门岛逐步被葡萄牙共和国占领，因此，葡萄牙共和国的决策亦会直接延伸到澳门实施。1847年，葡萄牙共和国政府正式宣布澳门赌博合法化。1847 年 1 月，在澳葡政府专营承批的白鸽票③（澳葡政府将白鸽票意译为"Lotaria da China"，意为"中国彩票"）开始缴税。

此为澳门博彩业合法之始，也即澳门专营承批制度实施之始④。澳门实行"番摊"正式专营承批以前的收益大概需要追溯到 1847 年 8 月。据《澳门政府宪报》记载，澳门公物会在 1847 年 1～6 月的上半年度收支明细表中，提及将"客栈"⑤和合法博彩（"Jogo Licito"⑥）的税收放在一起征收及入账，是白银 60 余两。这里，"番摊"这一赌博方式是否包括在内有待查证，但可以确定的是，已将博彩游戏和客栈一起归类入账缴纳税金。

---

① 吴志良、汤开建、金国平主编《澳门编年史》，第四卷：清后期（1845—1911），广东人民出版社，2009，第 1623 页。"1847 年 1 月，白鸽票开始在澳门专营承充缴饷。据《澳门政府宪报》所载的 1887～1888 年的岁入报表中，有关白鸽票专营饷项一栏，其中的注释云：'白鸽票赌博是应华人的请求，于 1847 年 1 月，由澳门总督批准设置。'相应地在 1847 年的《澳门政府宪报》中，澳门公物会该年 1 月至 6 月的上半年度收支明细表中，准许开设五个月的白鸽票收益是白银 720 两。这与上述岁入报表中注释内容在时间上是完全吻合的。这一时间，即是我们考察澳门博彩业发展的历史起点。"

② 吴志良、汤开建、金国平主编《澳门编年史》，第四卷：清后期（1845—1911），广东人民出版社，2009，第 1843 页。1874 年 3 月 27 日，澳督欧美德上年颁布的澳门取缔苦力贩运的法令正式生效。据《申报》报道，澳门限贩猪仔期满，按禁令规，有河道湾泊的贩猪仔船要一齐出口，向以贩人为业者，三个月后亦不准游手停逗澳门，以免肇事。……澳门数十年间，贩人 20 余万的苦力贸易至此终结。澳门一时陷入困境。据澳督欧美德私人秘书透露：禁止苦力贸易后，澳门财政每年损失 20 万元，且有 3 万～4 万人无以为生。

③ 白鸽票是一种中式彩票，开彩后会由白鸽传递信息，因此称为白鸽票。

④ 吴志良、汤开建、金国平主编《澳门编年史》，第四卷：清后期（1845—1911），广东人民出版社，2009，第 1623 页。

⑤ 即现称的小宾馆、招待所等形式供旅客居住的商业地方。现仍可在澳门内港旧区中找到一些痕迹。

⑥ 应是指番摊。

1849 年 4 月，澳葡政府开始将"番摊"正式专营招标。这也是葡萄牙共和国派驻澳葡政府的亚马留总督第一次允许在澳门设立"番摊"赌博。"开赌"自此成为保持澳葡政府财政平衡的一种有效方式。博彩活动在英国人占领香港引起（澳门①）经济衰退后，成为澳门一种很好的商业活动②。一年之后，澳门"番摊"赌馆的专营承批正式进行竞投。承批一年的专营权需每月缴纳 1000 澳门元为赌饷③。

1852 年，澳门管理华人事务官劳伦索·马葵士又将澳门博彩桌牌照专营权开投，由澳门土生葡商尼阁老·飞南第（Nicolau Tolentino Fernandes）以每年 12000 元或者每月 1000 元投得。据记载，当时在南湾区④和下环区⑤两个地方开设赌馆，每间赌馆每月盈利 250 元，1 年盈利 3000 元。可见，该博彩桌牌照的专营权批给对于商人的吸引力⑥。

1863 年 10 月 8 日，澳门仁慈堂也发售澳门彩票，即"白鸽票"⑦。

1867 年，据澳门商业统计数据：茶场 14 家，从业人数 430 人；赌馆 14 家，从业人数 142 人；中国彩票（白鸽票）的从业人数是 182 人；移民公司 17 家，从业人数 163 人。这些数据表明"番摊"自设立以来发展迅速⑧。

1871 年年底，香港会议在社会日渐激烈的反赌博声中，提出禁止赌博，随后通过发布告示。1872 年 1 月 20 日，香港宣布禁赌。所有赌馆实时封闭，不准营业。此事件实际上对遥遥相望的澳门博彩业产生了一定影响：直接的是，导致了香港商人参与承批的第二届闱姓⑨破产；间接的是，随着粤港两地的禁赌，该举措使得更多的赌客向澳门转移，澳门博彩业也开始

---

① 此为笔者加入。
② 吴志良、汤开建、金国平主编《澳门编年史》，第四卷：清后期（1845—1911），广东人民出版社，2009，第 1644 页。
③ 吴志良、汤开建、金国平主编《澳门编年史》，第四卷：清后期（1845—1911），广东人民出版社，2009，第 1658 页。
④ 当年葡萄牙人聚居的地区。
⑤ 当年华人聚居的地区。
⑥ 吴志良、汤开建、金国平主编《澳门编年史》，第四卷：清后期（1845—1911），广东人民出版社，2009，第 1690 页。
⑦ 吴志良、汤开建、金国平主编《澳门编年史》，第四卷：清后期（1845—1911），广东人民出版社，2009，第 1752 页。
⑧ 吴志良、汤开建、金国平主编《澳门编年史》，第四卷：清后期（1845—1911），广东人民出版社，2009，第 1785 页。
⑨ 指经营赌业的人士。——笔者注

进入高峰期①。

1873 年，澳门出现了最早的"番摊"承批合同。《承充澳门番摊揽头生意章程》内容为中葡文合壁，左右对照。这一番摊承批合同档案包括番摊的开设地、开设打牌馆以及开设时间的限制情形，这些内容都是以前未曾出现过的②。

1892 年 4 月 21 日第 16 号的《澳门地扪③政府宪报》刊登了承投氹仔"番摊"生意的公告；1915 年《澳门地扪政府宪报》又刊登了开投"番摊"的专营章程。这印证了虽葡萄牙共和国政府在 1896 年 7 月 10 日颁布了禁止赌博的法规，但澳葡当局并没有执行。其更为了规避法律，把赌博改称为"博彩"。同时为了取得葡萄牙政府的应允，更每年向葡萄牙国库交纳一定款项。

在宝安（现深圳市、东莞市一带）开赌场发了大财的江湖人物傅老榕，于 1937 年转移来澳，与有"省港澳押业大王"之称、在澳门属于数一数二大富绅的高可宁④组成泰兴公司，承包全澳赌场，以 3 倍于旧饷的年饷 180 万元获专营合约，开启了澳门赌业专营时代。翌年，赌饷更增至 240 万元。泰兴公司以当年中央酒店作为赌场旗舰，由原有的 6 层建筑物加到 11 层，矗立在商业最繁盛的新马路中段，豪华装修，气派不凡，附设舞厅、游戏场、茶楼等，当时是个典型的销金窟。

（二）西方博彩方式的引进

1959 年，第 119 任澳门总督马济时的到任使澳门博彩业有了一次大的突破，影响深远。马济时认为，澳门旅游资源大有潜质，"娱乐"将成为澳门经济最大的增长点，肯定将大力推动澳门经济。葡萄牙共和国政府接纳了他的建议，于 1961 年 2 月 13 日颁布第 18267 号部长训令，定澳门为旅游区，准许澳门以博彩作为一种"娱乐"，并强调这将对澳门的经济发展起很大的促进作用。随着最后一道束缚解除，澳门的博彩业从此完全、正式合

---

① 吴志良、汤开建、金国平主编《澳门编年史》，第四卷：清后期（1845—1911），广东人民出版社，2009，第 1818 ~ 1819 页。
② 吴志良、汤开建、金国平主编《澳门编年史》，第四卷：清后期（1845—1911），广东人民出版社，2009，第 1835 页。
③ 地扪现为东帝汶。
④ 现澳门的著名豪宅区主教山山腰有一条以他命名的"高可宁绅士街"。

法化。

1. 第 1496 号立法性法规

1961 年 7 月 4 日，澳葡当局根据第 18267 号部长训令的精神，颁布了第 1496 号立法性法规《承投赌博娱乐章程》，制定了各种合法化幸运博彩经营开投方式。并于 1961 年 7 月 6 日刊登了开投专营《经营幸运博彩》的公告；8 月，澳葡政府又修改了第 1496 号立法性法规第 12 条第一段的条文。

在第 1496 号立法性法规中，规范了"幸运博彩"的定义，即"其结果为偶然，纯赖运气而致胜者"。开设幸运博彩的地点必须是博彩场，并制定了中式及西式两种类幸运博彩：中式的有番摊、骰宝；西式的有西洋牌九、滚球、轮盘等。牌照以专营方式批给，及政府根据实际的情形以有限制性或无限制方式开投。同时规定了不获进入博彩场的人士以及相应的处罚规则，亦订定了一系列的运作规则、税务制度和稽查及处罚规则①。

---

① 参见第 1496 号立法性法规第 1、2、3、5、23、25 条：

Artigo 1.° Denominam-se de fortuna ou azar os jogos cujos resultados são contingentes, por dependerem exclusivamente da sorte.

Artigo 2.° A partir de 1 de Janeiro de 1965, a prática de jogos de fortuna ou azar só será permitida no casino ou casinos que na Província vierem a construir-se, podendo, até o dia anterior àquela data, fazer-se uso dos edifícios e locais que, para tal fim, e mediante oportuna aprovação do Governador da Província, vierem a ser destinados pelo concessionário.

Artigo 3.° A autorização para a prática de que trata o artigo 2.° é limitada aos seguintes jogos de fortuna ou azar:

    1) Jogos chineses:

    a) Fantan.

    b) Cussec.

    2) Jogos europeus:

    a) Bacará 《chemin de fer》.

    b) Bacará com dois tabuleiros, de banca aberta.

    c) Bacará com dois tabuleiros, de banca ilimitada.

    d) Banca francesa.

    e) 《Boule》.

    f) 《Ecarté》.

    g) Roleta.

    h) Trinta-e-quarenta.

§ único. Mediante parecer do Conselho de Inspecção de Jogos, poderá o Governador da Província, por disposição legal, autorizar a prática de outros jogos de fortuna ou azar.

Artigo 5.° A concessão da exploração de jogos de fortuna ou azar efectuar-se-á em regime de exclusivo e mediante concurso público, limitado ou não, conforme for julgado mais vantajoso aos interesses do turismo e da província, a empresas legalmente constituídas e de garantido crédito, ou a entidades de reconhecida solvabilidade. （转下页注）

　　1961 年 7 月 15 日，《澳门政府公报》刊登了竞投《专营幸运博彩事业》的公告。公告的内容：竞投者须为法人，且具有充分信用或财力雄厚，自 1962 年 1 月 1 日起计，专营的年期为 8 年；基本义务有建设一座标准的博彩场及一座豪华酒店，租金为 300 万澳门币，并规定了附加 5% 作为"旅游基金"、1% 为互助会经费；其他的义务包括改善澳门的市容、对外的交通、特别是水上运输的条件，繁荣澳门的文化及工业，发展及宣传澳门的旅游

（接上页注①）Artigo 23.° Fica vedada a entrada nas salas de jogos europeus：

　　1）Aos indivíduos de qualquer nacionalidade que，domicíliados na Província，tenham menos de 25 anos，e aos de qualquer idade que viverem sob tutela ou curatela；

　　2）Aos de qualquer nacionalidade que tenham menos de 21 anos；

　　3）Aos agentes de serviço público e aos militares，em activo serviço ou na inactividade，aos empregados dos corpos ou corporações administrativas e dos organismos de coordenação económica e corporativos，e de assistência e previdência，salvo quando exerçam profissão liberal de que aufiram maiores proventos.

　　4）Aos assalariados de quaisquer actividades；

　　5）Aos indivíduos em estado de embriaguez ou em qualquer outro susceptível de provocar escândalo.

　　§ 1.° Exceptuam-se da aplicação deste artigo，podendo entrar nas salas de jogos mas sem que lhes seja permitido jogar，os funcionários que por força das suas funções tenham que as frequentar e ainda：

　　1）O chefe da Repartição Provincial dos Serviços de Administração Civil；

　　2）O chefe da Repartição Provincial dos Serviços de Economia e Estatística Geral；

　　3）O presidente do corpo administrativo da localidade onde funcionarem os jogos；

　　4）Os membros dos corpos gerentes da empresa concessionária.

　　§ 2.° Ficam igualmente exceptuados do disposto no corpo deste artigo，podendo entrar nas salas de jogos，mas apenas por motivo de serviço：

　　1）Os representantes do corpo consular português；

　　2）Os magistrados judiciais，os do Ministério Público，funcionários da Justiça e da Polícia Judiciária；

　　3）O comandante，oficiais e agentes da Polícia de Segurança Pública；

　　4）O administrador do Concelho da localidade onde funcionarem os jogos；

　　5）Os funcionários do Centro de Informação e Turismo.

　　§ 3.° Poderá o Conselho de Inspecção de Jogos，sempre que haja motivo que o justifique，determinar a proibição permanente de determinados indivíduos não abrangidos por este artigo.

　　§ 4.° Quando haja motivo fundamentado，poderão os fiscais adstritos ao Conselho de Inspecção de Jogos proibir o acesso às salas de jogos a indivíduos que nela pretenam ingressar.

　　§ 5.° Em relação aos jogos chineses o acesso às salas de jogos continuará a regular-se pela legislação vigente na Província.

　　Artigo 25.° O Conselho de Inspecção de Jogos，quando se verifiquem circunstâncias especiais，poderá autorizar entrada nas salas de jogos，a título excepcional e independentemente de quaisquer formalidades，a entidades a quem normalmente está vedado o acesso às mesmas salas，não sendo permitido，no entanto，àquelas entidades a prática de qualquer jogo de fortuna ou azar.

业。待合同期满后所有建筑物及设备须转让给新的承批人，如不能达致协议，则政府将会介入并以公允的条件解决之①。

1962 年 3 月 30 日，何鸿燊与当时澳葡当局的总督在葡萄牙政府的海外部总办公室签订了《专营幸运博彩事业合同》。除法律及开投公告的义务外，合同加进了开发新口岸地段等义务。

1962 年 5 月 26 日，何鸿燊、叶德利、叶汉与澳门政府在澳门总督办公室签订公证书，将《专营幸运博彩事业合同》的经营权转移给由他们组成的"澳门旅游娱乐有限公司"。从此，澳门的幸运博彩业正式有了明确法律规范，并成为澳门经济发展的重要基石。澳门博彩业正式开始了西洋博彩形式，亦走向法治阶段。

1961 年生效的第 1496 号立法性法规，为澳门带来了新的景象，其对博彩行业进行了明确规范，解决了从前放任自流的管理方式，使博彩业成为澳门的重要行业。

随后，经第 1649 号立法性法规、第 1789 号立法性法规、第 13/72 号立法性法规的修改，博彩业的管理不断得到完善，同时，大量西方博彩模式的引进，使澳门经济结构开始改变。

新规定中，经营博彩的地方必须是经过澳门省政府批准的赌场或特别作博彩的地方，包括停泊在澳门内港 14 号码头附近的水上赌场"澳门皇宫"②，还有赌场承批人必须兴建一座集旅游、博彩、娱乐的综合大楼"葡京酒店"③。

---

① 参见 1961 年 7 月 15 日的《澳门政府公报》刊登竞投《专营幸运博彩事业》的公告第 1、2、5 条。
② 澳门旅游娱乐有限公司（新公司）锐意经营，集中西娱乐之大成。在香港购得花舫来澳改名"澳门皇宫"，市民戏称之为"贼船"。这个海上娱乐场，设有酒家夜总会，特备粤剧名伶演唱，花样新款，吸引不少港客和海外游客到来。
③ 根据第 13/72 号立法性法规规定：
　　第一条
　　一九六一年七月四日第 1496 号立法性法规第二条、第三条、第十八条及第二十三条修改如下：
　　第二条　省政府仅准许于赌场经营博彩，并准许自动机博彩亦可在专门作如此用途之场地进行。
　　附款一　特许期间内，除市政泳池之赌场及旅游综合体"赌场酒店"之赌场外，目前之被特许人尚须继续经营一个与"澳门皇宫"同级之典型水上赌场及一个位于"金碧赌场"大厦内之现有赌场。
　　附款二　特许期间内,目前之被特许人尚得透过支付相应之年金,于爱都酒店新翼地（转下页注）

　　自 1962 年 1 月 1 日起计，经营博彩之特许期限为 25 年且不得延长，设立负责监察博彩之有权限实体，并派驻娱乐场，该实体有 3 名副督察及 12 名稽查协助，代表政府进行监察，以保障政府税收及进行博彩时的合法性。

　　当任何涉及违反法律规定的事情发生时，必须以书面方式举报，或制作实况笔录，并订立了许多罚则。如，所有赌场的工程必须符合法律或技

（接上页注③）下安装及经营一百台一般称为"角子机"之自动博彩机，但该场所不得与市政泳池赌场之其余赌厅相连，且该场所须专门用于经营角子机博彩。

　　第三条　许可在第二条附款一所指之四个赌场内经营下列博彩：

　　番摊、骰宝、花旗摊、十二支或十二张牌博彩、西洋牌九、百家乐、无限庄双盘纸牌点赛、有限庄双盘纸牌点赛、法国骰宝、滚球、轮盘、"依加达"、三十及四十、廿一点、花旗骰、金露及自动机或角子机。

　　独一附款　根据政府代表之意见，省政府得许可经营其他种类之博彩。

　　第十八条　全年每日均得经营博彩。

　　附款一　于国丧日又或在明显不能进行博彩或进行博彩引起公愤时，省政府得命令中止赌场之运作。

　　附款二　赌场之运作时间，由省政府在听取政府代表意见后与被特许人协议订定，但第二条第二附款所指场所之运作时间限于每日十二小时。

　　第二十三条　下列人士禁止进入赌场：

　　一、对于经营博彩之场所：

　　a）未满二十五岁之葡籍人士，但为已婚女士并由有权进入赌场之丈夫陪同者不在此限，又或受监护或保佐之任何年龄之人士；

　　b）未满二十一岁之其他国籍人士，但为已婚女士并由有权进入赌场之丈夫陪同者不在此限；

　　c）在职或不在职之公共机关人员及军人，行政团体或组织之雇员，经济协调及行会机构之雇员，以及福利及援助机构之雇员，但从事自由职业且获得较高收入者除外；

　　d）从事任何业务之散位人员；

　　e）酗酒或行为不端者。

　　二、对于第二条附款二所指之专门用于经营自动机又称角子机之博彩场：

　　a）未满二十一岁之任何国籍人士，但为已婚女士并由有权进入赌场之丈夫陪同者不在此限；

　　b）酗酒或行为不端者。

　　附款一　第一款 c 项及 d 项所指之禁止，亦适用于受禁止人士之配偶。

　　附款二　本条第一款不适用于政府代表、澳门市政厅主席、监察机关之人员及被特许企业之管理机关成员，该等人士可进入赌场但不得投注；而法院司法官及检察院司法官，警察当局及人员，葡萄牙外交团代表以及新闻旅游署之公务员等，在执行职务时亦得进入赌场。

　　附款三　在特殊情况下，政府代表得以例外理由许可一般被禁止进入赌场之人士进入赌场，而无需办理任何手续，但该等人士不得进行博彩。

　　附款四　基于合理原因，政府代表得决定永远或暂时禁止未被禁止之人士进入赌场，尤其应进入赌场者之血亲或上司之请求作出如此之禁止。

　　附款五　如有具依据之原因，政府代表得禁止任何其认为不宜出现赌场之人士进入赌场。

术方面所要求，如违反科处澳门币 9000 元之罚款；如为旅游综合体"赌场酒店"①，则每延迟一日，科处澳门币 2500 元之罚款。为了方便从香港到澳门的赌客②在澳门娱乐，在澳门与香港间配备了"水翼船"式快速船③及一艘属当时在该航线使用类型之旧式船④。由于珠江三角洲中的西江含沙量高，加上珠海在内港上游加建了防洪堤坝，减缓了水流，大量的泥沙沉积在澳门外港及内港之航道上，因此，当时的博彩承批合同规定承批人需进行挖泥工程，以便内港通航。如发现被禁止进入赌场之人士进入赌场，则按每人科处澳门币 200 元之罚款计；如在被承批人商业记账有关之簿册及其他文件所作之记录有不正确或资料不足，科处澳门币 5000 元之罚款，但不妨碍倘有之刑事制裁。

在下列情况下，被特许人⑤会被解除特许合同：

（1）放弃经营博彩；

（2）在未获有权限实体事先许可之情况下，以临时或确定方式将全部或部分之博彩经营转移，而不论该转移属何性质或形式；

（3）没有在合同规定之期限内以所指定之方式缴纳合同订定之租金及附加费；

（4）没有在定出之期限内缴交所规定之旨在担保工程实施之全部押金。

在解除合同之情况下，除丧失年金额之押金外，合同所规定兴建之旅游建筑群葡京酒店，归还澳门所有，而被特许人将不获任何损害赔偿。

特许合同的解除属省（澳门）总督之权限，并仅须透过公布于《澳门政府公报》之批示为之。

2. 第 6/82/M 号法律——核准在本地区经营幸运博彩之批给的法律制度

第 6/82/M 号法律撤销了 1961 年 7 月 4 日第 1496 号立法性法规部分⑥条文，及后第 10/86/M 号法律修改了若干条文，将澳门博彩业的牌照确定

---

① 即葡京酒店。

② 当时澳门没有机场，内地还未开放，赌客的主要来源是经济能力较高的香港、日本等地，后来加入东南亚比较富裕的印尼、泰国等地。

③ 澳门旅游娱乐有限公司在 1964 年花 150 万元购买了澳门第一艘水翼船"路环号"，往来港澳，方便了出行，航程由近四小时缩短为一小时许，开启港澳快速航运的新纪元。

④ 慢船，往来港澳两地海路需要两个半至四个多小时，视乎在外港客运码头或内港客运码头出发。

⑤ 现时称为承批人。

⑥ 第 1 条至第 14 条，第 36 条及第 53 条。

只有 3 张，并须分别设立在澳门、冰仔岛以及路环岛。

1982 年 5 月，澳门立法会通过第 6/82/M 号法律。该法律将澳门界定为恒久性博彩区域，并重新规范了幸运博彩业的批给制度、批给的公开招标、总督的职权及该法律本身的修改程序等内容。同年，叶汉退出澳门旅游娱乐有限公司，由郑裕彤承购其所占股权。

1987 年 2 月，澳门彩票有限公司注册成立。1988 年 4 月 5 日，《政府公报》刊登第 28/88/M 号法令，设立博彩监察暨协调司。10 月 22 日，《政府公报》刊登金银宝/廿一点即发彩票规例。11 月 12 日，《政府公报》刊登第 222/90/M 号《核准白鸽票博彩条例》训令。12 月，具有悠久历史的白鸽票改用电脑开彩。1992 年 11 月 3 日，《政府公报》刊登第 229/92/M 号《核准白鸽票彩票官式规章》训令，并撤销第 222/90/M 号训令。

1996 年 7 月 22 日，《政府公报》刊登第 8/96/M 号《核准不法赌博制度》法律，并废止 8 月 27 日第 9/77/M 号法律。

此后，经过 1964 年 12 月 5 日的第 1649 号立法性法规作出修改原法规，及 1982 年 5 月 29 日的第 6/82/M 号法律《幸运博彩法律制度》，从此"澳门旅游娱乐公司"透过《专营幸运博彩事业合同》获得超过 40 年的经营权[①]。

（三）澳门回归后

回归后，为了使博彩业在澳门得到更好的发展，时任澳门行政长官何厚铧任主席的澳门博彩委员会于 2000 年 8 月 23 日举行首次会议，决定聘请安达信公司作为研究澳门博彩业未来发展方向和政策的顾问公司，并于 2001 年作出研究报告。

澳门特别行政区立法会首先根据《中华人民共和国澳门特别行政区基本法》第 118 条[②]，确保了博彩业的合法地位，重新制定了第 16/2001 号法律，把澳门这一不可或缺的产业开放给全世界投资者。经过 13 余年的实际

---

① 根据第 259/2001 号行政长官批示《将幸运博彩专营批给合同期间延长》，将澳门特别行政区与澳门旅游娱乐有限公司所签订之幸运博彩专营批给合同期间延长至 2002 年 3 月 31 日止。

② 根据《中华人民共和国澳门特别行政区基本法》第 118 条，"澳门特别行政区根据本地整体利益自行制定旅游娱乐业的政策"。1993 年 3 月 31 日，中华人民共和国第八届全国人民代表大会第一次会议通过《中华人民共和国澳门特别行政区基本法》。

运作，该施政方针无论在经济效益方面还是在治安方面都彰显出其有效性。新《娱乐场幸运博彩经营法律制度》除重新制定开投、经营、监察、内部运作等制度外，还加入了具有前瞻性之新规范，例如，加入了利用互联网、数据网或录影信号和数码资料传送之互动博彩，并且正视了存在已久又非常重要之博彩中介人及俗称"叠码"之活动，并将其纳入《娱乐场幸运博彩经营法律制度》规范中；2004年还把由博彩中介人及俗称"叠码"之活动而产生赌场内之信贷活动非刑事化纳入监管范围①。

2001年1月，《澳门特别行政区公报》刊登第245/2000号行政长官批示，批准澳门赛马有限公司试办赛马投注经纪业务，为期180日，期限可经由特许实体批准续期。8月，立法会通过第16/2001号法律《娱乐场幸运博彩经营法律制度》。该法律是澳门重新招标竞投幸运博彩经营牌照以及规范相关经营活动的重要依据。10月，《澳门特别行政区公报》刊登第23/2001号行政法规《修改核准司法警察局组织之六月二十九日第27/98/M号法令》，批准司法警察局设置博彩罪案调查处，后来成为一个厅级部门。同月，行政长官颁布第26/2001号行政法规《规范娱乐场幸运博彩经营批给的公开竞投、批给合同，以及参与竞投公司和承批公司的适当资格及财力要件》和设立"娱乐场幸运博彩经营批给首次公开竞投委员会"的第216/2001号行政长官批示。

2002年1月，娱乐场幸运博彩经营批给首次公开竞投委员会开始会晤18家合资格竞投幸运博彩牌照的公司，并听取有关投资计划。2月，澳门政府公布3个投得幸运博彩经营牌照的公司：澳门博彩股份有限公司（澳门旅游娱乐有限公司子公司）、永利渡假村（澳门）股份有限公司及银河娱乐场股份有限公司。3月，澳门政府与澳门博彩股份有限公司签署《澳门特别行政区娱乐场幸运博彩或其他方式的博彩经营批给合同》。4月1日，《澳门特别行政区公报》刊登第6/2002号行政法规《订定从事娱乐场幸运博彩中介业务的资格及规则》。同日，澳门博彩股份有限公司正式投入营运。此外，根据经济财政司司长批示，准许澳门博彩股份有限公司于当日起经营桌波拿博彩；4日，行政长官制定第10/2002号行政法规《博彩中介人佣金税项之部分豁免》。6月，澳门霍英东基金会成立（霍英东将原先持有澳门旅游娱乐有限公司的全部股份及权益转入该基金会）。

---

① 参见第5/2004号法律《娱乐场博彩或投注信贷法律制度》。

（四） 赛马、赛狗博彩方面

1. 赛马

赛马于 20 世纪 30 年代兴起。1925 年，卢廉若向澳门总督递函，要求执行赛马专营权合约中规定，即投得专营权者有义务建造一赛马场及其配套设施，而土地通过向政府租赁而获得。最后，政府批给关闸至莲峰庙东边的一块土地予卢廉若的"澳门万国赛马娱乐俱乐部"①。1927 年，澳门万国赛马体育会赛马场落成并举行首次赛马②。

1989 年 9 月 10 日，澳门赛马有限公司在氹仔开幕，停办了近半个世纪的赛马活动又重新开赛，赛马场是由原来的赛马车场改建而成。1991 年 1 月，澳门赛马有限公司恢复赛事。但是，澳门赛马有限公司电脑大楼在同年 12 月因欠债被法院查封，赛马活动停止③。

1997 年 7 月，澳门旅游娱乐有限公司和澳门赛马有限公司与澳葡政府分别签署两项博彩合约——幸运博彩专营权及赛马专营权合约④。

2004 年 2 月，港澳两地赛马会合办的首届"港澳杯"埠际赛马第一回合在香港举行，标志着两个赛马会的友好合作踏入新纪元。4 月，澳门赛马会等 18 个"亚洲赛马联盟"成员在香港联合签署《赛马博彩之好邻居政策》协议，一致支持互相尊重彼此权益及维护赛马诚信的原则，决心合力打击非法赌博活动⑤。

2. 赛狗

1931 年，数名华人与美国人成立"澳门赛狗会"，兴建莲峰山山麓的赛狗场，当时跑狗每逢周末举行，每晚比赛 8 场，约晚上 8 时 30 分开始，至

---

① 吴志良、汤开建、金国平主编《澳门编年史》，第五卷：民国时期（1912—1949），广东人民出版社，2009，第 2418 ~ 2419 页。

② 吴志良、汤开建、金国平主编《澳门编年史》，第五卷：民国时期（1912—1949），广东人民出版社，2009，第 2450 页。

③ 陈炳强、陈秉松：《澳门社会发展研究会澳门博彩业大事追寻》，《社会纵横》2004 年第 1 期，澳门社会发展研究所，载 http：//www. macauresearch. org/my% 20webs1/magazine1/magazine1 casinohistory. htm。

④ 陈炳强、陈秉松：《澳门社会发展研究会澳门博彩业大事追寻》，《社会纵横》2004 年第 1 期，澳门社会发展研究所，载 http：//www. macauresearch. org/my% 20webs1/magazine1/magazine1 casinohistory. htm。

⑤ 陈炳强、陈秉松：《澳门社会发展研究会澳门博彩业大事追寻》，《社会纵横》2004 年第 1 期，澳门社会发展研究所，载 http：//www. macauresearch. org/my% 20webs1/magazine1/magazine1 casinohistory. htm。

11 时 30 分结束，观众下注买"心水狗"，消费颇高，连入场券每位都收费 1 元。由于消费高昂，至 1936 年宣告停办①。

1961 年 8 月，印度尼西亚华侨郑君豹与澳葡政府签订赛狗专营合约。翌月，澳门跑狗有限公司在香港注册成立，并得到澳葡政府许可。1963 年 2 月，澳门跑狗有限公司正式将赛狗专营合约转让予以何贤任董事长的澳门逸园赛狗有限公司。9 月 28 日，澳门逸园赛狗有限公司恢复了中断逾 21 年的赛狗活动，并进行了首场赛事②。

1984 年 7 月，澳门逸园赛狗有限公司股权易手，澳门旅游娱乐有限公司成为该公司大股东③。1985 年 12 月，澳门逸园赛狗有限公司与澳葡政府签订新的赛狗专营合约，有效期为 20 年，至 2005 年 12 月 31 日届满。

3. 赛马车会

1977 年 7 月 9 日，《政府公报》刊登《澳门赛马车会》章程。8 月，澳门赛马车会获得澳葡政府批予的赛马车专营权，有效期为 20 年，引入了澳洲赛马车形式的博彩活动。

1980 年，位于氹仔的赛马车场落成。9 月，澳门进行了首场赛马车博彩。1988 年 1 月 30 日，澳门赛马车会举行了最后一场赛事，并于翌日起停赛。

（五）体育博彩方面

1967 年 12 月 16 日，《政府公报》刊登《体育博彩代理及经纪章程》。

1971 年 8 月，澳门回力球企业有限公司注册成立。1975 年 5 月，回力球场工程完竣。6 月 15 日，澳门举行首次回力球赛。1981 年 4 月 4 日，《政府公报》刊登澳葡政府与澳门回力球企业有限公司修订专营批给合同的内容。1990 年 8 月，澳门回力球场结束营业，场馆改建作其他用途。

1998 年 6 月，澳葡政府批准澳门彩票有限公司专营足球博彩。2000 年 4 月，澳门彩票有限公司获准专营篮球博彩。6 月 17 日，澳门彩票有限公司首

① 吴志良、汤开建、金国平主编《澳门编年史》，第五卷：民国时期（1912—1949），广东人民出版社，2009，第 2502 页。

② 陈炳强、陈秉松：《澳门社会发展研究会澳门博彩业大事追寻》，《社会纵横》2004 年第 1 期，澳门社会发展研究会，载 http：//www. macauresearch. org/my%20websl/magazine1/mag-azine1 casinohistory. htm。

③ 陈炳强、陈秉松：《澳门社会发展研究会澳门博彩业大事追寻》，《社会纵横》2004 年第 1 期，澳门社会发展研究会，载 http：//www. macauresearch. org/my%20websl/magazine1/mag-azine1 casinohistory. htm。

创亚洲合法的网上足球博彩。12 月 29 日，澳门彩票有限公司正式接受网上 NBA（美国国家篮球协会）投注，成为亚洲首家合法经营 NBA 的博彩公司。

二　澳门互助总会、澳门东方基金会及澳门基金会

根据《澳门互助总会章程》第 3 条的规定，澳门互助总会为具私法性质之法人，它可享有税务豁免和一切受法律认可的特权。经 1968 年 12 月 21 日第 8919 号训令核准，并经 1 月 21 日第 5/78/M 号训令及 8 月 5 日第 114/78/M 号训令修改之章程所约束。根据第 1496 号立法性法规第 7 条、特许经营博彩之必要条件的附款 2 规定：征收相当于政府所收取租金之 5% 及 1% 之附加费，分别作为旅游基金及拨归澳门互助总会。同时，根据该立法性法规第 6 条而制定的《专营幸运博彩事业》公告，该公告明述承批经营幸运博彩之公司每年最低限度须缴租金澳门币 300 万元，另附加 5% 作为旅游基金、1% 作为互助会经费。

1986 年东方基金会成立时，需要在博彩税中抽取特别税捐。同年，由于澳门旅游娱乐有限公司在澳门经营的博彩业专营权合约届满，澳葡政府在与之续约至 2001 年时，提出多项附带条件，其中包括要把该公司净利的 5%（后来是毛利的 1.6%）拨给刚刚成立的东方基金会。但是，由于东方基金会的资金主要用于支付葡萄牙在亚洲地区使馆的文化办事处的活动经费以发展中葡文化交流，而没有真正用于澳门；又因为澳门旅游娱乐有限公司的专营合约跨越澳门回归的 1999 年，因而引起中国方面的高度关注。有关中方与葡方就东方基金会问题的谈判，从 1993 年开始至 1997 年结束。最后，中葡两国同意澳门旅游娱乐有限公司不再向东方基金会拨款。

将向东方基金会的赌税拨款撤销之后，便成立了另外一个以澳门为基地的基金会接受澳门旅游娱乐有限公司的拨款，也即现在的澳门基金会的前身。现时澳门基金会的资金来源主要来自澳门特区娱乐场幸运博彩承批公司及转批给公司毛收入 1.6% 的拨款、政府拨款、澳门特区内外的捐赠及其他法定收入。

三　澳门现行博彩法律制度

现时在澳门，除经法律及有权限的当局许可，任何人都不能经营博彩，

或以有营利的性质进行博彩相关的项目亦为法律所禁止，甚至会受到刑事或行政上的处罚。根据澳门第 8/96/M 号法律（下称《不法赌博法》）① 规定，除经法律许可外，不法经营赌博是符合罪状所描述之行为，是需要接受刑法之处罚，如：

即使是偶然的，在法律许可地方以外的任何方式经营或负责主持博彩，又或是协助者，都会被处罚；如一些人强迫他人赌博、出现欺诈行为者会被加重处罚；身在犯罪现场的人士不论有否参与博彩都会受到处罚；在已获许可博彩的地方进行经营及参与一些未获批准的赌博亦会受到处罚。

不法经营、销售彩票方面，如组织经营一些未被许可的彩票或对赛狗、赛马的结果进行赌博活动是需要受到处罚的；如协助出售有关彩票（如香港六合彩）的亦会受到处罚；同时，以牟利目的经营"麻将"赌博者都会被处罚，例如为提供场地收取费用。

在博彩场内任何地方，只要是涉及经济利益的借贷行为，即使不是高利贷，出借人也会被以高利贷罪处罚；假如是以债务人的身份证证明文件作为担保的，会被加重处罚。这些犯罪所出借的金钱及所得的利息是须宣告为澳门政府所有的。

除此之外，还有行政处罚。例如：在公共街道赌博；午夜后在私人场所进行赌博，只要其噪声或因其他情况滋扰邻居的安宁及休息，都会被处罚。

值得一提的是，从前，获许可经营及进行博彩的地方或场所称为"赌场"，这个说法体现在回归前的第 1496 号立法性法规以及第 6/82/M 号法律内。回归后生效的第 16/2001 号法律把经营及开展幸运博彩业务之地点或场所称为"娱乐场"，且该词仅可由经营幸运博彩之博彩公司在批准之后使用②。

---

① 参见第 8/96/M 号法律第 1 条第 1 款。
② 参见第 16/2001 号法律第 2 条第 2 款。

第二章
澳门博彩的监管机构

澳门特别行政区成立之初，经济萧条，治安不靖，于是当时的施政理念是固本培元，以安民心。因此，澳门特别行政区政府特别设立了一个专责之博彩委员会，连同其他的监管机构一起为澳门未来的博彩业发展和管理作出研究及制定有关政策。

一　博彩委员会

博彩委员会的职责主要是对博彩业的发展作出研究，并制定有关政策；订定规管博彩业所需的规范；监管博彩业的发展及运作，以及建议发出相关指引。

博彩委员会由行政长官、经济财政司司长、行政法务司司长、运输工务司司长、行政长官办公室主任、行政长官办公室代表一名、保安司司长办公室代表一名及博彩监察协调局局长组成，并由行政长官担任主席。当主席不在或出缺时，则由经济财政司司长担任代主席。该委员会为澳门特别行政区管理娱乐场幸运博彩或其他方式的博彩经营产业、互动博彩、互相博彩以及向公众提供之博彩活动领域内有关经济政策订定最高权限组织。

委员会长期设置一辅助小组，由熟悉法律及相关的专业人士担任，为委员会提供法律及其他专业意见。

二 博彩监察协调局

澳门特区政府设立了博彩监察协调局（曾称博彩监察暨协调局），目的是为了能落实博彩委员会之政策及在法律赋予之职责范围内行使职权。

澳门博彩监察协调局是为在娱乐场经营幸运博彩或其他方式的博彩、互相博彩以及向公众提供的博彩活动领域内的经济政策的订定及执行方面，向行政长官提供辅助及协助的局级部门。

根据第 6/1999 号行政法规《政府部门及实体的组织、职权与运作》第 3 条的规定，经济财政司司长在工业、商业、博彩监察及离岸业务领域行使职权，但法律或行政法规明确规定属其他司长的职权者除外；同时，该行政法规附件 3 所指的部门及实体视乎情况隶属于经济财政司司长或由其监督。根据当中所载，博彩监察协调局隶属于经济财政司司长。

因此，行政长官透过上述的授权方式，使博彩监察协调局由经济财政司司长领导。而该局的职责包括：

（1）协助订定、统筹及执行娱乐场幸运博彩或其他方式博彩经营产业、互相博彩以及向公众提供的博彩活动的经济政策；

（2）监察、监督及监管博彩公司的活动，尤其是关于履行其法定义务、法规义务及合同义务方面；

（3）监察、监督及监管博彩公司及法律规定的其他人的适当资格及财力；

（4）在许可供经营娱乐场幸运博彩或其他方式博彩的地点及场所并将该等地点及场所定为娱乐场的程序中，向政府提供协助；

（5）许可及证明博彩公司用作经营有关批给业务的所有设备及用具；

（6）发出娱乐场幸运博彩或其他方式博彩中介业务的准照；

（7）监察、监督及监管娱乐场博彩中介人业务，尤其是关于履行其法定义务、法规义务及合同义务方面，并履行适用法例规定的其他职责；

（8）监察、监督及监管属自然人或法人的博彩中介人及其合作人和主要雇员的适当资格；

（9）根据适用的实体法例及程序法例，查处行政违法行为；

（10）确保政府与博彩公司之间的关系及博彩公司与公众之间的关系符合法规及澳门特别行政区的最高利益；

（11）根据行政长官的指示或法律规定，执行以上各项未列举的任何按性质属该局一般职责范围内的工作。

博彩监察协调局之性质为向行政长官提供辅助及协助的局级部门，该局之组织架构设有一名局长及一名副局长以及其他附属单位，包括：幸运博彩监察厅、互相博彩监察厅、审计厅、研究调查厅及行政财政处。其中，幸运博彩监察厅是执行监察、监督及监管之前线部门。

博彩监察协调局所作之行政处罚，主要是根据第 8/96/M 号法律《不法赌博法》第 23 条"任何其他赌博方式的限制或遏止"的规定，对于任何方式的赌博、奖券、抽奖或同类性质的活动，当其增长已达至危害良好习惯的程度时，博彩监察协调局应建议限制或遏止赌博的适当措施；而根据同一法律第 24 条"审判及罚款的科处"配合第 52/99/M 号法令《行政上之违法行为之一般制度及程序》第 10 条的规定，就与博彩有关的行政上之违法行为提起程序及科处有关处罚之权限，属博彩监察协调局所有，故此，该局能根据第 8/96/M 号法律科处罚款。

由于法律承认了博彩中介人及其合作人之存在现实，因此，法律亦赋予博彩监察协调局监察、监督及监管这些人之职责。在发出娱乐场幸运博彩或其他方式业务的准照后，该局还可以依具体之法规科处行政违法行为。

另外，博彩公司必须遵守及执行政府在查验及监察的权力范围内作出的决定，尤其是由博彩监察协调局发出的指示，其中包括关于暂停娱乐场及其他博彩区域操作的决定。博彩公司经营所批给的业务，必须接受博彩监察协调局按照相关法例规定作出的长期的监察及查验，当中的监察包括依法对博彩经营毛收入作出的每日监察。同时，政府与博彩公司亦须互相合作，一方面便于博彩公司能履行其法定义务及合同义务；另一方面，博彩公司亦须应政府的要求，提供一切文件、资讯、资料、证据或任何其他准许。

三　财政局

财政局①是负责指导、统筹及监察本地区行政公营部门财政活动之部门②，进行本地区之税务管理，促进其与税务法律之配合；执行税务政策，

---

① 回归前称为"财政司"，经《回归法》修改后，称为"财政局"。
② 参见第 30/99/M 号法令第 1 条。

并不断评估其在财政、经济及社会范畴内之效益；在税务及公共财政方面进行监察，以预防及纠正异常状况。读者可以发现澳门的财政局是将征税与公共财政管理收入及支出放在同一行政部门中，在博彩税务收取管理方面肩负着重要的工作①。

财政局下设澳门财税厅，该厅有权限进行本地区税务管理，贯彻上级订定之税务政策，促进税务法律之遵守，以及在合法性受损或在公共利益受侵犯时，采取措施以恢复之。

同时，财政局下设的公共审计暨税务稽查讼务厅有权限按法律规定及上级命令或在主动之情况下，以持续及有系统之方式，在公共财政及税务领域进行审计及稽核，并提起源自违法行为之法律程序。

关于博彩法税收的各种程序亦是由澳门财政局负责，包括：入账、结算及征收，但博彩税中很大的部分是以就源扣缴的方式作出，因此，很多的税捐是由税捐责任自行按期先交税款，然后在年终时再作结算，调整差异。下文将会对博彩税的具体内容作出详细介绍。

根据《中华人民共和国澳门特别行政区基本法》第 71 条②的规定、第 13/2009 号法律《关于订定内部规范的法律制度》第 6 条③，以及结合澳门

---

① 参见第 30/99/M 号法令第 2 条。

② 《中华人民共和国澳门特别行政区基本法》第 71 条："澳门特别行政区立法会行使下列职权：（一）依照本法规定和法定程序制定、修改、暂停实施和废除法律；（二）审核、通过政府提出的财政预算案；审议政府提出的预算执行情况报告；（三）根据政府提案决定税收，批准由政府承担的债务；（四）听取行政长官的施政报告并进行辩论；（五）就公共利益问题进行辩论；（六）接受澳门居民申诉并作出处理；（七）如立法会全体议员三分之一联合动议，指控行政长官有严重违法或渎职行为而不辞职，经立法会通过决议，可委托终审法院院长负责组成独立的调查委员会进行调查。调查委员会如认为有足够证据构成上述指控，立法会以全体议员三分之二多数通过，可提出弹劾案，报请中央人民政府决定；（八）在行使上述各项职权时，如有需要，可传召和要求有关人士作证和提供证据。"

③ 第 13/2009 号法律第 6 条规定，下列事项须由法律予以规范："（一）《基本法》和其他法律所规定的基本权利和自由及其保障的法律制度；（二）澳门居民资格；（三）澳门居留权制度；（四）选民登记和选举制度；（五）订定犯罪、轻微违反、刑罚、保安处分和有关前提；（六）订定行政违法行为的一般制度、有关程序及处罚，但不妨碍第七条第一款（六）项的规定；（七）立法会议员章程；（八）立法会辅助部门的组织、运作和人员的法律制度；（九）民法典和商法典；（十）行政程序法典；（十一）民事诉讼、刑事诉讼和行政诉讼制度和仲裁制度；（十二）登记法典和公证法典；（十三）规范性文件和其他须正式公布的文件格式；（十四）适用于公共行政工作人员的基本制度；（十五）财政预算和税收；（十六）关于土地、地区整治、城市规划和环境的法律制度；（十七）货币、金融和对外贸易活动的法律制度；（十八）所有权制度、公用征用和征收制度；（十九）《基本法》赋予立法会立法权限的其他事项。"

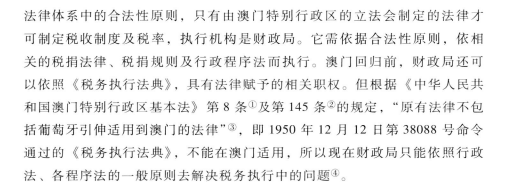

法律体系中的合法性原则，只有由澳门特别行政区的立法会制定的法律才可制定税收制度及税率，执行机构是财政局。它需依据合法性原则，依相关的税捐法律、税捐规则及行政程序法而执行。澳门回归前，财政局还可以依照《税务执行法典》，具有法律赋予的相关职权。但根据《中华人民共和国澳门特别行政区基本法》第 8 条①及第 145 条②的规定，"原有法律不包括葡萄牙引伸适用到澳门的法律"③，即 1950 年 12 月 12 日第 38088 号命令通过的《税务执行法典》，不能在澳门适用，所以现在财政局只能依照行政法、各程序法的一般原则去解决税务执行中的问题④。

四 金融情报办公室

为了加强及集中处理打击清洗黑钱犯罪及恐怖融资活动，以及预防及遏止资助恐怖主义犯罪的活动，澳门特别行政区政府成立澳门金融情报办公室，把之前由金融管理局负责的澳门反清洗黑钱的工作和权限移转过来。

（一） 组织架构及权限

澳门金融情报办公室是根据第 227/2006 号行政长官批示而成立的项目组，主要的职责为收集、分析及向具权限的实体提供与清洗黑钱犯罪及资助恐怖主义犯罪有关的资料，而这些具权限的实体包括刑事警察机关、司

---

① 《中华人民共和国澳门特别行政区基本法》第 8 条："澳门原有的法律、法令、行政法规和其他规范性文件，除同本法相抵触或经澳门特别行政区的立法机关或其他有关机关依照法定程序作出修改者外，予以保留。"

② 《中华人民共和国澳门特别行政区基本法》第 145 条："澳门特别行政区成立时，澳门原有法律除由全国人民代表大会常务委员会宣布为同本法抵触者外，采用为澳门特别行政区法律，如以后发现有的法律与本法抵触，可依照本法规定和法定程序修改或停止生效。根据澳门原有法律取得效力的文件、证件、契约及其所包含的权利和义务，在不抵触本法的前提下继续有效，受澳门特别行政区的承认和保护。原澳门政府所签订的有效期超过一九九九年十二月十九日的契约，除中央人民政府授权的机构已公开宣布为不符合中葡联合声明关于过渡时期安排的规定，须经澳门特别行政区政府重新审查者外，继续有效。"

③ 骆伟建：《澳门特别行政区基本法新论》，社会科学文献出版社、澳门基金会，2012，第 89 页；郑言实编《澳门过渡时期重要文件汇编》，澳门基金会，2000，第 114、119 页。

④ 参见 2010~2011 年澳门特别行政区第四届立法会第二立法会期会刊第二组第 IV - 21 期。当时立法会初步接纳了《税收法典》，但后来因技术性问题，政府于后期撤回了法案。至截稿为止，仍没有消息再提相关法律提案。

法当局或其他具预防或遏止清洗黑钱犯罪或资助恐怖主义犯罪职权的实体，亦包括一些根据区际协议或国际法文书而有权限要求澳门特别行政区提供有关清洗黑钱犯罪或资助恐怖主义犯罪资料的有权限实体。

金融情报办公室由一名主任领导，并由一名副主任辅助，两人均由行政长官透过批示以定期委任方式委任，隶属经济财政司司长并在其指导下运作。人员方面则经由主任建议，可透过人员所属的部门以派驻或征用方式任用，或以个人劳动合同方式聘任。

为了履行法定的职责，金融情报办公室可以就有迹象显示实施清洗黑钱或资助恐怖主义犯罪的人及有关情况，以该等资料建立及维持一资料库[①]；对有关资料进行分析后，将怀疑实施清洗黑钱犯罪的活动向检察院举报；应刑事警察机关、司法当局或其他具预防或遏止清洗黑钱犯罪或资助恐怖主义犯罪职权的实体具说明理由的要求，向该等实体提供协助，尤其是提供资料及专业技术的支持；同时，为履行区际协议或任何国际法文书，亦可从澳门特别行政区以外的实体接收有关于清洗黑钱犯罪或资助恐怖主义犯罪的资料；该办公室亦与负责发出指引的公共实体合作，制定和修订反清洗黑钱及资助恐怖主义的指引，并向公众开放有关犯罪方面的推广及教育活动；该办公室为履行独立赋予的职责，可要求任何公共或私人实体提供资料，但相对地，有关工作人员须对因履行职务而获悉的资料负有保密义务，同时，该办公室亦须就每年进行的活动向经济财政司司长提交一份年度报告。

（二）打击清洗黑钱犯罪及恐怖融资活动的国际承诺及意义[②]

在 1990 年，澳门特别行政区已开始为打击清洗黑钱犯罪及资助恐怖融资活动进行立法。1995 年颁布的澳门《刑法典》对犯罪活动所产生的资产作出了扣押的规定；1997 年生效的第 6/97/M 号法律《有组织犯罪法》进一步打击了处理不法资产或物品的转换、转移或掩饰的犯罪行为；第 32/93/M 号法令《金融体系法律制度》、1998 年颁布的第 24/98/M 号法令，强制规定当发现可疑交易时作出举报，奠定了金融机构及其他商业活动举报可疑交易的基础；引入防范性措施，规定金融机构及其他经济活动行业，

---

① 参见第 227/2006 号行政长官批示及第 7/2006 号行政法规第 7 条。
② 参见澳门特别行政区立法会 2006 年 3 月 23 日全体会议摘录。

对可疑交易作出报告。

犯罪行为往往涉及资金。在全球经济一体化的影响下，资金的流动已经不是单一地区或金融体系处理的事宜，往往涉及多个地区。假如全球不协调打击因犯罪行为而获得的资金，或为犯罪行为而准备的资金，将无法成功遏止上述资金的流动，犯罪人就可以利用一些仍畅通的渠道，将资金运用到犯罪行为上，或将因犯罪行为而获得的资金正当化，最终会导致被世界主流的经济体孤立，国际的资金不能正常流入、流出，不能作出国际金融结算，从而影响到我们的政治、经济、文化以及社会的发展，使经济、民生受到不良的影响。

虽有上述的法律打击清洗黑钱活动，但澳门特别行政区仍需要配合国际行动，逐步达到国际要求。因此，澳门特别行政区于 2001 年 5 月成为"亚太区打击清洗黑钱组织"的成员（APG），并在该组织于 2003 年 9 月在澳门举行的第六届年会开幕式上表示，澳门特别行政区将就打击清洗黑钱和阻止恐怖组织筹措资金方面，以"打击清洗黑钱财务行动特别组织"的《40 项建议》[①] 作为标准指引，按澳门的实际社会情况制定相关法律。

1. 打击清洗黑钱法律的制定具有双重意义

一方面，澳门特别行政区经济社会的迅速发展与打击清洗黑钱行为的法律手段不相匹配。鉴于此，制定崭新的专门针对清洗黑钱犯罪的法律将会使澳门特区拥有更为有力的法律武器，对维护市场经济的正常运行以及金融秩序有着重大意义。

另一方面，澳门特别行政区为响应《联合国禁止非法贩运麻醉药品和精神药物公约》《联合国打击跨国有组织犯罪公约》《联合国反腐败公约》等国际法文书赋予的打击清洗黑钱行为的国际法义务，应当采取立法及行政等措施来保证公约得到实际而有效的履行。《预防及遏止清洗黑钱犯罪》法律的制定，充分表明了澳门特区贯彻及实施有关国际公约的决心与信心以及履行国际法义务的诚信。

2. 预防及遏止清洗黑钱犯罪的法律制度

（1）国际合作。澳门特别行政区为成功打击清洗黑钱需建立一套以国际合作及各国和地区分担责任为基础的统一国际策略，因此必须与各国及地区的法例互相配合，加强财政、经济活动监察制度。此立场已清晰载于

---

① 　详见本书附录二。

国际文件中，尤其是载于《联合国禁止非法贩运麻醉药品和精神药物公约》《联合国打击跨国有组织犯罪公约》以及打击清洗黑钱财务行动特别组织的《40项建议》内。同时，制定法律的目的不仅是打击清洗黑钱，亦需要规定以预防性质为目的的措施。因此，澳门特区政府制定了针对清洗黑钱的第2/2006号法律《预防及遏止清洗黑钱犯罪》及第3/2006号法律《预防及遏止恐怖主义犯罪》。

（2）预防清洗黑钱犯罪在澳门实际操作情况。清洗黑钱犯罪采用的手法层出不穷，既复杂又精密，且具跨国性和调动迅速的特点，往往利用高科技通信设备，在不同地点，甚至距离遥远的地方进行活动，涉及不同界别的经营人，利用各种金融体系的弱点与漏洞。

清洗黑钱活动因涉及大量资金的调动，故属严重扰乱经济的活动，将会助长黑市现象，破坏合法经济活动，扭曲财货流通规则，并造成不正当竞争的现象，损害金融体制。同时，该等犯罪所得之资金可被用于资助、便利和继续实施其他犯罪行为。因此，打击该犯罪属打击有组织以及高度危险性的犯罪，其相应政策的发展趋势亦着重于预防及遏止掩饰因严重犯罪而获得的资产的行为。

现今，无论在国际上或在澳门特别行政区内，均普遍认同需要设立法律机制，以有效预防及遏止清洗黑钱活动。因此，澳门特区政府制定第2/2006号法律《预防及遏止清洗黑钱犯罪》及第3/2006号法律《预防及遏止恐怖主义犯罪》的主要目的是为完善特区现行对遏止清洗黑钱犯罪的法律及履行相关的国际义务，澳门特别行政区必须贯彻执行"就特区在刑事政策方面所订定的要求，不论是预防及遏止在澳门所实施的犯罪，抑或是预防及遏止利用特区作为清洗黑钱地方的犯罪方面的要求"。制定预防及遏止清洗黑钱犯罪的目的不是为了限制澳门各行各业的发展，而是将澳门的龙头产业博彩业或其他的产业，或者一些高价及贵重的物品列入被监察范围。

其实预防及遏止清洗黑钱犯罪的立法原意很清晰：防止和遏制犯罪的行为。当然单一部法律是不足够的，在制定预防及遏止清洗黑钱犯罪的同时，还有一系列的相关法规。为了贯彻及落实执行这些法律法规，澳门特别行政区政府按照国际惯例及澳门特别行政区的实际情况，还订定了一些指引。由于该法律具有框架的性质，于是澳门特区政府就订定相应的第7/2006号行政法规、《清洗黑钱及资助恐怖主义犯罪的预防措施》，以保证法律得到切实的遵守，其中包括要求经营幸运博彩的博彩公司及获转批给人、经营幸运博彩的博彩公司或获转批给人的管理公司，经营彩票或互相博彩的特许经营公司，还有娱乐场的博彩中介人（幸运博彩中介人）按法定的期限向博彩监察协调局呈交可疑交易报告①。可见该法为了对清洗黑钱行为进行预防与控制，而明确细致订定了清洗黑钱罪的基本构成要件。

由于澳门只有在法律明文规定下才会对法人作出处罚②，鉴于该行为由法人作出的情况较常见，因此，第 2/2006 号法律第 5 条就专门规定了法人犯罪的刑事责任。为了配合法律的执行，该法亦详细列出了有关规定。

①可疑交易的定义。有迹象显示进行按第 2/2006 号法律《预防及遏止清洗黑钱犯罪》及第 3/2006 号法律《预防及遏止恐怖主义犯罪》所订定之清洗黑钱及恐怖主义融资犯罪交易，或被怀疑用以实施转换、转移或掩饰不法资金或财产，以隐藏其真正拥有权及来源并使其看来是来自一合法来源的交易，都视为可疑的清洗黑钱及/或恐怖分子融资交易，又或简称可疑交易。

②报告责任的法律规定。报告义务：根据第 2/2006 号法律第 6 条第 2 款及第 7 条第 1 款规定：在受博彩监察协调局监管的经营幸运博彩，以及娱乐场幸运博彩中介人须识别合同订立人、客户或幸运博彩者身份，如对有关业务而言，在所进行的活动中有迹象显示有人实施清洗黑钱犯罪或有关活动涉及重大金额；须识别所进行的活动，如出现上项所指情况；如不提供为履行上述必需的资料，须拒绝进行有关活动；须在合理期间保存与履行向博彩监察协调局呈交上述文件；如在有关活动中有迹象显示有人实施清洗黑钱犯罪，须通知所进行的活动；须与所有具预防及遏止清洗黑钱犯罪职权的当局合作。

同时，第 7/2006 号行政法规《清洗黑钱及资助恐怖主义犯罪的预防措施》第 3 条"识别合同订立人、客户及幸运博彩者身份的义务"亦作出更详细规定。

在出现下列任一情况时，经营幸运博彩的博彩公司及获转批给人、经营幸运博彩的博彩公司或获转批给人的管理公司、经营彩票或互相博彩的特许经营公司，还有娱乐场的博彩中介人（幸运博彩中介人）应要求合同

---

① 参见第 7/2006 号行政法规第 7 条。
② 参见澳门《刑法典》第 10 条"责任之个人性"："仅自然人方负刑事责任，但另有规定者除外。"

订立人、客户或幸运博彩者提供身份证明文件。

第一，在有关活动中有迹象显示有人实施清洗黑钱或资助恐怖主义犯罪，尤其经分析合同订立人、客户或幸运博彩者的做法后考虑到该等活动的性质、复杂性、所涉金额、次数或当中所出现的不寻常情况，按由博彩监察协调局制定的第2/2006号指示《清洗黑钱及资助恐怖主义犯罪的预防措施》所订出的《可疑交易报告书》内容：

7.1　本《指示》（《清洗黑钱及资助恐怖主义犯罪的预防措施》）的对象应登记以下交易并识别有关参与人：

7.1.1　基于其性质、复杂性、所牵涉的金额或非惯常性而显示有清洗黑钱或资助恐怖主义活动迹象的博彩或投注；

7.1.2　基于其性质、复杂性、所牵涉的金额或非惯常性而显示有清洗黑钱或资助恐怖主义活动迹象的博彩信贷；

7.1.3　基于其复杂性、所牵涉的金额或非惯常性而显示有清洗黑钱或资助恐怖主义活动迹象的幸运博彩中介业务。

7.2　必须持续监管具政治背景之人士参与的交易，以查明交易款项的来源。

7.3　上述交易必须登记于《可疑交易报告书》并由其发生之日起计两个工作日内汇报予金融情报办公室知悉。

第二，按由博彩监察协调局制定的第2/2006号指示《清洗黑钱及资助恐怖主义犯罪的预防措施》所订出的规定：

6.1　本《指示》（《清洗黑钱及资助恐怖主义犯罪的预防措施》）的对象应透过载于附件的《巨额交易报告书》来识别参与人身份和登记以下交易：

6.1.1　澳门币伍拾万圆（500000.00）或澳门币伍拾万圆（500000.00）以上或同等款额的博彩或投注[①]；

6.1.2　澳门币伍拾万圆（MOP 500000.00）或澳门币伍拾万圆（500000.00）以上或同等款额的博彩信贷提供或偿还；

6.1.3　低于以上两项所订的博彩或投注又或博彩信贷的提供或偿

---

①　包括现金筹码及旅游招待码。

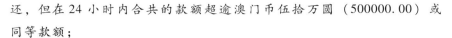

还，但在 24 小时内合共的款额超逾澳门币伍拾万圆（500000.00）或同等款额；

6.1.4　澳门币伍拾万圆（500000.00）或澳门币伍拾万圆（500000.00）以上或同等款额的幸运博彩中介业务，包括支付博彩者或投注者的开支等。

识别合同订立人、客户及幸运博彩者的代理人的身份。其内容应至少包括 6.2 所列以下资料：

6.2.1　参与者的姓名；

6.2.2　出生日期及地点；

6.2.3　住址（一个或多个）；

6.2.4　职业或所从事的业务；

6.2.5　用作识别身份的证明文件类别；

6.2.6　交易日期；

6.2.7　金额及款项来源；

6.2.8　签名样本。

幸运博彩的博彩公司、幸运博彩的转批给博彩公司、博彩中介人知悉或有理由怀疑合同订立人、客户或幸运博彩者并非为其本人行事，则为履行识别身份的义务，须从该等人处取得关于其代为行事的人的身份资料。

为了确保履行义务，在第 2/2006 号指示《清洗黑钱及资助恐怖主义犯罪的预防措施》跟进及协调规定，经营幸运博彩的博彩公司及获转批给人、经营幸运博彩的博彩公司或获转批给人的管理公司、经营彩票或互相博彩的特许经营公司，还有娱乐场的博彩中介人（幸运博彩中介人）应至少委任一名职员及其代理人跟进适用于预防清洗黑钱及资助恐怖主义犯罪的所有守则及程序是否执行良好，并作出适当协调。

该等职员须负责仔细地复查和跟进处理《可疑交易报告书》及《巨额交易报告书》，并将《可疑交易报告书》送交金融情报办公室。负责跟进及协调的职员应享有职能自主权和具备担任上述所指职能的适当经验。经营幸运博彩的博彩公司及获转批给人、经营幸运博彩的博彩公司或获转批给人的管理公司、经营彩票或互相博彩的特许经营公司，还有娱乐场的博彩中介人（幸运博彩中介人）应适时将负责跟进及协调的职员以及其代理人的姓名通知博彩监察协调局。当博彩监察协调局认为负责跟进及协调的职员因其适当资格或技术能力理由应该离任时，可决定更换该职员。

第 7/2006 号行政法规《清洗黑钱及资助恐怖主义犯罪的预防措施》第 6 条 "保存证明文件的义务" 规定，识别资料的证明文件，保存期为 5 年，但可由微缩底片替代或转载至数码载体内；澳门《商法典》第 47 条、第 48 条及第 49 条第 2 款的规定经作出适当配合后，适用于此情况。

当刑事警察机关、司法当局及其他有权限的当局为预防及遏止清洗黑钱及资助恐怖主义的目的而要求提供资料及文件时，经营幸运博彩的博彩公司及获转批给人、经营幸运博彩的博彩公司或获转批给人的管理公司、经营彩票或互相博彩的特许经营公司，还有娱乐场的博彩中介人（幸运博彩中介人）有合作义务。

五　金融管理局

金融管理局①（AMCM）是具有行政、财政及财产自治权之公法人，且为具有法律人格之公共机关。其前身是 1980 年设立的澳门发行机构②，为一公共企业③，后来根据需要改为澳门货币暨汇兑监理署④，具有货币发行权。在我国恢复对澳门行使主权后，根据《中华人民共和国澳门特别行政区基本法》第 108 条⑤的规定，澳门货币发行权属于澳门特别行政区政府。澳门特别行政区政府可授权指定银行行使或继续行使发行澳门货币的代理职能。早在 1905 年，通过与大西洋银行签订的代理合约，传统地将该权赋予该银行至今。在 1995 年 10 月 15 日后加入中国银行澳门分行一同发行，硬币则由澳门金融管理局负责发行。

兑换店是博彩经营中比较重要又与金融管理局有关的部门，因此，亦需要作一介绍。兑换店应以股份有限公司或有限公司之形式设立；兑换店

---

① 参见第 18/2000 号行政法规。

② 参见第 1/80/M 号法令。

③ 类似我国内地的事业单位。

④ 参见第 39/89/M 号法令。

⑤ 澳门元为澳门特别行政区的法定货币，继续流通。澳门货币发行权属于澳门特别行政区政府。澳门货币的发行须有百分之百的准备金。澳门货币的发行制度和准备金制度，由法律规定。澳门特别行政区政府可授权指定银行行使或继续行使发行澳门货币的代理职能。

之股票应为记名股票或须作登记之无记名股票；兑换店于设立时及存续期间内之公司资本不得低于澳门币 100 万元；在设立时，公司资本应全数认购并以现金缴付，且至少将有关金额之一半存放于澳门金融管理局或其他机构作为担保，当出现任何状况时，由澳门金融管理局先动用。但澳门金融管理局可以许可有关存款于获准之业务开展后提取。

兑换店的管理非常严格，其日常交易账目的记录方式受金融管理局监督，亦要按金融情报办公室的指引作出交易行为。股东出资额之让与或以任何方式之转让，须经澳门金融管理局预先许可。

在名称或商业名称使用方面，明文"禁止未获许可之任何实体在其名称内加入或在从事业务时使用明示或暗示所营事业为本法规所规范之业务之字词或词语"[1]。否则，可能符合澳门《刑法典》第 322 条第 b 项"职务之僭越"所描述的犯罪行为[2]。

在经营场所方面亦有限制：不能随便找一个地方开业，场所的所在地及设置等亦须获批准，否则不会获准开业，而分店及兑换柜台要求亦是一样。还有需要以公众易见之方式，标明外汇牌价、佣金及其他负担以及有关之计算基础，发出兑换收据等。每笔交易都要以法律认可的形式记录下来，交予监管当局查看，或保存相关交易记录。

按照第 38/97/M 号法令，属澳门金融管理局监管的获准在博彩娱乐场所内经营兑换柜台之本地区机构有 6 间：澳门博彩股份有限公司、威尼斯人（澳门）股份有限公司、永利渡假村（澳门）股份有限公司、银河娱乐场股份有限公司、新濠博亚（澳门）股份有限公司及美高梅金殿超濠股份有限公司，但他们可以通过行政长官的批准开设多个兑换柜台。

如时任行政长官何厚铧在 2005 年 1 月 5 日行使《中华人民共和国澳门特别行政区基本法》第 50 条第 4 项规定的职权，并按照 9 月 15 日第 39/97/M 号法令第 9 条的规定，命令公布第 3/2005 号行政命令，"威尼斯人（澳

---

① 第 38/97/M 号法令第 6 条"名称或商业名称之使用"："禁止未获许可之任何实体在其名称内加入或在从事业务时使用明示或暗示所营事业为本法规所规范之业务之字词或词语。"

② 澳门《刑法典》第 322 条"职务之僭越"："作出下列行为者，处最高二年徒刑，或科最高二百四十日罚金：a）明示或默示自己具有公务员或公共保安部队成员之身份，而在未经许可下，执行公务员或公共保安部队之职务，或作出公务员或公共保安部队成员本身之行为；b）不拥有或不具备法律要求从事某一职业所须拥有或具备之某一资格或某些条件，明示或默示自己拥有或具备此资格或条件，而从事该职业；或 c）获正式通知被撤职或停职后，继续执行公共职务。"

门）股份有限公司"（葡文名称为 Venetian Macau，S. A.）获许可以自负风险形式，在名为"金沙娱乐场"的幸运博彩经营地点，除第 15/2004 号行政命令及第 33/2004 号行政命令许可经营的 7 间兑换柜台外，又增设了 3 间兑换柜台。但威尼斯人（澳门）股份有限公司仅可在兑换柜台进行以下交易：①买卖外地的法定流通纸币及硬币；②购买旅行支票。有关经营业务的特别条款由澳门金融管理局按照第 38/97/M 号法令订定。

六 司法警察局、经济局及旅游局

（一）司法警察局

由于历史原因，澳门特别行政区除了设立治安警察局外，还设立了司法警察局，该局的主要职能是预防犯罪、调查犯罪，以及协助司法当局。在澳葡管治时代，澳门的刑事侦查工作独立由一个属司法系统管理的警察机关——司法警察司负责，该警察机关在行政、财政上均与澳门的其他警察部门分开。回归后，由于行政管辖的改变，司法警察司改为司法警察局，并改由保安司监管。

根据第 27/98/M 号法令及第 5/2006 号法律订定了司法警察局的职权及权力制度，第 5/2006 号法律第 7 条规定，在不影响澳门《刑事诉讼法典》的适用下，推定了司法警察局获调查下列犯罪的专属职权①：在赌场及其他博彩场所内实施的犯罪，又或在该等场所周围实施的与博彩有关的犯罪；向用作出赛的动物不法使用物质的犯罪②。

由于澳门的经济活动改变，博彩业已成为澳门公共经济最主要收入，随之而来的与博彩相关的犯罪行为亦不断增加。因此，司法警察局在回归后，设立了博彩及经济罪案调查厅，负责侦查犯罪行为人不明且可处最高限度超逾 3 年徒刑的犯罪，其下设博彩罪案调查处、经济罪案调查处、清洗黑钱罪案调查处及资讯罪案调查处。其中博彩罪案调查处主要负责侦查及调查在赌场及其他博彩场所实施的犯罪，又或在该等场所周围实施与博彩有关的犯罪；经济罪案调查处主要侦查及调查伪造货币、债权证券、印花

---

① 根据澳门《刑事诉讼法典》第 42 条第 2 款 b 项的规定，澳门的刑事侦查是由检察院领导。
② 参见第 9/96/M 号法律《与动物竞跑有关的刑事不法行为》中的规定。

票据及其他等同票据①，或将之转手等犯罪；清洗黑钱罪案调查处主要侦查及调查清洗黑钱及同类有关的犯罪；资讯罪案调查处主要侦查及调查涉及资讯领域之犯罪。

（二）经济局

经济局是受澳门经济财政司司长监督的一般部门，负责协助制订和执行经济活动范畴、知识产权范畴以及其他法律规定属其范畴的经济政策。经济局只对违反第 7/89/M 号法律第 8 条规定②的自然人或法人以广告宣传博彩的进行监管，有科处罚款澳门币 2000～12000 元或澳门币 5000～28000 元的权限③，但其他法律作出更重处罚除外。

（三）旅游局

旅游局是为澳门特别行政区在旅游方面全面订定目标，受社会文化司司长监督的一般部门。澳门的旅游及博彩连成一体发展，大部分的娱乐场都在酒店设施内，而旅游局有对这些酒店设施及其附设的设施，如不可或缺的餐饮业，发出使用准照的权限。因此，旅游局对澳门博彩业的监管起重要作用。

---

① 在澳门，此类型的犯罪主要是空头支票。

② 第 7/89/M 号法律第 8 条第 1 款 "特别情况"："一、下列事项不可作广告宣传：a. 放债活动；b. 以博彩活动作为广告的主要信息者。"

③ 第 7/89/M 号法律第 31 条 "职权"："下列机关有权执行第二十七条所指的罚款：a. 违反第十六条之规定者，由卫生司负责；b. 违反第十八条之规定者，由旅游司负责；c. 违反第十九条及二十条之规定者，由有关市的市政厅负责；d. 属其他情况者，由经济司负责。"

第三章
澳门合法经营博彩的方式

在澳门经营博彩活动必须预先获得澳门特别行政区政府批准，事前需要经过公开竞投，经法定的开标及评标程序，获批给人才可以在经法律、行政法规、批示所准许的地点经营指定的博彩活动；否则会被视为作出了第8/96/M 号法律《不法赌博法》第 1 条第 1 款 "不法经营赌博" 所禁止的不法行为。

一　经营娱乐场幸运博彩业务之牌照

第 16/2001 号法律《娱乐场幸运博彩经营法律制度》规定，澳门特别行政区政府可批给至多 3 个经营娱乐场幸运博彩业务之牌照，且应订定期间及不得多于 20 年[①]。自 2001 年起，各家公开参加竞投之公司，通过娱乐场幸运博彩经营批给首次公开竞投委员会之评定后，澳门政府分别与澳门博彩股份有限公司、永利渡假村（澳门）股份有限公司及银河娱乐场股份有限公司签署了 3 个娱乐场幸运博彩经营批给合同[②]。澳门政府是以行政合

---

① 　参见第 16/2001 号法律第 7 条第 2 款及第 13 条第 1 款。
② 　有关合同的内容，详见本书附录一。

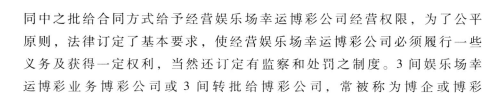

同中之批给合同方式给予经营娱乐场幸运博彩公司经营权限，为了公平原则，法律订定了基本要求，使经营娱乐场幸运博彩公司必须履行一些义务及获得一定权利，当然还订定有监察和处罚之制度。3 间娱乐场幸运博彩业务博彩公司或 3 间转批给博彩公司，常被称为博企或博彩公司。

二　转批给之牌照

在未经政府许可的情况下，任何获批给经营幸运博彩的公司都负有义务：不能以明示或默示、正式或非正式的方式将某一娱乐场或某一博彩区域的经营，全部或部分让与、顶让、转让或以任何方式对之设定负担；不可将获批给的全部或部分作转批给，又或为达至相同结果而作出任何法律行为。

然而，现时除了 3 家博彩公司拥有经营娱乐场幸运博彩业务之牌照（俗称正牌）之外，尚有 3 家公司拥有转批给之牌照（俗称副牌），它们是美高梅金殿超濠股份有限公司，持有由澳门博彩股份有限公司转批给之牌照；新濠博亚（澳门）股份有限公司，持有由永利渡假村（澳门）股份有限公司转批给之牌照；威尼斯人（澳门）股份有限公司，持有由银河娱乐场股份有限公司转批给之牌照。

三　博彩中介人之牌照

如果说澳门是靠博彩业支撑的话，那么我们说博彩业是靠博彩中介人制度支撑的，以此来说明该制度的重要地位毫不过分。事实上，博彩中介人制度是澳门博彩业中最具特色的。据统计，自 1985 年推广博彩中介人制度之后截至 1997 年这 12 年中，澳门旅游娱乐有限公司的产出从 18.04 亿澳门元上升到 172.02 亿澳门元，后者接近前者的 10 倍。澳门博彩业过往的发展史说明，博彩中介人的兴旺发展直接影响着赌场的兴旺。

博彩中介人制度实际上包含着四种要素，分别是：叠码制、泥码制、赌厅承包制和赌团制，每个要素单独存在，并非缺一不可。接下来将简单介绍相关的内容。

（一）"旅游招待筹码""泥码"

旅游招待筹码、泥码是不能兑换现金的赌场筹码，但博彩公司方面会付出旅游招待筹码、泥码的最多至 1.25% 现金筹码回扣给博彩中介人或由博彩中介人回扣给其合作人，而超过一定的数量之后亦会加送出往来港澳的豪华船票、饮食娱乐的代用券、酒店住宿的代用券，甚至机票等各种优惠，当然这些优惠可以通过各种途径转换成现金。

（二）博彩中介人及其合作人"叠码仔"

博彩中介人及其合作人通过和赌客兑换旅游招待筹码、泥码，在赌客下注的同时收取回佣，程序如下：

（1）博彩中介人之合作人（叠码仔）必须在相熟的博彩中介人处开设户口，向博彩中介人购买旅游招待筹码、泥码；

（2）当赌客想下注时，叠码仔将自己手中的旅游招待筹码、泥码兑予赌客；

（3）赌客赢的话，得到的是"现金码"的彩金和旅游招待筹码、泥码的本金。如果赌客再次下注时，必会用旅游招待筹码、泥码，因为现金码随时可兑换成现金，而旅游招待筹码、泥码则不行。假如赌注不变的话，由于叠码仔并无提供新的旅游招待筹码、泥码，因此博彩中介人、叠码仔从旅游招待筹码、泥码中得到的回佣并无增加，亦即其所得到的回佣只是第一次兑换时所得的回佣；

（4）赌客输的话，假如其要继续下注，博彩中介人、叠码仔继续兑换新的旅游招待筹码、泥码给赌客，因而得到新的回佣收入。

（三）赌团

当某些人认为自己有能力组织具一定数量且具豪赌能力的赌客来澳门进行赌博时，便可以向赌场方面申请成为赌团的博彩中介人。当符合一定条件时，经认可及与赌场签订合同后，他们就可以在赌场内开设兑换泥码户口，存放现金以换取等额旅游招待筹码、泥码，从而获得利润。据 1995 年 12 月博彩合约监察署的调查报告指出，赌场总收入的40% 均来自这些豪赌客；而在 1983 年至 1995 年期间仅来自泰国一国的赌团在澳门下注的旅游招待筹码、泥码额就占澳门赌场总收入的 40%。

但这种形式已经被博彩中介人及叠码仔所取代。

（四）博彩中介人

过去，为了吸引更多的豪赌客人，使他们能够更舒适地赌博，投下更多注码，赌场设立了许多豪华厅房以招待他们。由于这些豪华厅房的经营成功，所以这些澳门的赌团负责人亦开始向赌场的持牌人要求成为这一类型厅房的经营人，为自己招徕的客人提供一个豪华舒适的赌博场所。在20世纪90年代至回归初期，开设赌厅的程序是首先向持牌人交出港币2000万～3000万不等的按金，以作为经营失败而引起的问题的担保，而营利来源是赌场的中介人与赌厅持牌人以3：7的比例分配在赌厅内所获得的利润，而当亏本时由中介人自行承担；而赌厅运作的筹码亦是以"旅游招待筹码"开始，因此持牌人亦会给予中介人0.7%的筹码回扣。但相对于赌场而言，赌厅承担了亏本的风险，而且在加入了许多积极的因素后，使得盈利不断提高。

在澳门回归前，政府及澳门旅游娱乐有限公司均不承认赌厅的存在。在回归之后，由于赌厅的经营活动是实际存在的，且为博彩业带来了一定的利润。因此，为了使这些经营活动受到规范，澳门特区政府正视了这一问题，把经营非常成功的赌厅及其派生的代理人制度在新的《娱乐场幸运博彩经营法律制度》（第16/2001号法律）中进行了规范，如第2条第1款第6项规定，"博彩中介人——在娱乐场推介幸运博彩者，其工作系给予博彩者各种便利，尤其是有关交通运输、住宿、餐饮及消遣等，而收取由一承批公司支付之佣金或其他报酬"。

在同一法律的第23条也对博彩中介人作出规定。为了使有关的法律能够执行，行政长官在2002年4月1日公布了第6/2002号行政法规（《订定从事娱乐场幸运博彩中介业务的资格及规则》），规范了博彩中介人的发牌制度及管理规则。

在此规定下为了吸引更多的高端顾客，使他们能够更舒适地进行博彩活动，投下更高的注码，各个娱乐场均设立了一些博彩中介人（贵宾厅/赌厅），以招待这些高端顾客在内进行博彩。由于这些博彩中介人（贵宾厅/赌厅）经营成功，组织高端顾客来澳门博彩娱乐的赌团负责人，开始向娱乐场承批人及转批给人（博企）要求成为这一类型博彩中介人（贵宾厅/赌厅）的经营人，为自己招徕的客人提供一个豪华舒适的博彩娱乐场所。而开设博彩中介人需领有博彩监察协调局发出的博彩中介人准照，他们会先向娱乐场幸运博彩承批人协议支付 3000 万～6000 万不等的澳门币或港元作为按金①，作为经营失败而引起坏账的担保。贵宾厅营利来自与博企以 4（博彩中介人）：6（博彩公司），甚至 4.5：5.5②（俗称"46 厅"或"输杀厅"）的比例分配在贵宾厅内所获得的利润，而当出现亏损时则由博彩中介人自行承担风险。

博彩中介人的运作原理，从旅游招待筹码开始，起初娱乐场只是给予博彩中介人 0.7% 的回扣，随着各娱乐场竞相争夺博彩中介人手中的高端顾客，后来发展至给予博彩中介人 1.2% 的回扣。但当贵宾厅以 46 厅或输杀厅的形式营运时，娱乐场就不再给博彩中介人以及博彩中介人的合作人回扣，回扣转由营运 46 厅或输杀厅的博彩中介人支付。从娱乐场的角度而言，营运贵宾厅的博彩中介人承担了亏损的风险，同时因为加入了许多积极的因素，营业额也不断提高。

为了使有关的法律能够执行，行政长官在 2002 年 4 月 1 日公布了第 6/2002 号行政法规《订定从事娱乐场幸运博彩中介业务的资格及规则》，规范了博彩中介人发牌制度、管理规则及申请的规范文件。续后更加入申请的规定，当中包括规范娱乐场幸运博彩中介人适当资格的审查程序、发出博彩中介人准照的程序、博彩中介人在经营娱乐场幸运博彩的博彩公司所作的登记及博彩中介人的佣金或其他报酬的支付。

博彩中介业务只可由合资格的属公司或属自然人商业企业主的博彩中介人从事，且只有获政府透过博彩监察协调局发给的博彩中介人准照者，方可从事博彩中介业务。对处于该法规第 32－B 条第 1 款第 1 项规定的注销准照附加处罚之日至递交首次申请书之日未满两年情况的申请人，均视为不具备资格③。

对于属由公司从事博彩中介业务的情况，该公司的所营事业应仅为推介娱乐场幸运博彩或其他方式的博彩，且只有自然人方可成为其公司资本的拥有人；如有关公司属股份有限公司，其股份必须为记名股份，且公司资本应在公司设立之时已全部认购及缴付；另外，属公司的博彩中介人禁止以公开认购的方式设立；公司在获发博彩中介人准照后，须就其设立作

---

① 但这些按金是可以作为借贷之担保。
② 按中人与娱乐场幸运博彩承批人的协议，可有不同的约定。
③ 根据第 6/2002 号行政法规第 3 条第 1 款、第 6 条。

商业登记，且于登记后 15 日内将登记证明送交博彩监察协调局①。

而对自然人商业企业主从事博彩中介人业务，只需在获发博彩中介人准照后，就属自然人商业企业主的博彩中介人的事实作商业登记，并在作出登记后的 15 日内将登记证明送交博彩监察协调局即可②。

在首次申请博彩中介人准照的情况下，申请人除了须向博彩监察协调局递交申请书、法律规定的其他资料或文件外，尚须附有一份由博彩公司的法定代理人或可使博彩公司负责的董事签署的声明书，该声明书的签署及身份须经公证认定，且声明书内应指出博彩公司拟与有关博彩中介人经营业务的意向③。

根据该法规第 8 条的规定，针对属公司的博彩中介人准照申请人及博彩中介人的资格审查，其应向博彩监察协调局呈交三份填妥的表格，包括：

（1）属公司的博彩中介人资料披露表④；

（2）拥有属公司的博彩中介人、5% 或 5% 以上公司资本的股东及董事个人资料披露表⑤；

（3）博彩中介人主要雇员个人资料披露表⑥。

政府在审查属公司商业企业主的准照申请人或博彩中介人的资格时，除了考虑载于以上所指之文件的资料，亦可要求其提供一些对适当资格的审查工作属重要的其他资料⑦。

根据该法规第 9 条的规定，针对属自然人商业企业主的博彩中介人准照申请人及博彩中介人的资格审查，其应向博彩监察协调局呈交两份填妥的表格，包括：

（1）属自然人商业企业主的博彩中介人个人资料披露表⑧；

（2）博彩中介人主要雇员个人资料披露表⑨。

同样的，政府在审查属自然人商业企业主的博彩中介人准照申请人或

---

① 根据第 6/2002 号行政法规第 4 条。
② 根据第 6/2002 号行政法规第 4 条。
③ 根据第 6/2002 号行政法规第 7 条。
④ 该表格载于第 6/2002 号行政法规的附件一。
⑤ 该表格载于第 6/2002 号行政法规的附件二。
⑥ 该表格的式样由经济财政司长以批示核准，由每名主要雇员填妥。
⑦ 根据第 6/2002 号行政法规第 13 条的规定。
⑧ 该表格载于第 6/2002 号行政法规附件三。
⑨ 该表格的式样由经济财政司长以批示核准，由每名主要雇员填妥。

博彩中介人是否具备适当资格时，除了考虑上述所指文件的资料，亦可要求其提供一些对适当资格的审查工作属重要的其他资料①。

在博彩监察协调局完成适当资格审查程序后，如认为属公司或属自然人商业企业主的博彩中介人准照申请人具备适当资格，则在该局局长编制报告书结束后，可以向其发出博彩中介人准照，该准照有效期为一历年，即由1月1日至同年的12月31日，并可透过最迟于9月30日向博彩监察协调局递交的申请书，按相同期间续期。

属公司的博彩中介人，拥有其5%或5%以上公司资本的股东、董事及主要雇员，每隔6年必须接受一次适当资格的审查。为此，应最迟于8月31日，将首次申请所需的表格以及续期申请书一并递交予博彩监察协调局。博彩监察协调局亦可在准照有效期内，要求上述人士作额外的适当资格审查程序②。

而属自然人商业企业主的博彩中介人及其主要雇员，则每隔3年须接受一次适当资格的审查，同样需要将首次申请的表格连同续期申请书一并递交予博彩监察协调局③。

最后，博彩中介人不得透过他人从事本身获发准照从事的博彩中介业务；若将其合同地位以任何方式或名义转让或让与第三人的合同，均属无效④。

四　博彩中介人之合作人之牌照

博彩中介人经营的贵宾厅是吸引高端赌客的好方法之一，但只以单一渠道去吸引客源，难以满足贵宾厅的需求。为了广增客源渠道，博彩中介人（贵宾厅）与博彩中介人之合作人叠码仔订立协议，他们可以在贵宾厅内开设户口存入现金，带客户来进行娱乐博彩时，贵宾厅会给予他们相当于赌团所得优惠，甚至有的贵宾厅会给予特别优惠，以利诱他们带客户到其贵宾厅进行娱乐博彩。这些叠码仔的收入是非常可观的。

叠码仔的活动已长期存在，亦由此衍生出不少的问题。为使此经营活动受

---

① 根据第6/2002号行政法规第13条的规定。
② 根据第6/2002号行政法规第10条、第14条的规定。
③ 根据第6/2002号行政法规第10条、第14条的规定。
④ 根据第6/2002号行政法规第20条的规定。

到规范，特区政府在新的《娱乐场幸运博彩经营法律制度》（第 16/2001 号法律）的第 23 条 "博彩中介人" 第 7 款首次正式地对这一类活动作出了规范。

同样为使有关的法律能够执行，行政长官在 2002 年 4 月 1 日公布的第 6/2002 号行政法规《订定从事娱乐场幸运博彩中介业务的资格及规则》第 17 条①中对相关的发牌制度及管理规则进行规范，此后，叠码仔的正式名称为 "博彩中介人之合作人"。

显然，上述招徕生意的手法不仅非常有效，而且已被纳入法律允许的范围。现在的问题主要是，他们的经营运作方法大多涉及借贷行为，而目前除法律规定的情况外，在娱乐场内只要涉及经济利益的消费借贷都被视为高利贷罪，是犯罪行为②。

五　互相博彩之牌照

互相博彩是指以动物之速度竞赛或体育赛事作为投注对象，当中的获

---

① 参见第 6/2002 号行政法规第 17 条 "合作人"：

一、为从事本身的业务，博彩中介人可配备自行挑选的合作人，其数目上限由博彩监察协调局最迟于每年的十月三十一日定出。

二、为适用上款的规定，博彩中介人应最迟于每年的十一月十五日透过其进行登记的承批公司向博彩监察协调局送交一份名单，该名单须载有博彩中介人为翌年而挑选的合作人的身份资料，并须附同该等合作人的身份证明文件副本及刑事纪录证明书；如合作人在其居住的管辖区域内无法取得刑事纪录证明书，则应附同具同等效力的文件。

三、上款所指的合作人名单须经博彩监察协调局核准；该局可以不核准名单上的某一人或某部分人。

四、博彩监察协调局可随时取消第二款所指名单上的某一人或某部分人的合作人资格，但不妨碍第二十九条及第三十一条，以及与博彩中介人、其合作人及在娱乐场任职的雇员的责任有关的其他特别法律规定的适用。

五、博彩中介人可透过由其他合作人取代一名或一名以上的合作人，尤其是取代博彩监察协调局按照第三款规定不予核准者或按照第四款规定已被取消合作人资格者的方式，随时更改合作人的名单；博彩中介人合作人名单的更改，须获得第三款所规定的由博彩监察协调局作出的核准。

六、博彩中介人不可聘用已被取消合作人资格的人作为其雇员或在一稳定关系的基础上与该人有法律上的从属关系或提供劳务的关系；但经博彩监察协调局许可者除外。

七、合作人必须遵守由博彩监察协调局发出的一切通告及指引。

八、博彩中介人与其合作人订立的合同必须采用书面方式订立；博彩中介人应将合同副本或任何合同修改的副本送交博彩监察协调局，并须附具一份声明书，其内容为博彩中介人以名誉承诺声明所送交的文件属正本的副本。

② 根据第 8/96/M 号法律《不法赌博法》第 13 条。

胜者在扣除佣金、费用及税项后，按个别投注额之比例互相分取总投注金额之博彩，在其他地区可能被称为具彩池之博彩。在澳门现有赛马[①]及赛狗[②]两种以动物竞赛作为投注对象之互相博彩。

六　互动博彩之牌照

互动博彩是指博彩者以支付或同意支付金钱或其他价值，透过远程传播系统进入或参与博彩，并按有关规则之规定，获得或赢取一项金钱或其他具价值之奖品，但这些博彩是为在澳门各娱乐场提供或经核准之幸运博彩或电动或机动博彩机所提供。

但经营娱乐场幸运博彩之获批给公司不得经营任何形式之互动博彩。有关互动幸运博彩之经营是透过以另一独立批给合同而获得经营权。

七　向公众提供博彩活动之牌照

向公众提供之博彩活动是指仅仅靠运气而获胜之博彩活动。如彩票（白鸽票）、奖券、泵波拿及抽奖等。

澳门彩票有限公司[③]经营之足球及篮球两种以体育赛事作为投注对象之博彩，由于其经营方式是澳门彩票有限公司与投注者进行对赌，有别于互相博彩方式，因此，将其划分在向公众提供之博彩活动中。

---

① 首个合同为 1978 年 9 月 2 日公布于《公报》编号 35 的《赛马车会》专营赛马车批给合同之契约，其后合同条款及续约经多次修改，至本书截稿时，最新的批给合同为 2004 年 9 月 8 日公布于《公报》编号 36（第二组）的赛马专营批给续期公证合同摘录。

② 首个合同为 1985 年 12 月 7 日公布于《公报》编号 49 的关于澳门与澳门逸园赛狗有限公司重新签署在澳门以专营制度经营赛狗之专营合约，此后曾修改合同条款及续约，至本书截稿时，最新的情况为，根据第 103/2005 号行政命令，行政长官授予经济财政司司长谭伯源一切所需权力，代表澳门特别行政区作为立约人，就澳门特别行政区与澳门逸园赛狗股份有限公司签订的赛狗专营批给合同续期，签署相关公证书。

③ 根据第 32/2012 号行政命令，行政长官授予经济财政司司长谭伯源一切所需权力，就澳门特别行政区与澳门彩票有限公司签订的"组织及经营即发彩票及体育彩票——足球及篮球博彩特许合同"续期至 2015 年 6 月 5 日及修改事宜，代表澳门特别行政区签署有关公证书。

八　角子机博彩活动之牌照

老虎机、角子机或全名吃角子老虎机（slot machine），是一种经常在娱乐场见到的博彩机器，甚至设有专门的角子机的娱乐场所。玩法是先投入码硬币或刷卡，接着会随机出现不同图案，停定时如出现符合某特定图案组合者，即依其赔率胜出。

角子机博彩，是电动或机动博彩机的其中一种，原则上仅可在娱乐场内经营①，在例外的情况下，行政长官可批准在特定的时间内，在澳门注册之船舶或航空器处于澳门特别行政区以外，且在具旅游利益之航线上，于该等船舶或航空器经营及进行任何方式之幸运博彩；在澳门国际机场离境之已清关区域内，亦可经营及进行直接以筹码或货币投注博彩机之博彩；上述两者均包括角子机之博彩②。

对于角子机博彩之经营场所，原则上应在娱乐场内经营，且限于政府批准之地方及场所范围内进行，而这些场所的特征、所在地点及运作规则，由行政法规或在批给合同内订定③。由此引伸出角子机博彩之经营及经营之场所，须经政府批准，而在获政府批准的前提下，角子机博彩除了在一般的娱乐场内经营外，更可由获博彩公司在其他地点独立经营，这亦符合第13/72号立法性法规④的序言法部分的含义，一般称为"角子机"之自动博彩，仅可在单独作此用途之场所经营且该场地不得与其他娱乐场相连。这种特别处理手法在葡国领土之其他地方受到重视，甚至由法律所规范，于1969年3月18日第48912号法令亦有如此规定。因此，获许可博彩公司在该等条件下透过支付年金经营角子机。

由于澳门地理面积小，众多的娱乐场所与居民的生活区交错，即使对进入娱乐场所的人士有所限制，仍不免对居民社区生活的环境造成负面影响，如影响下一代或出现病态赌徒等。因此，社会上近年来呼声不断，要求将娱乐场所，尤其是独立经营的角子机场所，迁至远离民居的地方，以

---

① 　参见第 16/2001 号法律第 3 条第 2 款及第 8 款。
② 　参见第 16/2001 号法律第 5 条第 3 款。
③ 　参见第 16/2001 号法律第 3 条第 2 款和第 8 款，以及第 5 条第 1 款和第 2 款。
④ 　此立法性法规为第 16/2001 号法律之前身。

营造健康的社区生活环境。为响应社会诉求，根据第 16/2001 号法律《娱乐场幸运博彩经营法律制度》第 52 条制定的补充性行政法规，第 26/2012 号行政法规第 46 条第 1 款规定，按照第 16/2001 号法律《娱乐场幸运博彩经营法律制度》第 3 条第 2 款的独立批示，获得许可的博彩机室仅可设置于下列建筑物：①评级不少于五星的酒店；②整幢楼宇为非住宅用途且与获许可酒店娱乐场的距离少于 500 米的大厦；③非设在高密度住宅区范围且属名胜的商业休闲综合大楼。第 3 条第 3 款规定，政府应自该行政法规生效之日起一年内采取适当措施，使于该行政法规生效之日已设于非为上述建筑物内的博彩机室符合规范。

第四章

博彩公司与博彩中介人及博彩中介人
之合作人的关系

一 博彩公司与博彩中介人之合同

博彩中介人是指在娱乐场推介幸运博彩的人，其工作是给进行博彩活动的客人各种便利，尤其是在交通运输、住宿、餐饮及消遣等方面，从而收取由博彩公司支付之佣金或其他报酬[①]。

博彩中介人之活动须领取准照且须受政府之监察，同时，为了娱乐场的工作，博彩中介人尚须在其提供服务之每一博彩公司作登记后，方可从事该业务，而这登记，亦须同时获得博彩监察协调局的许可。此外，博彩公司就有关博彩中介人及其行政管理机关成员和博彩中介人之合作人（简称"合作人"）在娱乐场开展之活动，以及就他们是否遵守法律及规章规定向政府承担责任。为此，博彩中介人的活动同时受政府及博彩公司的监管。

政府应对博彩中介人的数目作出严格的监控，每年均会定出获准为每一博彩公司服务之博彩中介人之最高名额，而每年每一博彩公司也必须将

---

① 参见第 16/2001 号法律第 2 条第 1 款第 6 项。

预计在翌年内为其服务之博彩中介人的名单连同其身份资料送交博彩监察协调局（以下称"博监局"），以便由政府核准①。

根据第 6/2002 号行政法规，博彩中介人须按照其与博彩公司订立的合同从事业务，合同必须采用书面方式订立，一式三份，有关签名须经当场公证认定。之后，博彩公司须于 15 日内向博监局送交合同的一份正本、合同的所有补充文件的副本，以及与博彩中介人有关的涉及澳门币 100 万元或 100 万元以上债务的其他文件的副本或涉及支付上述金额的其他文件的副本。

在送交上述的补充文件及其他文件时，应附具一份由博彩公司法定代理人或可行使博彩公司负责权的董事签署的声明书，签名及其身份须经公证认定②，声明书的内容为博彩公司以名誉承诺声明有关文件所载资料及信息均真实无讹，并为最新资料，且该等文件属正本的副本。

合同的条款方面，需要包含：协议的佣金或其他报酬的数额及支付方法，但须遵守经济财政司司长以批示所定之佣金或其他报酬的上限③；博彩中介人可在娱乐场从事业务的条件及方式，尤其是有否分配专用的场地；

---

① 参见第 16/2001 号法律第 23 条。

② 按《公证法典》规定以法定公司的登记资料确认其身份及由公证员认定签名。

③ 根据第 83/2009 号经济财政司司长批示：

"经济财政司司长行使《澳门基本法》第六十四条赋予的职权，并根据经第 27/2009 号行政法规修改的第 6/2002 号行政法规第二十七条第一款的规定，作出本批示。

一、博彩中介佣金或其他任何方式的博彩中介业务报酬不得高于投注总额（net rolling）的 1.25%，不论有关计算基础为何。

二、为适用上款规定，任何由承批公司/获转批给人在澳门特别行政区境内或境外直接或透过尤其是承批公司/获转批给人出资的公司或与承批公司/获转批给人存有集团关系的公司而间接给予或提供予博彩中介人的奖赏、服务或其他可作金钱衡量的利益，又或对之作出的慷慨行为，均推定为具有报酬性质。

三、对上款所指的利益、奖赏、慷慨行为或服务作金钱衡量，应以给予该等利益、奖赏、慷慨行为或服务时市场所采用的商业价值和实践作为参考。

四、第一款所指的上限，适用于所有在现在及将来支付的佣金或报酬，即使有关的佣金或报酬是根据本批示生效前已签订的合同支付亦然。

五、不符合上指上限的博彩中介合同应作修改，行文内容应符合第 6/2002 号行政法规第二十四条第二款所规定的要件。

六、合同经修改后，其一份副本应最迟于今年十月一日送交博彩监察协调局。

七、承批公司/获转批给人负责提出适当的修改合同建议及促使有关合同文件获得签订，以及随后将副本送交博彩监察协调局。

八、承批公司/获转批给人须最迟于每月十日向博彩监察协调局送交一份详细列明于上一月份支付予每一博彩中介人的佣金或其他报酬数额的报表及已作就源扣缴的税款的报表，并附同核实有关计算所需的一切资料。"

应提供的担保金及担保，以及提供的方式；博彩公司及博彩中介人承诺放弃特别法院管辖并接受澳门特别行政区现行法律约束。

二 博彩公司容许博彩中介人作出借贷活动之合同

由于我国内地经济快速发展，内地的居民收入亦不断增加，累积大量财富，当他们要去外国或港澳台地区时，便需要外汇。假如他们通过合法的途径把人民币兑换成港币或美元，不但会有汇率差异方面的损失，而且每人每次只能携带 2 万元人民币或等值的外汇出境①，并不能满足在境外消费的需求。特别是到澳门幸运博彩娱乐场进行娱乐博彩，客人需要以现款来兑换筹码，但当客人没有足够的现款时，便需要提供信贷服务，以满足他们在娱乐场消遣的需求。根据澳门第 5/2004 号法律《娱乐场博彩或投注信贷法律制度》所定，信贷实体可以在客人没有现款支付的情况下，将娱乐场幸运博彩用的筹码的拥有权移转予客人，而根据该法律第 2 条第 2 款规定，下列均视为现款：

（一）现金；

（二）旅行支票；

（三）保付支票；

（四）本票（cashier's orders 或 cashier's checks）；

（五）现金速递汇票或授权书（money orders）；

（六）邮政汇票；

（七）透过寄存可直接兑换成现金结余的任何转账票据而进行的银行账户入账；

（八）以银行转账或资金调动，又或账户抵消等交易进行的银行账户入账；

（九）利用电子支付工具②进行的电子资金转账（Electronic Funds

---

① 邱庭彪：《发展休闲博彩的思考》，《澳门新视角》2007 年第 1 期。

② 根据第 5/2004 号法律第 2 条第 3 款规定，电子支付工具为付款卡，包括信用卡及借记卡；利用电子载体储存金额的卡片式电子货币工具，又或将现金结余记录在电脑存储器内的电子货币工具。

Transfer）；

（十） 娱乐场幸运博彩或其他方式的博彩经营承批公司（下称“承批公司”）及娱乐场幸运博彩或其他方式的博彩经营的获转批给人（下称“获转批给人”）以无偿方式提供予博彩者或投注者且接受作为上款所指移转的支付工具的有价票据；

（十一） 经行政长官以批示规定视同现款的其他行为、交易或工具。

能够从事信贷业务的信贷实体，根据第 5/2004 号法律第 3 条的规定，原则上只有博彩公司和获转批给人被赋予从事信贷业务的资格；而博彩中介人则可以透过与某一博彩公司或获转批给人签订合同，从而被赋予从事信贷业务的资格，而且根据该法律第 5 条规定，信贷实体不得透过他人或其他实体从事信贷业务，旨在将信贷实体的资格以任何形式或任何名义移转予第三人的行为或合同，均属无效。然而，具有某博彩公司的娱乐场幸运博彩或其他方式的博彩经营管理权的管理公司（下称“管理公司”），又或博彩中介人，则可透过有代理权委任合同或有代理权代办商合同，以博彩公司或获转批给人的名义并为其利益而就信贷业务作出法律上的行为或订立合同。

综上所述，并根据该法律第 3 条第 6 款规定，信贷关系仅可发生在：

（一） 作为信贷实体的某一承批公司或获转批给人与作为借贷人的某一博彩者或投注者之间；

（二） 作为信贷实体的某一博彩中介人[1]与作为借贷人的某一博彩者或投注者之间；或

（三） 作为信贷实体的某一承批公司或获转批给人与作为借贷人的某一博彩中介人之间。

如信贷实体、与信贷实体订立合同的博彩中介人，又或管理公司、博彩中介人以代理信贷实体的情况下，严重违反适用于信贷业务的法律或规章的规定，又或显示出明显缺乏从事信贷业务所需的技术能力，澳门特别行政区政府可命令该信贷实体暂停或终止从事信贷业务，又或为其从事该

---

[1] 在透过上述的条件下。

业务设定条件，且不影响应提起的行政上的违法行为审理程序及应承担的民事或刑事责任。如属博彩中介人，政府尚可命令有关博彩中介人暂停或终止从事其根据该法律第 3 条第 2 款的规定获赋予资格从事的信贷业务。

三　博彩中介人与博彩中介人之合作人之关系

在澳门现时的博彩中介人中，法人博彩中介人有 202 名，自然人博彩中介人有 33 名[①]。而根据澳门统计暨普查局提供的资料，2013 年 1 月份的入境旅客便有 2312321 人次。对如此庞大的旅客量，为使博彩中介人能够更好地从事本身的业务，他们可自行挑选合作人以向其提供援助。博监局于每年的 10 月 31 日须定出合作人的数目上限[②]，而中介人最迟于每年的 11 月 15 日透过其进行登记的博彩公司向博监局送交一份合作人的名单，该名单须附有合作人的身份证明文件副本及刑事纪录证明书，再经由博监局审核。

对于合作人的名单，博监局可以个别不予核准，甚至可以随时取消名单上合作人的资格，对于已被取消资格的合作人，如没有得到博监局的许可，博彩中介人不可进行聘用。在合作人的名单被核准后，又或者博监局对于部分合作人不予核准的情况下，博彩中介人可透过其他合作人予以取代。

四　博彩中介人之合作人与客人之关系

随着澳门博彩业的不断发展，博彩中介人之合作人这种职业便应运而生，他们主要的工作是为客人提供信贷方面的服务，亦提供餐饮、交通、住宿、消遣等便利，让客人们可以在澳门尽情娱乐。

博彩中介人之合作人一方面是为娱乐场、博彩中介人寻找客源，另一方面，亦为客人们穿针引线，提供娱乐投注的地方。

客人们逗留澳门的时间一般不会太长，也不一定对澳门的地理环境熟

---

① 根据 2013 年 1 月 30 日澳门特别行政区《公报》编号 5（第二组）"博彩监察协调局佈告"。
② 根据第 6/2002 号行政法规《订定从事娱乐场幸运博彩中介业务的资格及规则》第 17 条第 1 款。

悉，为了让客人能在短时间内体验到澳门的娱乐生活，合作人的角色便变得十分重要。因为他们犹如澳门的另类"导游"，为客人介绍的并非旅游景点，而是围绕娱乐场为主、吃喝玩乐场所为辅的地方，甚至让旅客体验具澳门特色的"深度游"。

最后，上文亦有述及，博彩中介人之合作人亦为客人提供借贷服务（如涉及利益，包括上文提及的1.25%的回佣，则必须以博彩承批人、转批给人或获授权的博彩中介人的名义出借，否则符合了《不法赌博法》第13条的规定），以便客人能够尽情地在澳门享受娱乐活动。故此，博彩中介人之合作人这种职业，不论是对博彩公司、博彩中介人还是客人而言，均是不可或缺的。

五　博彩公司公会及博彩中介人之社团

（一）博彩公司公会

公会所指的是同业公会，目的是为限制竞争、规定生产或业务范围、保护同业利益，而由同业或相关行业联合组成。在澳门，上指涉及商业活动的公会一般称为商会，亦存在一个由博彩公司所组成的社团，为"澳门娱乐场博彩业承批公司商会"①。

该社团是一个非牟利性质的私人组织，并无政治取向，由澳门特别行政区的博彩承批公司及获转批给人于2009年组成。其目的是，尊重澳门的传统及文化价值的同时，建立一个就共同利益相关的事宜进行克制和友好讨论的平台，促进会员之间的合作精神，为澳门经营娱乐场幸运博彩业务的会员建立一个和谐与稳定的环境，促进澳门内外同类特许经营活动之间的交流，紧密与澳门政府机关合作和携手在博彩立法程序上作出贡献。同时，贯彻法规和规章，促进和提高澳门博彩业的健康增长和市场发展，从整体上对社会和博彩业进行改善。

根据其组织章程规定，社团的成员只限于承批公司、获转批给人，只

---

① 葡文名称为"Câmara de Concessionárias e Subconcessionárias de Jogos de Fortuna e Azar de Macau"，及英文名称为"Chamber of Macau Casino Gaming Concessionaires and Subconcessionaires"。

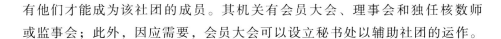

有他们才能成为该社团的成员。其机关有会员大会、理事会和独任核数师或监事会；此外，因应需要，会员大会可以设立秘书处以辅助社团的运作。

（二）博彩中介人之社团

由于博彩中介人的利益较为分散，根据澳门特别行政区政府《公报》的资料，博彩中介人于澳门分别设立多个与博彩中介人有关的社团，分别有澳门博彩业管理暨中介人总会、澳门娱乐博彩业中介人协会、澳门博彩中介商会、澳门博彩业交流协会、澳门博彩业俱乐部。

这些博彩中介人成立的社团，宗旨和目的可综合为：①联合和团结澳门博彩业中介人及其业界，推动澳门博彩业的发展，为澳门的经济繁荣、社会稳定作贡献；②作为博彩中介人与政府、承批公司的桥梁，为澳门博彩业的管理与发展集思广益；③推动澳门博彩中介人参与社会公益事业；④提高澳门博彩中介人及其业界的社会地位。

第五章
博彩员工之规范

在第一章中，笔者已经阐述了澳门博彩业发展的悠久历史。在20世纪60年代，澳门旅游娱乐有限公司引进了西式博彩模式，当时甚至有人称澳门是"东方蒙地卡罗"。但由于当时澳门仍没有劳动法①，同时为因应澳门的华人社会，以及照顾当时从原来的博彩专营企业转过来的员工，澳门博彩业模式仍然以华人传统习惯方式管理——如博彩桌上的庄荷及监场②等职位可以世袭，即长辈因退休、死亡等原因离开工作岗位，可以将职位空缺留给下一代③。虽然他们亦需从头做起，但是他们所取得的小账分成比例要比其他新入行的员工高，升迁的机会亦较多。从前，从事博彩业的员工工资并不高，每一工作日的工资由开始时澳门币4元左右提升至后期的港币15元④，但小账丰厚。20世纪80年代，一名普通庄荷的月实际收入超过澳门币

---

① 澳门第一部劳动关系法第101/84/M号法令，是在1984年生效。
② 称为"公务"，大致可分4级，穿青绿色西装、红色西装、黄色西装，以及不分颜色的代表赌场监察庄荷的工作人员。
③ 但澳门劳动法的法理上认为提供劳动是属个人的、亲身的，不能替代，劳动合同中一个劳动者死亡或退休不能以其他人继承劳动合同。
④ 参见澳门终审法院第40/2008号合议庭裁判书，第3页，1989年6月30日为4.1澳门元，从1989年7月1日至1995年4月30日为10港元，从1995年5月1日至劳动关系终止为15港元。

10000 元①，跟一名澳门最高级公务员的月收入澳门币 11000 元②只差一点。

一　博彩员工劳务合同之历史

在这里不得不提澳门劳动法的演变。澳门劳动法源自葡萄牙，一直以来，澳门以葡萄牙《民法典》③对从属劳动问题予以规范。

到 1974 年 4 月 25 日葡萄牙共和国的"鲜花革命"以后，葡萄牙共和国国会在 1976 年制定的《葡萄牙宪法》标题为"澳门组织章程"的第 292 条中规定："一、澳门地区仍受葡萄牙行政管理时，由适合其特别情况之章程约束。"由此澳门开始自行制定法律。一方面，当时的澳门总督可以根据"澳门组织章程"赋予立法权，以法令形式进行立法，而另一方面，立法会可以根据"澳门组织章程"赋予立法权进行立法，我们称之为"双轨立法"。但即使如此，鉴于当时的社会、政治、经济、文化情况，澳门仍然不具备条件对劳动关系进行立法。

据历史记载，在 17 世纪末期，葡萄牙开始在王国内发展纺织、玻璃、皮具等手工业，从而发展以租赁合约为基础的劳动给付方式，而这些方式正是当今劳动合同的古旧起源④。

因为受到始于 1789 年的法国大革命的影响，葡萄牙在 1820 年进入自由主义时期。在这个历史时期内，劳动关系制度取决于当事人的意思自主，而澳门的情况也不例外。与此同时，葡萄牙《民法典》首次以立法的方式探讨从属劳动问题。

该法典规范了 3 类在当时从属劳动关系中占很大比重的合同：家庭劳务、雇佣劳务、学徒或学师劳务⑤。

在最初的澳门劳动法规中，最突出者有第 57/82/M 号法令，其通过了

---

① 参见澳门终审法院第 40/2008 号合议庭裁判书，第 3 页，原告因向被告提供服务所收取的年薪 1984 年为 128457 澳门元。
② 参见第 7/81/M 号法律。
③ 参见澳门《民法典》第二卷第二编第六章"劳动合同"第 1079 条"概念及制度"，即"Contrato de Trabalho Artigo" 1079.°"Noção e regime"。劳动合同，系指一人透过收取回报而负有义务在他人之权威及领导下向其提供智力或劳力活动之合同。劳动合同受特别法规范。
④ 李淑华：《澳门劳动法》，澳门保安部队高等学校，1994，第 30 页。
⑤ 李淑华：《澳门劳动法》，澳门保安部队高等学校，1994，第 31 页。

《工业场所内卫生与工作安全总章程》。有关当局更是在序言中强调："很肯定本章程在澳门之劳工条例范围内，将被视为一个很大的革新，而此革新系逐渐达到更大范围之其他行为的起点"。

1983 年 2 月 19 日，第 2/83/M 号法律订定了在违反工业场所劳动安全及卫生方面的法例或规章规定时而科处的处罚。该法规的第 5 及第 6 条除订定有关罚款外，还规定本地区司法法院管辖对违反劳动法律规则的审判。

1984 年 5 月 12 日，根据第 42/84/M 号法令设立了一个本地区行政部门，即劳工事务署（GAT），"目的为促进、指导、协调和监察劳工政策的执行，以及筹备组织澳门地区劳动管理部门"。上述目标与该法规序言所明确肯定的另一个更宏大目标相符合，而这个宏大目标就是促进有关措施，以逐步改善劳工生活条件。

数月后，随着劳工事务署（其设有劳工稽查的组织附属单位）的设立，另外一部法规（8 月 25 日第 94/84/M 号法令）对该劳工稽查单位订定了职责和运作方式：根据该法规第 1 条第 1 款规定，劳工稽查有权限"查核及确保有关工作条件及保障工人的法律之遵守"。基于此，劳工稽查因应有关情况而展开指导性质或遏制性质的活动。

尽管如此，在劳动关系方面应视为重要的法规即第 101/84/M 号法令，亦于 1984 年 8 月 25 日颁布，这是一部比较完整的劳动关系制度法规。

该法令的公布，是有关当局期望将私法从属劳动关系的不同制度予以统一，并纳入于单一法规内，尤其是工作时数、每周休息、年休、公众假期、工资、女工、童工、外地劳工、无国籍劳工、劳动关系终止等制度。概而言之，即规定了劳工和雇主的权利、义务。

该法令在 1984 年 9 月 1 日开始生效，但实际上在澳门只有部分的外资企业及部分由政府出资的企业严格执行，社会上并没有完整地执行劳动关系法的规定，澳门博彩业及其连带产业更没有执行。这一情况一直发展到澳门回归后。为此，澳门社会称第 7/2008 号法律是一部全新的劳动法，如有薪的强制性假日，工作人员被要求工作有权收取额外的一日报酬及一日补偿休假，或根据有关法律第 45 条，该补偿休假可透过协商以一日报酬代替的规定，都在此新立法①中予以规定。

在 2008 年之前，澳门的私法从属劳动关系受第 24/89/M 号法令规范（虽然曾将某些修改引入原来文本）。该法规系在社会协调常设委员会所推广的活动范围内制定，而澳门政府认为该委员会（6 月 1 日第 31/87/M 号法令设立）是审议劳动关系规范有关事项的适当单位。

如上所述，我们可以发现其几乎涉及个人劳动合同的成立、履行和终止，而集体合同订定仍处于空谈阶段，只有抽象的立法条文。由于澳门没有"工会法"，因此难以找出真正代表工作者的组织。当然，在澳门当时的法制下，劳动合同只是一类私法合同且受特别法律制度约束，其定义载于 1966 年《民法典》（施行于澳门地区）第 1152 条"乃一合同，一人因此应在他人的权威和指导下，向该他人给付其智力或体力的活动，且收取回报"②。

无疑，第 24/89/M 号法令是符合澳门 20 世纪 80 年代主要依赖加工制造业蓬勃发展的历史背景的。但是，随着近年来经济的急速发展，澳门的产业结构发生了重大的改变，博彩业、旅游业及服务业等第三产业逐渐成为澳门的主要产业。因此，该法令已无法适应社会发展的需要。

澳门立法会通过的《劳动关系法》于 2009 年 1 月 1 日生效，并正式取代了 1989 年第 24/89/M 号法令《劳资关系法律制度》。然而，该法律并没有真正解决澳门的产业结构发生的重大的改变，澳门博彩业、旅游业及服务业等第三产业，代替了澳门的加工制造业，造成在节假日大量中小微型的服务企业休业的情况，但值得肯定的是新的第 7/2008 号法律《劳动关系法》比旧法更具操作性。

虽然新法中对夜间工作及轮班工作作了具体的规范，并针对不同行业的特性采取更灵活的方式以保障劳资权益。但实际上这些条文对博彩业的员工并非有利。因为第 7/2008 号法律《劳动关系法》第 39 条及第 41 条规定工作者在入职时如已知悉，则虽担任夜间工作及轮班工作也不能得到有关的特别报酬。

①　参见第 24/89/M 号法令，《劳动关系法》中第 20 条相关规定早已存在。
②　李淑华：《澳门劳动法》，澳门保安部队高等学校，1994，第 43 页。

二　担任博彩公司员工的特别要求

博彩公司对员工的管理主要分为入职前及入职后两个阶段。员工在入职后，除公司有一般的管理外，还有晋升的专业培训，工作时的行为及休班时的准则等要求。

博彩公司与员工一般直接采用以书面合同方式[①]建立劳动关系。当然，亦有博彩公司将公司的劳务外包的情况。因此，一些员工就会交由承包公司管理。

以下谈的只是博彩公司与员工之间的关系。

由第 16/2001 号法律第 14 条第 4 款可见，澳门特别行政区政府除十分重视参与竞投公司的商誉和公司的性质外，也十分重视对公司控权股东及有关人员的适当资格审查。

（一）澳门的庄荷制度

澳门的庄荷非常有特色。在澳门的赌场中，除了我们熟知的百家乐、赌大小和二十一点外，还有在中国内地被明令禁止的角子机。角子机属于自娱自乐类型，其他的博彩游戏则需要赌场工作人员的协助。比如我们常见的二十一点博彩桌需要 2 名工作人员，百家乐亦需要 2 名工作人员，他们的实际职阶均是庄荷，主要的职能是为赌客发牌和换筹码，同时每张博彩桌都会有 1 名工作人员在监场。

出任庄荷的要求十分高，笔者主要从以下三点说明：

第一，必须持有澳门居民身份证[②]。从前，场务员（Supervisor）或以上的职阶都会存在雇用外地员工的情况，但由于政府政策的原因，外劳的数量不断削减。在澳门的赌场中，从庄荷（Dealer）至场务员（Supervisor）的职阶均要求由澳门居民担任，而威尼斯人的职阶要求则至巡场员（Pit Manager）。因此，才会产生上述的情况。金沙娱乐场（SANDS）开张前的

---

① 根据第 7/2008 号《劳动关系法》第 17 条，劳动合同不一定采用书面形式，但法律规定者除外。
② 澳门居民包括永久性居民及非永久性居民。澳门因实施保护澳门本地居民的政策，只有澳门居民才能担任工资较一般行业高的博彩桌上的员工。

2003 年已经开始聘请本地的新人，经过几个月的培训后即成为金沙娱乐场的员工。当时，金沙娱乐场并没有聘请澳门旅游娱乐有限公司的在职庄荷，主要考虑到该因素可能会影响日后的运作。

第二，必须在上岗前通过品格检查，其中"犯罪记录"是考虑的一个条件。虽然并无法律明文规定，但是一般均具有该要求。在品格调查方面，员工入职时一般只会被要求提供"行为纸"① （没有刑事记录为基本要求；也有些博彩公司会考虑其刑事记录中所载的资料而考虑聘请与否，若其所犯的刑事案件与博彩公司的工作没有抵触，亦会考虑聘请，如交通事故而导致承担的刑事责任）。但在入职后，公司内部会对他们提供的资料作出详细审核，例如：工作经验、学历等的证明文件。当中若有虚假，会有相应的处罚制度。若员工在入职后因犯事而有刑事记录的，则会由公司的人事部门、法律部门研究及处理。但公司的政策是严格遵循劳工法的，不会出现轻易解雇员工的情况。同时，劳工事务局的监察亦很严格。对于一般员工向劳工事务局提出的投诉，局方除了会发出信件，亦会要求相关公司作出解释。

第三，必须经过严格的培训。培训内容主要是为了锻炼庄荷的动作熟练程度和节奏掌握的能力。因为这些因素都会直接影响赌场的氛围和收益。近几年来，威尼斯人聘请的都是有经验的员工（主要指庄荷）。他们经由澳门幸运博彩业职工总会或劳工事务局培训，在入职后，月薪达澳门币 14000 ~ 15000 元。

另外，持有澳门居民身份证的从内地来澳的员工，由于他们没有当庄荷的经验，所以对这些新人只会提供澳门币 10000 元左右的月薪。这个薪金数额经过 3 个月才可能有所调整。对其他公司的有经验的在职庄荷，公司则会以每月接近澳门币 16000 元的薪金聘请。因为这些员工之前在其他公司从事过相关工作，但其手门②、泥码（不可兑换现金的筹码）的不同亦会影响员工的工作，无论他们是否具有经验，在入职之后亦需再培训。其实，博彩公司曾与劳工事务局开会研究关于庄荷执照的问题，但结果是不了了之，原因同样是因为手门、泥码的不同等因素。若要求员工在公司培训后再去劳工事务局考牌是难以操作的。但无论如何，其出发点都是值得肯定的，

---

① 犯罪记录证明书。
② 即在博彩桌的各种操作方式。

因为这样可以降低庄荷的流动性。

置地广场的娱乐场隶属于澳门博彩股份有限公司（SJM），但现实是该家赌场自行聘请人员。澳门博彩股份有限公司赋予这家娱乐场自行聘请及管理员工的权力。虽然该制度在法律的认定上或许会很难理解，但是作为已运行多年的运作模式自有其存在的理由。娱乐场可以根据自身的需求而聘请适合的员工，例如：一家赌场贵宾（VIP）客人较多的时候，赌场便会选择聘请更高素质的员工，提供更好的服务；若由澳门博彩股份有限公司统一聘请，则所聘请的员工不一定符合这家赌场的要求。

（二）培训课程

根据第 16/2001 号法律第 1 条规定，为保证娱乐场幸运博彩之适当经营操作（第 2 款第 1 项），参与娱乐场幸运博彩监察、管理及操作人员应当具备相应的资格，所以博彩监察协调局需要对博彩公司以及管理公司的雇员进行培训，并制定相应岗位的工作守则和纪律处分程序。

为了提升博彩从业人员的技术水平，澳门特别行政区政府在 2008 年施政报告中指出，需要建立持证上岗制度[①]。因此，目前澳门博彩人员的培训主要有政府开办的培训[②]、政府资助的培训[③]和各家博彩公司内部的自行培训三种。三种培训制度的性质不同。相对而言，前两者的培训更注重理论和技术的全面性，而且优点是通过考试的学生可以报考任何一家博彩公司；而博彩公司内部的培训则注重本公司内部规则的培训。

（三）工作守则及纪律处分程序

根据上述法律规定，博彩公司及管理公司需要制定相应岗位的工作守则及纪律处分程序。所以公司一般会把公司简介、雇用条款、雇员守则、

---

① 因为各间公司都有不同的博彩规则，而且员工的操作方法不一，所以仍未真正执行。

② 政府开办的培训课程成立于 2009 年，由澳门理工学院的博彩教学暨研究中心（Gaming Teaching and Research Centre）承办。该中心是一所位于澳门氹仔的博彩业技术培训学院。2009 年 7 月 16 日，时任澳门行政长官何厚铧签署第 268/2009 号行政长官批示，下令于同年 9 月 1 日起撤销澳门旅游博彩技术培训中心，并将该中心之创福豪庭校区及部分相关资源和设备等转交至旅游学院。同年，隶属于澳门理工学院的博彩教学暨研究中心在原属该中心之金利达校区成立，接管部分相关资源及设备。

③ 为配合特区发展，协助有需要的人士进行职业培训，政府于 2003 年资助澳门幸运博彩业职工总会成立幸运博彩操作培训中心以推动澳门博彩业的培训及研究工作。

仪容标准、薪酬与福利、假期等内容整理汇编制成一本小册子，发给员工以作规范。

1. 公司简介

博彩公司或管理公司会把公司成立发展及其现状、公司架构等一一简单介绍，目的是为了使员工了解公司的企业文化，从而认同公司的价值观，增强员工的归属感。

2. 雇用条款

所有雇员必须通过背景调查，并且通过在雇用合同中约定的 1 个月到 3 个月不等的试用期。这些内容都会在雇用条款中明确约定。在试用期内，雇员或者雇主可以以书面形式提出中止雇用合同而无需事前通知；试用期结束后，如果需要终止合约则需要遵守合同所订立的条款。

同时，博彩公司建立了回避制度，即雇员家属，例如配偶、子女等亲属不能在同一部门工作。为了避免之后出现利益冲突，凡有亲属关系的雇员应当主动填写《家庭成员申报表》。

一般地，博彩公司会要求在外兼职的雇员书面提出申请，获批后从事与原雇主利益无冲突的职业。这些都是为了保护博彩公司的利益。

3. 雇员守则

由于博彩人员的特殊性，雇员守则除了规定一般的出勤等日常规范外，还会包括以下的特别规定：

（1）禁止雇员赌博规范。博彩公司的雇员在非上班时间是不能进入与其相关的区域进行博彩活动的。

（2）不能从事信贷活动的规范。公司雇员不能在赌场从事以博彩为目的的信贷、支票兑换或信用卡结账等行为。这点要求非常高，就连雇员家属在雇员工作的范围内进行博彩也是不被允许的。

（3）对"问题赌博"的规范。由于"问题赌博"严重时会直接危及博彩公司及其管理公司的客人或者雇员，所以当雇员出现问题时，一般会透过内部订立的计划给予援助。

4. 薪酬与福利

博彩公司一般采用月薪制或双周制支付雇员澳门币作为薪酬。颇具特色的是，博彩公司一般会设定超时工作补偿制度、花红制度或者奖金制度。

在福利方面，雇员可以在试用期满后自愿参加公积金计划，同时享用医疗福利。至于假期，雇员可以享用公众假期、有薪假期、婚假、分娩假、陪产假、病假、无薪病假、恩恤假、无薪假等。

在说明薪酬时，不得不提的是赌客给庄荷的小费。这是博彩员工收入的一个重要组成部分。从前，庄荷的小费收入数额非常可观，有时甚至远远高于公司支付给员工的薪水。根据考察发现，在 2000 年，新入职的练习生（身穿黑色中山装的服务员）每月的工资为澳门币 450 元，小费平均为澳门币 3500 元；庄荷每月的工资为澳门币 450 元，小费平均为澳门币 13500 元；行政助理员（身穿绿色西装，俗称"绿衫"，要求学士学历）每月的工资为澳门币 10000 元；场务员（身穿红色西装，俗称"红衫"，负责看管十多张博彩桌，由庄荷晋升）每月的工资为澳门币 15500 元；巡场员（身穿红色西装，俗称"红衫"，负责看管范围更大）每月的工资为澳门币 19000 ~ 22000 元；场面主管（身穿黄色西装，俗称"黄衫"）每月工资为澳门币 25000 元、30000元或 40000 元不等；场面经理（身穿黑色西装，俗称"黑衫"又或"顶爷"，当中仍分多个级数）每月工资为澳门币 50000 元以上。

当时，从事博彩业的员工需要每天工作 8 小时，每周工作 7 天，没有病假、没有强制性假期的有薪补偿。由于澳门《民法典》第 311 条第 1 款 c项[1]规定，员工可以在离职后两年之内追回任职期间公司违反劳动关系法应付而不付的金钱。这样，有部分员工可以追溯至 1982 年澳门首个生效之劳动关系法的保障。

从以上资料可以看出，博彩员工的小费是非常重要的。有的当年他们离职时，与澳门旅游娱乐有限公司在离职补偿及计算补偿假期的基数上产生很大的争议。员工主张以小费加基本工资一起计算，而公司则主张以每个月工资为澳门币 450 元，即每日澳门币 15 元计算，甚至双方一直上诉到终审法院。最后终审法院判决是以每日工资为计算单位，小费不计算在内[2]。

（四）纪律处分程序

由于博彩公司及其管理公司需要管理的员工团队十分庞大，为了提高

---

[1] 此项规定为"就担任家务工作之人与其雇主间所存在的一切债权，在此种工作关系存续期间直至关系终止后两年；对于其他工作关系之当事人之间就该工作关系而产生之债权，在工作关系存续期间直至关系终止后一年"。因中葡文版是不一致的，从立法原意来看，请大家参考葡文版，即 "Entre quem presta o trabalho doméstico e o respectivo empregador, por todos os créditos, bem como entre as partes de quaisquer outros tipos de relações laborais, relativamente aos créditos destas emergentes, antes de 2 anos corridos sobre o termo do contrato de trabalho"。

[2] 参见澳门终审法院第 28/2007 号合议庭判决书。

效率其都会制定出一套符合公司利益的纪律处分程序以避免问题出现时的无所适从，该程序一般包括口头警告、书面警告、停职和实时解雇等。

三 博彩公司之庄荷及其管理架构

由于毛收入的变动率快速上涨，从而使博彩从业人员的需求量大大提高。又由于六间博彩公司相互竞争，而且公司的股票在股票交易市场是自由交易的，公司的会计账目不但受到澳门政府的监督，还会受到股票市场交易地的政府监督。因此，他们必须严格遵守澳门的《劳动关系法》，以及配合澳门政府的人力资源政策，如聘用非本地工人，本地员工的向上流动等问题。

博彩公司员工的职阶分多级，若非要计算所有的职级，起码超过 10 个职级，当中有很多是过渡性的职阶。这个过渡性的职阶即助理（Assistant）职阶。他们会有一段实习期，这种模式能与上级的年资较长的经理（Manager）更和谐。

根据职级，从低到高的排序如下：

D→DI→SUP→PM→OM/GSM→ACM→CM→DIRECTOR→VP→P。

庄荷（Dealer，简称"D"）主要负责每张博彩桌的秩序及运作，管理的博彩桌是 1 张[1]；

高级庄荷（High Duty Dealer，即 HDD，简称"DI"）是临时的 Supervisor，由已有相关经验及经过培训的 Dealer 担任；

场务员（Supervisor，简称"SUP"）主要负责监察庄荷，一般管理 2 至 3 张博彩桌，甚至要在一些范围较广的博彩区管理 4 张博彩桌，除非是在贵宾厅（VIP）的情况下，才会出现由一个场务员管理 1 张博彩桌的情况；

巡场员（Pit Manager，简称"PM"）较场务员高级，主要负责赌场内某

---

[1] 现时，有很多员工已经逐步认识并且熟悉相关的劳工法例，而且员工选择赌场的机会也越来越多。一般来说，赌厅的博彩桌不是每天都开。因为每张博彩桌都会有投注额的标准，一般一张博彩桌约每月 2.5 亿澳门元。若没有实力，赌厅不会负担这么多台，否则就是"晒席"，因为在没有客人的时候，他们仍要支付赌厅内博彩桌的运作成本。若有 12 张博彩桌，第一一般只会开 6 张博彩桌，第二会开 9 张。剩余的 3 张一般不会开，以作灵活调动之用。如果整个赌厅只有六个客人，每张博彩桌坐一个客人，后来又来了一个新客人时，他要求开一张新的博彩桌，场面主管经理（OM）亦会应其要求而开。因为这涉及赌厅的服务质素问题。另外，博彩桌的数目亦会按节假日而安排开多少张。

一区域的博彩桌，例如：威尼斯人的 PM 一般需要管理约 14 张博彩桌；

场面主管经理（Operation Manager，简称"OM"，或 Gaming Shift Manager，简称"GSM"）管理一个区域，一般平均管有 10 个巡场员，约 70 张博彩桌；

赌场助理经理和赌场经理（Assistant Casino Manager，Casino Manager，简称"ACM""CM"）管理一整个博彩区的日常运作，例如：有一回归早期设立之新型赌场，每一班有 4 个 GSM 和 1 个 CM；

主管（Director）对于博彩桌上发生的事宜，一般较少插手处理，主要是监察一些账目上的问题；

副总裁（Vice President，简称"VP"）；

行政总裁（President，简称"P"）是赌场行政的最高负责人。

另外，亦有一些博彩公司的职级是按另一种情况分类，从低到高的排序如下：

D→PS→PM→OM→AVP→VP→SVP。

虽然 PS（Pit Supervisor）及 PM（Pit Manager）分别对应上述的 SUP 及 PM，但与上述分类不同的是，不再有"DI"一级的员工，AVP（Assistant Vice President）、VP（Vice President）以及 SVP（Senior Vice President）与上述的 ACM、CM 及 Director 相对应，SVP 同样需要视赌场的规模而决定是否安置该职位。同时，有些博彩公司亦会安置"GSM"的职位，但亦与上述的不同，其职位全称为 Game Service Manager，负责管理每个部门的员工的服务质素，直接由 Training Department 负责，不是 Table Game Department 的部分。

有些公司仍保留有服务员的职位，这个职位在庄荷的职位之下，其负责的工作主要是端饮料、洗牌等简单工作。

从上面的阐述可知，博彩从业人员的范畴非常广泛，包括庄荷及其管理架构、餐饮、酒店服务、车务、清洁、保安等，本节只着重谈庄荷及其管理架构。

四　博彩中介人之员工架构及其劳务关系

从赌场的经营模式以及特征来看，澳门赌场主要实行的是赌厅承包制。在澳博专营的 20 世纪 80 年代，这种制度已经在澳门出现，并逐步衍生出一

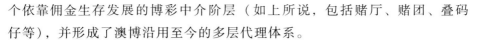

个依靠佣金生存发展的博彩中介阶层（如上所说，包括赌厅、赌团、叠码仔等），并形成了澳博沿用至今的多层代理体系。

博彩中介人体系主要由博彩公司、博彩中介人（贵宾厅/赌厅、叠码仔）与赌客三个主要角色组成。所以研究他们之间的法律关系可以分为三个层次，即博彩公司与赌厅、赌厅与叠码仔、叠码仔与赌客。

（一）博彩公司与博彩中介人的合约关系

赌厅承包制又被称为分租赌厅制，顾名思义这是一种博彩公司把赌厅出租承包给赌厅厅主的制度，即代替赌场直接管理特殊的贵宾赌厅制度，所以博彩公司与博彩中介人（贵宾厅/赌厅）之间是合约关系，是按转码数①的多少分成。

赌厅厅主承包经营赌场的贵宾厅，形式类似加盟，收入则来自赌厅的营利（即"杀数"，为赌厅所赢的钱数）分成。

在澳门现行赌厅承包制中，博彩公司与赌厅承包人间的合约通常包括以下基本内容：

（1）转码承包，即合约规定：一个博彩中介人在一定时间内（如1个月）必须完成一定量的泥码转码额；超额部分则按一定标准由赌场给赌厅承包人发奖金。实际上，一般博彩中介人每月均有一定数量的泥码转码额（即营业额，一般为7亿澳门币），至于超额部分则有一定奖励，一般每超额1亿澳门币奖励120万澳门币②③。

（2）码佣，即博彩公司按月对一间赌厅所完成的转码额支付给赌厅承包人的报酬，实际上码佣只是赌厅承包人代叠码仔收的，其中还包括必须支付给叠码仔的相关费用。码佣的多少直接影响叠码仔的收入。因此，赌场给叠码仔的佣金越高，叠码仔拉客的积极性就越高。

过去，由于特殊的历史原因以及庞大的利益，中介人队伍衍生出的利益关系直接导致贵宾市场的个体收益被摊薄。目前澳博提供的码佣从0.7%提升至1.2%左右，而金沙赌场则提供1.2%的码佣。据透露，银河娱乐场与赌厅的合作关系更是采用"九一开"的方式。亦有传个别博彩公司为

---

① 以现金兑换的筹码数额。

② 参见刘凌云《六雄争霸重构澳门博彩产链》，《新财富》2008年第7期，总第87期。ht-tp://www.p5w.net/newfortune/texie/200807/t1786393.htm。

③ 根据第83/2009号经济财政司司长批示，为投注总额的1.25%。

进一步争取市场，只要赌厅承包人愿意承担巨大的转码量，码佣便可高达 2%～3% 的水平①。

（3）食宿津贴，即博彩公司每月除了按实际完成的转码数量支付给赌厅承包人码佣外，还要每月支付赌客食宿津贴。这是赌厅承包人除转码承包和码佣外的第 3 个收入来源。

（4）收入分成，即赌厅承包人和赌场对赌厅的收入按一定比例进行分配。这是赌厅承包人最重要的收入来源。实际上，赌厅承包人主要负责通过管理叠码仔拉客并保证每月完成一定量的泥码兑换额，而博彩公司负责提供庄荷及博彩桌运作。如上所述，赌厅与博彩公司分成主要有两种，分别是以获胜金额的"3:7"和"4.5:5.5"进行利润分配，博彩承批公司需承担税项，中介人之合作者则除外。但是前者在现实当中逐渐销声匿迹，更多的是接近"4.5:5.5"甚至更高的比例，至"4:6"。实行这些制度的博彩中介人（赌厅）需向叠码仔支付的码佣以及用于服务赌客的食宿津贴均由赌厅承包人自行承担。

（5）信贷额度，澳门的贵宾厅经营是以信贷为基础的，信贷的标的不是现金而是泥码。也就是说，赌客最终收到的博彩信贷是博彩公司供应的泥码。同时，承批公司向博彩中介人（赌厅）供应泥码时也只是借给他而不是用现金来购买。换句话说，赌客是通过 3 级信贷链条得到泥码的，即承批人或转承批人（赌场）——博彩中介人（赌厅），赌厅——博彩中介人之合作人（叠码仔），叠码仔——赌客，即博彩公司借给赌厅承包人泥码，再由其借给叠码仔，最后再由叠码仔贷给赌客。因此泥码是赌厅承包制中的重要条款，其额度的大小直接影响博彩公司促销的成效，但名义仍以博彩中介人或博彩承批人名义借出，以方便提起执行程序。

（6）承包押金，是博彩公司为了规避信贷的风险而制定的条款。条款要求，赌厅承包人必须预先向博彩公司缴纳一定数额的押金，数额从几千万到上亿澳门币不等②。归根到底博彩公司都需要承担信贷的终极风险，所以承包押金成了合同中的重要条款。

---

① 王五一：《赌权开放的制度反思》，澳门理工学院，2005。
② 郑伟聪：《澳门博彩公司法律制度若干问题研究》，中华文化交流协会出版社，2010，第151 页。

（二） 博彩中介人与博彩中介人之合作人的合作关系

博彩中介人与博彩中介人之合作人之间的关系可以用一句话来概括："叠码仔负责为赌厅拉客和叠码，赌厅向叠码仔支付码佣作为报酬"。

博彩中介人与博彩中介人之合作人之间并没有签订书面合同，承诺的方式也只是口头协议。如果叠码仔与客户发生纠纷，责任一般由叠码仔承担。原因很简单，因为赌客是叠码仔拉来的，出现纠纷自然由其负责解决。

他们之间的合作关系主要包括以下几个方面：

（1）赌厅向叠码仔支付码佣。如上文关于码佣的陈述，赌厅对从博彩公司手中接到的泥码进行再分配，然后交给叠码仔以资激励他们外出拉客。码佣率的高低取决于赌厅的经营情况、市场的波动等。所以码佣的多少可能低于或者高于博彩公司支付给赌厅承包人的比率。

（2）赌厅向叠码仔提供信贷额度。运作模式可以简化为：赌厅从博彩公司拿到泥码信贷额度——分给本厅的叠码仔——叠码仔向赌客放贷，但叠码仔以担保人为放贷担保，甚至签下借据。

（3）叠码仔应当对赌厅保持忠诚。正如前面所述叠码仔与赌厅之间并没有雇用或者合约的关系，但是博彩业的行规与文化需要叠码仔履行忠诚的义务。然而，在现实当中有不少叠码仔经常跳槽，这归根到底都是由于码佣所致。因此随着贵宾厅博彩桌数量的增加，码佣大战也不断升级。

（三） 叠码仔与赌客的关系

叠码仔与赌客之间的关系主要涉及以下几个方面：

（1）拉客。正如前面所述，叠码仔是赌厅和赌客之间的中介人，主要工作是负责寻找客户，建立客户关系，并使其发展为他们各自的赌客。

（2）提供服务。这点主要是指食宿和导游[①]两个方面。叠码仔需要和赌厅共同承担赌客在澳门的一切花销。

（3）叠码。一般而言，赌厅或叠码仔交到赌客手上的是泥码，主要是为了鼓励赌客能够继续投注，也就是说他们的钱能够真正用于博彩。这样的话，当赌客投注输出去的是泥码，赢回来的是现金码；最后，赌客的泥码耗尽，只剩下现金码。这时，他需要选择继续下注，或者选择兑换现金

[①] 不是真正领有牌照的导游。

离开。由于下注泥码与现金码所赢到的钱都是一样的，叠码仔便用预先准备的泥码换赌客手中的现金码来挣取码佣。因此，这种借贷关系是建立在双方互利、赌客自愿的基础上的。

（4）收债。由于澳门博彩业采取的是先赌后算的经营体制，所以这一环节必不可少。当赌客输钱之后返回原居住地，叠码仔或者债主便会追讨以减少赌厅和博彩公司的损失。虽然风险由博彩公司、赌厅承包人和叠码仔共同承担，但是追债的责任却落在叠码仔身上。所以叠码仔在拉客阶段需要对风险和博彩中介人（贵宾厅/赌厅）的还款能力做出评估，同时他们也通常在客源地发展或者雇用讨债代理人（俗称"驳客"）以提高讨债的成功率或甚至于把欠债客人卖给其他收债人。当然他们的收费是非常高的。

五　博彩员工组织

据统计，澳门博彩业员工越来越多，他们的权益保障问题也越来越受到关注。因此各种维护博彩员工利益的组织便如雨后春笋般涌现出来。对于这方面，以澳门来说，社团只有部分是为员工设想，剩余的应该是为了政治本钱。据印务局 2013 年年初的登记情况，专门针对澳门博彩员工的组织主要包括：澳门博彩督察工会，澳门博彩从业员协会，澳门幸运博彩业职工总会，澳门博彩股份有限公司职工联谊会，澳门博彩股份有限公司雇员工会，澳门博彩股份有限公司职工联谊会，澳门博彩、建筑业联合自由工会，澳门博彩企业员工协会，澳门博彩业青年职工协会，澳门博彩业青年管理人员协会。

第六章

博彩游戏之法律规范

为了保证博彩游戏之公平、公开及透明，第 16/2001 号法律《娱乐场幸运博彩经营法律制度》中第 3 条第 5 款规定，幸运博彩之施行规则，经博彩监察协调局建议，由经济财政司司长以对外规范性批示核准，同时需要在《澳门特别行政区政府公报》上公布才生效力；第 22 条第 3 项规定了承批公司须向政府递交有关其章程之任何修改以供核准，否则，视之为无效，有关情况以核准形式来规范。

一　三公百家乐

根据经第 219/96/M 号训令修改之第 22/96/M 号训令①，进行三公百家

---

① 根据第 16/2001 号法律第 55 条"变更规范性行为之性质"规定，核准进行幸运博彩施行规则之批示、训令及行政命令，尤其是以下所列举者，现改为对外规范性批示性质之经济财政司司长批示：（1）一九六四年二月一日第 7461 号训令；（2）一九六六年二月五日第 8116 号训令；（3）十月四日第 168/75 号训令；（4）十月四日第 169/75 号训令；（5）十二月二十日第 223/75 号训令；（6）一月十七日第 9/76/M 号训令；（7）十二月十三日第 210/76/M 号训令；（8）十月二十七日第 171/79/M 号训令；（9）十一月十五日第 211/80/M 号训令；（10）三月二十八日第 54/81/M 号训令；（11）三月五日第 57/83/M 号训令；（12）五月十八日第 96/85/M 号训令；（13）五月十八日第 97/85/M 号训令；（转下页注）

乐之博彩游戏，需要先准备一副或多副 52 张之纸牌，前者备有一个金属或胶牌盒及一张白咭，后者备有一个牌靴及两张白咭。

开始时，纸牌先由庄荷洗匀，再由其中一位闲家用白咭插揸，闲家如不揸，则由庄家揸。在有多副牌的情况下，在牌尾之 30 张与 40 张之间，插入第 2 张白咭，然后将牌入牌盒或牌靴。随后，庄家按照用牌副数，销去同数目之纸牌，放在废牌盒内，然后由头门起按顺时针方向派牌，最后派庄家，每门共派 3 张牌且牌面朝下，每台连庄家分成多门，视台而定，派多少门则视闲家多少而定。如使用牌靴时，当派出白咭，则显示此乃最后一局；当使用一副牌时，则只用作一局博彩。在任何一局完毕后，不论白咭出现与否，场方均有权将牌取出重新洗匀再用。

当闲家 3 张牌之组合比庄家 3 张牌之组合大者赢、细则输，而牌之组合最大为三公，其余根据 3 牌点数之和，减去十位数而只剩个位数作为该门点数，9 点为最大点。"公"所指之为咭牌之 K、Q、J，"公"与 10 均作 0 点计算，而 3 牌组合由大至小之次序①为：三公、双公九、单公九、无公九、双公八、单公八、无公八……。若庄家、闲家 3 牌之组合同样大小，视为和局，此时，闲家原注不得减少，只可增加，可接受新投注。闲家亦可就庄家 3 牌之组合作其他投注，首先，可按庄家 3 牌之组合结果或 3 牌点数之和来投单或双，亦可选择按点数投注，甚至投注该局之结果为和局。

闲家投注中彩时，若赢庄牌或单双，赔率为 1：1；若投注点数，赔率为 1：8；若投三公，赔率为 1：16；若投和局，赔率为 1：20。闲家投注赢庄牌

(接上页注①)（14）五月二十五日第 104/85/M 号训令；（15）十二月十六日第 260/85 号批示；（16）七月十四日第 16/SAEFT/86 号批示；（17）二月二十二日第 48/86/M 号训令；（18）九月十二日第 153/88/M 号训令；（19）三月二十日第 51/89/M 号训令；（20）六月十二日第 100/89/M 号训令；（21）六月二十六日第 108/89/M 号训令；（22）七月十七日第 118/89/M 号训令；（23）十月二十三日第 178/89/M 号训令；（24）一月二十二日第 15/90/M 号训令；（25）二月二十六日第 65/90/M 号训令；（26）三月十九日第 83/90/M 号训令；（27）三月二十五日第 57/91/M 号训令；（28）三月二十五日第 58/91/M 号训令；（29）七月十五日第 125/91/M 号训令；（30）八月五日第 135/91/M 号训令；（31）一月二十九日第 14/96/M 号训令；（32）一月二十九日第 15/96/M 号训令；（33）二月十二日第 21/96/M 号训令；（34）二月十二日第 22/96/M 号训令；（35）八月二十六日第 219/96/M 号训令；（36）十月二十一日第 261/96/M 号训令；（37）十一月四日第 274/96/M 号训令；（38）十一月十六日第 234/98/M 号训令；（39）十二月二十九日第 69/2000 号行政命令；（40）十二月二十九日第 70/2000 号行政命令；及（41）七月二十四日第 141/2000 号行政长官批示。

① 请参阅第 22/96/M 号训令之附表。

或单双而获胜，场方抽水 5％。

二 百家乐

根据经第 73/2005 号、第 30/2007 号、第 64/2007 号、第 2/2009 号、第 69/2009 号及第 83/2011 号经济财政司司长批示修改之第 55/2004 号经济财政司司长对外规范性批示核准的幸运博彩《百家乐法定规章》，在进行百家乐时，需要备有六至十二副牌，每副 52 张；一个派牌盒（牌靴）及一张或多张作割牌之用的纸牌；一部自动洗派牌机；一部洗牌机；一张博彩台，台上设有一张或两张台证及至少 7 个座位。

在百家乐进行过程中，在洗牌和割牌之后，庄荷会将白咭插入尾端最少约 12 张牌之上，之后庄荷会取出首叠用作弃置的纸牌，可以三种方式来订定弃置的数目，包括：与牌局中使用多少副牌相同的数量、首张纸牌牌面点数的数量或场方预先在 1 至 8 张的范围内定出的纸牌数量。之后，从"闲"家起以交替形式一次一张地派，每家派发两张纸牌，由闲家先开牌。使用自动洗派牌机时，派发予闲家及庄家之牌张牌面必须朝上，每局结束后，牌张必须放回派牌机内，当牌派至白咭牌时，乃最后一局或只可多进行一局。

对于纸牌的点数，人形纸牌、10 点或合计 10 点者，俱作 0 点；其余的照牌面点数计算，最大点数为 9 点。此外，尚有针对增牌的规定，每家只限增牌 1 张，若闲家两牌合计点数为 1 至 5 或 10 点，则必须增牌；若闲家两牌合计为 6 至 9 点或庄家两牌合计为 8、9 点，均不得增牌。此外，还有一些特殊的情况，庄家是必须或不得增牌。当牌局结束时，持最高点数者胜；或当牌局结束时，庄、闲两家点数相同作和计。遇此情况时，应进行新牌局，而先前的下注可取消、维持或更改投注。

在投注项目方面，博彩者可以投注于闲家、庄家、和局；同时，亦可作对子、"七龙"、累进大奖等别具特色的附加投注。而对于不同的投注，彩金的赔率各异，其中"七龙"的赔率为 1：40，而累进大奖则需要视当时累积的彩金数目而定。

三 二十一点

根据第 57/2009 号经济财政司司长批示核准的《"Black Jack"或二十一点法定规章》规定，在进行"Black Jack"① 或"二十一点"的博彩游戏前，需要准备设有台证及 6 个座位或以上的博彩桌一张、一副或一副以上的纸牌，每副 52 张；用一副纸牌时使用一个金属派牌盒和一张白咭，用一副或多副纸牌时使用一个派牌盒（牌靴）及视乎用牌一副或多副使用一张或两张白咭；一部自动洗派牌机；倘博彩公司或获转批给人经营"连胜"投注，则须设 6 个或 6 个以上之"连胜筹"。

在庄家洗牌时，纸牌须由任一位博彩者或庄家将白咭插入，倘没有博彩者欲插入白咭，则由庄家为之；如使用一副以上的纸牌时，则必须在最后 30 张或 30 张以上的纸牌之间插入第 2 张白咭，然后将纸牌放进金属派牌盒或牌靴内。使用自动洗派牌机时，只需将纸牌放进洗派牌机内，便可直接从机内将之取出派发。

使用牌靴时，第 2 张白咭的出现表示此乃最后一局。取出白咭并完成此局后，将纸牌洗好；倘纸牌不宜再使用，则以新的纸牌替代之；不论第 2 张白咭出现与否，庄家有权在任何一局完结后洗牌；使用金属派牌盒派发一副纸牌时，则只作一局之用，每一局完结后重新洗牌；使用自动洗派牌机时，则在每一局完结后将所有使用过的纸牌放回洗派牌机内。

派牌时，由左边起派给下注之各门及庄家，每次派发 1 张。而此游戏可以三种程序进行。

第一种程序：使用"牌靴"或自动洗派牌机时，每门先获派纸牌 2 张，牌面均向下，庄家只获派纸牌 1 张，牌面向上。各博彩者博牌或决定不博牌后，庄家才获派第 2 张纸牌，牌面亦向上；使用金属派牌盒时，每门获派纸牌两张，牌面均向下，庄家亦在各门博牌之前获派纸牌 2 张，第 1 张牌面向上，第 2 张牌面向下。

第二种程序是：使用"牌靴"或自动洗派牌机时，每门先获派纸牌两张，牌面均向上，庄家只获派纸牌 1 张，牌面亦向上；庄家第 2 张纸牌在博

---

① 获发的首两张纸牌的组合为一张 A 牌和一张人像牌或 10 点牌，即为"Black Jack"。

彩者博牌或决定不博牌后方派发，牌面同样向上。

第三种程序是：博彩者及庄家各获派一张纸牌，牌面向上；随后博彩者获派第 2 张纸牌，牌面向上，而庄家获派的第 2 张纸牌，则牌面向下（底牌）；庄家获发的首张纸牌倘为 A 牌或点数相当于 10 点的纸牌，庄家可亲手或透过与博彩桌相连接的名为"观看器"的仪器，慢慢揭底牌一角看，以确定可否组成"二十一点"；倘庄家持有的牌组成"二十一点"，则实时收回博彩者所输的投注额；娱乐场亦派发予博彩者的首张纸牌或第 2 张纸牌牌面可向下，作为另一派牌选择；娱乐场可容许博彩者亲自阳开纸牌，但不得将纸牌折起来，标上记号或带离博彩区域；博彩者可在此（底牌）程序中将一对纸牌分门，最多四次，分成五门；娱乐场可订定每张博彩桌的最高总投注额作为每一博彩局的上限。

博牌亦有一定的规则需要遵守。对于庄家，若其得牌点数等于或少于 16 点，又或"软牌 17 点"① 时必须博牌，但得牌总点数等于或多于 17 点时，不得博牌。而博彩者则可以依其判断在总牌点低于 21 点时决定博牌或不博牌，但当超过 21 点时，则须立即开牌；自左边起，首门下注的博彩者决定博牌或不博牌后，必须就其这局博彩在庄家让下一位博彩者作出决定前向庄家高声或以手势示意其最后的决定。对接在后面的博彩者亦实行同一程序，直至最后一位博彩者作出最后的决定为止；另外，在其持有纸牌组成"Black Jack"或总牌点为 21 点则不能博牌；选择将其投注金额增加一倍，此时其只能博一张纸牌；而在选择将其投注金额增加一倍或将两张 A 牌分门②，此时，每门只能博一张纸牌。

在计分上，以 21 点为最高点数，若博彩者牌点逾 21 点即输掉其注额，即使庄家超过 21 点亦然。

当庄家牌面为 A 时，博彩者可以作出名为"保险投注"的额外投注，由庄家决定接受投注金额，该金额可由原投注金额之一半至全数，而其他的博彩者在选择博牌或不博牌后，倘庄家得"Black Jack"，则保险博彩者可获派相等于其保险投注金额两倍的彩金。在此情况下，庄家没收所有非得"Black Jack"的博彩者投注，但当庄家并非得"Black Jack"时，则没收所有保险投注。而庄家按其最终点数，杀或赔原本作的投注。

---

① 软牌 17，指庄家手上持有一张 6 点纸牌和一张 A 牌时，后者视为 1 点计算。

② 首两张牌为一对的博彩者可将之分为四门或以上不同的投注，门的投注额与原注额相同；A 牌可作一次或多次分门，但将 A 牌分门的博彩者，每张 A 牌只获派一张纸牌。

除了原投注及保险投注外，博彩者还可以投一门或多门中的"任何对子"、任何一门获派首张纸牌前投注于"7"、任何一门获派首张纸牌前的"13 以上及 13 以下""完美对子""连胜"等额外投注。

四 廿五门

根据第 171/79/M 号训令，《轮盘博彩正式规章》的规定，在轮盘博彩（即俗称的廿五门）前，需要准备一个两面玻璃板的台。在两玻璃板之间即台面中间彻底水平处放置一仪器，该仪器为轮盘，该轮盘周边共有 25 个凹格，轮盘上会有 1 至 24 的数字，并会以红、黑色间隔，但数字的排列并没有顺序。

在这项博彩游戏开始时，庄荷会先转动旋转轮盘，然后由负责掷球的庄荷，以铃钟响声通知圆球掷在原先已转动并开始在轮盘周边即周边之凹格上走动之前，闲家才可以下注，当圆球完全停在 25 个凹格中任一个时，负责掷球之庄荷须控制上述电子仪器，以显示中奖之"机会"。

博彩人得作出以下两种的投注：①复式赔偿；②单式赔偿。

所谓的复式赔偿即为投注下列的组合：①1 个号码或星号（单一投注）；②2 个号码；③3 个号码；④4 个号码；⑤6 个号码；⑥8 个号码。

所谓的单式赔偿即为投注下列的组合：①12 个号码；②小号码（1 号至 12 号）；③大号码（13 号至 24 号）；④颜色（红色或黑色）。

投注不同的"机会"会有不同的赔率。

在赔率方面，赢出的博彩人可以得到，如果是投注在 1 个号码或星号，赔率为 1：23；2 个号码的赔率为 1：11；3 个号码的赔率为 1：7；4 个号码的赔率为 1：5；6 个号码的赔率为 1：3；8 个号码的赔率为 1：2。

五 花旗骰

第 53/2010 号经济财政司司长批示核准的《花旗骰法定规章》，进行花旗骰的用具包括：四颗或五颗骰子，每颗骰子的每一面刻上 1 点至 6 点数目不同的点数；一张设有专用台证及布局的博彩桌；一个用作移动骰子的木

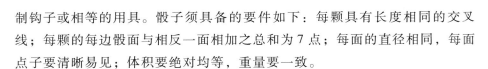

制钩子或相等的用具。骰子须具备的要件如下：每颗具有长度相同的交叉线；每颗的每边骰面与相反一面相加之总和为 7 点；每面的直径相同，每面点子要清晰易见；体积要绝对均等，重量要一致。

任何博彩者都可以参与博彩，但骰子只可由作了最低金额投注的其中一位博彩者投掷。参与博彩者轮流投掷骰子，从庄荷（这里被称为 stick-man）提供的骰子中拣选两颗来投掷。投掷骰子的次序由 stickman 左手边的博彩者开始，如其弃权则按顺序由下一位博彩者开始。投掷骰子时，只需用一只手以所需的力度向博彩桌反方向的盘壁同时掷出两颗骰子，使骰子的落点越过桌子中央位置。投掷骰子的方法应使掷出的骰子在博彩桌上滚动。

如掷出的骰子停止滚动后，没有任何一块骰面完全贴于博彩桌上，则以朝上骰面中范围较大者为准。

当两颗骰子或其中一颗落在台证以外的位置，则视作无效，必须重掷；骰子未越过桌子中间的距离亦然，但两颗骰子或其中一颗碰撞到台上的任一盘壁就除外。另外，掷出的骰子没有在台上滚动，或落在台证以外位置的骰子在庄荷根据《花旗骰法定规章》第 1 条第 2 款规定的要件进行检验后，方可重新使用。

在不再下注又或首次掷骰得出的点数总和导致其输掉所下的投注的情况下须替换主客。

博彩者可作出场掷骰前所作出的投注、一次性掷骰的投注或多次掷骰的投注。而出场掷骰前所作出的投注其中一个的例子有："派司拉"，这是博彩者首次掷骰得出的点数总和为 7 点或 11 点（natural），则赢；点数总和为 2 点、3 点或 12 点（craps）则输。如出现有别于此等点数的总和时，亦即指 4 点、5 点、6 点、8 点、9 点或 10 点时，就在相关点数上做上标记——即称为博彩者的点数。此时，博彩者继续掷骰，直至被标记的点数再度出现或出现 7 点的总和以定输赢。出现前者情况博彩者赢，后者则输，"派司拉"的彩金相等于投注金额的款额（1：1），其他例子可参阅《花旗骰法定规章》第 5 条。

一次性掷骰的投注，主要的例子有："Any Craps"，掷骰点数总和出现 2 点、3 点或 12 点为博彩者赢，出现其他点数为博彩者输，其彩金为投注金额的 7 倍（1：7）。多次掷骰的投注，主要如下："Big 4 or 10"，博彩者投注于点数总和为 4 或点数总和为 10 对点数总和为 7，即是说，点数总和为 4 或点数总和为 10 在点数总和为 7 之前得出。如得出其他点数则视为和局，在此情况下博彩者无输赢。彩金赔率分别是 5 赔 9（5∶9）。其他例子可参阅《花旗骰法定规章》第 5 条。

六　骰宝

根据经第 69/2006 号经济财政司司长批示修改之第 57/2004 号经济财政司司长批示的核准载于附件内的《骰宝法定规章》，在进行"骰宝"的博彩游戏前，需要准备的工具有：三粒骰子，1 至 6 点分别刻在各骰平面上，三粒骰子重量相等，全然均衡，各正反两面之点数皆共为 7 点；一张或多张台证，上印有三粒骰子之各种投注方式；一个特别骰盅，结构如下：①一个黑色不透明材料圆底盅座，玻璃底板下与一个把手或一电子启动装置相连，底板之上镶有一个透明玻璃罩，三粒骰子放在玻璃罩内；②另有一可揭式盅盖，颜色、质料与盅座相同，能吻合地盖着玻璃罩，盅盖之两边用扣与盅座相连。

在游戏开始时，庄荷须用可揭式盅盖盖好玻璃罩，用扣将盅盖与盅座系牢，然后连续按下把手三次或启动电动摇骰装置，随后开始下注，博彩者可依据《骰宝法定规章》内规定的各瓣下注①，随后，庄荷按响钟表示投注停止后高声宣布开骰，开骰结果由庄荷于揭开可揭式盅盖后宣布，中彩各瓣可于灯牌中以亮灯显示，而相应的赔率②按《骰宝法定规章》规定作出相关给付，庄荷未将各中彩注赔毕前，不得将玻璃罩盖上。

七　娱乐场之战

根据经第 63/2007 号经济财政司司长批示修改之第 74/2005 号经济财政司司长批示核准的《"娱乐场之战"法定规章》，进行娱乐场之战时，需要一副或多副纸牌，每副共 52 张；一个派牌盒（牌靴）和一张作切牌用的白

---

① 参见第 57/2004 号经济财政司司长批示的核准载于附件内的《骰宝法定规章》第 5 条"下注"。
② 参见第 57/2004 号经济财政司司长批示的核准载于附件内的《骰宝法定规章》第 6 条"赔率"。

咭；一部自动洗派牌机或一部洗牌机；一张设 7 座位或 7 座位以上具有台证的博彩桌。

开始时，庄家把纸牌洗匀后，让博彩者或由庄家本人在大约最后 12 张牌之间插入一张白咭，接着把纸牌放入派牌盒（牌靴）内，牌面向下。如果使用自动洗派牌机时，只需把纸牌放入机内然后直接取出。牌面点数由大至小依次为：A、K、Q、J、10、9、8、7、6、5、4、3、2，当中 A 为最大，2 为最小。

博彩者与庄家以对家方式博彩。派牌时先发给博彩者，由左起向右发，开始时每位博彩者和庄家都获发一张牌面向上的牌。派牌时，无论是开局牌或后加牌如出现错误应立刻予以改正。如果错误是完全无法改正的，该局则视为无效。

博彩者的纸牌点数比庄家的大时，博彩者赢取与其初注金额相同的彩金；若博彩者的纸牌点数比庄家的小时，输掉其初注金额；上述两种情况，下注于"和"的博彩者，均会输掉该注。博彩者的纸牌点数跟庄家的相同时，下注于"和"的博彩者可获 1 赔 10 的彩金，而没有下注于"和"的博彩者可选择：输掉初注金额之一半，只获退回初注金额之另一半；或挑战庄家。

博彩者挑战庄家时需要加注，加注后的金额是初注的两倍；而庄家则需以初注相同之金额与前者博彩。换句话说，如果初注金额为澳门币 50 元，博彩者和庄家各需加注澳门币 50 元，博彩金额便成为澳门币 150 元。接着，庄家从牌中取出 3 张销去，第四张派给博彩者，牌面向上。然后再从牌中取出 3 张销去，之后一张派给自己，牌面向上。最后，博彩者与庄家之间以点数的大小决定胜负，如果出现和局，博彩者则赢取博彩金额以及与初注金额相同的彩金。

八　番摊

根据第 58/2004 号经济财政司司长对外规范性批示核准的幸运博彩《番摊法定规例》规定，进行番摊博彩时的用具有：一支竹棒或塑料棒；有孔钮子；两个金属钟形罩；一张设有 2~4 个玻璃证的台。

开始时，庄荷抽出一堆不知数的钮子后用其中一个罩盖着，推出置放于其面前，并以另一个罩分开及盖着剩余的钮子。博彩方式是猜出以 4 粒为一皮分开用金属钟形罩盖着的钮子最后剩下的钮子数目。如到最后并没有剩下钮子（零粒），则视该局开出的号码为 4。待庄荷完成开始程序后方可进行投注，而当庄荷按钟高声宣布点算钮子时，即示意停止下注。庄荷宣布开始点算钮子后揭开放于其面前的金属钟形罩，然后用棒子将钮子以 4 粒为一皮拨开，最后宣布该局开出的结果，同时亮着台证上开出号码的灯，收回台上的钮子。点算时，若有钮子碎裂，该钮子则作废。

博彩者可投注单式瓣数——角（投注 2 个号码）其赔率为 1∶1；或复式瓣数，[番（投注单 1 号码）赔率为 1∶3；稔（投注 2 个号码，选定其一为赢，另一为和）赔率为 1∶2；丫（投注 2 个号码，开出为赢，其余 2 个号码自由选定一和、一输）赔率为 2∶1；三红（投注 3 个号码）赔率为 3∶1]。而出现和局时，博彩者则有权取回其原有注码。然而场方抽取赔率 5% 作抽水。

九　麻雀

根据第 135/91/M 号训令批准的《麻雀法定博彩规则》的博彩规例，麻雀博彩有两种玩法以供耍乐，即为（甲）传统麻雀及（乙）简易麻雀。以下将会分别简述麻雀玩法的规则。

在进行"（甲）传统麻雀"的博彩游戏前，需准备的博彩用具包括一副有 136 只牌之麻雀牌，一个庄，三粒骰及一张标准规格麻雀台。整副牌由五种牌组合而成，分别为：①中、发、白各 4 只（番子）；②门风牌东、南、西、北各 4 只；③一至九索子牌各 4 只；④一至九万子牌各 4 只；⑤一至九筒子牌各 4 只。

在游戏开始时，此项博彩一共会由四人参与。庄家是东位，右方是南位，面对是西位，左方则为北位。牌局开始时，四家须将牌面向下之牌前推洗匀，并砌出四列以两只为一戙共 17 戙之牌。将此四副牌排成一四方形。砌好后，由庄家掷骰于四方形内，掷出之点数决定由哪一列开牌。开牌方法由右至左以逆时针方向数，庄家为一，从此类推。假设掷出点数为 13，即从庄面前之一列牌右起数 13 戙，先由庄家开始从余下之 4 戙牌取 2 戙，继由南西北三家顺序取牌，每家按其方位序各取牌 3 次，每次 2 戙，即各得牌 12 只。至此，庄家再在该咸牌之上行"挑牌"2 只（即取上之第 1 及第 3 只牌），其余三家依次再取牌 1 只，四家取得牌后，庄家首先打牌。

每圈各以门风命名，即依次为东、南、西、北风圈，周而复始。原则上，每圈有 4 局牌，即一循环为 16 局牌，唯庄家如糊出该局，则可于下一局牌保留其庄家之权利直至由另一家糊出为止。

任何一家能最先取得 4 搁及一对共 14 只牌者，即算食糊①。一搁之定义为 3 只牌之组合，其可以是 3 只相同牌或 3 只同类点数顺序之牌。当庄家食糊，其他三家付双份。其他三家任何一家食糊，两搁家付单份，庄家则付双份。

在进行"（乙）简单麻雀"的博彩游戏前，需准备的博彩用具包括：一副有 112 只牌之麻雀牌，一个庄，二粒骰及一张标准规格麻雀。整副牌由四种牌组合而成，分别为：①番子牌（发财）4 只；②一至九索子牌各 4 只；③一至九万子牌各 4 只；④一至九筒子牌各 4 只。

在游戏开始时，此项博彩共二至四人参与。庄家是东位，其右方是南位，对面是西位，左方则为北位。牌局开始时，四家须将牌面向下之牌前推洗匀，并砌出四列以两只为一咸共 17 咸之牌，将此四列牌排成一四方形。砌好牌后，由庄家掷骰于四方形内，掷出之点数决定由哪一列开牌，开牌方法由右至左以逆时针方向数，庄家为一，以此类推。假设掷出点数为 9，即从为庄面前之一列牌右起数 9 咸，先由庄家开始从余下之 5 咸牌取 2 咸，继由南、西、北三家顺序取牌，每家按其方位次序各取牌两次，每次 2 咸，即各得牌 12 只，然后庄家再在该咸牌之上行"挑牌"2 只（即取上之第 1 及第 3 只牌），其余三家依次再取牌 1 只，四家取得牌后，庄家首先打牌。

每圈各以门风命名，即依次为东、南、西、北风圈，周而复始。原则上，每圈有 4 局牌，即一循环为 16 局牌，唯庄家如糊出该局，则可于下一局牌保留其庄家之权利直至由另一家糊出为止。

任何一家能最先取得 4 搁及一对共 14 只牌者，即算食糊②。一搁之定义为 3 只牌之组合，其可以是 3 只相同牌或 3 只同类点数顺序之牌。当庄家食糊，其他三家付双份。其他三家任何一家食糊，两搁家付单份，庄家则付双份。

---

① 参见第 135/91/M 号训令批准的《麻雀法定博彩规则》第 6 条"数番计算法"。
② 参见第 135/91/M 号训令批准的《麻雀法定博彩规则》第 6 条"数番计算法"。

以上两种麻雀玩法都有一般规例①和特别规例②，博彩者需遵守相关规则，否则后果自负。

十　麻雀百家乐

根据第 15/96/M 号训令核准的《"麻雀百家乐"法定博彩规则》，进行"麻雀百家乐"博彩游戏前，需准备的用具有一副与牌九形状和大小相同之 20 只牌，分成 10 对（K、9、8、7、6、5、4、3、2、A）；四粒骰及 1 个骰盅；场方有权定期更换胶牌。

庄荷将牌洗匀后，把牌两只两只叠起，排成一列；庄家用骰盅摇骰，骰规定为四粒，摇出之点数，由庄家起按逆时针方向数，以决定先派给哪一门，其他人士不可代庄家摇骰；庄家摇骰所得之点数，不得加减。派牌及杀赔均依逆时针方向进行；不论闲家之数目多少，每局均派足 10 门，每门得牌两只；如有桥骰或骰跌出盅外，庄家均须重新摇骰；摇骰之前，庄、闲家均可拮牌，方式随意，但只限用一手。闲家先拮牌，每局不得超过两人，庄家最后拮牌，庄家拮牌后，闲家不得再拮；闲家须在庄家摇骰前下注，庄家摇骰后，不得接受投注、加减注或移注，闲家下注跟眼；庄荷按投注进行杀赔，如有买错照做。

每门可轮流打庄。每次打庄只限两局，但其余各门有相反协定者除外；闲家可不打庄而以逆时针方向让给下一门闲家打庄，唯打庄之闲家必须在上一局有投注；庄家须将打庄筹码放在席面，并声明牌门方式，然后摇骰。

庄家于每局中只可赢取或输去不超过其庄本之数额；庄家在第一局有赢钱，欲在下一局继续做庄家，便须将庄本及所赢取之金额当做第二局之新庄本，只可加多，不可减少；场方可以帮庄，金额另订。闲家亦可帮庄，并按次序将投注放在庄注后面。输赢均按次序做。帮庄闲家不得投注于其他门；各门闲家睇牌放好后，庄家才睇牌及将牌阳开，然后由庄荷逐门开牌。

① 参见第 135/91/M 号训令批准的《麻雀法定博彩规则》第 9 条 "一般规例"。
② 参见第 135/91/M 号训令批准的《麻雀法定博彩规则》第 10 条 "特别规例"。

每台连庄家共分 10 门；在派牌时，偶然将某一只牌阳开，该阳开之牌仍然有效，该局继续进行。

牌之大小顺序为 K、9、8、7、6、5、4、3、2、A，K 作为无点，A 作 1 点；两牌点数之和，是为该门之点数，9 点最大。如两牌点数之和超过 10 点，则只计尾数。闲家两牌相加之点数大过庄家两牌相加之点数者赢；庄、闲两家之点数相同，则以其中较大之一牌相比，点数大者赢。如庄、闲均为密拾，则不论牌之大小或组合完全一样，均算庄家赢。

场方向赢家抽水，为其所赢得金额之 5%。

十一　麻雀牌九

根据经第 65/90/M 号及第 125/91/M 号训令修改之第 100/89/M 号训令核准该训令的《麻雀——牌九临时博彩规则》，在进行"麻雀——牌九"的博彩游戏前，需准备的用具有：一副 20 只的骨牌，分成 10 对。白板为 10 点，是最大的牌，其他牌的大小顺序为：9 点、8 点、7 点、6 点、5 点、4 点、3 点、2 点、1 点。除了骨牌之外，仍需准备四粒骰及一个骰盅。

在博彩游戏开始时，场方有权定期更换骨牌。庄荷负责洗牌，牌面向下。牌洗匀后，排成一行共 10 栋，每栋两只以便分派，然后，庄家用骰盅摇动四粒骰，摇骰所得点数之和决定首先向哪一门派牌，为此应以逆时针方向由庄家数起。摇骰仅得由庄家为之，同时庄家不得将摇骰所得点数之和加减任何点数。

派牌及投注顺序均为由右至左，不论闲家数目多少，均派牌 10 门，每门得牌两只；如有桥骰或骰从骰盅跌出，庄家均须重新摇骰，摇骰之前，庄家、闲家均得拮牌，但仅可用一只手进行。每局拮牌的闲家不得超过两门；先由闲家拮牌，最后由庄家拮牌，庄家拮牌后，任何人都不得再拮牌，闲家须在庄家摇骰前投注，注码应放在台面。摇骰后，不得接受新的投注、取回已下之注码，或将之从一门移至另一门。闲家亦须小心看管其注码，而且庄荷按注码所在之门杀赔而不管注码是否放错。

每台连庄家共 10 门，闲家得投注于一门或多门，每门亦得接受搭注，投注额最高的闲家有权揸牌；除庄家外，每门仅限一人揸牌。在一局博彩进行期间，不得将牌带离博彩台面。

当中的 10 门的每一门均得轮流做庄。每次做庄仅限两局，但其余 9 门有一致的相反协定者除外，有权做庄的那门闲家拒绝做庄得过庄予其右边最接近的一门闲家，唯获过庄的闲家必须曾在上一局投注。

庄家必须将博彩本金放在台面，并声明派牌方式，然后摇骰。无论如何，庄家每局的赢输均不得多于其在该局博彩的博彩本金，且庄家在第一局赢出且拟在下一局继续做庄，须将初始博彩本金及所赢取的金钱留在台面，两者之和构成第二局的博彩本金。然而，庄家得增加其博彩本金。无论如何，都不得减少新的博彩本金；每门做庄，博彩场所都得帮庄，博彩本金预先订定。据其他门的闲家亦得帮庄，赔杀均依投注次序进行，但须在庄家之后。拟在某一局帮庄的闲家须将其博彩本金交托予庄家，该闲家不得再投注其他门。

在所有闲家看完自己的牌并将之放在台面之后，庄家翻开自己的牌。各门闲家的牌由庄荷翻开。当两只牌的组合大于庄家的一门闲家赢[1]，两只牌的组合小于[2]庄家的一门闲家输。

场方自彩金抽水 5%。

十二　弹子机

根据第 234/98/M 号训令，批准《弹子机博彩正式规章》的博彩规例，在进行"弹子机"的博彩游戏前，需准备的用具包括：弹子机，该机以控制器启动，机面设有 6 个或 6 个以上孔穴和一个中央显示屏，而中央显示屏可同时或分别显示三个相同的图案或符号，这视弹子机的型号而定；小型金属珠，该等金属珠购自指定供此项目之用的地点，用作放入弹子机内。

当启动控制器时，原先购得的金属珠将会进入弹子机内和被投放，而所投放的金属珠有可能会进入有关的孔穴内，每一孔穴均设有彩金，彩金为一定数量的金属珠，即 5~15 颗金属珠不等。

---

[1]　参见第 100/89/M 号训令核准该训令的《麻雀——牌九临时博彩规则》第 7 条"牌的大小"。

[2]　参见第 100/89/M 号训令核准该训令的《麻雀——牌九临时博彩规则》第 7 条"牌的大小"。

在一定的局数中，金属珠进入孔穴时，中央显示屏会同时起动，倘显示屏出现 3 个相同的图案或符号时，可赢得相当于 2000 颗金属珠的 Jackpot 大奖或特别奖，这视弹子机的型号而定。金属珠的兑换价由专营公司建议，并经博彩监察协调局事先批准。

十三　牌九

根据经第 58/91/M 号训令修改之第 96/85/M 号训令所核准的《牌九法定规则》，在进行"牌九"的博彩游戏前，需准备的用具有：由博彩场所供应的一副 32 只牌。

庄荷将牌面向下的牌洗匀后，将之排好以便分派；用骰四粒，置于一骰盅内，由庄家摇骰，揭开骰盅后，将骰的点数相加，所得之和决定首先向哪一门博彩人派牌，为此应从庄家数起；庄家不得将摇骰所得点数之和加减任何点数，派牌及投注顺序均为由右至左；32 只牌分成 8 栋，不论闲家数目多少，所有牌均须派出，每门均获派 4 只；如有桥骰或骰从骰盅跌出，庄家均须重新摇骰。

每门获派牌 4 只，各门闲家选定组合后，将牌分成两组，每组两只，并将两组牌并排，放在台面；庄荷将牌翻开后，将较小的一对移到前方之线上，较大的一对移到后方之线上；如两只牌不能组成称为"宝"（一对）、"天九王"（12 + 9）、"地九王"（2 + 9）、"天罡"（12 + 8）或"地罡"（2 + 8）的其中一种组合时，则须计算每组两只牌点数之和，用以确定其数值大小，此数值最大为 9；如两只牌点数之和大于 10 或 20，则应将点数之和减去 10 或 20，以确定其数值大小。组合的大小以组合中较大的一只牌为准；称为"至尊"（2 点／4 点及 1 点／2 点）的组合的两只牌，在单独一只牌时，闲家可选择将其作为 3 或 6。作出转换时须遵守一项转换原则：只可使该组两只牌的组合变大，而不得使之变小。如庄家与闲家的牌面点数之值大小相同，则组合大者胜；如两家组合的大小亦相同，则庄家胜；如庄家前线的一组牌是 10 或 20，而闲家前线的一组牌亦是 10 或 20，则前一组牌庄家胜，不论各单牌的大小；如庄家前线的一组牌及后线一组牌的组合均大于闲家牌的组合，则全局庄家赢；如闲家两组牌的组合都大于庄家，则闲家赢；如庄家一组牌赢，一组牌输，则庄、闲打和。

每一门只可有一位参与博彩人揸牌及组合牌，但庄家除外；任何闲家均不得在同一局博彩中组合多于一门的牌，亦不得就其他闲家的牌的组合发言，也不得触碰其他门的牌。

场方自彩金抽水 5%。

十四　鱼虾蟹骰宝

根据经第 69/2006 号经济财政司司长批示修改之第 59/2004 号经济财政司司长对外规范性批示的核准载于附件内的《鱼虾蟹骰宝法定规章》，在进行"鱼虾蟹骰宝"的博彩游戏前，需要准备的工具有：三粒骰子，各骰平面上分别刻有：

图　　案	颜　　色	点　　数
鱼	红　色	一　点
虾	绿　色	二　点
葫芦	蓝　色	三　点
金钱	蓝　色	四　点
蟹	绿　色	五　点
鸡	红　色	六　点

三粒骰子重量相等，全然均衡，各正反两面之点数皆共为 7 点；一个特别骰盅，结构应为一个黑色不透明材料圆底盅座，玻璃底板下与一个把手或一电子启动装置相连，底板之上镶有一个透明玻璃罩，三粒骰子放在玻璃罩内；另有一可揭式盅盖，颜色、质料与盅座相同，能吻合地盖着玻璃罩，盅盖之两边用扣与盅座相系；一张或多张台证，上面印有三粒骰子之各种投注方式。

在游戏开始时，庄荷须用可揭式盅盖盖好玻璃罩，用扣将盅盖与盅座系牢，然后连续按下把手三次或启动电动摇骰装置，随后开始下注，博彩者可依据《鱼虾蟹骰宝法定规章》内规定的各瓣下注[①]，随后，庄荷按响钟表示投注停止后高声宣布开骰，开骰结果由庄荷于揭开可揭式盅盖后宣布，

---

① 参见第 59/2004 号经济财政司司长对外规范性批示的核准载于附件内的《鱼虾蟹骰宝法定规章》第 5 条"下注"。

而中彩各瓣可于灯牌中以亮灯显示，相应的赔率①按《鱼虾蟹骰宝法定规章》规定作出相关给付，庄荷未将各中彩注赔毕前，不得将玻璃罩盖上。

十五　富贵三公

根据第 14/96/M 号训令核准之《"富贵三公"法定博彩规则》规定，进行"富贵三公"，需具备一副纸牌共 52 只；四粒骰及一个骰盅，或一个电子骰盅；一副洗牌派牌机。场方有权定期将牌更换。

开始时庄荷用洗牌机将牌洗匀后作备用。完成一局后，已用过之牌连同未用之余牌将被重洗，而下一局则用一副已预先洗好的牌。庄家用骰盅摇骰，骰规定为四粒，摇出之点数，由庄家起按逆时针方向数，以决定先派给哪一门。其他人士不可代庄家摇骰。庄家摇骰所得之点数，不得加减。派牌及杀赔均依逆时针方向进行。不论闲家之数目多少，每局均派足 8 门，每门连派牌 3 只才派下一门。如有桥骰或骰跌出盅外，庄家均须重新摇骰。闲家须在庄家摇骰前下注，庄家摇骰后，不得接受投注、加减注或移注。闲家下注跟眼。庄荷按投注进行杀赔，如有买错照做。

游戏的流程是，每门可轮流打庄。每次打庄只限两局，但其余各门有相反协定者除外。闲家可不打庄而以逆时针方向让给下一门闲家打庄，唯打庄之闲家必须在上一局有投注。庄家须将打庄筹码放在席面，然后摇骰。庄家于每局中只可赢取或输去不超过其庄本之数额。庄家如在第一局有赢钱，欲在下一局继续做庄家，便须将庄本及所赢取之金额当作第二局之新庄本，只可加多，不可减少。场方可以帮庄，金额另订。闲家亦可帮庄，并按次序将投注放在庄注后面。输赢均按次序做。帮庄闲家不得投注于其他门。各门闲家睇牌放好后，庄家才睇牌及将牌阳开，然后由庄荷逐门开牌。

牌之点数、花之大小及 3 牌组合之大小，可参阅法例附表所列之次序。公和 10 均作无点计。3 牌点数之和，决定牌之大小，9 点最大，若点数超过10 或 20，则只计尾数。而输赢方面，闲家 3 牌相加之点数大过庄家 3 牌相

---

① 　参见第 59/2004 号经济财政司司长对外规范性批示的核准载于附件内的《鱼虾蟹骰宝法定规章》第 6 条"赔率"。

加之点数者赢。庄、闲之 3 牌总点数相同，则以其中最大之一张牌之大小决定赢输。如庄、闲牌均为密拾而无公，则不论牌之大小，均算庄家赢。场方向赢家抽水，为其所赢得金额之 5%。

十六　足球纸牌

根据第 65/2004 号经济财政司司长批示核准的幸运博彩《足球纸牌博彩法定规章》，足球纸牌博彩为博彩者获派 2 张至 3 张纸牌，估计其获派之牌或其他投注者获派之牌牌面点数之总和，并在台证上作出投注选择。

足球纸牌用具包括：六副或六副以上的纸牌，每副共 52 张；一部洗牌机或一个派牌盒（牌靴）；一个显示上盘、下盘及中柱号码之电子显示器。

博彩者可选择投注瓣数，如上盘，一门的牌的点数总和为 1 点、2 点、3 点或 4 点；下盘，一门的牌的点数总和为 5 点、6 点、7 点或 8 点；双，一门的牌的点数总和为 2 点、4 点、6 点或 8 点；单，一门的牌的点数总和为 1 点、3 点、5 点或 7 点；中柱，一门的 3 张牌的点数总和为 0 点或 9 点。

开始时，庄荷先将牌洗匀，再由一位博彩者割牌或庄荷本人割牌，并从整套牌尾端起计约 1/3 纸牌之上插入白咭，然后再将整套纸牌放入派牌盒内，牌面全部向下。接着庄荷按用牌多少副，销去同数目之纸牌。每局开始前亦须销牌一张。派牌时，庄荷向投注最高的一位博彩者派发两张纸牌，牌面向下。牌派至白咭时，乃最后一局。把白咭取出，待该局完毕，重新洗牌。纸牌如有污损以致从技术上牌局不能继续时，应更换新牌。

各牌点数值按牌面点数计。K、Q、J 及 10 均作 0 点计，A 作 1 点计。如两张牌之点数总和超过 10 点，则只计尾数。如一门的首两张牌的点数总和是 0 点或 9 点，博彩者获派第 3 张牌。如获派第 3 张牌后纸牌之点数总和仍是 0 点，以输掉投注额之一半论；如纸牌之点数总和仍是 9 点，则作和论，投注额退回予博彩者。

派出：上盘、下盘、单、双的彩金赔率均为一赔一，而中柱的彩金赔率为是一赔八。

十七　Q 扑克

根据第 89/2004 号经济财政司司长对外规范性批示的核准载于附件内的《"Q 扑克"法定规章》，在进行"Q 扑克"的博彩游戏前，需要准备的工具包括：一副共 52 张的纸牌；一个派牌盒和一张作割牌之用的白咭；一部洗牌机。

游戏开始时，庄荷要洗牌，而洗牌方式有两种，用手洗牌，用白咭割牌，然后将白咭放在牌底，再将整副纸牌放入派牌盒内或利用洗牌机进行机械式洗牌，无须割牌。

博彩者须循相关程序投注，可投注一门或多门且得与其他博彩者作同门投注，在牌局中，派出第一张牌后不接受下注，而博彩者可选择两种瓣数投注，分别是"多宝"和"与庄荷博彩"，或可选择作单式投注，或可选择从上述投注瓣数中作组合式投注，在庄荷用派牌盒派牌时，由左至右按顺时针方向派牌，牌面向下，有投注的每门轮流每次派 1 张，庄荷最后获牌，直至每门各获派 3 张牌为止，或用洗牌机时，牌张同样由左至右派发，有投注的每门一次派 3 张牌，牌面向下，庄荷最后获牌。

完成以上程序，博彩者开牌后，庄荷检查博彩者下注于"多宝"之输赢；持"3 张散牌"者输掉"多宝"，"多宝"赔彩完成后，博彩者可决定"与庄荷博彩"与否，如不跟随庄荷，则博彩者输掉其所作投注金额的一半，博彩者须在庄荷纸牌被掀开前作出决定，一经决定不得废止，而庄荷的一门持 Q 散牌或 Q 散牌以上之组合点数方可跟其他博彩者进行牌局。

如庄荷一门持牌之组合点数少于 Q 散牌，则博彩者获得投注金额的一半，如庄荷持 Q 散牌或 Q 散牌以上之组合点数，而其牌张的组合点数大于博彩者，则庄荷收去博彩者的投注，如庄荷得与博彩者进行博彩，但庄荷持牌的组合点数少于博彩者，则按派彩表[①]赔彩予胜出的博彩者："同花顺"一赔三；"三条"一赔二；"顺"二赔三；其他一赔一。

如"多宝"投注瓣数胜出的投注按以下派彩表赔彩："同花顺"一赔四

---

①　参见第 89/2004 号经济财政司司长对外规范性批示的核准载于附件内的《"Q 扑克"法定规章》第 8 条"纸牌组合之大小"。

82

十；"三条"一赔三十；"顺"一赔六；"同花"一赔四；"对子"一赔一。

十八　幸运轮

根据第 42/2003 号经济财政司司长对外规范性批示核准之《幸运轮法定规章》规定，幸运轮博彩设有一个直径不少于 1.5 公尺的轮盘，由庄荷转动之，以及一个指示器，指出所开的结果。而轮盘的边用钉分成均等的 52 格，其中，24 格采用一种特定的记号或号码；12 格采用第二种特定的记号或号码；8 格采用第三种特定的记号或号码；4 格采用第四种特定的记号或号码；2 格采用第五种特定的记号或号码；1 格采用第六种特定的记号或号码；1 格采用第七种特定的记号或号码。

每局开始之前，庄荷高声宣告"截止投注"，自此时起不再接受投注，且所有已作出的投注均不得更改或取回。所有投注以筹码于台证上划有代表轮盘上各个格位的号码或特定记号的长方格位内作出。闲家可选择任何一格或作多格投注。闲家为唯一为其所作之投注负责者，即使庄荷替为下注，闲家应确实庄荷有正确地按其指示为其下注。

轮盘是只可由庄荷以人手转动，而转动之方向可随意选择，轮盘须至少转满三圈，该局方为有效。如轮盘转不足三圈，则庄荷须高声宣告"此局无效"，并重新转动轮盘。轮盘转动完成且停定后，指示器确定中注一格。

所有中彩注码的赔率可参阅公布于 2003 年 5 月 5 日《澳门特别行政区公报》第 18 期第一组内的第 42/2003 号经济财政司司长对外规范性批示载附的《幸运轮法定规章》更正的第 6 条。

十九　轮盘

根据第 60/2004 号经济财政司司长对外规范性批示的核准载于附件内的《轮盘法定规章》，在进行"轮盘"的博彩游戏前，需要准备的工具有直径约 32 吋（约 81.2 厘米）木圆柱体一个，内有一设在枢轴或滚珠轴上的移动轮盘。轮盘盘面部分略凹，平面光滑或有槽，并用金属片固定分间为 37

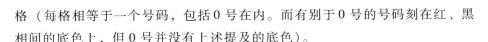

格（每格相等于一个号码，包括0号在内。而有别于0号的号码刻在红、黑相间的底色上，但0号并没有上述提及的底色）。

投注时可按《轮盘法定规章》内的"投注'机会'[1]"去投注，而投注必须在上局杀赔完毕后，方可进行投注，投注方式有两种：

（1）进行投注后或（如设有计时器）结束计时后，庄荷按钟然后掷珠，掷珠方向可由左至右或由右至左，跟轮盘旋转方向相反滚动，而从此时开始不得再进行投注或更动已作出的投注。

（2）珠子在滚动时博彩者仍可进行投注，至庄荷高声宣布停止投注一刻开始不得再进行投注或更动已作出的投注。

当珠子完全停止在37个分格中的某一间格内时，得出掷珠结果后，庄荷先收起博彩者的输注，然后依下列次序赔注：直线12门及大、中、小12门，9门，如设红、黑或单、双号码，6门、4门骑线，3门一列，2门骑线，最后是孤丁。

而该格的号码为中注，庄荷高声宣读中奖"机会"的号码及颜色，同时把标记放在台证上中奖号码处。博彩者中注，除原注码外，会获得相关的赔率[2]。

二十　联奖扑克

根据第61/2004号经济财政司司长对外规范性批示核准《联奖扑克法定规章》，规定联奖扑克用具包括：一副共52张的纸牌；一个派牌盒和一张作割牌之用的白咭；一部洗牌机；一个显示"累进大奖"的电子显示器及系统。每张台证设有八门，当中包括庄荷的在内。台证上博彩者的每一门均划有三格供下注之用：靠近庄荷的一格为下注于"累进大奖"之用，中间一格为下注于"原注"之用，而最外一格为下注于"加注"之用。

洗牌方法分为两种：一是庄荷用手洗牌，用白咭割牌，然后将白咭放在牌底，再将整副纸牌放入派牌盒内；二是庄荷利用洗牌机进行机器式洗

---

[1] 参见第60/2004号经济财政司司长对外规范性批示核准载于附件内的《轮盘法定规章》第6条"投注'机会'"。

[2] 参见第60/2004号经济财政司司长对外规范性批示核准载于附件内的《轮盘法定规章》第7条"赔率"。

牌，无须割牌。

纸牌点数由大至小顺序为纸牌花色：黑桃、红心、梅花、钻石；牌面点数为A、K、Q、J、10、9、8、7、6、5、4、3、2；5、4、3、2及A形成"顺"时，A牌作最小点数计。博彩者可选择"原注"、"累进大奖"或"加注"瓣数投注。

博彩者投注程序是，只可投注一门且不得与其他博彩者作同门投注；首先各门须下"原注"；派出第一张牌前，博彩者可选择投注于"累进大奖"；博彩者持牌时不得离开博彩桌；博彩者于观牌后须决定"加注"与否；"加注"金额须相等于"原注"之双倍，不多不少；如选择不"加注"，该门作输论，庄荷收去牌张和"原注"；完成上述程序后，进行牌局定胜负。

有关博彩组合的例子："黄袍麒"，花色相同的最大5张牌——A、K、Q、J和10，如庄荷及博彩者各持"黄袍麒"，则持花色较大者胜；"同花顺"，五张花色相同且顺序的牌（以K、Q、J、10和9为最大点数；5、4、3、2和A为最小点数），如庄荷及博彩者各持"同花顺"，先以各牌点数定胜负，点数较大者胜；如各牌点数相同，则持花色较大者胜。详细的博彩组合大小顺序可参阅《联奖扑克法定规章》第8条。

展开牌局程序的规则为：庄荷必须至少有一张A和一张K，才可开博彩者的牌；如庄荷所持的牌中没有上述所指的大牌时，博彩者的"加注"作废且全数退回给博彩者，而"原注"则获一赔一的派彩；如庄荷至少持有一张A和一张K，则庄荷开博彩者的牌以定胜负；如庄荷的牌较博彩者的大时，庄荷收去"原注"及"加注"；博彩者的牌较庄荷的大时，庄荷则赔彩——"原注"的派彩是一赔一，"加注"的赔出是"一对"或以下一赔一、"两对"一赔二，以此类推。

然而联奖扑克也有明确禁止事项，如禁止使用任何工具记录投注结果、进行预测或订出投注策略；禁止在观牌后决定是否下"加注"时，与其他博彩者或与第三者交谈。

二十一　九家乐

根据第261/96/M号训令，批准"九家乐"的博彩规例，在进行"九家乐"的博彩游戏前，需准备的用具有：一副纸牌共52张；四粒骰、一个骰盅或一个电子摇骰；一副洗牌机或用一个胶牌靴，而场方有权更换新牌。

在博彩游戏开始时，庄荷要用洗牌机将牌洗匀后作备用。完成一局后，已用过之牌连同未用之余牌将被重洗，而下一局则用已预先洗好的牌，打庄客人用骰盅摇骰，摇出之点数，由庄起按逆时针方向数，以决定先派给哪一门，其他人士不可代庄家摇骰。庄家在摇骰前，可声明增加或减少掷骰所得之点数。派牌及杀赔之顺序应由右至左，每门发牌两张。若遇桥骰或骰跌盅外，则由庄家另行再摇，而闲家须在庄摇骰前下注，庄家摇骰后，不得接受投注、加减注或移注。当贵客下注跟眼时，责任自负。而庄荷按投注进行杀赔，如有买错照做。

每门客人均可轮流做庄，每次做庄只限两局，除非全台客人同意，否则不得超逾此数。客人亦可以不做庄，而把庄按逆时针方向交由下一门客人做庄，要做庄之客人必须曾对上一局投注。而庄家须将其注码置于证面，才可开始摇骰，每局中庄家只可赢取或输去其注码之总额，不得超过。当庄家于首局赢钱而欲继续在第二局做庄，必须将原注及赢得之利润作为第二局之注码，只可加添，不得减少。场方亦可以每门帮庄，金额预先订定。客人亦可以帮庄。正庄先行，帮庄注码按次序放在正庄后面，场方帮庄排至最尾，输赢均按次序进行杀赔。帮庄之客人在该局不得投注于闲家。而各门睇牌放好后，庄家才睇牌及将牌阳开。

全台连庄家最少两门，客人可投注多门，每门亦接受搭注，每门只可由坐位客人持牌。在一局进行中，不得持牌离开台边。

各牌大小按顺序排列如下：K、Q、J、10、9、8、7、6、5、4、3、2、A。公仔及10点均作无点计。A牌作一点；两牌点数之和，决定牌之点数大小，9点最大，若点数超过10，则只计尾数。闲家两牌相加之点数大过庄家两牌相加之点数者赢，而当庄、闲之两牌总点数相同，则以其中最大之一张牌之大小决定赢输，如庄、闲牌之大小及点数相同，均算庄家赢。

场方向赢家抽水，为其所赢得金额的5%。

二十二　台湾牌九

经第15/90/M号训令批准之《台湾牌九临时规例》规定，"台湾牌九"

的用具是由场方备天九牌一副 32 只；四粒骰及一个骰盅。

无论客人多少，每局可派 8 门或 4 门，每门得牌 4 只。如只派 4 门，则余下之 4 门牌将留作下一局使用。遇此情形，已用过之 4 门牌将阳开排在台面，至于派 4 门或 8 门，由场方决定；客人可投注于多门，而多个客人可下注于同一门，下注最大者，有持牌权；闲家持牌及摆牌，只限一人，庄家则不在此限，进行牌九博彩时，所有牌只均不得离开牌九台。

庄家第一局赢钱后，所赢之注码须连同第一局之赌注放于证上，作为第二局博彩之新赌注，只许增多，不得减少；场方可每门帮庄，数额另定，其他客人亦可帮庄，注码照行照做（即正庄先行），帮庄客人在同一局中不得另投注于其他门。

牌对由庄荷打开，细对为前对，大对为后对，闲家须尽量将后对摆大，如客人未依此例，庄荷将代为重摆；如庄家之前对赢闲家之前对，后对赢其后对，则庄家赢。相反则闲家赢，如其中一对等级相同，则以其余一对之大小定输赢，如一对赢一对输，或庄、闲之两对均等级相同，则作和。

牌九牌只及牌对之大细等级，有严格规定；若牌对不能成"宝"，或不能成"天九王"（12 + 9）、"天杠"（12 + 8）或"地杠"（2 + 8），则计牌点，最高点数为 9 点，凡 10 点或 20 点均从总数减去。如庄闲点数相同，则以其中最大之一只牌相比定输赢。

场方自彩金抽水 5%。

二十三　万家乐

根据第 67/2007 号经济财政司司长批示的核准载于附件内的《万家乐法定规章》，在进行"万家乐"的博彩游戏前，需要准备的工具有：六副至十二副纸牌，每副共 52 张；一个派牌盒（牌靴）及一张或多张作割牌用的纸牌；一部自动洗派牌机；一部洗牌机；一张博彩台，台上设有一张或两张台证及 7 个或多于 7 个的座位。

在游戏开始时，除场方外，博彩者只限两家，分别是"庄"家和"闲"家。而博彩者可选择下列投注项目：投注于"闲家"，投注于"庄家"，投注于"和局";或博彩者可附加作"庄对子"和/或"闲对子"① 投注。

属场方的庄荷先将牌洗匀,再由一位博彩者割牌或庄荷本人割牌,将白咭插入尾端约 12 张牌之上,再将整套已洗匀的纸牌放入派牌盒(牌靴)内,牌面全部向下,然后庄荷按用牌多少副,销去同数目之牌张,亦可选择由第一张牌的牌面点数决定应销去多少张牌方开始派牌。而场方可在每次使用一个派牌盒(牌靴)来开始派牌时进行示范,但最多只能开出示范 3 局,如使用自动洗派牌机则牌张放入仪器后直接发牌而无须经过上述之程序。派牌时是从"闲"家起以交替形式一次一张地派,每家派发两张纸牌,闲家先开牌。如使用自动洗派牌机时,派发予闲家及庄家之牌张牌面必须朝上,每局结束后,牌张必须放回洗派牌机内。

当每家在获派首两张纸牌后,只限增牌一张,而场方有两种增牌② 方式。当出现因增牌而产生的和局,应进行新牌局定胜负,而先前下的注则可取消或维持不变或更改投注。增牌导致的可得彩金,按 67/2007 号经济财政司司长批示的核准载于附件内的《万家乐法定规章》规定的赔率作出。

在牌派至白咭牌时,乃最后一局或只可多进行一局。将白咭取出后,待该局完毕,重新洗牌。牌张如有污损,应更换一套新牌。在不妨碍上述的情况下,场方保留在任何一局完结后更换派牌盒(牌靴)的权利。

场方在每局"庄"家或"闲"家以 9 点、8 点或 7 点胜出时,从彩金中抽取 5% 作佣金,场方也可选择不抽取佣金,但当"庄"家或"闲"家以 4 点胜出时,则场方获该彩金之 50% 的款额。

二十四　德州扑克

经第 11/2008 号经济财政司司长批示核准之《德州扑克法定规章》,德州扑克用具包括:一张设有一块台证的博彩桌;一个"发牌人"指示器,而该指示器系放在庄荷左边起首位博彩者的前方位置,每局结束后便顺时针方向传给下一位博彩者;一副共 52 张的纸牌;一个派牌盒和一张作切牌之用的白咭;或一部洗牌机。纸牌的大小不计花色。纸牌点数大小依次排

---

① "庄对子"或"闲对子"是指当任何一门的首两张纸牌组成一对(不管何种颜色或花色,两张纸牌点数相同凑成一对,如两张 J 牌成一对,J 牌和 Q 牌则不成一对)。

② 根据第 67/2007 号经济财政司司长批示的核准载于附件内的《万家乐法定规章》第 9 条"增牌"。

列为：A、K、Q、J、10、9、8、7、6、5、4、3、2。5、4、3、2 及 A 形成"顺"时，A 牌作最小点数计。

台证上设有 10 门座位供博彩者使用，以及一门座位供庄荷使用。场方可选择使用设 10 门以上供博彩者使用之座位的台证。开始博彩局所需博彩者人数下限为两位。开始时，可由庄荷以人手洗牌，用白咭切牌，接着将白咭放在整副纸牌的牌底，然后一并放入派牌盒内或庄荷手中；又或由庄荷使用洗牌机，在这种情况下无需切牌。庄荷由放有指示器左边起首位博彩者（小盲注）开始，依顺序派牌。

所有投注以筹码进行。在比赛形式的博彩局中，博彩者进行博彩期间不得取回台上用以进行有关博彩项目的筹码及在有关博彩局赢取的筹码。台上应摆放派牌前投注额（盲注）上限和下限的通知让博彩者知悉。接着是进行派牌前投注额（盲注），庄荷由放置指示器的左边起首位博彩者开始顺时针方向派发纸牌予每位博彩者，每次派牌 1 张，共派 2 张，牌面向下。博彩者只可看自己的纸牌，且不得手持纸牌离开博彩桌。博彩者看过获发的 2 张纸牌后，由位于指示器左边的两位博彩者之左手边者起，顺时针方向，可选择作出"投注"、"加注"或"盖牌"（弃权）。在首轮投注中，投注大盲注最高额的博彩者具有特权成为最后一位作出投注，其可"盖牌""加注"或"选择"；在接下来的投注中则由持指示器之博彩者作出最后"投注""加注"或"弃权"。完成上述之程序后，庄荷先销牌 1 张，再于博彩桌中央位置，派发 3 张牌，牌面向上。接着，庄荷从指示器左边第一位博彩者起接受第二轮投注。第二轮投注结束后，庄荷销牌 1 张，再于博彩桌中央位置放 1 张附加牌，牌面向上。从指示器左边开始进行下一轮投注。完成投注后，庄荷销牌一张之后便加牌，附加牌后，进行最后一轮投注。最后一轮投注结束后，博彩局的全部参与者阳开纸牌以定胜负。博彩者可将获发的首 2 张纸牌和放置台上中央位置的纸牌组成最佳纸牌组合的 5 张纸牌，最佳纸牌组合的博彩者赢得台上全部投注额——彩池。博彩者之间不得协议分享彩池，故各门应继续进行博彩直至产生最后结果为止。如有持有相同纸牌组合，则平均分享彩池，有关金额以除法的可分割下限为止。剩下不可分割的金额则归于在庄荷左手边首位维持进行牌局的博彩者。

除此之外，有关博彩的适用规则、加注之适用规则、盖牌之适用规则等可参阅《德州扑克法定规章》。

二十五 富贵三宝

根据经第 97/2008 号经济财政司司长批示修改之第 78/2008 号经济财政司司长批示的核准载于附件内的《"Fortune 3 Card Poker"法定规章》，在进行"Fortune 3 Card Poker"的博彩游戏前，需要准备的工具有：一副共 52 张的纸牌，牌面点数有：A、K、Q、J、10、9、8、7、6、5、4、3、2；一个派牌盒和一张作割牌之用的白咭；一部自动洗牌机。

游戏开始时，庄荷有两种洗牌方法：庄荷以手洗预先用白咭割开的纸牌，然后将白咭放在牌底，再将整副纸牌放入派牌盒内；或使用自动洗牌机进行机械式洗牌，无须割牌。

在投注时，博彩者可选择以下两项投注瓣数："原注"（Ante bet）、Pair Plus bet。或在下注时可选择作单式投注，或可选择从投注瓣数中作组合式投注，且须循一系列投注规则：按照贴于台上的投注上限和下限下注；博彩者不得与其他门数一起下注，只可以在自己一门作投注；每一局在派出首张纸牌后，不得再接受投注；坐位博彩者方可持牌，持牌时不得离于博彩桌；完成上述各项的规则后，进行牌局以定胜负。

庄荷在派牌时有两种方法：用派牌盒，按由左至右顺序向下注的每门轮流派发 3 张纸牌，每次派 1 张，牌面向下，庄荷最后获牌；或用自动洗牌机，同样由左至右顺序向下注的每门轮流发牌，每次派 3 张，牌面向下，庄荷最后获牌。

牌局须遵循以下程序展开：决定与庄荷对玩的博彩者，须作出加注，加注金额与原注相同，如选择不继续博彩，则博彩者一门输掉，庄荷收回前者的纸牌及下注额，而博彩者在投注原注后再投注于 Pair Plus bet 时，必须加注，在庄荷持有点数相等于"Q"牌或高于"Q"牌时，方可跟其余的博彩者对玩；如庄荷一门的点数少于"Q"，则以一赔一的赔率派发原注，加注退回博彩者；或如庄荷得与博彩者进行博彩，而庄荷所持牌的点数低于博彩者所持牌的点数，则以一赔一的赔率派发原注和加注；再者如庄荷得与博彩者进行博彩，而庄荷所持牌的点数高于博彩者所持牌的点数，则庄荷收下有关博彩者的投注。

不论庄荷持有的点数多寡，博彩者的门数中出现相等于以下组合的其中一项纸牌组合时："同花顺"，3 张花色相同且连续的牌——点数最高的组合为 "K、Q、J"，点数最低的组合为 "3、2、A"；"三条"，3 张点数相同的牌（例如：K、K、K）；"顺"，3 张连续而花色不同的牌（例如：6、7、8），则获发一份额外彩金，彩金金额将以原注金额并按照下列派彩表赔彩："同花顺"一赔五；"三条"一赔四；"顺"一赔一。接着，庄荷检查博彩者下注于 Pair Plus bet 之输赢，而不论庄荷持有一门的点数多寡，持对子或对子以上的博彩者胜。

而 Pair Plus bet 投注瓣数胜出的投注按以下赔率派彩："同花顺"一赔四十；"三条"一赔二十五；"顺"一赔五；"同花"一赔四；"对子"一赔一。

二十六　幸运 8

根据第 71/2009 号经济财政司司长批示核准《"Fortune 8"法定规章》，"Fortune 8"博彩用具包括：一副至八副纸牌，每副共 52 张；一个派牌盒（牌靴）和一张作切牌用的白咭；一部自动洗派牌机或一部洗牌机；一张设 7 座位或 7 座位以上的博彩桌。

开始时，庄家把纸牌洗匀后，让博彩者或由庄家本人在至少最后 12 张牌之间插入一张白咭，接着把纸牌放入派牌盒（牌靴）内，牌面向下。使用自动洗派牌机时，只需把纸牌放入机内然后直接取出，无须把纸牌放入派牌盒内，牌面向下。如出现牌面向上的纸牌，该纸牌及该博彩局仍视为有效，牌局继续进行。

其派牌规则是，博彩桌上的台证共设 7 门供投注之用，但每局的博彩者数量不限。每门投注设有 3 个投注格，最近博彩者的一格是 "L"，"L" 上面的一格是 "Fortune 8"，最高一格是 "H"。博彩者可按自己的意愿在一个或多个印有 "L"、"Fortune 8" 或 "H" 的投注格上下注，换言之在 21 个投注格中的任何一格或数格上决定下注银码，但该银码必须遵照娱乐场所订的限红规定。所有投注额需整份放在博彩桌的指定投注格上。博彩者需在任何纸牌派出或阳开前下注。在第一张纸牌发出或阳开前，庄荷向所有博彩者示意其将先销去第一张牌，然后在每门的投注位置上（共 7 门）各派发一张纸牌，牌面向上，无论投注位置有否注额也派牌；或先销去第一

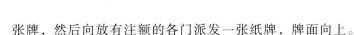

张牌，然后向放有注额的各门派发一张纸牌，牌面向上。

在各门指定投注位置上的注款，如与派出纸牌上的点数不相应算输，有关注款由庄荷收走；如与派出纸牌上的点数相应算赢。A牌算"H"牌（高点数）。"L"及"H"格胜注的赔率为一赔一；而"Fortune 8"格胜注的赔率为一赔十一。

二十七　龙凤博彩

根据第95/2010号经济财政司司长批示的核准载于附件内的《龙凤博彩法定规章》，在进行"龙凤博彩"的博彩游戏前，需要准备的工具有圆形博彩桌一张；5枚代币一套；投掷代币用的木板一块；用作标示首位及接着一位spinner的指示牌多块。博彩桌外围设有供博彩者用的席位，席位的数量不得多于30个，桌子中央则设有供庄荷和负责转动木板的博彩者用的席位；且博彩桌上画有多个供投注龙、凤和属odds的5个格位之用的投注席位，以供由圈内仅一位或多位博彩者下注。

在游戏开始时，博彩桌由三位庄荷运作：两位基本庄荷和一位负责操作博彩的庄荷（boxer），他们负责派彩及收集投注，boxer带领负责转动木板的博彩者（spinner）进入圈内，从5枚代币中选其2并将之放在木板上以待投掷，然后两者在spinners专用的格子（即龙、凤或5个odds）上投注，投掷结果会是代币同一面向上或者不同的一面向上，如属不同的一面向上者则为odd，spinner须从龙或凤中选其一后，作三次投掷以定胜负，如果spinner投得龙后再投得凤，则作输论，如果spinner投得5个odds也作输论。当投掷结果出现时，负责派彩的庄荷则派彩给赢家并收回输家的投注。

下注时，注意应须遵循的规则：①遵照博彩桌上指示牌所定的投注上限及下限；②spinner必须从龙或凤中选其一，然后投注于其选择上；③投注时间一经庄荷宣布结束，则不再接受投注亦不得更改或移走注码；④上述程序得以完成后，才可开始博彩，此时所得结果方作有效论。

作出相关投注后得出的赔率派彩：①龙或凤派彩1赔1；②5 odds派彩1赔25；③Spinners的投注向投掷代币之人派彩，赔率为1赔7.5。

二十八　Omaha 扑克

经第 97/2010 号经济财政司司长批示核准之《"Omaha 扑克"法定规章》，规定 Omaha 扑克用具包括：设有一块台证的博彩桌一张；指示器（dealer button）一个，该指示器系放在庄荷左边起首位博彩者的前方位置，每局结束后按顺时针方向传给下一位博彩者；52 张的纸牌一副；派牌盒一个和作切牌之用的白咭一张；或洗牌机一部。纸牌的大小不计花色。纸牌点数大小依次排列为：A、K、Q、J、10、9、8、7、6、5、4、3、2。5、4、3、2 及 A 组成"顺"时，A 牌作最小点数计。

台证上设有 10 门座位供博彩者使用，以及 1 门座位供庄荷使用。场方可选择使用设 10 门以上供博彩者使用之座位的台证。开始博彩局所需博彩者人数下限为两位。

开始时，可由庄荷以人手洗牌，用白咭切牌，接着将白咭放在整副纸牌的牌底，然后一并放入派牌盒内或庄荷手中；或由庄荷使用洗牌机，在此情况下无须切牌。接着庄荷由放有指示器左边起首位博彩者开始，依顺序派牌。

所有投注以筹码进行，台上应摆放派牌前投注额（盲注）上限和下限的通知让博彩者知悉。开始牌局前会有派牌前投注，由位于指示器左边的第一位先投注，之后第二位博彩者进行投注。

开始牌局时，庄荷由放置指示器的左边起首位博彩者开始按顺时针方向派发纸牌予每位博彩者，每次派牌 1 张，共派 4 张，牌面向下（hole cards/pocket cards）。博彩者只可看自己的纸牌，且不得在博彩桌以外手持纸牌。博彩者看过获发的纸牌后，由第 5 条所载的两位博彩者之左手边者起，顺时针方向，选择作出投注、加注或盖牌（弃权）。在首轮投注中，投注"大盲注"最高额的博彩者具有特权成为最后一位作出投注者，其可盖牌、加注或选择（check）。在接着的投注中则由持指示器之博彩者作出最后投注、加注或弃权。完成上一条所述之程序后，庄荷先销牌 1 张，再于博彩桌中央位置，派发 3 张牌，牌面向上（the flop）。接着，庄荷从指示器左边第一位博彩者起接受第二轮投注，博彩者也可以选择作出投注、加注或盖牌（弃权）。此轮投注结束后，庄荷销牌 1 张，再于博彩桌中央位置放一张附加牌，牌面向上（the turn）。从指示器左边的博彩者开始进行下一轮投注。完成投注后，庄荷销牌 1 张，然后于博彩桌中央位置再放 1 张附加牌，牌面向上（the river）。在博彩桌上放置上述之附加牌后，进行最后一轮投注。最后一轮投注结束后，博彩局的全部参与者阳开纸牌以定胜负。

博彩者可将获发的首两张纸牌与放置台上中央位置的其中 3 张纸牌搭配，以组成最佳的 5 张纸牌组合。组成 5 张最佳纸牌组合的博彩者赢得台上全部投注额——彩池。博彩者之间不得协议分享彩池，故各门应继续进行博彩直至产生最后结果为止。两位或两位以上的博彩者持有相同纸牌组合，则平均分享彩池，有关金额以除法的可分割下限为止。剩下不可分割的金额则归于在庄荷左手边首位维持进行牌局的博彩者。

另外，该游戏还有其他的适用规则，如口头投注为有效的投注，而作出口头投注的博彩者受约束；加注之适用规则、盖牌之适用规则等。详细情况请参阅《"Omaha 扑克"法定规章》。

第七章
涉及博彩之其他法律规范

鉴于涉及博彩的法律规范非常多，在本章笔者将主要着墨于广告法及禁烟法，对法律规定与社会情况是否配合进行探讨，以期相应法律发挥应有保障社会之作用。

一　广告法

（一）广告的产生和初步发展

原始社会末期，随着生产力水平的提高，出现了农业、手工业和畜牧业的分离，有了简单的商品生产和商品交换。由于商品生产的发展和交换范围的扩大，出现了人类社会第三次大分工，专门从事商品贸易的商业从农业、手工业中分离出来。广告也就随着社会分工和商品交换而产生了。

广告产生于原始社会末期，在奴隶社会获得了初步发展，其形式也比较简单，主要有叫卖广告、陈列广告、招牌和幌子等形式。叫卖广告和实物陈列广告是最早的广告形式。叫卖广告，又称口头广告，是人们为了把商品交换出去而进行叫卖，以吸引他人注意。这种广告形式对不同的商品采用不同的语言、声调，使人们一听就知道卖什么东西，这种广告形式流

95

传至今。

19世纪末20世纪初，各资本主义国家先后从自由竞争走向垄断，资本主义经济的发展和科学技术的进步，也加速了广告信息的传播。电视和无线电的发明和运用，使广告的发展日新月异。现代广告的主要特点是以报纸、杂志、广播、电视为主要媒体。1965年，开始采用通信卫星来转播电视广告，广告的发展进入了太空，设计全球性的广告已成为必要。当今世界，广告业飞速发展，广告媒体越来越多，手段日益先进，广告的传播进入了高效率的时代，从而成为促进经济繁荣的重要支柱①。

（二）广告法的制定

广告是为了某种特定的需要，通过一定形式的媒体，公开而广泛地向公众传递信息的宣传手段，作为一种传递各种信息的活动，必然对社会的经济、政治、文化产生一定的影响，广告所传播的信息是多种多样的，其中商业广告对商品生产和流通起着重大的促进作用，商业广告把企业生产、销售方面的信息传递给广大的消费者，把各种服务信息传递给大众，使消费者了解各种市场行情。然而②，为了更好保护消费者的权益，防止在广告当中掺杂过量的虚假信息，导致消费者遭受不必要的损失，便有了广告法的产生。该法律是为了管制使用任何方式的广告信息的传播，以及其书写内容和公开标贴的条件，凡旨在使公众注意某商业性质的物品或服务，以便促成购买的所有宣传均视为"广告"或"广告活动"，均纳入该法律的管制范围内。

而在澳门，根据第7/89/M号法律，不论以何种广告媒介传送广告信息，均必须是合法的、可识别的、真实的及遵守维护消费者和忠于自由而公平竞争的原则。此外，广告应具备下列性质：

（1）合法性。凡因其形式、对象或目的而损害社会基本价值观的广告不是合法的。

（2）可识别性。不论在宣传时使用任何工具，应该是使人能清楚地识别其性质。

（3）真实性。广告信息应当尊重真理，不应歪曲事实或错误引导广告

---

① 肖汉奇、郑国生主编《广告法实用教程》，中国法制出版社，1995，第12～17页。
② 肖汉奇、郑国生主编《广告法实用教程》，中国法制出版社，1995，第7～8页。

对象，对广告所销售的物品或服务的来源、性质、成分、功能及购入条件的说明，应随时可被证实。

（三）广告的安装

在现代化的都市之中，我们除了看见建筑物林立之外，在街道上，我们还看见形形色色的广告设施，包括大型广告海报、霓虹灯广告牌等，对于这些设施的安装，需要由行政机关严格作出监管，以免在安全性方面出现问题而增加路人、车辆的危险。

根据第 7/89/M 号法律第 19 条及续后条文的规定，安装广告须事先领取由市政厅发出的准照，在回归之后，仍然根据第 24/88/M 号法律及第 1/1999 号法律第 15 条，该准照由临时澳门市政执行委员会负责发出，直至 2001 年民政总署成立，转由民政总署负责；到了 2005 年 1 月 1 日以后，关于广告安装准照发出的程序和要求，则由第 28/2004 号行政法规《公共地方总规章》第 28 条及续后条文所规范。

广告安装必须符合法定的标准，这是为了确保有关管辖区的都市规划及环境平衡；而在订定广告准照的标准时，应顾及广告媒介不应有下列情形：

（1）有碍观瞻或影响地方或风景的美观和环境；

（2）损害纪念物或甄别楼宇的美观或附近的环境；

（3）损害第三者；

（4）危害人或物的安全，尤以在道路交通的安全为然；

（5）使其外形、颜色或所安装的位置误导公众而视之为交通符号；

（6）阻碍行人，特别是伤残人士。

倘安装在任何建筑物、结构或附着物的广告违反有关业权人的权益，该法律规定得将之毁灭或以其他方法使之不能发生效力。倘若广告是由政府机关消除时，有关费用亦应由负责安装人士负担。倘不知负责人是谁时，则从广告推断谁为负责人。但能证明广告并非由彼等安装或安放时则除外。

根据第 6/89/M 号法令第 58 条第 2 款，总督①有特权以训令方式订定强制性投保之各类保险或其他认为有需要统一的普通及特别保险条件之技术

---

① 根据第 1/1999 号法律附件四第 4 款的规定，在回归后，在此总督应解释为澳门特别行政区行政长官。

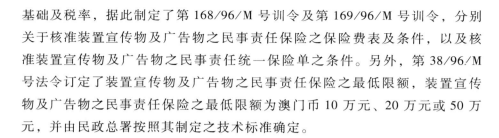

基础及税率，据此制定了第 168/96/M 号训令及第 169/96/M 号训令，分别关于核准装置宣传物及广告物之民事责任保险之保险费表及条件，以及核准装置宣传物及广告物之民事责任统一保险单之条件。另外，第 38/96/M 号法令订定了装置宣传物及广告物之民事责任保险之最低限额，装置宣传物及广告物之民事责任保险之最低限额为澳门币 10 万元、20 万元或 50 万元，并由民政总署按照其制定之技术标准确定。

（四）广告的限制

1. 方式上的限制

上文已提及广告是一种信息的传播方式，对于这种信息的传播，必须要加以限制，这是为了保护市民免于遭受错误的信息而蒙受损失。

根据第 7/89/M 号第 7 条规定，禁止通过技巧、潜意识或掩饰方法而错误引导或影响广告对象，使他们不能了解被传送信息性质的所有广告，特别是下列广告：

（1）有隐藏，间接或欺诈性质者；

（2）利用广告对象的恐惧、无知或迷信者；

（3）可促使或怂恿暴力及非法或犯罪活动者；

（4）不尊重地使用国家或宗教标志者；

（5）使用带有色情或淫亵内容的工具者；

（6）可对所推销的物品或服务的质量作错误引导者；

（7）怂恿以危险方式使用所推销物品者；

（8）倘接触或使用该等物品需要特别小心以避免意外发生，而广告未提及特别小心事项者。

2. 内容上的限制

对于广告所包含的信息，在内容上亦有一定的限制。首先，为了确保市民的生活质素，禁止广告在内容上包含任何可导致污染的信息，包括噪声污染、动植物和自然资源的退化等信息。

立法者亦禁止广告的内容含有对性别、儿童及青少年的偏见。广告的信息不应传达一种性别比另一性别低的观念。若广告是以儿童及青少年为对象，当中的内容应顾及其心理上易于受到创伤，故此，不得列入对他们的身体、精神或心智产生损害的任何语言、画面或其他内容；又或者暗示如果儿童或青少年不使用广告所宣传的物品或服务，则视为落伍的观念者。

倘若儿童或青少年系与广告所宣传的物品或服务明显相关时，方得在广告中扮演主要角色，但不得在香烟或含酒精饮品的广告中出现①。

与此同时，对于一些特别的情况，在作出广告时受到严格的限制，关于香烟广告并不妨碍第 5/2011 号法律的规定，此类广告不得含有以下内容：

（1）利用未成年人或鼓励他们饮用或吸食；

（2）鼓励过分饮用或吸食；

（3）轻侮非饮用吸食者；

（4）暗示饮用或吸食是成功者的象征。

另外，对含酒精饮品的广告不得与驾驶车辆行为有关，因为酒精是一种影响驾驶的物质，对驾驶者的精神和判断力将构成严重的影响，而根据第 3/2007 号法律《道路交通法》的第 90 条、第 96 条的规定，在受酒精影响下驾驶，当血液含酒精浓度超过法定的限制，将科以轻微违反、甚至刑罚。

3. 对消费者的保护

广告法亦就广告方面给予消费者保护，广告活动除了不得对消费者引致任何精神上、心智上或身体上的损害外，企业在作出广告时，禁止使用任何以直接或间接方式用不真实、遗漏、夸张或含糊手法误导消费者，使对物品或服务产生误解，亦不得在购买条件方面欺诈消费者，尤其是下面一些情况②：

（1）物品或服务的价值或价格；

（2）首期、分期、信贷条件及付款的其他条件；

（3）物品交付及更换条件或合约的解除；

（4）宣传物品或服务的免费，但倘不向消费者要求包括邮费、运费或税项在内的任何费用者则例外。

（五）不得做广告宣传的特别情况

前面已经提及对广告的限制，这是立法者为了对市民的利益加以保护而作出的限制，但限制只是在形式和内容上作出，并非绝对禁止，但对某些特别的情况，立法者明文规定不得做广告宣传，当中包括放债活动及以

---

① 参阅第 7/89/M 号法律第 13 条、第 14 条。

② 参阅第 7/89/M 号法律第 10 条、第 12 条。

博彩活动作为广告的主要信息者。这两类的活动可以在电话簿的黄页分类、商业年鉴及其他同类性质刊物内做宣传，但绝对不得以其他的广告形式传播有关的信息。

对立法者明文作出的禁止，在该法律中只有唯一条文：绝对禁止放债活动和博彩活动以广告的形式传播。为此，笔者只能从广告方面的限制加以推想，从而思考立法者明文作出禁止的因由，从上文可见，限制总是为了保护某些利益，而对于禁止应当是为了更大利益的考虑而作出。

1. 放债活动（第 15/83/M 号法令，第 32/93/M 号法令）

该法律所指的放债活动，泛指与金钱债务有关的活动，在澳门，想要设立信用机构以自负盈亏的方式进行借贷活动，需要由行政长官根据澳门金融管理局的意见，而按个别情况作出许可[①]。同时，对信用机构的资本，有着严格的条件限制。与博彩活动一样，属于特许经营从事的行业。

当涉及放债活动时，必然会存在债权人和债务人双方，对债务人而言，其作出借贷的理由有很多，对商业的发展方面尤其重要，许多没有资本的人士想要创业，又或者公司发展需要的资金，均是透过借贷来进行的，没有借贷则难以促进商业的发展。但另一方面，"有借必然有还"，还的除了是所借的款项之外，尚涉及利息。故此，其产生的负面影响，便是无法偿还时产生的后果，这后果的严重程度足以影响一位自然人的人生，又或者影响一法人的存亡。故此，对放债活动，并不建议以广告形式作出宣传，因为这是一种传播信息的广泛途径。同时，对于放债活动的进行，亦需要严格的制度予以监管。

2. 博彩活动

在广告法方面，禁止博彩活动以广告形式进行宣传，这似乎与澳门的经济发展背道而驰。博彩活动应当是一种消闲娱乐的活动，让人们以小额赌资碰碰运气，享受博彩过程；但是，博彩亦带来了严重的负面影响，在娱乐场中，或许可以一夜致富，但亦可一无所有。故此，澳门在发展博彩业的同时，亦应重视负责任博彩，而禁止博彩以广告方式作宣传，就是避免给人们种下一种潜意识，让他们认为能够凭自身的运气在娱乐场中获得丰富的金钱，这亦算是负责任博彩的一种体现。

---

① 参阅经第 32/93/M 号法令修改的第 15/83/M 号法令第 19 条。

笔者认为，不论是放债活动还是博彩活动，虽然他们均对澳门经济起正面的作用，但其对社会产生的负面影响亦不容忽视，故此，法律必须重视，并采取有效的方法将负面影响降至最低。

二 吸烟

吸烟行为，本是个人自由作出的行为，然而，随着科学的发展，慢慢发现吸烟对人体造成十分严重的慢性伤害，而且吸烟行为产生的"二手烟""三手烟"更会祸及其他非吸烟人士。故此，从公共卫生、个人健康方面考虑，必须对吸烟行为加以限制。而澳门的娱乐场对于吸烟的限制，是处于一个比较特殊的情况，下文将加以讨论。

（一）立法背景

在《中华人民共和国澳门特别行政区基本法》中，虽并未在澳门居民的基本权利中订明健康权，但仍可以转折地找到关于健康权的规定，《中华人民共和国澳门特别行政区基本法》第 40 条中规定《经济、社会与文化权利的国际公约》适用于澳门的有关规定继续有效，通过澳门特别行政区的法律予以实施。透过第 15/2001 号行政长官公告，中华人民共和国于 1999年 12 月 2 日通知作为 1966 年 12 月 16 日订于纽约的《经济、社会与文化权利的国际公约》保管实体的联合国秘书长，有关公约将继续在澳门特别行政区适用。

《经济、社会与文化权利的国际公约》第 12 条规定"本公约缔约各国承认人人有权享有能达到的最高的体质和心理健康的标准"。从转折的途径中，可以看到澳门居民的健康权在国际法的层面上已明述须受到保障。而且，早于 1983 年，根据第 3/83/M 号法律，澳门的吸烟情况已经得到预防及限制。

及后，世界卫生组织于 2003 年 5 月 21 日在日内瓦通过的《烟草控制框架公约》更加坚定了各国对控制吸烟的决心。根据第 15/2006 号行政长官公告所示，该公约自 2006 年 1 月 9 日起在国际上对中华人民共和国生效，包括在澳门特别行政区产生效力。

随着时间的变迁，逐渐发现原有的第 3/83/M 号法律已经跟不上《烟草控制框架公约》对烟草进行控制的步伐，于是澳门立法会经过激烈的讨论后，便制定出第 5/2011 号法律《预防及控制吸烟制度》。

（二）第 5/2011 号法律《预防及控制吸烟制度》

1. 目标

制定《预防及控制吸烟制度》的主要目的是防止接触烟草烟雾；规范烟草制品的成分；规范关于烟草制品的资讯；宣传及教育公众健康意识；禁止烟草广告、促销及赞助；订定降低烟草需求及供应的措施。

防止接触烟草烟雾，是因为吸烟除了会对吸烟者本人造成身体健康上的损害之外，吸烟者点燃、吸食香烟时所散发出来的烟雾，亦会令其他接触到烟雾的人士的健康受到损害，而且所受到的损害，甚至较吸烟者自身更为严重，这俗称"二手烟"。随着科研的进步，更出现了"三手烟"的概念，意指吸烟后残留在衣服、墙壁、家具、地毯、靠垫甚至头发和皮肤等的烟草残余化学物，而这些化学物会随着吸烟者的移动而向四周散播。由于婴幼儿会四处爬来爬去、嬉戏，较成年人更易近距离接触到残留在家具和衣物表面的有毒烟草物质，他们甚至可能把有毒物吃下肚，所以特别危险。

规范烟草制品的成分，并对之进行测量及检测，是为了防止烟草制造商制造出超出标准的烟草制品，而使吸烟者及其周围的人受到更大的损害。同时，在烟草制品上，根据第 5/2011 号法律第 11 条之规定，对香烟的标签及包装均有严格的规定，最重要的是，香烟的产品本身，亦须宣传香烟有损健康的知识，好让更多的吸烟者能够了解吸烟的害处。

同时，为了预防及控制吸烟行为，政府亦应积极宣传教育，增强公众健康意识，特别是年轻人，以求用逐降的方式降低吸烟者的数量以及烟草的需求量。

2. 烟草消费的限制

烟草消费的限制为限制吸烟者吸烟行为的完全自由作出，使其"有烟在手吸不得"（但在私人领域范围内，如家中，便不会受烟草消费的限制）。

根据第 5/2011 号法律第 3 条所示，控烟法对供集体使用的室内场所及法律特别规定的其他地点的烟草消费订定限制，以防止接触烟草烟雾。根据第 5/2011 号法律第 4 条及第 5 条的规定，对烟草消费订定的限制可以分为几个层次：

（1）法律所订定地方^①，无论是室内或室外均禁止吸烟。而"吸烟"是指吸入或呼出烟草的烟雾，以及管有任何燃着的烟草制品^②；

（2）受限制地点的室外范围^③；

（3）受限制地点的室外指定范围^④；

（4）受限制地点的指定之室内独立空间^⑤；

（5）在娱乐场可设立不超过公众使用区域总面积50%的吸烟区^⑥。

根据该法律第4条第32项，原则上即使没有在第4条列明的其他供集体使用的室内场所，均禁止吸烟；而在第4条中有指明之地方，原则上无论是室内或室外均禁止吸烟，只有在上述的（2）～（5）中所指的情况下，才允许吸烟。

3. 处罚制度

（1）行政处罚。在第5/2011号法律第23条及续后条文中，规范了行政处罚制度，以罚款的方式作出处罚，罚款的数额由澳门币400元至澳门币10万元，对一般在禁止吸烟场所的吸烟，只会作出罚款澳门币400～600元的惩戒，只有对公共实体或烟草业所作出的违法行为，才有可能作出罚款澳门币10万元的惩戒。而有关罚款全数归卫生局所有。

（2）违令罪。根据第5/2011号法律第28条第1款之规定，卫生局、民政总署、博彩监察协调局及治安警察局在其所属的职责范围内，可以命令吸烟者停止吸烟，要求吸烟者提供其姓名及地址并出示身份证明文件，若不遵守有关命令，即构成普通违令罪。而根据澳门《刑法典》第312条规定，处最高1年徒刑，或科最高120日罚金。

（3）保全性扣押。结合第5/2011号法律第28条及第30条之规定，监察人员可以作出保全性扣押行为，在违反法律规定的情况下，可对有关烟草制品、自动售烟机、有关广告媒介、有关消费品作出扣押。被扣押的制品及物件，由作出扣押的实体保管。若违法者的作为或不作为导致保全性扣押未能执行，则罚款下限等同于制品或物件价值，而罚款上限等同于制

---

① 根据第5/2011号法律第4条。

② 根据第5/2011号法律第2条第4项。

③ 根据第5/2011号法律第5条第1款第1项，及第3项之前半部分。

④ 根据第5/2011号法律第5条第1款第2、5及6项。

⑤ 根据第5/2011号法律第5条第1款第4、7、8项以及第3项之后半部分。

⑥ 根据第5/2011号法律第5条第3款。

品或物件价值的两倍。

（4）行政处罚的程序。根据第 5/2011 号法律第 29 条，卫生局、民政总署、博彩监察协调局及治安警察局在其职责范围内具职权提起行政违法程序，当监察人员目睹违法行为或有足够迹象显示存在违法行为时，可即时提起处罚程序，编制控诉书及将控诉内容通知违法者、违法实体负责人或经济活动参与人在场的受托人。在处罚程序中，有关通知按被通知人指定的地址，以单挂号信寄出，寄出 3 日后即推定被通知人接获通知。

对科处罚款的处罚决定自通知之日起 30 日缴付罚款，若在接获控诉通知之日起 15 日内自愿缴付，则仅须缴付罚款金额的一半。若当事人未到 15 日内仍未自愿缴付罚款亦未作出辩护的情况，须由预审员采取查明是否存在违法行为的适当措施，以及编制有关建议书，并送交卫生局局长决定是否科处处罚。

若在卫生局局长决定科处处罚的情况下，根据第 52/99/M 号法令第 17 条之规定，对于不自愿缴纳罚款，则按税务执行程序之规定，由有权限之实体以处罚决定之证明作为执行名义，进行强制征收。

4. 生效期间之特别规定

根据第 5/2011 号法律第 39 条之规定，《预防及控制吸烟制度》在 2012 年 1 月 1 日生效，但当中有一些特殊的规定。

根据第 39 条第 2 款第 2 项之规定，对酒吧、舞厅、蒸气浴室及按摩院的室内及室外范围禁止吸烟的规定，于 2015 年 1 月 1 日生效；而娱乐场，则是整个法律唯一不进行室内全面禁烟的场所，同时亦未看到全面禁烟之日期；因为根据《预防及控制吸烟制度》第 5 条第 3 款例外规定了澳门的娱乐场可以设立不超过公众使用区域总面积 50% 的吸烟区，而该吸烟区须于 2013 年 1 月 1 日之前建立[1]，在 2013 年 1 月 1 日之前，在娱乐场的室内或室外范围，仍可自由作出吸烟行为[2]，与此同时，对第 5/2011 号法律的执行效果，尤其是在娱乐场内的效果，卫生局须在其生效后每三年编制一份报告，即对娱乐场内设立吸烟区的效果，卫生局须在 2015 年制作一份报告，以对其效果作出评估。由此可见，在娱乐场内会否推行全面禁烟，仍是未知之数。

---

① 参见第 5/2011 号法律第 37 条。
② 参见第 5/2011 号法律第 39 条第 2 款第 1 项之规定。

（三） 新、旧控烟法律的比较

在第 5/2011 号法律（下称新法）生效之前，澳门是依据第 21/96/M 号法律（下称旧法）进行吸烟的预防及限制。大致上新旧法律的框架相近，只是新法按照社会的演变而作出修改，对各方面的规定，均较旧法更为仔细。新旧法律进行比较，主要有下列的不同之处。

1. 吸烟的禁止

根据旧法第 4 条的规定，对吸烟的禁止分为两方面：必须禁止和可以禁止。不同于上文对新法分析的 5 个层次，在吸烟的禁止上，新法更为严格。但同时，新法的规定亦更为复杂，在法律的理解上更为困难。

新法对禁烟的范围较旧法更为广泛，旧法只规范了 14 项必须禁止吸烟的地方以及 3 项可以禁止吸烟的地方，而且，并没有清楚指明禁止吸烟的地方是否只限于室内。但从新法中，则可以推断出禁止吸烟的范围是否包括室内及室外两者。同时，新法更将餐厅、工作地点等原本可以禁烟的地方转为必须禁烟，这便大大地加强了对大众和雇员的健康保障，以避免在用膳及工作时长期接触烟雾，使身体健康受到损害。

2. 烟草制品的限制

新法第 8 条规定，澳门特别行政区的卷烟的焦油含量不得超过每根 17 毫克，而旧法第 5 条规定，对焦油的含量限制为 20 毫克。然而，在旧法中更规定了尼古丁的含量限制为 1.5 毫克，这在新法中并没有作出限制。

相比起旧法，新法在针对烟草的广告、包装、标签等方面的规定，更为严格、清晰，以便让吸烟者更加清楚吸烟的危害性。

3. 禁止销售烟草的情况

在旧法中，对烟草销售的禁止只限于 18 岁以下的未成年人。但是在新法中，对于烟草销售的禁止更对销售的地点、方式加以限制，例如，不可以在提供卫生护理的场所、为未满 18 岁人士而设的地点、小学及中学教育场所等地点作出销售；亦不可以任何购买者可自行直接选取烟草制品的方式销售，例如：售货架形式、自动贩卖机的形式等。

4. 控烟措施

在旧法中，处罚的方式有行政处罚、轻微违反，而监察的权限则在治安警察厅（现为局）；虽然没有列出违令罪，但是由于法律赋予了治安警察厅（现为局）相关的权限，仍可以按澳门《刑法典》对于违令罪的一般规定予以处罚。而在新法中，对于处罚的方式，则取消了轻微违反，但将违令罪列于条文中；对于监督的部门，则增加了卫生局、民政总署和博彩监察协调局，而监督的权限则转移至卫生局局长。

对于预防方面的措施，澳门特别行政区政府，尤其属卫生、教育、青年、体育等部门，应作出宣传活动、推广相关信息，创造有利于预防及控制吸烟的条件，对于教育场所，亦有义务推动及支持提供关于健康的信息及教育。此外，卫生局亦应透过辖下部门设立协助有意戒烟者的专科门诊。

从新、旧法律的比较来看，笔者认为澳门政府在控烟方面的措施已有明显的改善，亦显示出控烟、禁烟的决心。而最大的改善在于禁烟的范围，新法将更多的地方纳入到禁烟的范围之中，对工作的地方、餐厅、公园等人们经常到达的地方，消除了"可以禁烟"这种模棱两可的做法，然而，新法对于禁烟的范围存在一个保留，就是对娱乐场的控烟措施，给予了特别的优惠，这对在娱乐场工作的员工，新法是否又将他们的健康摒弃了呢？

（四）澳门娱乐场的控烟措施

根据第 5/2011 号法律第 39 条之规定，《预防及控制吸烟制度》在 2012 年 1 月 1 日生效，但当中有一些特殊的规定。

《预防及控制吸烟制度》并不对娱乐场进行室内全面禁烟，同时以现行法律进行分析，亦暂时未能预见到是否会在娱乐场内实行室内全面禁烟；因为根据该法律第 5 条第 3 款例外规定了澳门的娱乐场可以设立不超过公众使用区域总面积 50% 的吸烟区，而该吸烟区须于 2013 年 1 月 1 日之前建立[1]，在 2013 年 1 月 1 日之前，在娱乐场的室内或室外范围，仍可自由作出吸烟行为[2]。

对吸烟区的要求，由第 296/2012 号行政长官批示核准的《关于娱乐场吸烟区应遵要求的规范》所订定。当中就吸烟区的面积范围、分隔措施、

---

[1] 参见第 5/2011 号法律第 37 条。
[2] 参见第 5/2011 号法律第 39 条第 2 款第 1 项之规定。

通风系统等作出规范。吸烟区除了不得超越公众使用区域 50%，在吸烟区和非吸烟区的分隔上，亦须根据规范而作出相应的指示①，更需要视乎娱乐场本身的布局而设置分隔措施，若娱乐场的内部空间是由一个中庭和多个楼层所组成，则吸烟区必须设立于非吸烟区的上方；若娱乐场的内部空间是仅由一个楼层组成，则需要设缓冲区、风闸系统、墙壁或围墙的设施将两个区域分隔，更需要利用气压的调整，以阻止吸烟区散发的气体流入非吸烟区中。

此外，需要严格控制娱乐场内的通风系统，吸烟区的通风系统应确保吸烟区相对于毗邻区域为负压。同时，娱乐场博彩公司及获转批给公司应确保整个吸烟区域的室内空气质量不超过法定参数的浓度上限②，卫生局亦可就有关空气质量进行检测。根据卫生局第 16/SS/2012 号批示，娱乐场博彩公司及获转批给公司应每月在识别标志处按批示所订定的式样张贴载有最新检测结果的室内空气质量报告，并按批示中所载的指引执行有关控烟措施。

原则上，对吸烟区分隔的执行，由卫生局、民政总署、博彩监察协调局及治安警察局在所属职责范围内进行监察，然而，由于根据第 10/2012 号法律《规范进入娱乐场和在场内工作及博彩的条件》第 5 条规定，博彩监察协调局及治安警察局人员可以为了执行公共职务而进入娱乐场，而卫生局、民政总署则必须在行政长官就个别情况予以许可才可以进入娱乐场执行公共职务。当上述实体进入娱乐场执行公共职务时，娱乐场博彩公司及获转批给公司应向这些实体提供其相关监察工作所需资源。

与此同时，对第 5/2011 号法律的效果，尤其是在娱乐场内的效果，卫生局须在其生效后每三年编制一份报告，即对于娱乐场内设立吸烟区的效果，卫生局须在 2015 年制作一份报告，以对其效果作出评估。由此可见，在娱乐场内会否推行全面禁烟，仍是未知之数。

倘于娱乐场的非吸烟区内吸烟，根据第 5/2011 号法律第 23 条第 1 款第 1 项，将构成行政违法行为，并科澳门币 400 元罚款。

---

① 根据第 296/2012 号行政长官批示核准的附件第 4 条，订明识别标志于吸烟区的入口须以显眼方式张贴，面积不小于 40 厘米乘 30 厘米，并以中文、葡文及英文注明下列内容的标志："吸烟区" "ÁREA PARA FUMADORES" "SMOKING AREA"。

② 根据第 296/2012 号行政长官批示核准的附件第 7 条 "空气质量监测"。

第八章
负责任博彩

　　澳门博彩业是澳门特别行政区最主要的经济及财政收入来源，在博彩业蓬勃发展的同时，基于博彩活动而衍生出来的问题亦慢慢浮现出来。例如与博彩活动相关的犯罪，或是病态赌徒等。针对这些问题，近年来，特别是西方国家的社会，兴起一个新的概念——负责任博彩。对于负责任博彩，现在还没有一个十分明确和完整的定义，不同的学者们之间有不同的理解和说法。有人认为，负责任博彩又称为责任博彩，或是社会责任博彩，英文称为"responsible gambling"[1]。其内容主要是把在博彩关系中地位不平等的赌场庄家以及和其利益相对的赌场顾客之间的利益结合起来的一种理念。这是由于在传统的博彩关系上，对赌场营运商和其利益相对的幸运博彩的参与者来说，他们两者的利益是有冲突的。另一种说法，有人认为负责任博彩是指博彩活动应在一个适度监管的环境下，令博彩者在参与博彩时不会对其本人、家人或亲友，以及其他参与幸运博彩的人士、娱乐场员工的安康构成威胁，或令本地区及幸运博彩参与者的原居住地带来负面影响[2]。总括而言，负责任博彩存在的主要目的就是为了令博彩公司或转批给公司负起一定的社会责任，作出相应的行动来履行其责任。在澳门，这个

---

① 程惕洁：《博彩社会学概论》，社会科学文献出版社，2009，第 86 ~ 88 页。
② 参见澳门大学博彩研究所网站，http：//www.umac.mo/iscg/Events/RG_symposium/rg_home_CN.html。

概念亦慢慢被广大的澳门居民、澳门特别行政区政府以及各大博彩企业所关注及接纳。而负责任博彩的措施，主要是涉及法律上之措施及社会上之措施。

一　法律上之措施

（一）限制进入娱乐场的法律规范

这项措施规范于第 10/2012 号法律第 2 条的规定，法律禁止下列人士进入娱乐场：

（1）未满 21 岁的人；

（2）经确定的司法裁判宣告的禁治产人或准禁治产人；

（3）明显精神失常的人；

（4）公共行政工作人员，但经行政长官许可因需要执行公共职务而进入的公务员除外；

（5）明显处于醉酒状态或受毒品作用影响的人；

（6）携带武器、爆炸装置或爆炸物的人；

（7）携带主要用于录像或录音，又或除录像、录音外并无其他重要用途的仪器的人，但经有关博彩公司许可者除外。

上述被禁止的人士不仅被禁止直接进入娱乐场内进行任何的博彩活动，上述法律第 2 条第 2 款同时禁止了相关人等不得直接或借他人在娱乐场内进行任何和幸运博彩相关的活动，而且禁止范围包括所有经娱乐场入口才能进入的地方。第 10/2012 号法律的第 4 条、第 5 条亦规定，某些人士是可以自由进入娱乐场内，但是不得自行或借助他人进行任何的博彩活动①；有部分公职人员亦可以为了执行职务的目的而进入娱乐场内，但依然是被禁止自行或借助他人进行任何的博彩活动②。而在以上法律规定的特别之情况下，相关人员不受限制进入娱乐场的年龄限制影响。为了防

---

① 主要是指行政长官、政府主要官员、行政会委员、博彩公司或管理公司的机关成员及其陪同的被邀请的人，但以相关批给所包括的娱乐场为限。

② 是指法院司法官及检察院司法官，司法辅助人员，廉政公署公务人员，审计署公务人员，博彩监察协调局公务人员，保安部队及保安部门人员，海关公务人员，澳门金融管理局公务人员，获行政长官按个别情况给予许可的其他公务人员等。

止以上的规范被违反，博彩公司和转批给公司必须要派员在各个娱乐场的进出口处，负责监管进场人士的资格，并可要求进入娱乐场的人士出示身份证明，对不出示身份证明的人士可以不准许其进入娱乐场内。而对于已进入娱乐场的人士，治安警察局及司法警察局的执法人员、博彩监察协调局的督察和有关主管人员，以及娱乐场的管理层人员亦可以要求他们出示身份证明，否则可以根据第 10/2012 号法律第 9 条及第 10 条的规定驱逐他们出娱乐场，而且不影响相应的刑法及刑事诉讼法的适用①。

关于限制进入娱乐场的法律规范的演变，澳门特别行政区对规范进入娱乐场的规定在回归祖国前后均有改变，主要分为两个时期：

在澳门回归以前，相关的规定是规范于 1961 年 7 月 4 日第 1496 号立法性法规和续后对其作出修改的第 13/72 号立法性法规，以及在 1984 年 1 月 28 日重新制定第 1496 号立法性法规第 23 条的第 2/84/M 号法令中。当中主要的改变是，变更了对进入博彩厅的年龄限制，例如，由起初居住于澳门地区的任何国籍的且未满 25 岁的人士是被禁止进入博彩厅，而不居住于澳门地区的任何国籍的人士则最少满 21 岁才可以进入②；其后，这条规定被修改为未满 25 岁的葡籍人士及未满 21 岁的其他国籍的人士不得进入博彩厅，但已婚的女性由有权进入博彩厅内的丈夫陪伴的除外③；到最终改变为未满 21 岁而居住于澳门地区的人士及未满 18 岁的其他国籍的人士禁止进入博彩厅，但已婚人士由有权进入博彩厅的配偶陪伴的除外④。如果违反规定的相关人士被发现后，会被命令离开相关之赌场，如果不遵守这个被驱逐出娱乐场的命令，可以构成违令罪⑤。

在澳门回归后，则再一次修改了上述的规范，根据第 16/2001 号法律第 24 条规定，未满 18 周岁的人士是被禁止进入博彩厅的。但在 2012 年，第 10/2012 号法律废止了上述的规定，并将限制进入博彩厅的年龄限制由 18 周岁提高至 21 周岁。这个法律亦成为澳门特别行政区回归祖国以来第二次对规范进入娱乐场的规定进行的修订。违反规范进入娱乐场的自然人，如

① 例如构成违令罪。
② 参见第 1496 号立法性法规第 23 条。
③ 参见第 13/72 号立法性法规。
④ 参见第 2/84/M 号法令。
⑤ 参见第 1496 号立法性法规第 26 条。

果没有另一个法律设立其他的处罚，其可以被科处澳门币 1000 ~ 10000 元的罚款，除此以外，第 10/2012 号法律亦规定，博彩监督协调局局长还可对违反规定的自然人科处禁止进入一间或多间的娱乐场为期最短 6 个月、最长两年的附加处罚。另外，如果博彩公司故意或过失地违反上述法律的规定，可以被科处澳门币 1 万 ~ 50 万元的罚款。

（二）准禁治产制度

准禁治产制度，规范于澳门《民法典》第 135 ~ 139 条[①]。对于一些长期性精神失常、聋哑或失明，但是其严重程度并不足以被宣告为禁治产人的又或是惯性挥霍而显示无能力适当处理其财产之人，得透过法院的司法判决，宣告该等人士为准禁治产人[②]。"惯性挥霍"所指的是实施财产挥霍行为，作出与收益不成比例、不谨慎、不合理的开支[③]。根据澳门《民法典》第 139 条补充适用第 124 条之规定，准禁治产之声请，得由其配偶或与其有事实婚姻关系之人提起，或由其监护人、保佐人或任何可继承其财产之血亲提起，又或由检察院提起；若其仍受亲权约束时，则仅为行使亲权之父母及检察院具有正当性提出准禁治产声请。

准禁治产人的无能力原则上以"辅助"制度补充，在作出财产上的生前行为及判决列明的行为前，须取得保佐人的许可[④]。然而，可规定准禁治产人之财产由法院交予保佐人管理。在此情况下，则以"代理"制度作为补充无能力的方式。负责补充准禁治产人无能力的人，法律称为"保佐人"。

由此可见，准禁治产和禁治产之间的区别并不在于补充方式，因为，准禁治产基本上以"辅助"补充，但也可以像禁治产一样，以"代理"补充[⑤]。

---

① 参见澳门《民法典》第 135 条。
② 根据 Mota Pinto 的说法，上述由澳门《民法典》所规定的情况中，只要证明有行为显示出有可能会危及财产即可提起准禁治产的声请，而不必理会是否已经造成损害。参见 Carlos Alberto da Mota Pinto《民法总论》（第三版），中译本，法律翻译办公室、澳门大学法学院，1999，第 126 页。
③ 参见 Carlos Alberto da Mota Pinto《民法总论》（第三版），中译本，法律翻译办公室、澳门大学法学院，1999，第 125 页。
④ 参见澳门《民法典》第 136 条。
⑤ 参见 Carlos Alberto da Mota Pinto《民法总论》（第三版），中译本，法律翻译办公室、澳门大学法学院，1999，第 126 页。

对于存有病态赌博或问题博彩之人，其中一个特征就是惯性挥霍，故可以宣告其成为准禁治产人士，以禁止其进入博彩厅或区域，直至准禁治产之终止。

根据第 10/2012 号法律第 2 条第 1 款第 5 项的规定，处于醉酒状态或受毒品作用影响之人，亦禁止进入娱乐场，因为酒精或毒品或会令当事人的意思表示之能力受到影响，因而作出错误之判断，为免当事人以澳门《民法典》中的偶然之无能力①为理由而撤销在娱乐场中所作之法律行为，这些受酒精或毒品影响之人被禁止进入娱乐场，以免出现不必要之争执，及扰乱娱乐场之运作。

（三）应当事人请求禁止进入

第 10/2012 号法律新设的一个机制，可以应当事人请求禁止进入娱乐场的"自我排除"机制，这是针对澳门多年来的病态赌博人士及强迫赌博等问题，第 10/2012 号法律第 6 条规定，任何人可自行申请或确定由其配偶、尊亲属、卑亲属或二等旁系血亲提出申请，请求禁止其进入娱乐场。有关的申请，在经博彩监察协调局局长批准后，可以禁止其进入全部或部分娱乐场内，期间最长为 2 年，并且在这期间可以经被针对的人确定后延长。而被针对禁止进入娱乐场的人可以随时请求废止以上禁止进入的措施，但是有关的废止经其提出请求 30 日后才生效。而以上博彩监察协调局局长的批准只是属于一种形式上的介入，因为法律留予其审查的空间不多，除非所提交的申请明显是违反法律（如申请禁止进入的期间超过 2 年，而且不属于上述延长期间的情况），否则，博彩监察协调局局长必须批准这个申请。上述的机制是将一个司法程序简化成为一个行政的程序，因为在新法生效前，对于无能力适当地管理自己财产的自然人，只能根据《民法典》及《民事诉讼法》的规定，宣告其成为准禁治产的，被宣告为准禁治产后，其行为能力之法律效果就如同一个未成年人般，适用代理或辅助制度弥补，亦即：未经其保佐人许可所作出的财产处分行为属可撤销的行为。但是宣告成为准禁治产需要透过一定的法定程序且须由法院为之，所需时间及程序都较长，故新法对此作出了变更，将上述的司法程序简化为一个向博彩监察协调局局长提出的行政程序。

---

① 参见澳门《民法典》第 250 条。

（四） 限制任职娱乐场的人员进入娱乐场的法律规范

第 10/2012 号法律第 3 条同时禁止了未满 21 岁的人自雇或受雇形式于娱乐场内从事任何相关的工作，但法律另有规定者除外。违反此规则的幸运博彩承批公司，按照上述法律第 13 条第 2 款，可被科处澳门币 1 万 ~ 50 万元的罚款。当然，上述法律亦作出例外性的规定，就是在此法律生效之前已经在娱乐场内工作的人员除外，博彩公司及转批给公司须在 2012 年 12 月前向博彩监察协调局送交一份以上人员的名单。

对限制任职于娱乐场的人员进入娱乐场的规定的演变，同样可以分为在澳门回归祖国以前及以后两个阶段。在澳门回归以前，按照第 1496 号立法性法规《管制幸运博彩之设立》第 27 条的规定，是禁止相关的工作人员在博彩厅进行及参与任何的博彩活动，否则，违反规定的雇员就会被解雇及禁止其在一定期间内再次进入有关的赌场内。在澳门回归之后，只是禁止非值班时间的雇员进入自己受雇的博彩厅，如果博彩监察协调局的督察或负责博彩厅或区域的娱乐场管理层人员发现此等情况，可以命令该人士离场，如不遵守命令，经驻赌场内的督察确定后，可以构成刑法的违令罪。

二 社会上之措施

在澳门社会上存在多个机构负责提供一些服务以解决因博彩而产生的各式各样的问题，例如一些问题赌博治疗机构以及问题赌博预防机构等，其分为官方机构和私人机构。这些机构均专门为受赌博问题所困扰之人提供辅导服务。这些服务大抵上是让人们认清赌博的本质，分析病态赌徒的特征，并让人们了解进行赌博活动必须坚守的原则，例如决不借钱进行赌博活动，为自身订定赌博活动的时限等。澳门主要相关机构如下。

（一） 官方机构

1. 志毅轩

志毅轩是澳门社会工作局辖下的一个提供辅助服务的中心，于 2005 年 11 月成立，专门为受博彩问题困扰的人士而设立，其服务的对象为受到博彩问题影响的本澳或非本澳居民本人或其亲属。透过由专业社工提供的服务，使深受博彩活动困扰的人士，重新建立一个正面有秩序的生活。

现时志毅轩的主要服务范围包括[①]：①热线辅导及咨询；②个案辅导；③财务辅导及健康理财；④社区预防教育。

2. 教育资源中心的"理财与赌博"

教育暨青年局辖下的教育资源中心于 20 世纪 80 年代中期设立，主要职能是提供教育资源辅助、提升教学效能。主要通过举办一系列的活动，例如和预防博彩相关的工作坊、会议及其他类型的比赛等，以便达致推广预防问题赌博的目的，除此以外，还透过网络平台，提供多样的理财及博彩信息等。目前教育资源中心主要的服务对象包括教师以及特殊人士服务机构的工作者[②]。

（二）私人机构

1. 圣公会澳门社会服务处

圣公会澳门社会服务处辖下的乐天伦赌博辅导暨健康家庭服务中心，是圣公会澳门社会服务处应社会工作局的邀请所设立的一所中心，负责为本澳的居民及问题赌徒提供专业的辅助服务，协助他们解决因博彩而带来的各种困境，以便建立融洽和谐的家庭及更美好健康的人生，其现时主要服务对象为其会员（任何在澳门居住、就学或工作之人士皆可申请成为中心会员），又或是会员的直系亲属，儿童、青少年、家庭及社区人士。

2. 逸安病态赌徒辅导中心

简称为逸安社，于 2006 年 10 月成立，是一个非营利的社团，宗旨是为病态赌徒提供咨询及辅导服务，举办相关活动及服务社会。其最主要的服务是为受赌博问题困扰的人及其家属提供电话咨询服务及个案面谈辅导。视乎实际情状，中心亦会为有需要人士进行相关的服务转介到合适的机构。其提供的服务主要以中文为主，但是会接受任何人士的求助，无论其家族背景、种族或信仰。

3. 澳门工业福音团契

澳门工业福音团契为一个宗教团体，于 1995 年由香港工业福音团契在

---

① 参见志毅轩网站，http：//www.iasweb.ias.gov.mo/cvf/。

② 参见教育资源中心网站，http：//www.dsej.gov.mo/cre/money/。

澳门注册成立。于澳门设立一个工福中心,当时主要是向澳门基层劳工及其家人提供辅导服务,于 2001 年 8 月获澳门特别行政区赋予公益法人资格。从 2004 年 4 月起开始提供问题赌徒康复服务,为问题赌徒提供 24 小时电话热线辅导、赌博问题的个案辅导、社区教育等。

三　世界各地对负责任博彩的政策

(一) 澳门

澳门特区政府在政策上,对推行负责任博彩方面采取积极的态度,这种积极的取向可从 2013 财政年度施政报告中反映出来——政府指出将会"推动博彩企业承担负责任博彩的社会责任,共同促进旅游博彩业健康发展"。由此可见,即使在现今赌业蓬勃的澳门,澳门特区政府仍重视因博彩业发展带来的负面影响。

在法律层面上,根据第 10/2012 号法律,禁止未满 21 岁的任何人士进入娱乐场内及在其内工作。这是基于对青少年的特别保护及维护社会利益,亦为了防止青少年过早接触博彩活动而令其价值观受到不良的影响。另外,对于赌博成瘾的人士,《民法典》中设立了禁治产的制度,透过法律所定的程序,由法院任命一名保佐人,以限制相关人士处分自己财产的能力,被宣告为准禁治产的人士所作出的行为,在未经保佐人同意所作出的处分行为可撤销。除此以外,第 10/2012 号法律亦设有由当事人及其亲属声请的"自我排除"进入娱乐场的机制,令受赌博困扰而又无法控制的人士,有一个新的途径来更好地控制自己——只要其依照第 10/2012 号法律的规定,向博彩监察协调局局长申请禁止进入赌场,此期间最长为两年。而且还可以按照上述法律的规定,以 2 年为单位,不限次数地续期,最终达致保障他们权利之目的。另外,在第 10/2012 号法律中,亦明文规范了不法的投注及彩金归澳门特别行政区,令不合资格投注的人士不会再抱有侥幸的心态进行赌博活动。

除了在政策、法律方面外,澳门特区政府亦将负责任博彩视为一种社会工作,透过官方及私人的机构,设有问题赌博防治机构,例如一些问题赌博治疗机构以及问题赌博预防机构。除此以外,在推广负责任博彩方面,政府亦推行了一系列活动，例如设立"负责任博彩资讯亭"①，其主要目的是向本澳居民及游客提供方便及全面的负责任博彩资讯，用户可透过静态游戏、互动游戏和有奖问答等加深对"负责任博彩"的认知，以及"负责任博彩推广大使"于特定时间到资讯亭参与推广。目前这个项目，在六间博彩企业的支持及配合下已经完成第一期的测试工作。从测试的结果显示，受访者对资讯亭的评价正面，认同资讯亭的内容，认为能提升他们对认识"负责任博彩"的兴趣，以及增强他们对"负责任博彩"的认识，以便推行及倡导负责任博彩。

（二）澳大利亚

根据澳大利亚 2006 年的赌场管制法第 80 条规定②，儿童不得进入或逗留在赌场内。如果一个赌场的负责人容许这种情况出现，最高可以罚款 50 个罚款单位；如果儿童使用虚假证件进入及逗留在赌场内，则可以被罚款最高 10 个罚款单位。另一方面，有关赌场的正式排除，其可以透过一个口头或书面的方式，对被禁止的人士作出一个通知，通知其基于法律规定的合理情况下，赌场可以作出一个禁止其进入及逗留在赌场内③的决定，相关人士如不服可以透过上述法律的机制上诉之委员会，要求其审查这个决定。一旦被发现违反这项规定的人，最高可以罚款 50 个罚款单位。

（三）新加坡

根据新加坡的赌场管制法规定④，设有数个机制去推行负责任博彩。首先，未成年人不得进入赌场内⑤，即未满 21 岁的人士不得进入赌场内。其

---

① 详见《澳门日报》2013 年 7 月 17 日，第 A07 版有关"博彩资讯亭"报道。

② Casino Control Act 2006，A2006 - 2，Republication No. 11，Effective：1 March，2012，Republication date：1 March，2012.

③ Casino Control Act 2006，Art. 82，Exclusion by casino official：

　　（1）A casino official may exclude a person from entering or remaining in the casino by giving the person notice（an exclusion notice），orally or in writing.

　　（2）A casino official must give a person an exclusion notice if the official believes，on reasonable grounds，that the person—（a）is affecting the orderly functioning of the operations of the casino；or（b）appears to be cheating，or attempting to cheat，in the casino.

④ Singapore Casino Control Act，Art. 170B.

⑤ Singapore Casino Control Act，Art. 130.

次，设有赌场驱逐令①，此驱逐令是一个委员会所作出的社会安全措施，以防止不能自我控制的博彩成瘾者或经济上有问题的公众进入赌场。但是申请这种措施的人必须是年满 21 岁或以上的新加坡公民或永久居民又或是其亲属所作出。再次，设有赌场入场税②，所有新加坡公民或永久居民原则上是不允许进入赌场内，除非透过支付赌场入场税③，以获取赌场的入场权利；而外国人只要出示身份证明，则无须支付入场税。这项制度亦是为了降低新加坡国民进入赌场的意欲，减少他们成为病态赌徒的机会。最后，法律同时规定④，禁止任何赌博经营者在赌场的周边范围内设有供他人使用的自动取款机（即 ATM），否则，违反法律规定的有关经营者应当负相应的法律责任。另外，违反上述规定的人士，除了可能负上该有的法律责任外，因此所赢得的彩金亦将被没收。

（四）美国

美国基本奉行"知情决定"及利伯维尔场原则，与澳大利亚、加拿大等国家或中国澳门特别行政区相比，美国的负责任博彩的措施并没有严格的规定，其主要的措施主要是透过某些协会，如"国家负责任博彩中心"（National Center for Responsible Gaming，NCRG）及"国家问题赌博议会"（National Council on Problem Gambling，NCPG），来鼓励美国赌场执行。

国家负责任博彩中心于 1995 年成立，是一个代表赌场及娱乐业的私人实体，主要是为其成员提供一些服务，例如一些问题博彩及其治疗方面的研究。虽然这个中心只是一个私人实体，其重要性亦是不容忽视的（因为它的会员是包括多间著名的赌场，如永利渡假村、美高梅及哈乐斯娱乐等）。中心会制订一些定期计划，例如开展负责任博彩教育周（Responsible Gaming Education Week，RGEW）活动，制作不同的资讯刊物，其中包括负责任博彩资源指引（Responsible Gaming Resource Guide）等。

国家问题赌博议会是一个独立的私人实体，主要宗旨是提高公众认识病态赌博的问题，以及对赌徒及其家人的治疗，并作出预防和教育的研究

---

① Singapore Casino Control Act，Art. 162.

② Singapore Casino Control Act，Art. 116.

③ ＄100 for every consecutive period of 24 hours；or ＄2000 for a valid annual membership of the casino.

④ Singapore Casino Control Act，Art. 109.

及相关方案的组织。该议会设立了一个问题博彩求助热线，每年会举办与问题博彩的预防、治疗、研究等有关的会议，并在每年举办问题博彩认知周，制作及派发问题博彩治疗、研究的小册子。最重要的工作是，作为一个顾问，国家问题博彩议会还会定期向联邦政府、州政府及各级机构提供相关问题博彩的教育及顾问服务。

第九章

涉及博彩的税务及负担

《中华人民共和国澳门特别行政区基本法》第 103 条①、第 106 条②，以及第 13/2009 号法律《关于订定内部规范的法律制度》第 6 条规定了财政预算和税收须由法律予以规范。因此，在澳门只有在由立法会通过的法律明文规定之下，澳门政府才能作出征税的行为。

换个角度说，政府是依据由立法会通过的税法来进行征税的，税法是限制征税权，规范税务义务及税率的法律（税务义务是指征税的对象，税率是指界定课征对象税的百分比）。同时，税法亦会规定征税的程序，包括税的入账（开征）、结算或征收的有关程序。这样，被征税的纳税人就有纳税义务，并在其不履行时，承担税法规范的惩罚机制中相应的法律后果。

---

① 澳门特别行政区依法保护私人和法人财产的取得、使用、处置和继承的权利，以及依法征用私人和法人财产时被征用财产的所有人得到补偿的权利。征用财产的补偿应相当于该财产当时的实际价值，可自由兑换，不得无故迟延支付。企业所有权和外来投资均受法律保护。

② 澳门特别行政区实行独立的税收制度。澳门特别行政区参照原在澳门实行的低税政策，自行立法规定税种、税率、税收宽免和其他税务事项。专营税制由法律另作规定。

一　征税的程序

纳税是金钱给付的义务，并没有要求特区作出等价返还给付的权利，这不同于规费。规费是由法律订定向个人提供之服务之回报之公共收入，是因个人使用服务或公产而产生的。而税即使没有使用公共服务，只要符合税法的规定，就必须纳税。如不缴纳，将受到相关的惩罚，但纳税人不会因为已直接缴纳了税金，而获得任何人包括公共实体作出的任何服务。

由于纳税后没有获得任何服务或财货的给付，因此，征税的程序上各个行为亦需由法律规定，包括课征对象、入账、结算及征收。

课征对象基本上分为三个要素，即征税客体、纳税人及产生税之事实。

1. 入账

入账是指识别及决定课征对象及纳税人的一套行政程序，目的是识别税之适用范围之元素（征税客体、纳税人及产生税之事实）及界定征税客体。税之入账制度会因应税之性质及税之体系及其在时间上之演变而有所不同，入账程序可以是由纳税人、第三人或税务行政服务机关及其他公共行政实体作出。

在从事经济或自由职业活动而产生之收益的税务方面，纳税人应缴交一份关于其开始活动之声明书或终止活动之声明书。不论入账之主动性属于谁，可根据不同的程序决定不同的征税客体，但基本上可分为两大组：①以声明书为基础而决定征税对象之程序，借声明书知悉客体之真正价值；②包括税务行政机关采用间接方法或提示，借此推定征税客体，这个方法可以分为以指标方式及行政评估方式作出。在澳门，行政评估方式多由相关的税务委员会决定。

2. 结算

在法律专业意思上，结算表示决定税之金额及进行计算，但税并非特定金额之计算，通常是将一个税率或一组税率运用在征税客体上，在这个程序内，包括税务法律所定之对征税客体及税额之扣除或加重。税之结算，可以由税务行政机关或其他公共服务机关进行，或由纳税人或第三者进行，例如职业税之就源扣缴。

假如税务机关拥有正确入账及计算税所需之全部资料，可作出有关之确定结算，否则可能需要额外结算及临时结算。结算行为可以依职权或因纳税人之异议或透过司法上诉而作出修订，甚至全部或部分撤销。

3. 征收

征收是指将税项纳入库房或公共实体的行为，这一个阶段，实质是要求纳税人作出缴纳行为。征收可以区分为可能性缴纳或偶有性缴纳；又可分为自愿缴纳及强制缴纳。

可能性缴纳是一种预期征收，因为入账及结算皆在特定期间进行，收税人会预先收到有关凭单或通知单，这时收税人就负有征收税务之义务；而任意性征收是因为时间上未能预计，因此，原则上是由纳税人在结算当日连同征税通知单及税金一同缴纳。

在澳门税务法律体系中，自愿缴纳或称为非强制性征收之阶段，还可以分为开库征收阶段及附有延迟利息之征收（通常是 3%）。

关于税的合法性原则，是指不存在之前无法律依据之税，还有需要纳税人通过其代表议会同意，即立法会的通过。假如违反合法性原则，有关税务法律及行为，甚至出现的类推或无法律规定之情况下进行征税行为应被视为无效。

在澳门纳税是以澳门政府的财政年度而为之，澳门的财政年度为每年 1 月 1 日至 12 月 31 日。

澳门特区一般的征税活动属于财政局，下属的澳门财税厅有权进行本地区税务管理，贯彻上级订定之税务政策，促进税务法律之遵守，以及在合法性受损或公共利益受侵犯时采取措施以恢复之。但亦有其他的特别税务执行机关负责征税，如关于在登记局及公证署作出之行为，会由这些实体结算及征收。虽然不属于税务行政组织之等级架构，但如房屋估价常设委员会为税务辅助行政机关，他们亦有一定的权限进行评税工作。对都市房地产之评估，由房屋估价常设委员会，或临时专责评估。

关于税务责任方面，税债之消极主体是其原始债务人，但原始债务人如不依时付税，在执行程序中亦不付税，而且完全无财产时，则其他税务责任人就需要负连带之责任；如建基于主体连结元素，则公司董事需承担公司的税务责任。

4. 税债之消灭

一如其他债务，税债之消灭方法是纳税人遵守金额、时间、地点及形式进行缴纳税金，以履行债务。如属于自愿征收期（或非强制征收），即在

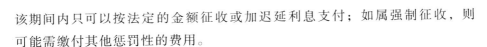

该期间内只可以按法定的金额征收或加迟延利息支付；如属强制征收，则可能需缴付其他惩罚性的费用。

5. 纳税的地点

纳税的地点通常是财政局指定的地方，或由登记局及公证署征收印花税。

6. 纳税的形式

关于纳税的形式方面，税的履行应采用流通货币为之，也可使用支票，在某些涉及印花税的法律关系中，需要张贴印花票来履行。

二　博彩业缴纳之税务

澳门的赌博形式是多元化的，包括幸运博彩、赛马、赛狗、即发彩票、体育博彩、白鸽票。在缴纳税务方面的规定也不一致。

（一）幸运博彩

1. 博彩特别税

根据第 16/2001 号法律《娱乐场幸运博彩经营制度》第 27 条规定，经营幸运博彩的博彩公司必须缴纳博彩特别税，该税款是按照经营博彩之毛收入计算。博彩特别税之税率为 35%，以 1/12 方式缴纳，并应于有关月份翌月首 10 日内交到澳门财税厅收纳处。就博彩特别税之债务，以税务执行程序征收。澳门特别行政区与各个博彩公司之间，可通过合同方式订定一项博彩特别税款之最低担保额。政府亦可要求提供适当之银行担保，以保证缴纳等于预计为每月须缴纳之博彩特别税款总和之款项。根据第 16/2001 号法律第 28 条规定，博彩公司除须缴纳博彩特别税之外，尚须缴纳法律订定之税项、税捐、费用及手续费。然而，基于公共利益之原因，行政长官可暂时及例外地全部或部分豁免博彩公司缴纳所得补充税。

2. 博彩中介人之佣金或其他报酬有关之税项

根据《订定从事娱乐场幸运博彩中介业务的资格及规则》，规定获得批给之公司必须负责代收关于给予博彩中介人之佣金或其他报酬之法定税率 5%，并于每一个月之第 10 日内向财政局缴纳。行政长官根据《中华人民共和国澳门特别行政区基本法》第 50 条第 5 项及第 16/2001 号法律第 29 条第 3 款规定，经征询行政会的意见后，基于公共利益之原因，制定第 10/2002 号行政法规及第 23/2005 号行政法规，曾经对博彩中介人佣金税项作出部分豁免。针对博彩中介人所收取之佣金或其他报酬之需征税率，给予 40% 之部分豁免，因而免除责任之适用税率定为 3%。部分豁免为期 5 年，由 2002 年 4 月 1 日起至 2007 年 3 月 31 日止。

3. 其他税务义务

为博彩而订立的博彩特别税为毛收入的 35%。除此之外，还有一项溢价金，这是为了使获批给之博彩公司在经营上存在多一点空间，特区政府把经营娱乐场幸运博彩之税收加设了固定及浮动两个部分溢价金。

（1）固定部分：按照第 215/2001 号行政长官批示的规定，各间获得批给之博彩公司须缴纳每年溢价金固定部分的金额为澳门币 3000 万元。

（2）浮动部分：①各间获得批给之博彩公司须每年为每张专供博彩厅（俗称赌厅）博彩之博彩桌，缴纳澳门币 30 万元，而且不少于 100 张，如每增加一张博彩桌，每年须增加支付澳门币 30 万元；另外每年为非专供特定博彩（俗称大厅）之每张博彩桌支付澳门币 15 万元，亦不能少于 100 张，如每增加一张博彩桌，每年亦须增加澳门币 15 万元。获得批给之公司所经营之每一台电动或机动博彩机，须每年缴纳澳门币 1000 元。②各间获得批给之博彩公司必须向特区政府缴纳一项相当于博彩经营毛收入 1.6% 的拨款，该项拨款将交予一个由政府指定的，以促进、发展或研究文化、社会、经济、教育、科学、学术及慈善活动为宗旨的公共基金会运用；必须向政府缴纳一项相当于博彩经营毛收入 1.4%～2.4% 的拨款，用以发展澳门特别行政区城市建设、推广旅游及提供社会保障。

第 16/2001 号法律第 22 条第 7 项规定了博彩公司每年须拨出不超过其博彩经营毛收入 2% 之款项予一个以促进、发展或研究文化、社会、经济、教育、科学、学术及慈善活动为宗旨之公共基金会，而根据行政长官批示①，订定澳门基金会为博彩毛收入 1.6% 之受惠人，这些拨款直接全数交予澳门基金会，无须将之交往澳门财税厅收纳处。第 22 条第 8 项则规定博彩公司每年须拨出不超过其博彩经营毛收入 3% 之款项，用以发展城市建设、推广旅游及提供社会保障。

根据澳门三间博彩公司与澳门特别行政区所签订的合同，三间博彩公

---

① 参见第 158/2004 号行政长官批示。

司必须向批给实体缴纳一项相当于博彩经营毛收入一定百分比的拨款，但合同中未确定有关批给实体，需要由特首以批示确立。

澳门博彩股份有限公司必须向批给实体缴纳一项相当于博彩经营毛收入 1.4% 的拨款，有关拨款为澳门特别行政区中央管理之预算收入。

银河娱乐场股份有限公司及获转批给人威尼斯人（澳门）股份有限公司必须向批给实体缴纳一项相当于博彩经营毛收入 2.4% 的拨款，根据第 207/2004 号行政长官批示，有关拨款为澳门特别行政区的预算收入。博彩公司银河娱乐场股份有限公司及获转批给人威尼斯人（澳门）股份有限公司应先往财政局特许及批给事务处领取 M/B 格式的不定期收入凭单，然后直接将上款所指拨款全数交予澳门财税厅收纳处。

博彩公司永利渡假村（澳门）股份有限公司及其获转批给公司亦须向批给实体缴纳一项相当于博彩经营毛收入 2.4% 的拨款。

根据 2012 年 8 月 7 日，《澳门日报》的第 A01 版报道："被问及社保基金注资问题时，谭伯源[1]表示，去年博彩毛收入中的 1.6% 拨入澳门基金会；另外 2.4%，即金额为 55 亿元会放在旅游推广、公共设施和社会福利等方面，当中有 60%，金额为 33 亿元款项拨入社保基金。

随着博彩税收增加，谭伯源估计，今年拨入社保基金的金额会随之增加。政府建议明年加大拨入社保基金的金额比率，由 60% 增至 75%，增加金额超过 8 亿元，并估计明年来自博彩收益的拨款会超过 40 亿元。"[2]

（二）即发彩票

根据第 12/87/M 号法律《即发彩票的经营》第 5 条规定，在批给合约内，可给予承批人对象为批给所包括活动及从活动所得收入之税务豁免。派发予合伙人或股份持有人只系与该等彩票之组织及经营有关之红利，亦可获得税务豁免。彩票及奖金，获得任何税务豁免。

（三）其他博彩业

其他的博彩业，均是由特许的公司所经营，根据第 21/78/M 号法律《所得补充税》及第 15/77/M 号法律《营业税》之有关规定课税。

---

① 时任澳门特区经济财政司司长——笔者注。
② 《政府明年拨入比率拟增至 75% 赌收注社保料逾 40 亿》，《澳门日报》2012 年 8 月 7 日，第 A01 版。

三　监察博彩公司义务的履行

监察、监督及监管博彩公司义务的履行情况的权力，由政府行使，尤其是透过博彩监察协调局及财政局行使。如政府提出要求，在无须预先通知的情况下，博彩公司必须让政府或由政府专门且适当委托及指明身份的任何其他实体自由进入博彩公司设施的任何部分，以及自由查阅及查核博彩公司的会计或簿记，包括任何交易记录、簿册、会议记录、账目及其他记录或文件、所使用的管理统计资料及记录；此外，亦须向政府或向政府委任的实体提供其认为属必要的资料的影印本。

四　涉及博彩的其他税种及税率

除了上述的税种外，涉及博彩业的还有其他税种及税率。以下作出简述。

（一）营业税

澳门营业税是根据第 15/77/M 号法律①附件《营业税章程》而作出的详细规定。课征对象是凡自然人或法人自资经营，而非受职业税管制的经济活动，概视为经营工商业性质的任何活动，一律须缴纳营业税。凡须缴纳营业税的工商业性质活动，称为营业活动。但任何活动之从事依法取决于或将取决于行政许可、工业准照及其他性质准照者，如仅作营业税之登录或缴纳营业税，则并不构成从事有关活动之许可，或准照。原则上营业税是以每一整年计算，但亦会以开业当月的第一日起至年底，或至停业翌月的第一日计算。

根据《营业税章程》第 6 条第 1 款，以下者可豁免缴纳营业税：本地区政府及其任何机关组织及机构，即使已成为法人者亦然；地方自治机

---

① 经 4 月 17 日第 1/89/M 号法律修订。

构①、公益行政团体、教会机构及其组织，免费或不牟利提供救济、慈善、卫生与教育服务者；市立或市辖机构而系有关水电的供应或分配，集体运输，市场、墟场或公共供应场所的经营者，但非属自治规约所指责任而引致对消费者的售物除外；储蓄存款机构及生产消费或住宅合作社，其活动限于本身会员者②；不牟利的小学、中学及技术教育学校；公开表演、野火会、游艺会及音乐会，其举办已取得有关部门的许可，且取得纯收益全部供作文化、教育、慈善或救济用途；自然人或法人，因须遵守特别税收制度以代替营业税；或须向本地区缴纳法律或合约条文订定的租金台共同分担，而由特别法律或与本地区签订的合同指明豁免营业税；无店址或在户外临时简单设施从事商业或手工艺活动——如属商业活动，其存有资产从表面稽核通常须在澳门币 15000 元以内——二者均有缴纳市政条例所定税款③；报纸及/或杂志的出版人；非机动载客车辆，属本人所有，且须缴纳市自治规约所定税款④；小型工场，由营业者本人、配偶、儿女及最多有亲属四人在场内作业者。

如经营者未提交《营业税规章》第 8 条所指 M/1 格式申报书而营业，则科处澳门币 200 元～10 万元之罚款。如经营者已提交 M/1 格式申报书但未支付根据《营业税规章》条文结算之税捐而开展业务，则科处澳门币 200 元～10 万元之罚款。纳税人不将《营业税规章》第 8 条第 2 款所列载任何一项事实在该条所指期限内通知财税厅，或不按《营业税规章》第 33 条第 4 款规定出示有关凭单，科处澳门币 200 元～10 万元的罚款。如纳税人在其提交之 M/1 申报书上故意申报虚假资料或遗漏任何对其业务作分类起重要作用之事实，科处澳门币 200 元～10 万元之罚款，但不影响对其作出偐有之刑事追诉。

过去多年，澳门特别行政区行政长官都豁免上述的营业税。

（二）职业税

根据第 2/78/M 号法律附属的《职业税章程》⑤ 规定，职业税系以工作

---

① 回归前的澳门市政厅、海岛市政厅为地方自治机构。
② 如公务员互助会。
③ 如在澳门民政总署登记的小贩。
④ 如在澳门民政总署登记的三轮车经营人。
⑤ 第 267/2003 号行政长官批示重新刊登。

收益为课征对象，不论其收益系金钱或实物，有约定或无约定的，固定的或不固定的，又不论其来源或地点或计算与支付所定的方法及货币。

工作收益是指所有固定或偶然，定期或额外的报酬，不论属日薪、薪俸、工资、酬劳费或服务费，抑或属聘请金、出席费、酬劳、赏金、百分率、佣金、经纪佣、分享金、津贴、奖金或其他报酬；按法律或合约的规定，作为交际费、交通费、日津贴及启程津贴给付的款项，自然人商业企业主以其工作报酬名义记入企业的会计账目的款项。此处所指的收益，即使其款项在澳门特别行政区以外或在工作终止之后支付或储存，均构成来自受雇或自雇的工作收益。

属不课税收益的有以退休金或抚恤金、退伍金、残废金、因公殉职抚恤金、为社会舍身抚恤金及因工作意外名义而收取的给付，以及所有与上述定期金具相同标的的其他给付；按有关法例规定，由私人退休计划及基金受益人收取的金钱给付；法定的强制性社会福利或保障制度所作扣除的返还及退还；有文件证明供纳税人或其家团作医疗、药物或住院开支的津贴；家庭津贴、结婚津贴及出生津贴，有关津贴的上限至为公共行政机关公务员及服务人员所订定的限额；房屋津贴、租屋津贴、危险津贴、死亡津贴、丧葬津贴和遗体运送津贴，有关津贴的上限至为公共行政机关公务员及服务人员所订定的限额；以及为澳门特别行政区驻外办事处工作人员合法订定的月津贴、家具津贴和安顿补助；与危险津贴有相同特性的法定附带报酬和合约规定的同类报酬，作为对从事特别艰苦和危险职业的工作人员的补偿，后者每年金额上限为澳门币 30000 元；上限为收益 12% 的错算补助；经法律订定员工职务的非金钱收益，或有合理理由因有关员工所担任职务的特殊性质而给予此等收益；交际费，但仅以实报实销方式作出给付者为限；按法律或合约的规定，作为交通费、日津贴及启程津贴给付的款项；有关款项须在相关的税务年度终结前报销，其上限至为公共行政机关的公务员及服务人员所订定的金额；因雇主实体单方提出终止劳动关系而给予劳工至法定金额的解雇赔偿，但如劳动关系在随后的 12 个月内获重新建立，则有关解雇赔偿应全数课税；因确定性终止职务而给予劳工的法定或约定补偿，但如劳动关系在随后的 12 个月内获重新建立，则有关补偿应全数课税；以及按法律规定，因放弃权利而给予劳工的应有补偿；一项固定之年度金额，数额相当于在作出上述各项扣减后之工作收益的 25%。

在澳门职业税制度中，纳税人分为两组：第 1 组——在澳门特别行政区替他人服务而从事任何职业，无论系以日薪散工或雇员方式者；第2组——在澳门特别行政区自资从事《职业税章程》自由及专门职业附表内任何业务者。

职业税税率如下（澳门元）：收益在95000元以下，豁免；累进超出金额至20000元，7%；20001～40000元，8%；40001～80000元，9%；80001～160000元，10%；160001～280000元，11%，280000元以上，12%。如属于65岁以上的雇员和散工，或经适当证实其长期伤残程度等于或高于60%的雇员和散工，适用上款所指税率的规定，豁免的限额为澳门币135000元。

如属领事馆人员，但以有互惠待遇者为限；按照中央政府或澳门特别行政区所签协约规定的外国组织或国际组织的服务人员从事与其身份相当的工作而获得的酬劳是豁免职业税的。在客体意义上，收取至第7条第1款税率表及同条第2款所指豁免上限的收益，均获豁免职业税。

如职业税第1组纳税人服务超过一个雇主，职业税不具备适当编制的会计之第1组及第2组纳税人要向财政局于每年1月及2月份内递交M/5式申报书，载明上年度所收受或交由其处置的一切薪酬或收益。

第2组纳税人，当以酬劳、备用金、预支或任何其他名义收取其顾客款项时，必须在收款日发回M/7式收据，并指出有关税务编号。

第2组纳税人收益可以对下列负担作出扣除：专为所从事业务用的固定及永久性设施的租金，又或纳税人在有关设施内居住时，只列出从事业务所占部分的租金；长期员工及临时帮工的负担；代顾客垫支的费用或其他责任；与所从事业务有关的保险费；由第三者所提供服务的支出；从事专门职业活动的耗用品；交际费及旅费；为提高纳税人专业水平的费用；水、电及通信耗费；按照《所得补充税章程》第23条和第24条的规定设施及其设备的重置及摊折；按《所得补充税章程》第25条规定所组成的备用金；福利基金的供款至所得补充税效力所接纳的界限；纳税人向属于其专业组别的公会、社团及其他组织的供款；以备用金或预支方式所收取的金额或其他同等性质的款项，而实质上用于支付属客户责任的支出或其他责任；对构成收益的其他必要支出。

上述的扣除由评税委员会决定，该评税委员会由以下人员组成：两名在财政局服务的高等技术或财政技术职程的公务员或服务人员，并由有关局长委任，而其一担任主席；财政局局长每年根据有关社团建议而委任的一名账目技术员；一名在财政局服务并由有关局长指派的公务员或服务人员担任秘书职务，但无表决权。针对职业税的申诉，财政局设有复评委员会对评税事宜进行复查。复评委员会由以下人员组成：财政局局长或专责税务范畴的副局长担任主席，如未有专责税务范畴的副局长，则由其中一名副局长担任主席；在财政局服务的一名评税委员会成员，由有关局长指定；每一纳税人组别的代表各一名，由财政局局长在有关社团提名的人士中任命；在财政局工作的一名公务员或服务人员，由局长指定，担任无表决权的秘书工作。

职业税的缴纳方式：除法律规定外，职业税纳税人可以决定每一年自行按取得、入账、结算及征收的程序缴纳。

但在法定的情况下，雇主可以就源扣缴方式，即雇主在每月发薪时，如散工每日工资及其他可课税收益超出澳门币422元；雇员其每月收益超出澳门币10556元，则可代财政局向员工扣除，日薪计的散工每日收益乘300日的基数；月薪计的员工，每月工资先乘12倍，再计算职业税税率，再除12，得出数值。雇主在每年的1月、4月、7月及10月的首15日内把对上一季所代扣之税款缴财政局。如在年终发现多扣，或少扣职业税税率，雇主会在2月的最后一日前的薪酬中作出调整，或由财政局作出调整。

（三） 所得补充税（纯利税）

为了社会上各人士能够公平地分享社会的财产，因此，有必要通过趋向于收益的再分配，而惠及经济、社会的发展，及提高本地区居民生活水平。澳门订定第21/78/M号法律，规范从经营获得的利润上，得出一个缴纳税的义务，这就是所得补充税（纯利税）。第21/78/M号法律及其附属部分的《所得补充税章程》于1979年1月1日起生效。《所得补充税章程》中财政厅厅长一词，根据第6/83/M号法律第2条第1款，财政厅厅长一词视为财政司司长，在回归后改称为财政局局长。所得补充税的取得、入账、结算及征收，均依据《所得补充税章程》的规定。

纯利税的课征对象是任何自然人或团体，只要在澳门从事工商业活动而获的收益、工作收益总收益的总和减去有关负担后的所得额，不论该自然人或法人的居所或住所在何处。而团体的总收益系指按照《所得补充税章程》的规定计算工商业活动全年经营所得的纯利，如属商业公司及以商业形式组成的公司，其总收益将减去派给股东或股份持有人与课税年度有关的利润或股息。但总收益不包括因房屋而产生的收益。

报税方式：受课征所得补充税的纳税人分为两组，即 A 组和 B 组。

A 组的纳税人是法定的，如：①不具名有限公司、股份有限公司及合作社。②任何性质的公司，其本身利益与股东个人利益并无混同，且资本不少于澳门币 100 万元或可课税利润在近 3 年平均达澳门币 50 万元以上的纳税人。③经透过至有关税项年度的 12 月 31 日前提交，备有适当组织的账目的声明列入 A 组；但倘在该年度最后一季开始其业务，则有关声明得延至翌年 1 月 31 日前提交①。当成为 A 组的纳税人，由在财政局注册的会计师或核数师签名及核对的会计而核定的实际利润课税，并将根据其编制账目。可课税收益的核定由财政局税捐厅厅长确定。

不在上述的个人或团体，则列为 B 组，并将根据估定所得利润课税。可课税收益的核定，由评税委员会确定。

评税委员会由以下人员组成：两名在税捐厅工作之属技术员职程、财政技术员职程或财政助理技术员职程之公务员或服务人员，由财政局局长委任，其中一人担任主席；一名账目技术员，由各有关社团每年委任；一名在税捐厅工作之公务员或服务人员，由财政局局长委任，该名成员出任秘书，负责撰写委员会会议记录及记录委员会之决议，但无表决权。评税委员会委员名单公布于《澳门政府公报》，如因应工作量的需要可设立一个或一个以上的评税委员会，其组成及委任方式如上规定。对于评税委员会的核定可以向复评委员会进行申驳。

复评委员会由财政局局长或专责税务范畴的副局长担任主席；如未有专责税务范畴的副局长，则由其中一名副局长担任主席；一名在税捐厅工作之评税委员会成员，由财政局局长委任；一名账目技术员，由各有关社团每年委任；一名在税捐厅工作之公务员或服务人员，由财政局局长委任，该名成员出任秘书，但无表决权。复评委员会名单公布于《澳门政府公报》，同样，如基于工作量而需要设立多个复评委员会，则设立两个或两个以上复评委员会，其组成及委任方式如上所指。

所得补充税之任何一期或总额，倘在缴纳月份内未缴纳时，则于自动缴纳期满后 60 天内加征过期利息及欠款 3%。如第一期的不缴纳，除上款

---

① 纳税人自其被列入 A 组日起计满 3 年后，透过本人申请，经财政局局长许可后，得进入 B 组。

的规定外，并将引致第二期立即到期。自动缴纳期告满逾 60 天后仍未清缴已结算的税款及有关过期利息与欠款 3% 者，即予进行催征。

如纳税人不提交按照所得补充税规章之规定须提交之申报书，或申报资料不正确，或发现申报资料有所遗漏，则科处澳门币 100～10000 元之罚款。欠交、不正确或遗漏如属故意者，将处以澳门币 1000～20000 元的罚款。

所得补充税税率：收益至澳门币 32000 元豁免缴纳所得补充税，累进超出所指金额（澳门币）：32001～65000 元，3%；在 65001～100000 元，5%；在 100001～200000 元，7%；在 200001～300000 元，9%；300000 元以上，12%。

但 6 间获批给的博彩公司或转批给公司，获行政长官以批示形式①，例外情况豁免缴纳有关娱乐场幸运博彩或其他方式博彩经营所生利润的所得补充税。

---

① 第 378/2011 号行政长官批示，以例外情况豁免澳门博彩股份有限公司缴纳有关娱乐场幸运博彩或其他方式的博彩经营所生利润的所得补充税。

第 267/2011 号行政长官批示，以例外情况豁免美高梅金殿超濠股份有限公司缴纳有关娱乐场幸运博彩或其他方式的博彩经营所生利润的所得补充税。

第 101/2011 号行政长官批示，以例外情况豁免新濠博亚博彩（澳门）股份有限公司缴纳有关娱乐场幸运博彩或其他方式的博彩经营所生利润的所得补充税。

第 358/2010 号行政长官批示，以例外情况豁免永利渡假村（澳门）股份有限公司缴纳有关娱乐场幸运博彩或其他方式的博彩经营所生利润的所得补充税。

第 326/2008 号行政长官批示，以例外情况豁免银河娱乐场股份有限公司缴纳有关娱乐场幸运博彩或其他方式的博彩经营所生利润的所得补充税。

第 186/2008 号行政长官批示，以例外情况豁免美高梅金殿超濠股份有限公司缴纳有关娱乐场幸运博彩或其他方式的博彩经营所生利润的所得补充税。

第 167/2008 号行政长官批示，以例外情况豁免威尼斯人（澳门）股份有限公司缴纳有关娱乐场幸运博彩或其他方式的博彩经营所生利润的所得补充税。

第 333/2007 号行政长官批示，以例外情况豁免澳门博彩股份有限公司缴纳有关娱乐场幸运博彩或其他方式的博彩经营所生利润的所得补充税。

第 180/2007 号行政长官批示，豁免新濠博亚博彩（澳门）股份有限公司缴纳有关娱乐场幸运博彩或其他方式的博彩经营所生利润的所得补充税。

第 283/2006 号行政长官批示，以例外情况豁免永利渡假村（澳门）股份有限公司缴纳有关娱乐场幸运博彩或其他方式的博彩经营所生利润的所得补充税。

第 250/2004 号行政长官批示，例外情况豁免威尼斯人（澳门）股份有限公司缴纳有关娱乐场幸运博彩或其他方式的博彩经营所生利润的所得补充税。

第 249/2004 号行政长官批示，例外情况豁免银河娱乐场股份有限公司缴纳有关娱乐场幸运博彩或其他方式的博彩经营所生利润的所得补充税。

第 30/2004 号行政长官批示，例外情况豁免澳门博彩股份有限公司缴纳有关娱乐场幸运博彩或其他方式的博彩经营所生利润的所得补充税。

（四） 房屋税

房屋税是一种基于每年实际的或被认为应有在澳门的市区房屋①的收益
（即租出用作住宅或商业用途的）为课征对象。纳税人是那些对房产有着收
益权的人，包括实际拥有房产的人和其他的对此房产有着财产权的人。此
项税收的征收是以房子的实际房租收益为基础（如果它们真的被租出去），
或者是被税务局评估过的房产的价值，这被认为是不动产的潜在的经济
价值。

市区房屋收益，如有租赁关系时为有关租金，这一税收的税率是 10%
（对于那些租出去的房产），无租赁关系时为使用人或享用人所取得的或可
能取得的经济利益，这一税收的税率是 6%（对于那些未出租的房产，将以
潜在的经济价值征税）。新建楼宇供居住及/或商业用者，以及经改良或扩
建的楼宇，其工程价值根据估定至少相当于该楼宇时值 50% 的，在澳门市
的楼宇收益享受 4 年②房屋税豁免，在海岛市（即氹仔岛及路环岛）的楼宇
收益享受 6 年③房屋税豁免。

如有看门人④之回报；升降机及载货升降机之能源费用；大堂及楼梯之
照明费用；中央暖气费用；空气调节及保温之费用；分层所有权之管理费，
但以分层所有人不少于 8 名为限等开支，则可作为扣楼宇收益。

凡个人或团体倘在房屋记录上注明屋宇属于其名义者或确实占有屋宇
者，将推定其为该房屋收益权利持有人，即为纳税义务人，如收益由多名
持有人分享时，业钞以各持有人为纳税义务人，由彼等按所享权利分担之。
如有分租而次出租人所收租金超过付给出租人的租金时，有关差额的业钞
以次出租人⑤为纳税义务人。

根据《市区房屋税规章》第 8 条，以下者可免市区房屋税："中央人民

---

① 所称市区房屋系指接合或永久性坐落地上的楼宇及楼宇廊路用地而言。但该等楼宇及/或地
段以与农林或畜牧业的经营无关者为限。倘房屋同时作农业及其他用途，如居住、工商业
或任何职业或业务的经营等，根据租赁合约，又或无租赁合约，根据估定，非属农业主要
用途时，整间房屋将评定为市区房屋。为了《市区房屋税章程》之目的，凡楼宇与船埠、
埠头及港口其他结构有物质的接合者，亦视为市区房屋。组成一栋楼宇的各个单位有条件
成为独立单位，且在法律上可分分属层制度的各不同所有人者，将视同个别的市区房屋。
② 以工务局发出有关建筑物入住或占用准照的次月起算。
③ 以工务局发出有关建筑物入住或占用准照的次月起算。
④ 即物业管理人员/保安员。
⑤ 俗称包租人。

政府驻澳机构；澳门特别行政区及其部门，包括具法律人格的公共部门；澳门特别行政区立法会、法院及检察院；行政公益法人及经宣告的公益法人，但须遵守有关宣告或法律的规定及限制；任何宗教信仰的社团或组织，但以所拥有的符合其宗旨的房屋为限；驻澳门特别行政区的领事代表处，但以供代表处设施用的房屋及有互惠对待的情况为限；经营任何工业的自然人或法人，但以专供其工业场所的设施及工作用的非租赁楼宇为限；非牟利的自然人或法人，但以供任何教育阶段的设施用的房屋为限。"

房屋的收益由房屋估价常设委员会定出，设有多个房屋估价常设委员会，每一委员会设正选及候补委员各 3 名，均从工务厅注册的土木工程师、设计师、土木技师、建筑商、工程主任及业主中选出。

如纳税人不同意估价结果，得在通知日起 10 日内以 M/6 格式印件提出进行第二次估价之申请，重估应由不同的秉公人行之。人数为 3 人，其中一人由财政厅长委任，另一人由纳税人指定，第三人由市政厅选派。纳税人所指定的秉公人倘不以其名誉作出保证或不到场，估价时将由财政厅长另委一人代替。

（五）机动车辆税

根据第 5/2002 号法律通过《机动车辆税规章》，任何经《道路法典》界定的轻型汽车、重型汽车、客车、货车、客货车、牵引车、铰接式车，以及重型摩托车、轻型摩托车，以任何名义或任何性质转让、取得或转移机动车辆的拥有权，致使等同于行使所有权。在澳门特别行政区将新机动车辆移转予的最终取得的消费者；进口新机动车辆供进口者自用；参与新机动车辆商业循环的经济参与人，特别是出售者、进口商及出口商，将新机动车辆拨作自用的自然人及法人，不论新机动车辆在澳门特别行政区根据自由竞争制度所定的实际出售价如何，须由财政局根据税务价格由机动车辆估价委员会厘定的新车价值而按《机动车辆税规章》订出的税率纳税。

如上所述的自然人及法人为在澳门特别行政区设有代表处且澳门特别行政区有参与之国际机构及组织；准驻澳门特别行政区之领事代表处，但以有互惠对待之情况为限；中华人民共和国中央人民政府驻澳机构；澳门特别行政区立法会、政府、法院、检察院、公共行政部门及自治实体；公益法人及行政公益法人，及由法律豁免的其他实体，或因与澳门特别行政区签订公共服务特许合同而获豁免之其他实体专用的新机动车辆之移转，获豁免《机动车辆税规章》所定的税项。

如由集体运输特许企业取得而供其专用作集体运输乘客之车辆，但以除驾驶员座位不计算，外载客量不少于 15 座位之车辆为限；用作集体运输伤残人士之车辆；用作个别运输伤残程度为 60% 或以上的人士之车辆，如属轻型汽车，须为实用型号且汽缸容量不超过 1600cc；专用作接送学校学生之车辆，但以除驾驶员座位不计算外载客量不少于 15 座位之车辆为限；用作商业客运之轻型汽车，即一般称为"的士"之车辆；用作驾驶教学之车辆；用作专门技术用途而不可用作客运之车辆，特别是救援车、垃圾收集车、消防车、救护车、吊车、云梯车、混凝土拌合车、卸货车、叉式装卸车、挖掘机及压路机等；专用作运输货物之车辆；专用作旅行社业务或被宣告为对旅游有利之营运设施的业务之客运车辆，但以其载客量次足以证明使用该等车辆属合理者为限；专用作澳门国际机场范围内客运或货运之车辆；用作运送贵重物品之车辆，而取得车辆的保险公司，为税务目的，已作从事该行业的适当注册专用的新机动车辆之移转，获豁免《机动车辆税规章》所定的税项。

如获任何豁免之人，自税务豁免批给之日起 5 年内，将有关车辆用作异于获批给税务豁免所定用途，或以任何方式将有关车辆移转予第三人用作异于获批给税务豁免所定用途者，必须缴纳取得车辆之日原应缴的税款。但有法定的解释除外。

机动车辆估价委员会的成员包括：财政局局长，任主席；专责税务工作的财政局副局长，如未有专责授权，则由局长指定的一名财政局主管为成员；由财政局局长指定的一名财政局职员，以及在其缺席时的替代人；在汽车工商业界具声望的人士两名，以及在其缺席时的替代人；能代表消费者利益的社会知名人士一名，以及在其缺席时的替代人；由交通事务局指定的一名代表，以及在其缺席时的替代人；财政局局长指定的一名财政局职员任秘书职务，以及在其缺席时的替代人；秘书无投票权。上述成员每年经财政局局长建议，由行政长官以批示任命，有关任命公布于《澳门特别行政区公报》。

在移转符合环保排放标准的新机动车辆时，为能享有第 1/2012 号法律第 16 条第 3 款规定的税务扣减（应缴税款 50%，上限为澳门币 6 万元），需由上述车辆的销售商取得符合经第 41/2012 号行政长官批示核准的"环保排放标准"的认可。

（六） 消费税

根据第 4/99/M 号法律附设的《消费税规章》规定，当附于《消费税规章》并成为其组成部分之表内所列明之产品自制成或进入澳门起，即成为消费税之课征对象。

如每公升酒精强度以容积计算高于或相等于 30％ （20°）之饮料[1]，但米酒除外，税款为澳门币 20 元。如每公斤含烟叶的雪茄及小雪茄税款为澳门币 1442 元。

但法律规定豁免者除外。

（七） 车辆使用牌照税

根据第 16/96/M 号法律及其组成部分的《车辆使用牌照税规章》与有关附件规定，在澳门使用及享用轻型汽车、重型汽车、客车、货车、客货车、牵引车、铰接式车辆，以及重型摩托车、轻型摩托车，工业机械当获发给准照、注册或登记的车辆为课征对象。上述车辆的所有人为纳税义务主体。

于澳门设有代表处且本地区为其成员的国际机构及组织；获澳门接受的外交实体或领事实体，但仅以互惠对待及作自用的情况为限；本地区的本身管理机关；法院及检察院；澳门公共行政机构，包括自治实体；公益法人及行政公益法人；集体运输的特许企业，但仅以用于集体运输乘客者为限；经特别法给予豁免的其他实体；用作集体运输残疾人士者；用作个别运输残疾人士，但该等人士须为具有相等于或高于 60％ 无能力程度者，且车辆仅得为普通型号及汽缸容积不超过 1600cc 者，获豁免车辆使用牌照税。

（八） 旅游税

根据第 19/96/M 号法律及其附属的章程而规范旅游税的内容，旅游税是一项对与旅游有关的商业活动，例如由第 16/96/M 号法令通过的酒店业及同类行业之规章所订定之酒店场所及同类场所，健身室、桑拿浴室、按摩院及卡拉 OK 进行征税的税种。此项税收的收益将会用于资助澳门旅游基

---

[1]　酒精强度高于或相等于容积 30％ 之所有酒精饮料，而不论经发酵物质或其来源为何。

金，同时每月也要定期上缴至财政局。此项税种的税率是 5%，是固定税率。但场所在通信及洗衣方面提供之辅助性服务之价格，及 10% 以内的服务费是免税的。

（九）印花税

根据第 17/88/M 号法律及其附属的《印花税章程》，印花税是以所有在《印花税章程》附件"缴税总表"内提及的文件及行为为课税对象。不论在结算或缴纳之范畴内或在从事印花税征税范围之各种行为上，澳门特别行政区均拥有征收印花税的权利。

除特别法律规定豁免外，以下情况机构亦享有印花税之豁免：澳门特别行政区政府及所有属下之机关包括法人机关，储金局，市政机关及公共企业；所有公益法人及行政公益法人；与教育机构有关之行为；贫民或遭遗弃者，在向不论公共或私人机构申请援助时，所有必须之文件，包括公证之认定；所有行政长官认为经营有利经济及公益之消费合作社；所有因工作意外而行使之法律权利，执行时所产生的文件和卷宗，以及为取得任何性质或种类的退休金而需要之全部文件卷宗；所有根据法律规定设立的合作公司的文件；储金局与其存款者之运作；为建筑、售卖或租赁经济房屋而设立之合作社及公司均可在其设立、解散及清盘过程中必须之行为上享有印花税豁免；失业人士为证明其先前之工作而要求发出之证明书；澳门教区，宣教会社及其他神职团体。

如基于在以指定收益用途方式提供债务担保的行为中所作的约定而产生的不动产租赁；移转按土地法的规定以确定批给方式批出的澳门特别行政区土地的租赁权；债权人按《民事诉讼法典》的规定设立公司；在执行中由被执行人本人赎回财产，豁免征收其因转移财产而生的印花税。

澳门特别行政区及其政府机关，以及自治实体；任何宗教信仰的社团或组织，以及行政公益法人，但仅限于为实现其特定宗旨而作的移转，豁免征收因移转财产而生的印花税。

还有一种凭单印花税，凭单印花是根据有关法律规定中之某些文件及行为而征收相应之税款，其课税途径是以直接或凭单方式为之。澳门财政局之收纳员负责记录征收此等印花税。凭单印花是由发出有关凭单之机关结算。倘若没有凭单时，结算是由澳门财税厅厅长作出。

对于不动产估价是由不动产估价委员会决定，不动产估价委员会成员是由财政局局长指派一名担任主席；由土地工务运输局局长指派一名委员；由房屋局局长指派委员一名；地产界的一名代表，在建筑界公认为有功绩的一名专业人士；不动产估价委员会设秘书一名，由财政局局长在该局的工作人员中选派，秘书无投票权。如工作量需要时，可设立两个或多个不动产估价委员会，其组成及制度与上述的规定相同。

对于估价不服的，由复评委员会处理申诉，由财政局局长或专责税务范畴的副局长担任主席；如未有专责税务范畴的副局长，则由其中一名副局长担任主席；纳税主体或由其指定的秉公人一名；在建筑界公认为有功绩的一名专业人士；复评委员会设秘书一名，由财政局局长在该局的工作人员中选派，秘书无投票权。如工作量需要时，可设立两个或多个复评委员会，其组成及委任形式与上述的规定相同。

印花税缴税总表列出的印花税种类达 43 种，现时澳门最重要的印花税是不动产之交换或变换，按照供计算物业转移税之金额 5% 交纳凭单印花税；如以有偿方式移转不动产至澳门币（以下均为澳门币）2000000 元交纳 1% 凭单印花税，2000000 元以上至 4000000 元交纳 2% 凭单印花税；4000000 元以上交纳 3% 凭单印花税。

为打击不动产的不正常交易活动，如是法人、自然人商业企业主或非本地居民以有偿方式取得居住用途的不动产或其权利，额外缴纳 10% 凭单印花税。以无偿方式移转财产缴纳 5% 凭单印花税；法人、自然人商业企业主或非本地居民以无偿方式取得居住用途的不动产或其权利，额外缴纳 10% 凭单印花税。

印花税是可以透过印花税票、凭单及特别印花征收。印花税票应贴在文件上并予以注销。使用已失效之税票，应视作未完税。使用已用过之税票，除会被罚款外还需负刑事责任。印花税票之面值分别有澳门币 1 元、2 元、5 元、10 元、20 元、50 元及 100 元 7 种。印花税票可在财税厅购买。

凭单印花征收方法是直接在文件上注明或以凭单交付。

由于澳门特别行政区的财政收入比较稳健，澳门居民又受到通货膨胀的影响，因此，多年来立法会根据行政长官的提案，制定财政年度预算案时都会作出一些豁免，如营业税、保险合约和银行业务之印花税、财产移转印花税，表演印花税、旅游税①之广告及宣传物品之费用及税项。

在职业税税额之扣减和豁免限额，2013 年度收益的豁免额订定为澳门币 144000 元，而对于超出该金额之收益，适用原来之百分比。市区房屋税之扣减税额定为澳门币 3500 元。所得补充税豁免限额订定为澳门币 200000 元，而对于超出该金额之收益，视乎所超出之金额所属级别，适用 9% ~ 12% 之税率。

---

① 获豁免旅游税只限于根据 4 月 1 日第 16/96/M 号法令第 6 条规定属第一组分类之同类场所之自然人或法人所提供的服务，获豁免 8 月 19 日第 19/96/M 号法律通过的有关《旅游税规章》所规定的旅游税；基于适用 4 月 1 日第 16/96/M 号法令第 7 条第 1 款之规定，该法令第 5 条所指的第一、第二及第三组酒店场所为上款所指的第一组同类场所之专有业务。

第十章
涉及澳门博彩业的犯罪

在我国中央人民政府的大力支持下，澳门经济稳步发展，特别是旅游业的发展，推出了"港澳个人旅游"（即"自由行"）等有利澳门旅游博彩业的政策，使澳门特别行政区的经济发生了根本的变化。

据统计，澳门特区幸运博彩的毛收入已由 2003 年的澳门币 278.49 亿元，增加至 2012 年的澳门币 1069.898 亿元[①]，在 2011 年的公共收入中占76% 以上。

由于利润庞大，吸引许多人士争夺围绕这些利润而产生的边缘利益，并引发不少的犯罪行为。对澳门恢复行使主权前，由此导致的大量黑社会仇杀活动，影响了澳门的形象、民生、经济发展。在回归后，由于中央政府支持澳门加强治安管理工作力度，加上"自由行"的出现，令澳门经济更上一层楼。大量的旅客，产生更大的边缘利益，引起的犯罪行为更多，但这些犯罪，已经由严重犯罪行为慢慢转为轻微犯罪行为，大规模的、有组织的犯罪行为已转向地下、小规模化。下文就涉及澳门博彩业的犯罪作出一些分析。

叠码仔的活动——招徕生意本是非常有效的，且一般不会产生犯罪行

---

① 澳门财政局于 2013 年 3 月在网上公布的数据。

为，犯罪主要的成因是：叠码仔在赌场作出借贷是犯罪行为，因为根据《不法赌博法》的规定，在赌场内进行任何的消费借贷行为都被视为高利贷罪①，可被科澳门《刑法典》第 219 条"暴利"所规定的刑罚，或可能同时与第 6/97/M 号法律《有组织犯罪法》的黑社会罪产生竞合，而被判处更高的刑罚。

但是上述的借贷行为不单纯只有一种罪行存在，因为有关的放债活动是犯罪行为，因此，必须是秘密进行，不可能清楚地监视有关大额的财货流动方向，所以还可能衍生的犯罪行为如符合第 6/97/M 号法律第 10 条所指之转换、转移或掩饰不法资产或物品（洗黑钱）描述的犯罪行为。不仅直接参加的人士负刑事责任，而根据第 24/98/M 号法令第 3 条"通知之义务"的规定"从某些活动中，使人怀疑有人实施……应就该等活动通知司法警察局，并知会有关监察当局"。配合同一法令第 8 条"处罚"的规定，那么他们如不遵守通知的义务，即使不被科以刑事处罚，亦可能被科处罚款。虽然洗黑钱对澳门的经济、税收看似是有帮助，实际上却对澳门经济有很大影响，因为当"打击清洗黑钱财务行动特别组织"（FATF）作出反应时，可以使得澳门的金融体系中的国际及外汇结算完全终止，而令澳门的金融体系崩溃。

关于存放现金在赌厅，再分期以遥控方式向赌厅的负责人作出指示，将借款给予债务人提取的问题。这一些借贷行为不一定产生利息，更不涉及高利贷，但是符合上述罪状的规定，即使参与该运作的人可能并不知道自己已进行了犯罪活动。为此，可就上述借款程序进行了解：

首先，客人下注之后剩下来的现金、现金码或赌厅旅游招待筹码会存入他们的账户中，待下次再进行耍乐。

接着，当客人再进行耍乐的时候，只要向赌厅进行简单地核对便可以提出现金、现金码或赌厅旅游招待筹码进行下注。甚至于客人或合作人以简单的通信形式便可以作出提款指令，将他们的"存款"给予其他人进行下注。

这样的借款关系，可能是他们基于友情或客户关系而作出消费借贷，不会收取任何的利息或手续费，只是涉及码佣等经济利益，但这样亦是符合了第 8/96/M 号法律第 13 条所描述的罪名。

---

① 参见第 8/96/M 号法律《不法赌博法》第 13 条。

赌厅的负责人不会对把现金、现金码或赌厅旅游招待筹码、泥码存入，或对提取赌客自己账户的人进行严格的限制，因为这样不单方便客人不用携带大量的现金进出赌场，减少被盗的风险，更可以使得他们留在该赌厅进行下注，以增加自己的营业额。如果上述的情况涉及放债的情况，则上述亦是博彩中介人或合作人不收取利率放债予债务人的情况。其主要目的是为了使客人多留在自己的赌厅进行下注，通常放出的借款会在即时或在一两天内收回，大部分的情况下不会收取利息。

但如果在短时间内不能收回借款，他们则必须收取利息以保障其利益。这样便出现下述情况。

（1）赌厅负责人（博彩中介人）或其合作人收取利率放债予债务人的情况。

他们会针对客人的下注纪录、财政状况以决定追收的期限及计算利率的方法，当然可能会有"九出十三归"或甚至于更高利率的情况。

由于合作人的主要合法收入是依靠回佣，实力好、组织强的合作人[①]对放债的相对人要求亦非常高，那么他们要面对的债务人就比较容易处理，因债务人自愿还款的比例是相当高的；但如合作人的实力不足，组织不好，因需要维持每日的生意额，则需要寻找更多的客人，那么则对客人不会作出选择，形成放债泛滥的现象，客人不自愿还债的比例则非常高，为了保障其利益，可能以各种不规则的手法收债。

（2）借款不经债务人，合作人在博彩桌上代债务人下注，每次抽取一定利率及提成。

即放债人（多为中介人的合作人）与债务人达成放债的数目及利率口头协议后，债务人不会直接获得任何的赌厅旅游招待筹码、泥码[②]，而放债人会代替他们下注，每一次下注都会事前被抽取 10% 作为利息，这样他们很快会收回成本，而且其利息是相当高的。

（3）中介人及其合作人不能立即追讨债务人后，会将其出售予其他专职的收债人，他们会以暴力手法去讨债。

主要是中介人及其合作人不希望跟进有关的事宜，会把一些坏客交由这些专职人士负责收债，因而产生下列的问题。

---

① 因现时合作人都不是自行经营。
② 合作人为了获得更多的利润，在任何情况下只会供应赌厅旅游招待筹码、泥码。

中国商人谚语有云"有来有往的才是生意"。在世界上各赌场内任何经营者放债的人都会遵守这一原则，因此大部分债权人都是有意挽留债务人这一个客户，不会立即采用任何非正式途径，虽然债务人不履行债务的期间越长，债务人需要偿还超过市场正常利率①计算的利息就越高，这样会为他们带来丰厚的财富，但是要承担的风险也越高，因为这样可能导致债务人根本无力偿还，或是债权人在讨债的过程中，可能触犯了刑法。

基于此，在世界各地有关追讨债务的初期均采取温和手法，但当发觉债务人的偿还意欲不高或甚至于无力偿还时，债权人会使用各种非法手段或以犯罪手法去追讨相关债务。

一　因借贷而衍生的犯罪

（一）赌资的来源

澳门大量赌资的流入渠道是一个严肃的问题，据笔者考察，其主要如下。

1. 地下钱庄

这是一个由来已久的问题，源于改革开放初期，由于中国的内地消费不高，人民币的需求不大，因而导致中国人民银行的法定汇率与商人的公认汇率有很大的差异，商人在我国内地赚到人民币，如通过合法的途径把人民币兑换成外币带到境外，会有汇率差异的损失及存在外汇管制的情况，所以商人们会通过境内外的地下钱庄，把人民币现款兑换成港币或美元汇到境外，或携带离开。

同时，商人们在我国内地聘请了大量的劳工，以及中国内地自行生产的原材料亦开始规模化及符合国际的标准，他们需要以人民币支付工资及购买原料，因此，亦通过地下钱庄把外汇兑换成人民币带进我国境内。

再者，由于我国内部的经济亦非常活跃，内地的公民收入增加，累积了大量的现金，当离开内地到国外或到港澳地区时，他们需要外汇，假如

---

① 赌厅的放债，通常10日之内不收取利息，之后亦只是以5日或10日为一期，利息多为0.5%，但如是其他人的放债利率为日利率10%或更高，而且是以日结算，很快会累积至债务人无法承受。

他们通过合法的途径把人民币兑换成外币带出境外，会有汇率差异的损失，以及他们每人每次只能携带 20000 元人民币或等值的外汇出境①，不能满足在港澳消费的需求。所以他们亦会通过上述的地下钱庄把现金兑换成外币带出境外。

当中央政府实行"自由行"后，我国内地旅客参加澳门博彩活动时，亦需要大量的现金，为了规避外汇的管制，他们利用地下钱庄把自己合法或非法得来的金钱带到澳门进行博彩。为此，地下钱庄的业务不断增长。

2. 信用卡

我国内地旅客参与澳门博彩活动时，如未预先或有亲友通过内地的地下钱庄给他们汇款，他们会使用信用卡在澳门提款，或通过购物再出售或"出质"以换取现款进行博彩。

3. 提款卡

我国内地旅客亦透过银行设在澳门的自动提款机进行提款，但提款的金额有限制，每天只能提取数千元现金。

4. 借贷

（1）合法的放贷。根据第 5/2004 号法律《娱乐场博彩或投注信贷法律制度》第 3 条规定，我国内地旅客可以向持有博彩牌照的公司②、博彩牌照转批给的公司③及博彩中介人④在赌场内借款作为赌资进行博彩，但当他们不偿还时，债权人是不能在我国内地执行这一旅客的财产的。在澳门经由合资格的债权人在赌场内因博彩而出借金钱是合法的，因此，根据我国内地《刑法》的适用规定，他们在内地对欠债人进行私下催收债务亦不违反刑法的规定，但前提是使用的手法是合法的。

（2）不合法的放贷。这种放贷是经非法的途径进行借贷活动，这是实施了澳门《不法赌博法》第 13 条所描述的高利贷行为，那么他们到内地催

---

① 根据我国国务院令第 108 号第 3 条的规定："国家对货币出入境实行限额管理制度。中国公民出入境、外国人入出境，每人每次携带的人民币不得超出限额。具体限额由中国人民银行规定。"根据中国人民银行公告（2004）第 18 号"调整国家货币出入境限额"的规定，每人每次的限额为二万元人民币。

② 持有博彩牌照的公司：澳门博彩股份有限公司、永利渡假村（澳门）股份有限公司、银河娱乐场股份有限公司。

③ 博彩牌照转批给的公司：威尼斯人（澳门）股份有限公司、新濠博亚（澳门）股份有限公司、美高梅金殿超濠股份有限公司。

④ 博彩中介人需与上述两主体订定合同从事信贷业务。

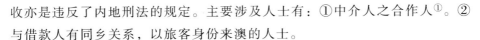

收亦是违反了内地刑法的规定。主要涉及人士有：①中介人之合作人①。②与借款人有同乡关系，以旅客身份来澳的人士。

（3）在世界各地收取债务通常可分为三个阶段：①债权人或其代理人通过非司法途径（合法地）追收债项；②债权人提出诉讼追讨债项；③以执行的名义向法院申请强制执行。

当债权人利用整个追收债项程序需要颇长时间，但最后能够获得偿还债务的比率又并不高时，导致债权人并不一定使用整个程序，其中可能是由于债务人已清缴债项或是债权人决定放弃追讨。虽然，债权人放弃了以诉讼方式进行追讨，但是他们往往以其他的合法或非法的途径去追讨债务，而当债权人使用了一些合法，但超过了社会的接受程度却又未达到非法的时候，又或他们的行为使澳门的犯罪率偏高时，则会对澳门特区的整体形象造成不良的影响。

（二）因借贷而衍生的犯罪类型之比较研究

各地在合法赌场内放债是否合法在上文已略作介绍。现时追讨债务行为可以区分为：合法的，并可以依司法途径讨债；或合法的，但不可以依司法途径讨债；又或是被列为犯罪行为。

1. 合法的，并可以依司法途径讨债

这一类型的地区，因在赌场内放债是合法的而且可以经司法途径讨债，因此以犯罪手段追讨债务的比较少。主要是因为公共行政机关对放债行为制定了一系列的行政措施进行监管。首先是规范放债的主体，其次是规范放债的程序（包括形式上的合约等），再次是规范其实质的内容（如利率、协议司法管辖权等）。债务人亦需经过一定筛选，以保证他们在借款时的精神状态下知悉有关合约的条款及使放债人知悉他们的偿还能力。

2. 合法的，但不可以依司法途径讨债

这一类型的地区，在赌场内放债属合法，只是由于不可以诉诸法律进行讨债，因此，即使是公共行政机关对放债行为制定了一系列便利放

---

① 赌团及赌厅是吸引赌客的其中一个好方法，但只以单一渠道去吸引客源是难以满足赌厅需求的，为了广增客源的渠道，赌厅与一些人士订立了协定，他们可以在赌厅内开设户口存入现金，他们带客户来进行赌博时，赌团会给予他们相当于赌团所得优惠，甚至增加特别的优惠以吸引他们带客到赌厅进行博彩，这样他们的收入是非常可观的。

债的行政措施进行监管，放债人的放债意欲也并不高。如果放债人以非常严谨的态度来保障自己的利益，那么就可能造成债务人转向其他非经认可的放债人进行借款。这些放债人向借用人收取高昂的利率及手续费，也不对借用人借款时的精神状态及偿还能力作出筛选，其后果极易使债务人不自愿履行债务或无能力履行债务的概率增加。而放债人不能依司法途径向借用人进行讨债，加上不能以赌场的收益作为填补，也会使放债人采用各种不合法手段甚至是犯罪行为向借用人及其家人、担保人、朋友进行讨债。

3. 追回被列为犯罪放债的行为涉及的犯罪

由于在赌场内放债被列为犯罪行为，因此，当有赌场内放债行为发生时，公共行政机关不但不会对放债程序制定监管程序，还必须直接以刑事程序处理。但事实上，放债在经营方法上是必需的，而且是增加营业额的最佳方法之一，因此经营赌场的人会以各种方式借出款项，但这些借款必须是以各种方法再投入赌场之内。

上述借贷不一定会收取利息，因为他们的原意是希望增加营业额，方便客人而提供借贷。当客人不自愿履行有关的债务时，债权人不仅不能透过司法途径讨债，亦不能公开有关债务以免触犯刑法，因此，就会采用消极的方法不作出借贷；或通过优惠给予第三人，又或以各种渠道而作出借贷，由第三人承担风险，当然第三人亦会采用较为进取的方式放出款项，以及采取积极的方法收回借款。这样在利率上及讨债的手法上都不能进行监管，以致犯罪率不断增加。

放债人不经债务人，而是由其在博彩桌上代债务人下注，每次抽取一定利率及提成。这种情况他们很快会收回成本，因为其利息是相当高的。中介人及其合作人不能立即追讨债务后，很多时会将其出售予其他专职的收债人，他们会以暴力手法去讨债，因而产生犯罪的问题。

（1）各地收回债务的司法程序。在法的范畴上，当债务人不自愿履行债务时，债权人可以通过司法途径进行追讨，但有关债务的标的及内容需要具备两个前提，首先是在法律上、情理上可能的，其次是不会违反善良风俗习惯或公共政策。

①美国。许多州在法律上已视经营赌场为合法经营，但对于在本州赌场内消费借贷的追讨问题，会以违反善良风俗习惯或公共政策为由受到拒绝进行司法强制执行。但无论如何，根据美国宪法，美国任何法院（包括

把经营赌场视为非法的州）对在外地生效的判决都会同意强制执行。

如果需要执行，必须具备借用人在借用时所签下的借据或票据，以及借用人的财务背景资料，以证明债的存在，当资料充足后便可以申请执行。

②英国。基本上，英国的法院对于在赌场内消费借贷是采用与美国同一种方法，对于外国法院的判决或联合王国内其他成员的法院判决亦是可以强制执行的。

此类执行，只要具备借用人在借用时所签下的票据，并从形式上核实票据是已符合了其法定要求后，便可以申请执行。

③中国香港。与英国采用同一套法律制度，虽然本地没有在赌场内消费借贷的形式，但对于其他国家或地区的法院判决，也同意在香港执行。

中国香港法院主要对其进行形式上的检查，并认定如不执行其他国家及地区的法院判决是非常无礼的，因此法院不会理会判决是否符合香港的善良风俗习惯或其公共政策。

④中国台湾。在具管辖权的法院申请强制执行时，必须一并提出要求执行的文件。

一是判决书及其确定证明书；二是准予假执行之判决书或准予假扣押、假处分之裁定书；三是诉讼上成立的和解或调解；四是公证书（载明可以迳受强制执行者）；五是拍卖抵押物或质物的裁定书以及抵押权设定契约书、他项权利证明书、借据或本票、支票；六是其他依法律规定，可以强制执行的文件，如支付命令及确定证明书。

在中国台湾地区进行消费借贷多以票据作为担保，这亦成了执行的条件，无须经过法院宣告债务的存在，就可以再向法院申请强制执行以满足债权。

根据《香港澳门关系条例》第 42 条，"在香港或澳门作成之民事确定裁判，其效力、管辖及得为强制执行之要件，准用民事诉讼法第 402 条及强制执行法第 4 条之一规定。……"。因此台湾地区对于依照澳门地区之司法判决来执行债务人在台湾之财产，应依台湾地区"强制执行法"第 4 条之规定，并以该判决并没有出现"民事诉讼法"第 402 条各款情形为条件，再经台湾地区的"法院"以判决宣示，便可以强制执行债务人在台湾的财产。

现时，澳门赌场内的合法消费借贷已被中国台湾地区的"法院"认定为不违反公共秩序或善良风俗而被"法院"判决宣示确认及许可其执行[①]。

⑤澳门。一如许多国家及地区一样，债权的实现是可以通过司法途径得到满足的。如果债权人以澳门《民事诉讼法典》第 677 条规定作为诉讼的依据，则无须再经过法院的宣告来确认有关债务的存在。

在执行程序中，例如只要出示经债务人签订的借据，再加上能够证明债务的实际存在（如与借用人曾经建立了消费借贷的法律关系），而债务人并未自愿履行，即可以向法院请求执行借用人的有关财产。

鉴于在债务关系中如没有设定特别的担保作为优先的受偿，则会以其全部可以被查封的财产作为偿还的基础，而此前已提及部分国家及地区并不以债务人的全部财产作为偿还，因此债权人需要对债务人可作为偿还的财产作出准确的评估才可以获得全数偿还。

当消费借贷成立以后，债务便会产生，借用人便有一个履行满足债权的给付义务。倘借用人不作出自愿履行时，债权人可以通过司法途径请求宣告借用人履行给付以及强制执行，但如具备了执行条件则可以立即进行强制执行程序，强制执行债务人就其债务应作出的给付。此类给付原则上应以债务人全部可以被查封的财产作为强制执行的标的，此为债权的一般担保特征，即当建立债务时以债务人的可查封的财产作为担保。

在司法实践中，亦可以就债务的担保设定一种担保，以保证债务能够在债务人不自愿履行的情况下，可以通过司法途径来强制执行已经被设定担保之财产，并可以获优先受偿。

⑥中国内地。虽然在澳门按照第 5/2004 号法律《娱乐场博彩或投注信贷法律制度》规定，实体可以在娱乐场内作出为进行博彩活动的消费借贷是合法的，也构成了一种债务的渊源。但是在中国内地，由于进行博彩活动是非法的，故因赌博而衍生的债务不受法律保护。珠海中级法院也曾经于涉及澳门赌债在内地执行的案件中，以对公共秩序保留为由，选择适用了内地法律，认定赌博债务不受内地法律保护，取得了良好的法律效果和社会效果。

案例[②]：赖某系在澳门赌场工作的澳门居民，黎某系内地居民，赖某持

---

① 参见台湾台北地方"法院"民事判决，100 年度重诉字第 143 号，原告 WynnResorts（Macau）SA 即永利渡假村（简称）诉陈正忠及张明珠案，以及台湾台北地方"法院"民事判决，100 年度诉字第 1671 号，原告新濠博亚博彩（澳门）股份有限公司〔Melco Crown Gaming〕诉游枪案。

② 《珠海涉澳商事审判：难点变亮点》，载"杨晓林家事律师网"http：//wqyxl. zfwlxt. com/SP-DT/20101228/69765. html。

黎某在澳门因赌债形成的借条向内地法院请求保护。由于该案当事人没有选择法律适用，合同的签订地和履行地在澳门，该案与澳门法具有最密切联系，但适用澳门法的结果明显违背了我国的公共秩序保留制度。因此，珠海中院审慎适用公共秩序保留制度，在本案中选择适用内地法，认为该借款系赌博债务，不受我国内地法的保护，判决驳回了赖某的诉讼请求。

（2）收债涉及的犯罪。为什么债权人会使用这些方法呢？根据笔者考察，大部分的债权人或其代理人自行设法追讨债务，主要原因是经济效益，因为所需的费用远比诉诸法律程序低；另外由于希望挽留客户。但在一些地区由于禁止赌博借贷，例如苏格兰、南澳大利亚等地，势必无法通过法律程序请求对方偿还债务，他们如需追讨只能通过非法律程序而进行，由此采用的讨债手段往往涉及犯罪。

在各地以非正式手段进行收债的方式大同小异，是否被定为犯罪，则要视各行为地的刑事政策及刑事法律的规定。其非正式手段收债类型的模式大致如下。

①骚扰或滋扰，致电作出威胁[1]。这是世界各地比较常用的讨债方式，虽然大部分国家或地区对这一方式不一定列为犯罪行为，但是因为经济效益高，成本低及涉及犯罪的风险也极低，所以是最有效的讨债方式。

骚扰或滋扰，这种讨债方式只能对一些有相对稳定职业或住宿地又或有家人同住的债务人比较有效。债权人或代理人常用的手段如下：以频繁的电话或传真，又或电邮对债务人的家居、工作地点造成骚扰或滋扰；当遇到顽固的债务人时，他们会以电话或传真，又或电邮对债务人的家人、同事、朋友造成骚扰或滋扰，希望这样能使债务人感到尴尬或查询债务人的最新居所；利用"张贴街招"公开债务人的个人资料和欠债详情。这种讨债方式多被世界各地列为犯罪行为，但因为侦缉较为困难、经济效益高、成本低且涉及犯罪的风险也低，所以为最有效的讨债方式之一。致电作出威胁的方式与上述方法基本相同。

②将胶水注入债务人住所的门锁内以堵塞门锁；在债务人住所外淋漆；将债务人住所大门或铁闸以铁链封锁[2]。

这些情况在各地时有发生，因涉及人的自由活动及不动产的损害，所

---

[1] 澳门《刑法典》第184条"侵犯住所"。

[2] 澳门《刑法典》第206条"毁损"。

以多被世界各地列为犯罪行为，但由于罪犯多在晚上或债务人外出时作案，罪犯所留下的证据大多被破坏，因此除了正在实施犯罪而被捕的情况外，侦缉比较困难，经济效益高及成本低且涉及犯罪的风险成本也低，所以亦为最有效的讨债方式之一。

③恐吓[①]。这种讨债方式是债权人或代理人以各种手段，使受害者感到生命、人身自由（包括行动、性行为及思想）、身体、名誉、财产等权益将受到侵害。这种犯罪行为多涉及罪犯与受害者直接接触，时间很短及鉴于受害者不愿报警，因此，当使用前述的几种方法不生效时，此方法亦成为讨债人的惯用手法。

④非法禁锢[②]。这种犯罪行为是中国内地、香港、澳门赌场的高利贷放债人经常使用的方式，由于在赌场内放债是犯罪行为，当债务人无力偿还时，他们知道可以利用债务人的家人和朋友同情债务人及怕招惹麻烦的心态，帮助债务人偿还借款；又或限制债务人的行动自由，由代理人陪同其返回中国内地或香港的家中，以威胁手段要求其或家人及朋友偿还借款。当然，会增加许多服务成本，而债务亦会相应提高。

显然，这一讨债方式的犯罪行为风险极高及经济成本也很高，例如，在禁锢期间，需要有人全面监视被押的债务人，并需要其家人及朋友不要报警才可以成功。而一些需要押债务人返回中国内地或香港讨债的禁锢则风险更高，因为债权人或代理人及债务人需一同经过两次以上的边境关卡，而当债务人在这时发难，请求警方协助，会导致债权人或代理人立即被捕。

⑤袭击及纵火[③]。这种犯罪行为，亦是罪犯经常使用的手法，但是往往行为人的暴力行为超过了警戒的债务人的限度，而损害债务人的身体，甚至于造成伤亡。

（三）犯罪人之比较研究

1. 中介人之合作人（叠码仔）

过去在澳门，从事这项工作的人是受歧视的，一般人认为他们多从事的是不正当的活动，所以，虽然不被视为犯罪，亦不为社会所接受，但他们在推广营业额方面，为各赌场经营人接受，虽然社会上很多人对在澳门

[①]　澳门《刑法典》第 147 条"恐吓"。
[②]　澳门《刑法典》第 152 条"剥夺他人行动自由"。
[③]　澳门《刑法典》第 264 条"造成火警、爆炸及其他特别危险行为"。

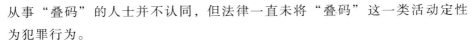

从事"叠码"的人士并不认同，但法律一直未将"叠码"这一类活动定性为犯罪行为。

英国这一比较保守的国家早已对这一类行业的活动作出了认同，并定出一些申领执照、许可的资格，而他们的申请及续领的手续与上述的中介人类似，须经过严格的监管及批准。

但这些人招徕生意后，其主要的利润来自回扣，对经营所得的利润是完全不能涉及的，因此他们的利润来源比较狭窄，当生意不足时可能对客人的借款审查不够严格，或遇到一些不老实的客人时，可能会出现借款不能偿还的情况。为此，由于资金的缺乏，他们会采用一些暴力的方法去解决问题，主要表现以犯罪的行为进行收债，又或操控这些不能偿还借款的人进行犯罪行为。

这类人士如有暴力的犯罪行为，多出于债务人自始不履行债务。但就将消费借贷行为列为犯罪的法律来说，他们做出借贷行为时，已经符合了有关罪状所描述的不法事实了，也就是他们已经作出了犯罪行为。

2. 收债人

在整个追讨债务的过程中，这一角色是否合法，首先取决于有关债务的法律关系是否被定性为犯罪行为，如是犯罪行为则接续下来的任何追收行为亦会涉及犯罪行为。但当有关法律关系被视为合法或仅仅不为法律保障的时候，则需对其作出的行为是否触犯刑事法规进行分析，可能他们的行为极不为社会接受，但并不构成犯罪行为。

然而，当他们面对一些没有信用的客人时，可能作出某种犯罪行为以达到讨债的目的。而这些不具信用的客人自然成为他们以此方法追讨债务的主要对象。因此，他们可能作出犯罪行为的概率是极高的。

（四）受害人之比较研究

（1）骚扰或滋扰、致电作出威胁。这两种讨债手法通常针对偶一为之不履行债务的借用人，因这些借用人的记录通常是良好的，而其家人也有正常职业或生活具有常规。其家人、同事、朋友虽不是债务的担保人，但与借用人的关系非常密切，因而使用上述讨债手法往往行之有效。

（2）将胶水注入债务人住所的门锁内以堵塞门锁；在债务人住所外淋漆；将债务人住所大门或铁闸以铁链封锁。这些讨债方式的受害者大都是与债权人或其代理人的关系已恶化，因为债权人或其代理人大多已无法联络债务人，因而针对他们的家人及邻居进行间接的滋扰，以迫使其偿还债务，受害者已不只是债务人，亦涉及其家人及邻居。

（3）恐吓。这种讨债方式的受害者多为债务人，或亦会因债务人的不理会态度，而导致其家人、担保人、朋友可能受到波及。

（4）非法禁锢。受害者与上述受害人一般是相同的，但是由于被禁锢人的反抗或代理人不能依照禁锢人提供的信息找到其家人、朋友，以及当债务人已是无力偿还时，代理人会使用暴力迫使债务人提供更多的信息，又或把这一些暴力行为拍摄下来向其家人争取更多、更快的还款，在这种情况下，经常因使用过度的暴力而使受害人的身体受到损害甚至死亡。

（5）袭击①。这一犯罪的受害者也多为债务人，不会伤及其家人。

（6）纵火。这一犯罪的受害者多不单为债务人，亦会伤及家人甚至其邻居。

可以相信，澳门赌场内消费借贷在将来亦会继续存在，任何人都不会直接承认及作出任何的统计数据。虽然在赌场内消费借贷受法律所保障，其中一部分更为刑法所规范，但现况是在赌场内消费借贷大量存在。"欠债还钱"为公认的社会理念，对于一些自愿履行又或利率并不是太高的消费借贷，当借用人自愿履行后，或经司法途径执行后，对社会所构成的危害性较低。

为了减少澳门博彩业因借贷而涉及的犯罪，本人认为应加强现时的监管力度，及将非刑事化的范围加大；同时，各地亦应确认及执行澳门博彩业涉及借贷的判决，或以宣告确认债务继而执行，以减少犯罪的发生。

这样一来，不单减少犯罪的发生，更可以通过法院的判决及执行，俾众周知因博彩成为借款人的身份，从而使人们在与他们经商、建立劳务关系时有所了解，亦是一种广义的预防沉迷博彩，建立稳定和谐社会的方法。

二　涉及博彩业的其他犯罪

边缘利益的争夺产生许多的犯罪行为，澳门特区政府对边缘利益可以合法化的合法化，以实行有效的管理，同时亦加大了打击犯罪行为、不合

---

① 澳门《刑法典》第 137 条 "普通伤害身体完整性" 及第 138 条 "严重伤害身体完整性"。

法行为的力度，订定规则，如反清洗黑钱措施，以确保博彩业能在澳门多益少弊。

正如一些经济学家所称："亏本的生意，没有人干；而杀头的生意，有人干。"商人仍会利用一些空档，去寻找更大的利润。下文对这些情况作出介绍。

投注者除了亲身在赌场内的博彩桌上决定自己的投注金额及投注方式外，他们还透过以下的途径进行投注：

遥控投注。一些因业务及工作关系，不能亲身到澳门的赌场进行博彩的投注者，他们会通过自己的亲朋好友在澳门的赌场进行博彩，他们可以指示自己的亲朋好友在什么时间开始投注，什么时间结束，每一次的投注金额是多少及投注的方式。最后是以他们填写的记录卡"路纸"作结算。当然，他们对这些亲朋好友是非常信任的。

手提电话投注。一些因业务及工作关系，不能亲自到澳门的赌场进行博彩的投注者，他们会通过自己的亲朋好友或叠码仔[①]在澳门的赌场进行博彩，他们可以通过手提电话投注——指示这些亲朋好友或叠码仔进行即场的投注，当然他们对这些亲朋好友或叠码仔是非常信任的。

投注港币，实为以美元、欧元、英镑等货币结算。这种投注模式是他们以博彩桌上的港币面值筹码作为投注金额，但实为以美元、欧元、英镑等货币进行结算，与中介人或其合作人进行对赌，这样他们下注的金额可以是8倍、10倍、14倍于在博彩桌上下注的金额。这种方式俗称"底面"。

当上述的方法结合后，以地下的方式进行博彩，他们下注的金额是难以估计的。由此，笔者估计，相信我国内地的赌客到澳门地区输的金钱高达数以千亿计人民币。

（一）控制

根据旧澳门博彩法第1496号立法性法规[②]第16条的规定："在根据第2条第2部分之规定获指定及许可经营博彩之楼宇内，应有专门用作博彩之场地，而该类场地应位于在外部及该楼宇其他附属部分均看不见该场所内情况之地方。独一附款：禁止透过电动画面或其他程序向楼宇其他附属部分

---

①　即澳门第16/2001号法律第23条第7款及第6/2002号行政法规第17条所指的博彩中介人之合作人。

②　经1961年7月4日在《澳门政府公报》刊登第1496号立法性法规。

或外部传播获许可经营博彩之场所内情况或与该等博彩有关之情况。"这一条规定经过多次的澳门博彩法的修改仍未被废止，直至新的澳门博彩法第16/2001号法律的第54条第2款第1项才被明确废止。

根据现行广告法（第7/89/M号法律）第8条"特别情况"的规定，"一、下列事项不可作广告宣传：a. 放债活动；b. 以博彩活动作为广告的主要信息者。二、放债活动及与博彩有关的活动可在电话簿黄页分类、商业年鉴及其他同类性质刊物内作宣传广告。"

第16/2001号法律第2条第1款第4项的（a）、（b）及（c）规定了互动博彩是指博彩者以支付或同意支付金钱或其他价值透过远程之传播系统进入或参与博彩，并按有关规则规定，获给予或赢取一项金钱或其他具价值奖品，但这些博彩是用于澳门各娱乐场提供或经核准之幸运博彩或电动或机动博彩机所提供。但经营娱乐场幸运博彩之获批给之公司不得经营任何形式之互动博彩。有关互动幸运博彩之经营是透过以另一独立批给合同而获得经营权①。

虽现时并没有明确的法律规定在博彩场内博彩必须是在完全封闭的场所进行，但通过上述的分析可以知道，任何人在未经批给的情况下，都不能透过远程的通信系统向外传播在娱乐场内关于"博彩桌"的任何信息，以作任何的经营及传播用途。

结合现时的科技及澳门的法律制度，经过笔者的考察，对投注者活动的监察方式可以有下列几种。

1. 视听监察

博彩公司为了履行法律赋予的义务②，以及出于本身的利益关系③，必须安装电子监控设备，这些不单是对影像的监察，而且包括对声音监察。当然他们会将所有的影像及声音记录下来，以方便将来作为证实有人作出欺诈行为事实的证据。在赌场内的所有影像及声音应被记录下来，而且这些监察系统可以传送至在澳门博彩监察协调局及司法警察局的办公室进行监察，这些设施是为了使行政当局及警察当局能够及时知悉赌场内的行政

---

① 参见第16/2001号法律第4条。
② 根据第16/2001号法律第22条第6款规定"博彩公司之其他义务"："在博彩厅及区域装设电子监控设备，以保障人身及财产安全。"而澳门博彩监察协调局会给予他们指示安装电子监控设备。
③ 防止投注人及职员作出欺诈行为，损害其利益。

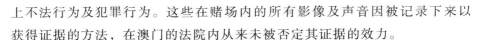

上不法行为及犯罪行为。这些在赌场内的所有影像及声音因被记录下来以获得证据的方法，在澳门的法院内从来未被否定其证据的效力。

2. 禁止使用通信器材

根据第 10/2012 号法律第 2 条第 1 款第 7 项规定，"携带主要用于录像或录音，又或除录像、录音外并无其他重要用途的仪器的人"禁止进入娱乐场。以及在上文已经分析了关于在赌场内禁止使用任何通信器材以作任何经营及传播用途。因此，除了经特别的批准外，任何人不能在赌场内使用录像或录音的设备。

赌场内可否禁止使用通信器材以作私人通信用途，特别是语音的通话是否为法律所禁止？笔者从澳门博彩法第 16/2001 号法律中找不到禁止的条文，如有错漏请读者们指正。以及根据《中华人民共和国澳门特别行政区基本法》第 32 条对于"澳门居民的通讯自由"的规定，不能禁止他们在赌场内进行通信。相反而言，假如允许他们在赌场内进行通信，以增加投注额，即增加澳门特区税收，似乎是一个不应禁止的行为。

3. 禁止通过手机将在博彩桌上的结果传送至远处

由于科技进步，现时的手提电话不单可以通过语音进行交换信息，更可以将现场的影像通过手提电话传达至远方。假如投注者在赌场内通过手提电话将在博彩桌上的结果传送至远程的人，这样身处远方的投注者可以通过手提电话指挥其雇用的人在博彩桌上进行博彩，当然这是不法的行为。

4. 电话监听

根据澳门《刑事诉讼法典》第 113 条第 3 款规定，"电话监听"是一相对禁止的规定，只有例外的及在法律允许的情况下才可以进行"电话监听"。例外的情况是指同一法典的第 172 条第 1 款的规定，并只能在刑事起诉法庭法官的命令及允许下才可以进行"电话监听"。这样根据《不法赌博法》第 7 条"在许可地方内不法经营赌博"的刑罚亦不超过 3 年的徒刑及罚金[①]，针对不法赌博的罪状是不能使用"电话监听"的手段而获得证据的。

5. 证人

在赌场内任何投注者的活动不能以单独个人方式进行，因为一定有博

---

① 如涉黑社会的犯罪则为超过 3 年徒刑，这样是可以使用的，但在一般情况下，这些并不涉及黑社会犯罪。

彩桌的职员及监管博彩桌职员的公司职员，而且大多时还有其他的投注者，所以必然在投注者身边还有其他的人。根据刑事侦查学"咭的交换"[1] 的原理，那么必定有人听到及看到，而且在赌场内还有执行职务的公务员，但他们被举报率极低，现实的情况几乎是没有。

原因：①一般的投注者不懂澳门的法律，而且停留在澳门的时间极短，在法院的庭审过程中亦不作为证人指证犯罪人的犯罪行为；②在赌场内执行职务的公务员的增加速度相对博彩桌的数目增加速度是远远不足的，公务员难以亲身经历任何事情的发生，因此不能制作实况笔录[2]。

(二) 可行性研究

经上文的分析，在不修改法律的前提下，除加入大量的人力及物力，似乎难以有一种彻底的方式解决问题，使得投注者能合法地投入赌资在赌场上，当然我们可以大力及彻底铲除地下钱庄，限制甚至禁止所有在内地银行发出的信用卡在澳门使用，以及提款卡亦不能在澳门提款及转账。假如，内地政府雷厉风行，下定决心禁止使用，笔者相信，立即会见到成效，但这些措施不单会使博彩业立即萎缩，而且与之相关的澳门的各行各业亦会立即萧条，经济应声下滑，当然亦就不会存在劳工短缺及房地产价格过高的问题。但是，这样的方法必定使后果非常严重。

澳门的"博彩桌"数目很快发展到5000张以上，如以人员进行监督或通过视听监察设备以防止不法赌博的不法行为，这是不切合实际情况的措施，难以贯彻执行。现时最多只能在有权限的机关或博彩公司[3]收到投诉、举报又或消息后，翻查视听监察所录的资料进行追查，这不单会危害澳门的税收，而更严重的是影响到我国内地禁止赌博及反贪防贪的工作。

假如对场内所有人进行电话监听，这是难以执行的事宜。一是涉及法律保留的问题。因为，法律已明文规定了只可以在特定的情况下，经法官的预先批准才可以进行电话监听，这包括类似通信器材而作的通话。二是技术问题。现时手提电话的网络及使用的制式繁多，非经特别的器材，难以不通过电话公司器材在电话公司以外的地方进行监听。

---

① 任何人必然在犯罪的现场留下及带走犯罪的痕迹。
② 根据澳门《刑事诉讼法典》第 226 条的规定，公务员目睹犯罪行为必须自行或命令其他人员制作实况笔录。
③ 根据博彩法规定，承批的博彩公司有义务将不法及违法的事实告知有权限当局。

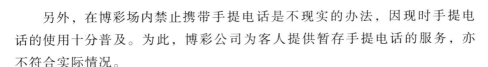

另外，在博彩场内禁止携带手提电话是不现实的办法，因现时手提电话的使用十分普及。为此，博彩公司为客人提供暂存手提电话的服务，亦不符合实际情况。

对于针对手提电话在博彩场内的使用问题，笔者建议可以透过对手提电话的电波干扰，使得手提电话不能在博彩场内使用，这样便可以解决手提电话在场内的使用问题。从技术方面而言，因博彩场内是一个封闭的空间，所以实施起来的难度应不会太大。其他透过电子设备而进行的远程个人通信方式亦可以透过相同方式进行。

如需一般管理行为，例如博彩中介人因业务需要和其博彩厅的工作人员联系时，他们可以利用固网的电话进行，而且这些设在博彩场内的固网电话是须经双方同意在采取电话录音的情况下才可以使用，否则是不能使用，这是否违反通信自由及保护的法律，笔者留在下文再讨论。

1. 投注者的约束方式

投注者的博彩心态不能禁止，有学者将赌博视为是正常行为的延伸，认为赌博的欲望是人性中的一部分。亦有学者认为从赌博的娱乐性而言，赌博只是普遍休闲活动中的一种①，或者是寻找刺激、从事社交、追求意外财富，以获得心理满足而进行赌博活动。

大部分参与合法赌博活动的成年人都能控制自己的赌博行为，但有些人却不能抑制赌博意欲，不顾及自己的经济能力，结果导致经济出现困难，甚至参与犯罪行为，又或自杀。所以，有学者认为有病态赌博的存在，并将其归咎于这些参赌者赌博的时间很长，及可以轻易地获得贷款而导致病态赌博。

为了解决这一问题，笔者尝试研究以下措施：

（1）政府不能无限扩充人员编制，应增加电子监察设备：①对所有进入赌场的投注者必须登记身份资料，以记录其进出的时间，以防不合规则的投注者进入博彩区，例如，澳门第10/2012号法律《规范进入娱乐场和在场内工作及博彩的条件》第1至4条规定不能进入赌场的人；②严密监察赌场内员工的行为，以防其作出损害客人及公司利益的行为；③所有的筹码必须具备电子跟踪装置，不能携带筹码离开赌场，以便政府查核。

---

① 李治洪：《澳门博彩业法律制度研究》，华侨大学硕士学位论文，2000，第1章；江育民：《从法社会学观点论现行刑法上之赌博罪》，国防管理学院法律研究所硕士学位论文，1996，第119页。

（2）禁止在博彩桌上使用现金进行投注。笔者认为应完全禁止在博彩桌上使用现金，所有现金兑换筹码的活动，必须在政府指定及可以受到监管的柜台进行。这样的好处是：①由于博彩公司的收入涉及澳门的主要税收，这样的监管方式可以减少政府派驻人员监管；②通过电子方式登记身份资料及登记投注额制度，可以防止洗黑钱；③减少投注者的立即投注的意欲，使其可以有时间思考是否超出投注能力。

现时在任何博彩场进行博彩可以现金在博彩桌兑换博彩用的筹码，这样增加了投注者的投注意欲，一般投注者会携带现金到博彩桌上兑换供博彩所用的筹码投注，当他们输了博彩用的筹码后，如果把持不定，会立即从口袋中取出现金兑换供博彩所用的筹码。这是因为投注者太容易兑换博彩所用的筹码，而且博彩桌每一轮的投注时间不会相距太久，投注者没有足够的时间考虑是否有能力再进行投注。因此，他们投注的金额往往超过他们的承受能力。

（3）兑换供投注使用的筹码的柜台，必须离博彩桌有一定距离。为了使投注者能够有时间深思，可以使投注者不能在博彩桌上兑换博彩所用的筹码，但"博彩桌"的旁边即存在供兑换博彩所用的筹码的柜台时，那么便减少了禁止在博彩桌上使用现金进行投注的意义。这同样使投注者会因为没有足够时间考虑自己是不是有能力承受而再进行投注。因此，兑换供投注所用筹码的柜台，必须距离博彩桌有一定距离，这一距离应该为最少15～25公尺。这样投注者可以利用步行至兑换供博彩所用筹码的柜台的时间，考虑自己是否有足够的能力再进行投注。

（4）禁止没有座位的投注者进行投注。现各张博彩桌[①]都会设座位，但由于投注者太多，及多集中在某一时段某一博彩桌进行博彩，为了使投注额的增加，各张博彩桌都容许投注者站立在座位旁或后边进行投注，曾经出现站在座位后的第2排甚至第4排的投注者进行投注的现象，这样投注者很容易受他人及自己不稳定的情绪影响，而不考虑自己的承受能力。

（5）确定博彩桌每一次开注的时间。为什么香港特区禁止博彩活动，但是对赛马的赌博活动、六合彩活动及赌足球比赛等是不禁止的呢？经笔者考察发现，香港的赛马活动、赌足球比赛是不会整年、24小时举行的，每年的暑假都会停止比赛，而六合彩即是整年开奖，以上三种活动的举行

———

① 除部分的博彩桌例外。

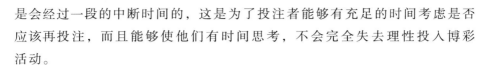

是会经过一段的中断时间的，这是为了投注者能够有充足的时间考虑是否应该再投注，而且能够使他们有时间思考，不会完全失去理性投入博彩活动。

但澳门的博彩活动是 24 小时不停运作，全年无休息，每一张博彩桌的开彩时间是相当接近，从前澳门的博彩桌比较大的时候，由于投注者多，当开彩后，在博彩桌工作的人员为了解决"杀数"及"赔"的情况亦需要一点时间作出处理行为，但现时很多个博彩场使用了比较小型的博彩桌，这样相对于从前的大型博彩桌，在博彩桌工作的人员解决"杀数"及"赔"的时间亦会少了一点，这样开彩的频率亦会增加。因此，笔者认为，为了使投注者的疯狂投注意欲降低，可以考虑以行政命令的方式作出限制，规定在博彩桌每一次派彩后的一个时间距离内不能作下一次开彩。这个时间距离，不能少于在职员派彩后的 15 分钟或 20 分钟。

2. 设立独立于政府的民间咨询团体

设立独立于政府的民间咨询团体必须考虑其定位，以及与博彩委员会的分工问题。

（1）博彩委员会的职责是根据第 120/2000 号行政长官批示"设立一个专责委员会（以下简称委员会），以便对未来博彩业之发展和管理作出研究，并制定有关政策"，这一机构已具有广泛的职责，为此必须与民间咨询团体的职责分开。否则在资源及职责上会出现冲突。

（2）咨询团体的资源问题，本人认为可否考虑由博彩公司负担其运作经费。假如由政府分担，这样其独立性成为疑问，没有资源是不能作任何长久的研究的，所以可以由政府向各公司施压①，要求各公司与咨询团体签订与行政合同相同期间的合同。合同内容是每一年各个博彩公司按其拥有"博彩桌"的数目拨出澳门币 500～1000 元作为长期的研究经费，而这种强行的拨款制度，拨出款项的博彩公司不具有决定任何事务的权力，只具备事后监察款项使用的权力。

（3）应设立一个平衡政府、博彩公司及社会民间力量三方利益具有权限的咨询会，并可以指派代表直接介入博彩公司的决策层，还可以影响有关的决定。

①咨询会由博彩公司及社会民间力量（这里笔者认为可以是立法会经

---

① 政府的权限在后论述。

互选的直选及间选议员，各个大专院校机构及民间研究博彩的团体）的代表组成；

②咨询会有权指派代表及监察代表的行为；

③咨询会代表执行由咨询会发出的指示；

④咨询会代表向咨询会负责。

（4）咨询会具正当性向法院申请保全措施、提起博彩公司不履行行政合同之诉及不利澳门整体利益的诉讼。

（5）在决定了咨询会的角色后，我们可以考虑咨询会的工作方向：

①以保护国家的合法利益为前提，辅以保护本澳的利益；

②维持澳门的赌博市场竞争力及保护澳门中小企业的利益；

③防止澳门赌博市场上经营的博彩公司利用在澳门的营利，再到外地进行投资，成为澳门将来的对手；

④在不发新赌牌的情况下，对新到的博彩公司（即以博彩中介人身份在澳经营博彩业）的定位；

⑤澳门的赌博市场上博彩公司不是以博彩直接收入为营利的收益或边际利益，亦需要定位是否按一般公司的纯利计算。

故此，上述提议涉及最少两个前提问题需要解决：

一是个人的资料及私人隐私的保护和通信自由的问题，一是如何使得各个承包公司愿与咨询会签订合作协议及履行笔者提出的建议。

个人资料及隐私的保密问题①是一个近年流行的问题。因为，人们知道身份资料被滥用之后可能导致许多问题，包括使被盗者深感烦恼；另外可能使得被盗用者受到金钱甚至名誉的损失。这不仅是社会问题，还涉及违反法律的问题。这些法规包括了国际公约规定，即《公民权利和政治权利国际公约》第17条规定、《欧洲人权公约》第8条及《欧洲联盟基本权利宪章》第6条、第7条、第8条、第41条，而且各国更有狭义的立法机关制定保护隐私的法律。澳门的《中华人民共和国澳门特别行政区基本法》第30条、《民法典》第79条、《出版法》第5条，以及《个人资料保护法》（第8/2005号法律）。但为了公共利益，在明示告知的前提下，笔者认为上述方式是不违反澳门现行法规的。

---

① 邱庭彪：《论视听监察的证明力》，载陈光中等主编《比较与借鉴——从各国经验看中国刑事诉讼法改革路径》，中国政法大学出版社，2007。

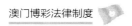

　　如何使得各个博彩公司愿意与咨询会签订合作协议：在行政合同的理论中，由于行政合同订立的目的是为了私人机关能够比行政机关更好地履行公共利益，为此订定行政合同，使私人为公共利益服务，并可以获取一定的回报，但合同批出之后，是有别于一般私法合同的，行政机关在行政合同中具有一定的特权。例如：

　　变更权——在某些特别的情况下，行政当局可以单方面变更给付。比如时间、地点，但亦限制了行政机关作出一些改变合同的标的权力，如不使承批人财政失去平衡。

　　指导权——行政机关可以发出命令、指示。但不能以指导权变成禁止。

　　解除权——行政机关可以基于公共利益解除行政合同，但需作出补偿；而作为制裁性的解除不需要补偿。

　　监察权——行政机关可以行使监察权监察承批人的运作。

　　惩罚权——行政机关可以行使惩罚权，其前提是承揽人对行政合同不履行，延迟履行或瑕疵履行。处罚种类可以有科处罚款、惩罚性解除、将保证金充公，或行政机关直接干预（接管）。

　　综合各种情况，笔者认为为使澳门特别行政区政府发展休闲博彩的管治理念，上述的方式是可行的，只要特区政府下定决心便可以。至于税收的问题，笔者认为，即使特区政府再办大型的建设，以及提供更多的福利活动，以上建议所获得的税收亦可以支持澳门政府的运作，为了特区及我国内地长远发展的需要，笔者认为特区政府应尽快履行发展休闲博彩的管治理念。

第十一章
澳门博彩之公开竞投特别制度

　　基于博彩业对澳门的社会、政治、经济、文化等各方面之重要性，澳门特区为澳门博彩制定了一套公开竞投特别制度。它与民法中的合同及行政法中的行政合同的原则相较之下有其异同之处。

一　民法合同的原则

　　在澳门的法律体制中，建立民事的法律关系，主要分成两个层次[①]：

　　第一层次是极为重要的一般概念的原则，如：①尊重人类尊严原则；②人类自决原则；③自负责任原则；④诚信原则；⑤公正原则。

　　第二层次主要反映在民法法律构成的前提规定及后果，当中可分为：①承认个人及个人权利原则以及承认自由建立家庭原则；②法律的平等原则、（私法）意思自治原则、承认自由取得私有财产及私因移转财产原则；③因过错、风险或合法事实而生的民事责任原则；④因信任而生的责任原则及善意原则；⑤在人与人的关系中的公正原则（有偿合同中的公正原则、

---

　　①　参见尹思哲（Manuel M. E. Trigo）《债法概要》，朱琳琳译，澳门大学法学院，1997/1998年打印版，第 10 页及随后内容。

在无偿合同中对作出慷慨行为方的保障、在双务合同中对较弱方的保护）及不可不当得利原则。而在民法中的合同领域中，尤为重要的是合同自由原则、善意原则及不可不当得利原则。

（一）合同自由原则

合同自由原则，实为私法自治原则在订立合同范畴的细化，具体可体现为当事人有订立或不订立合同的自由，选择订立合同对象的自由，以及设定合同内容的自由三方面。当然，该等自由也是受法律强制性规范限制的。因此，澳门《民法典》第 399 条第 1 款规定，"当事人得在法律限制范围内自由设定合同内容，订立不同于本法典所规定之合同或在本法典规定之合同内加入当事人均接受之条款"。从此条文也可看到，立法者为方便当事人，抽象出生活中较为常用的合同类型并就此作出规范，这些规定在法典中的合同类型中称为典型合同（或称有名合同）；根据以上条文所指，当事人除了可选择订立法律中的合同外，还可订立没有规范于法典中的合同类型，称为非典型合同（或称无名合同）；根据合同自由原则，当事人更可在法典规定之合同内加入当事人均接受之条款，即为混合合同。

（二）善意原则

作为民法中的基本原则，善意原则在补充民法中的合同内容以及限制自由设定合同内容方面起着一定作用。

1. 主观善意及客观善意或善意原则之区分

善意分为主观意义上的善意及客观意义上的善意或善意原则。

主观意义上的善意指在法律上具有影响力的精神状态，即当事人无过错的误信某一事实或权利之存在，不知悉法律行为非有效的理由或瑕疵，如澳门《民法典》第 235 条。

客观意义的善意是指在人与人的交往中，彼此可互相要求的一种具有诚实、正直及忠诚等特征的行为典范，以便在互相约束的特殊关系中，可互相信赖并对彼此负责，如澳门《民法典》第 231 条。

2. 适用范围

作为法律原则的善意原则，不单影响着私法，在公法中，尤其是行政合同及诉讼法，这一原则亦可产生作用。然而，善意原则在私法领域的民法合同中，有着最深远的影响，可以说这一原则由债权债务关系的设立到消灭，都一直存在并发挥着作用。

（三）不当得利

根据澳门《民法典》第467条的规定，无合理原因，基于他人受有损失而得利者，有义务返还其不合理取得之利益。在确定存在基于不当得利要求返还的权利后，不当得利人具有义务须返还相关标的，其范围主要有不应受领之利益、受领原因已消失之利益、或受领之预期效果终未实现之利益。根据同一法典第473条的规定①，有义务返还在返还当时仍存在的因受损人的损失而取得的全部利益。

二　行政合同的原则

行政合同是公权力的行政活动中的一种，因此必须是以在行政体系内为前提，该体系依照行政法律关系建立，但在行政合同制度中亦有落实民法的善意原则、合同自由原则及不可不当得利原则。

自由是指以参加人的自主（同意、约定）作为设定行政合同的前提，且行政法律关系是以参加人间"法律不平等原则"为其特点而与民法有所不同，相对于私人而言行政当局具有至高等级之地位。

澳门的行政合同，不能离开澳门《行政程序法典》关于行政活动之一般原则之适用范围，澳门《行政程序法典》从第3条至第14条规定了行政法的一般原则，共12条。

（一）谋求公共利益与保护居民权益原则

谋求公共利益与保护居民权益原则规定在澳门《行政程序法典》第4条，与其他原则相比之价值在于：谋求公共利益这个原则所规定的是整个公共行政的存在理由、目的及依据。而其他原则，如合法性原则、适度原

---

① 一、基于不当得利而产生之返还义务之内容，包括因受损人之损失而取得之全部所得；如不可能返还原物，则返还其价额。二、返还之义务，不得超出在下条两项所指任一事实出现之日之受益限度。

则、衡平原则等都具有工具性的价值，即所调整的都是行政主体的运作或行政机关的组成。

公共利益以重要性为标准，可分为以下两类。

1. 初级公共利益或基础公共利益

初级公共利益或基础公共利益是一个关于社会最基本生存状态的利益，否则这个社会就可能不存在，如资源、国防等，这些公共利益缺乏的话社会则可能面临外来的侵犯或内部的危险，学者一般认为，谋求这一类利益是立法者的责任及只有其才有资格订定，由立法去界定哪些公共利益是属于社会最基本或最初级的利益。

2. 次级公共利益

次级公共利益没有初级公共利益那么重要，谋求这些利益是公共行政当局的责任。哪些公共利益是由公共行政当局来谋求，需要由立法者明确作出划分，如公共利益的范围和公共利益的分布皆由立法者决定，而行政当局只负责谋求立法者所分配属于它的那部分公共利益，即行政当局不能随意去谋求公共利益，若某一公法人所谋求的公共利益不是立法者所分配给它的那部分，原则上，有关的行政行为是无效的；但若为行使自由裁量权的行为，如果行政当局谋求的不是法律规定其所要谋求的公共利益，则这个行政行为是可撤销的，因为这个行为存有权力偏差的瑕疵。

按照澳门《行政程序法典》第4条规定，"行政机关有权限在尊重居民的权利与受法律保护之利益下谋求公共利益"，既确定了谋求公共利益原则，同时也设定了一个界限，即不可以为达到目的而不择手段，因此行政当局在谋求公共利益时要尊重和保护市民的权利，使居民能享受到法律保护的利益。

（二）行政合法性原则

行政合法性原则是近代法律的产物。合法性原则的发展趋势表现为法律从界限走向依据，即古典行政法时代，行政法合法性原则是法律仅仅是行政活动的界限，行政活动不可违反法律；但合法性原则的含义在当代发生了变化，表现在法律不仅是行政活动的界限而且成为行政活动的根据，即行政当局只能够做立法者所允许的行为，在允许以外的都是禁止的。

合法性原则的演进和变化表现为合法性原则中"法"从法律走上法治，古典的合法性原则中的法律为形式意义上的法律即狭义的法律，即指立法会或议会制定的法律；而当代学者认为合法性原则中的"法"不仅包括立法机关所制定的法律，而且还包括政府为自己设定的界限，即行政规章及行政合同，所以葡萄牙一些学者就提出一个概念：即当代的合法性原则所追求的是整体合法性或综合合法性，不得违反法律、行政规章或已经生效的行政合同。

在澳门特别行政区，行政合法性原则主要是规定在《行政程序法典》第 3 条第 1 款中，行政活动不得违反法律，而且要在法律之限定的权力范围内活动，因此，合法性原则所派生的支原则为法律优先原则①及法律保留原则②，但有学者认为除行政当局向市民施加义务或责任的时候要遵守行政合法性原则外，行政当局赋予市民利益时也要符合合法性原则。

在澳门回归后，《中华人民共和国澳门特别行政区基本法》第 65 条也确认了行政合法性原则，规定政府要遵守法律，而且还要对立法会负责。此原则对公法人来说守法有两层含义：一为积极守法，即行政当局要维护公共秩序，若有市民违背了法律，行政当局要在职责范围内追究其责任；二为消极守法，即行政当局不得违反法律并且要尊重法律，要尊重立法者所规定的界限。行政机关违反合法性原则的行政活动，后果是非有效。

当然行政合法性原则亦有例外情况，如紧急状态，可以作为行政合法性原则之例外，但也有学者不认同。根据澳门《行政程序法典》第 3 条第 2 款，视紧急避险为合法性原则之例外，主要理由：从历史渊源上而言，西方社会有一种古典的法律原则就是"紧急状态无法律"，即紧急状态下不存在法律，公共行政当局在紧急状态下可以不遵守法律的规定。因此，根据澳门《行政程序法典》第 3 条第 2 款规定，行政当局在紧急状态下所作之行为即使不符合法律规定，但亦视为合法和有效的，只是不妨碍受害市民向行政当局要求赔偿。

（三）行政正义或行政公正原则

行政当局从事任何活动，不仅要符合法律而且要遵守公正原则。行政正义原则的次原则体现为平等原则。

---

① 指任何违反法律的行政活动是无效或可撤销。
② 指行政活动不能超越法律，不能超出法律所定的界限，行政当局必须在法律所允许的范围内活动，否则相关行为后果为无效或可撤销。

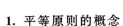

1. 平等原则的概念

平等原则是一个宪法上的原则，在行政法中的平等原则所约束的是行政当局和行政活动，特别在行使自由裁量权的行为。平等原则主要有三个含义：①同等状况同等对待、不同状况不同对待；②禁止歧视，即行政当局不可以在没有任何客观理由的情况下，而根据自己的主观喜好来对同等情况作出不对等的处理；③差别处理，对不同的状况，需要根据不同客观状况和不同的法律标准来作出合理差别的判断。

2. 平等原则之标准

行政当局在行使自由裁量权时若没有合理的依据不得变更之前的行政之惯例或习惯。同时当行政机关在先前的行为出现瑕疵时，市民不享有或主张分享错误的平等。

3. 平等原则所适用之时机

平等原则仅适用于行政当局行使自由裁量权的行为。若行政当局依据受拘束权力所作出之行为不平等，并不违背平等原则，因为此平等与否是立法者所规定的。行政程序中包括很多个程序阶段，而平等原则当然会贯穿各个行政程序阶段，但最主要适用于决定阶段。

4. 违背平等原则的效果

平等原则不仅是行政法上的一个原则，而且还具有宪法的地位，因此，有学者认为违背平等原则就等于侵犯公民的基本权利；因为澳门《行政程序法典》第 122 条第 2 款就规定了侵犯公民基本权利之行政行为是无效的。

但主流观点认为：违背平等原则应是可撤销而不应为无效，因为平等原则尽管具有宪法地位，但实际上平等对当代文明而言已构成了法律的一般原则，若一个行政行为违背了平等原则，其消极效果应是可撤销而非无效。

（四）适度原则

适度原则在澳门《行政程序法典》第 5 条，适度原则作为一般原则派生了三个支原则，分别是：适当原则①、必要性原则②及比例原则③。

---

① 行政活动或行政当局所使用的手段能够达到它所谋求的目的。
② 行政当局所使用的手段是它所谋求目的所必需的。
③ 行政当局所谋求的利益和维持目的而损害的其他利益之间要保持比例关系，即禁止行政活动得不偿失。

适度原则的适用前提是：存在两个或多个互相对立的利益、互相对立的利益属于不同主体的权利或受法律保护的利益、要保护其中一个利益必须要放弃或限制其他利益、行政当局有自由裁量的余地。违反了适度原则的后果为可撤销。

（五）无偏私原则

无偏私原则的概念在澳门《行政程序法典》第 7 条，无偏私原则不仅适用于自由裁量行为，而且亦适用于受拘束行政行为，行政当局在进行行政活动时一定要按客观、专职、超然、独立、中立和透明的态度去作出决定。

客观是指行政当局所作出之决定要根据客观存在的标准，而不是根据自己主观的喜好；专职是指公职人员在工作期间必须把公职当做自己的职业，不可将公职作为兼职；超然是指任何公职人员不能介入与自己有利害关系的行政程序或行政活动；独立是指公职人员要有独立的精神，在解决纠纷和作出决定之时要以独立的精神，即不可以受社会利益社团或传媒所施加的压力影响；中立是指政治中立、行政当局接受政府的领导或监督，但是在负责社会事务管理之时不可以介入党派间之纠纷，即不可以以公职人员之身份去表态支持某一个政治流派；透明是指禁止黑箱作业目的，建立市民对公共行政的信任。为了保障无偏私原则的落实，立法者规定了三种制度去维护，即《行政程序法典》第 46 条至 53 条之回避、自行回避及声请回避。

（六）责任行政原则

责任行政原则主要是公共行政要以负责任的态度来行使公共权力，公共行政要以负责任的态度来对待市民的诉求，行政当局要对自己的行为负责及承担责任。责任行政原则在澳门《行政程序法典》中体现在善意原则[1]、作

---

① 澳门《行政程序法典》第 8 条，为法律秩序的一般原则，是由私法引进。善意原则在行政法领域的主要意思是：行政当局有义务保护市民的既得权利，合理信任和正当期待。善意原则可从主观和客观两个层面分析：主观上心理状态，指行为人在行为时，要以忠诚、诚实、勤力为原则，即心理上的善意；客观善意，指行为善意或称状态善意，指该行为人的行为要符合一般的伦理规则和社会经验法则，即任何人不能够让自己的行为给其他人产生幻觉。违背善意原则之后果：不会必然影响行政行为有效性，换言之，即使行政行为是恶意，也不必然导致该行为的非有效。但是在自由裁量行为中当违背善意原则而出现明显失当时则行为便可导致可撤销；另外行政当局违背了善意原则可负上相应之民事责任。

出决定原则①、效率及去官僚化原则②、无偿原则③、开放行政原则④等几方面。

（七）司法救济原则

司法救济原则又叫完整救济原则，与此有关的法律为关于司法援助之规范，包括第 21/88/M 号法律，第 41/94/M 号法令，及第 13/2012 号法律。澳门的宪制基础已经设立司法救济原则，《中华人民共和国澳门特别行政区基本法》第 36 条就规定了"澳门居民有权诉诸法律，向法院提起诉讼，得到律师的帮助以保护自己的合法权益，以及获得司法补救。澳门居民有权对行政部门和行政人员的行为向法院提起诉讼"。

---

① 从作出决定原则可引伸出两个义务：表明立场或作出答复之义务是普遍存在之义务，即行政当局对市民的任何投诉、申请或举报都有义务作出答复或表明立场；作出决定之义务是个特定义务。

② 澳门《行政程序法典》第 12 条指出了效率和去官僚化的原则含义：（1）结构含意或组织含意或主体含意，行政当局或行政系统，它的架构或建制应体现便民原则。（2）客体含义或运作意义，行政活动、行政程序要符合效率原则、经济原则、快捷原则和效益原则。（3）行政当局多项特殊义务：行政当局有澳门《行政程序法典》第 12 条规定的多项特殊义务。①依职权作出义务：当公共利益需要的时候，行政当局必须主动采取适当的措施而不必等到市民的求助。②快捷义务：行政当局在行政程序中要尽量做到快捷，因此澳门《行政程序法典》中就规定了很多期间，这些期间是适用于行政机关的，这些期间又叫协调期间，即立法者仅仅是给一个指引，说明行政机关应该用多少时间去处理问题，但尽管在这些期间完成，行政机关仍可作出行为或通知，当然若公职人员经常性地违背期间或无合理理由而延误可导致纪律责任。③调查义务：指行政程序中行政当局有义务主动收集证据，不仅仅是收集对自己有利的证据，而且还要收集对对方有利之证据，当然在行政程序中当事人亦有合作义务，也有主动呈交证据的义务。

③ 澳门《行政程序法典》第 13 条规定，无偿原则是指当市民有投诉、举报、申请的时候，原则上不需要交纳费用，是免费的，但在单行法律中有规定例外的情况，如登记费等，如果市民无经济能力的话可以申请免除费用。

④ 指在行政活动中行政当局要对市民持一种开放的态度，即它应该与市民保持一种沟通和合作态度。另一方面，在任何的行政程序中行政当局有义务确保有利害关系的市民参与相关的行政程序，主要体现于以下几种权利：市民能够向行政当局陈述他的理由或意愿及根据的陈述权；如果是行政当局的观点或立场与市民所表现出来的观点不同，则有作出答复的权利或作出解释的权利；在程序中如有两个或两个以上的程序参与人，而其中一个所提出的事实或法律观点对另一个不利或另一个不同意的话，则行政当局要确保后者得到充分的反驳，在纪律程序或在制裁程序中行政当局要确保当事人的辩护权。若行政当局没有遵守参与原则，则由这个程序所产生的行政行为是非有效的，表现为可撤销，然而若在制裁性的行政程序中则有关的行政行为会无效。

三 娱乐场幸运博彩经营批给首次公开
竞投委员会

由于澳门的经济发展非常依赖博彩业，为了使这一门对澳门经济非常重要的产业能健康地成长，成为澳门的龙头产业，并带动澳门各行各业多元发展，澳门特别行政区行政长官不但在 2001 年 9 月 24 日公布了第 16/2001 号法律《娱乐场幸运博彩经营法律制度》以代替原来的法律①，而且还订定了一系列的、整套的管理措施。

2001 年 10 月 31 日，行政长官行使《中华人民共和国澳门特别行政区基本法》第 50 条赋予的职权，并根据第 26/2001 号行政法规第 44 条第 1 款，作出了第 216/2001 号行政长官批示，设立"娱乐场幸运博彩经营批给首次公开竞投委员会"（以下简称竞投委员会）。

按特区行政上各个司长的分工，委任经济财政司司长谭伯源及其分管的行政部门的人员，包括博彩监察协调局局长雪万龙、澳门贸易投资促进局执行委员何浩然、澳门金融管理局研究暨统计办公室总监陈守信，行政法务司司长分管的国际法事务办公室②主任高德志，保安司司长办公室顾问沈颂年，社会文化司司长分管的旅游局副局长文绮华，及

---

① 废止了相关规定：

（1）第 1496 号立法性法规——管制幸运博彩之设立。

（2）第 1649 号立法性法规——修改 1961 年的第 1496 号立法性法规第 2 条、第 8 条、第 37 条、第 40 条、第 43 条、第 51 条及第 55 条"关于批给幸运博彩之事宜"——废止第 1496 号立法性法规第 38 条、第 42 条、第 47 条、第 48 条及第 49 条。

（3）第 1760 号立法性法规——修改 1961 年 7 月 4 日《澳门政府公报》第 26 期副刊第 1496 号立法性法规第 13 条之规定。

（4）第 1789 号立法性法规——再修正经 1964 年 12 月 5 日第 1649 号立法条例修正之 1961 年 7 月 4 日第 1496 号立法条例第 2 条及第 51 条第 4 款"管制幸运博彩之设立"。

（5）第 13/72 号立法性法规——修正 1961 年 7 月 4 日第 1496 号立法条例"幸运博彩"第 2 条、第 3 条、第 8 条、第 18 条及第 23 条。

（6）第 6/82/M 号法律——核准在本地区经营幸运博彩之批给的法律制度——撤销 1961 年 7 月 4 日第 1496 号立法条例第 1~14 条，第 36 条及第 53 条。

（7）第 10/86/M 号法律——修正 5 月 29 日第 6/82/M 号法律若干条文"幸运博彩"。

（8）第 2/84/M 号法令——修正经由 6 月 3 日第 13/72 号立法条例所修正之 1961 年 6 月 4 日第 1496 号立法条例第 1 条 a 及 b 项以及第 23 条 a 项。

② 国际法事务办公室现已并入法律改革及国际法事务局。

运输工务司司长分管的土地工务运输局法律厅厅长潘德玲为"竞投委员会"成员。他们在首次会议中选出主席①及一名秘书②。竞投委员会的日常工作尤其是秘书工作，尚可由专门指定的公共行政工作人员协助进行工作。

竞投委员会权限如下：第 26/2001 号行政法规第 44 条第 2 款"竞投委员会有权限对关于公开竞投的，以至关于订立批给合同的一切事宜进行分析及作出决定，但临时判给行为、判给行为，以及按第 16/2001 号法律、本行政法规或其他补足性法规规定特别由其他实体负责的行为除外。"第 26/2001 号行政法规第 44 条第 3 款规定的"竞投委员会尤其有权限：①应有意投标者按第 49 条的规定提出的请求，作出解释；②按照第 14 条及第 35 条的规定，对于就竞投委员会本身作出的行为提出的声明异议进行审议及作出决定；③就接纳应由参与竞投公司提供的担保金及担保作出决定；④就获接纳进入竞投的续后阶段的参与竞投公司的资格作出决定；⑤就接纳标书作出决定；⑥依法与参与竞投公司进行咨询及磋商；⑦在任一竞投阶段中，就接纳或淘汰某一或某些参与竞投公司作出决定；⑧编制第 16/2001 号法律第 11 条第 1 款所指的具说明理由的报告书；⑨编制批给合同拟本，并将之送交在临时判给行为中标书合同获选的参与竞投公司"。但不妨碍由法规赋予的其他权力或获授予的其他权力。

竞投委员会还有权查阅由第 26/2001 号行政法规所述实体提交的一切文件、资讯及资料，亦有权查阅其认为对执行本身职务属必要的其他文件、资讯及资料；任何人或实体，包括自然人或法人、公共或私人实体，均须负有与竞投委员会合作的义务，并应提供由竞投委员会在竞投程序进行期间要求提供的任何文件、资讯、资料或证据，以及即使该等文件、资讯、资料、准许或证据受到保密义务所保护，当竞投委员会要求当事人给予准许后亦可以查阅。

---

① 竞投委员会主席：除了由特别规范，尤其是载于第 26/2001 号行政法规的特别规范赋予的其他职能，又或获授予的其他职能外，尚有召集、展开及结束会议、领导工作，以及确保遵守法律及按照规范作出决议的权限。

② 竞投委员会的秘书：除了由特别规范，尤其是载于第 26/2001 号行政法规的特别规范赋予的其他职能，又或获授予的其他职能外，竞投委员会的秘书尚有缮立竞投委员会会议记录的权限，会议记录须由竞投委员会的秘书及其余成员签名。

四 幸运博彩竞投的特别规则

根据以往竞投赌牌的经验，投标人士可能不具实力去经营，或不适宜经营娱乐场幸运博彩，让他们参与往往造成不必要的诉讼，或其他的阻碍①。因此，为了确保竞投有秩序进行，首先是审查竞投者的资格，这是其他的竞投规则所没有的。

2001 年 11 月 2 日，时任行政长官根据第 16/2001 号法律第 7 条第 2 款作出第 217/2001 号行政长官批示，澳门特别行政区就娱乐场幸运博彩经营批给的公开竞投，批给的数目为 3 个，但采用的规则与一般的行政合同竞投不同。

（一）行政合同的一般规定

澳门行政合同之定义规定在澳门《行政程序法典》第 165 条第 1 款中，"行政合同为一合意，基于此合意而设定、变更或消灭一行政法律关系"，规定了行政合同是一合意，不是一行政行为（决定），因此，不享有预先执行之优惠，有争议必须到有管辖权之法院，得到法院判决才可以执行。

识别行政合同可以从两方面去考虑：一是主体，行政合同的特点是合同内多数情况下，合同一方的主体是公法人；二是客体，行政合同的客体通常是非融通物②、公务。

在程序上，私人合同大部分都是以私人磋商为主；而行政合同，原则上是依公开招标的程序，亦可以是有限制的招标程序，亦有直接磋商，但程序是必需的。

1. 行政合同的内容

（1）内容具有优惠于行政当局或强制的条款。一般都有优惠于政府的条款或强制条款，例如赋予公法人一方一些特殊的权利，而这些权利在私

---

① 这些投标人的目的不是获得批给，而是希望有信心获得批给的人分一些报酬给他们，俗称"分饼仔"。

② 意即不能成为交易的客体，见澳门《民法典》第 193 条。

人合同中不可以使用，例如一般合同条款中的强制条款是可撤销或无效的。

（2）暂时行政介入。第 3/90/M 号法律第 17 条规定，当出现或即将无理中止有关的经营时，或当承批人的组织及运作或有关经营所用的设施和物料的一般状况出现严重不足或混乱时，有关公共工程及公共服务的批给得被扣押，这是暂时行政介入。但因维持正常经营所必需的费用，则由承批人负担。例如，特区与澳博签订的博彩经营批给合同第 79 条。

（3）赎回。赎回是指批给人在合约期满前取回批给的经营，在第 3/90/M 号法律第 20 条有相关规定。例如，特区与澳博签订的博彩经营批给合同第 78 条。但批给的赎回使承批人有权收取赔偿，并在批给合约内应订定一项期限，在该期限后可开始行使赎回权及遵守计算上款规定的赔偿额标准。

（4）订立行政合同之权限及法律之适用。第 64/84/M 号法令第 1 条的规定，公共运输、水、电等公共事业（服务）；第 122/84/M 号法令《有关工程、取得财货及劳务之开支制度》第 1 条"范围"；第 63/85/M 号法令《规定购置物品及取得服务之程序》第 1 条"本法规之适用范围"、第 2 条"对开展提供财货或劳务的招标之许可"、第 3 条"判给实体"；第 3/90/M 号法律《公共工程及公共服务批给制度的基础》第 1 条"范围"、第 23 条；第 74/99/M 号法令《核准公共工程承揽合同之法律制度》第 1 条"适用范围"；第 16/2001 号法律《娱乐场幸运博彩经营法律制度》第 1 条"本法律之范围及标的"、第 11 条"批给之判给"等，批给是特首的权限。

2. 行政合同的范围界限及形式界限

行政合同不能适用合同自由原则，行政合同的范围界限：①法定排除，如编制内的公务员招考以行政合同订定代替；②自然界限，如解散治安警察局，将有关澳门的治安范例以行政合同批给私人公司管理，如民政总署代替卫生局与私人订定药物供应合同。澳门《行政程序法典》第 171 条规定，行政合同必须以书面或更庄严形式订立（部分合同必须是由公证员作成的文书）。

3. 行政合同的法定类型

澳门《行政程序法典》第 165 条第 2 款规定了行政合同的法定类型，即典型或具名之合同，行政合同包括以下几种：

（1）公共工程承揽合同。透过此合同，私人工程承揽人承不动产的兴建、重建、修葺、修理、保养或改建工作的义务，而行政机关立约人有支付因私人实行有关工作的回报价金的义务。

（2）公共工程特许合同。承批人或被特许人透过此合同，承担执行公共工程，以及之后在经济上透过向使用人征收费用而行使该工程的经营权之合同。这一合同属于一种混合合同，结合了两种元素，即承揽合同及财产经营的特许合同。

（3）公共事业特许合同。这种合同是指将经营公共事业活动的权利行使及行政责任转移之合同，在行政机关即特许人与被特许人之间设定了一种特别行政法律关系。

（4）博彩经营特许合同。指行政机关将博彩活动的经营权授予私人。

（5）继续供应合同。行政机关与私人的约定，为了行政机关的正常运作所需，私人在合同所定的指定日期必须向行政机关交付特定动产。

（6）为直接公益提供劳务之合同。这种合同是开放式合同，包括任何类的合同，只要受制于行政机关的领导权，私人必须长期地实施合同中所订定的活动，以确保行政机关服务的规律性及延续性。

4. 竞争及规则稳定原则

原则上，行政合同采用竞争原则。澳门《行政程序法典》第 170 条第 1 款规定了行政合同一般应先经公开竞投后方可订立，但有关作出公共开支之规定或特别法例另有规定者除外。当行政合同程序展开后，不能更改，可参考澳门《民事诉讼法典》的诉讼程序恒定原则①。

5. 行政合同中行政当局之特权

澳门《行政程序法典》第 167 条规定了在行政合同中行政当局之特权：在不能改变合同的标的、不使财政失去平衡的变更权，在某些特别的情况下，行政当局可以单方面变更给付，如时间、地点；可以发出命令、指示，但不能将指挥权变成禁止；可以基于公共利益的需要而解除行政合同，但须补偿；可以基于不履行、延迟履行、瑕疵履行而作出制裁性解除行政合同，这种情况下作为制裁性的解除不需要补偿。在合同执行期间具有监察权及作出处罚，其种类包括科处罚款、惩罚性解除、保证金充公及直接干预。

---

① 澳门《民事诉讼法典》第 212 条。

6. 强制公布

第 3/90/M 号法律第 24 条规定，"下列行为应在《政府公报》内公布：a. 决定进行或豁免公开竞投；b. 声明所开展的公开竞投无效或不将批给给予任何竞投人的决定；c. 批给合约；d. 涉及第 17①、18②、20③ 及 21④ 条所指任一情况的决定"。

另外，根据第 16/2001 号法律第 11 条"批给之判给"第 6 款，批给合同须在《澳门特别行政区公报》第二组公布。

（二）竞投经营娱乐场幸运博彩的特别规则

如上所述，基于博彩经营特许合同的特殊性，其采取以下有别于一般行政合同的特别规则。

1. 幸运博彩竞投人需适当资格的筛选

第 26/2001 号行政法规的第 6 条规定，参与娱乐场幸运博彩经营竞投的公司必须具备适当的投标资格，而且有关的资格必须在获批给经营的期间维持。但在同一行政法规第 13 条规定了一些例外情况，在经政府适当许可的例外情况下，审查是否具备适当资格的程序可以在判给行为后完成，这样，在批给合同中必须订定一项条款，规定批给合同的有效性取决于审查是否具备适当资格的程序的结果。

---

① 第 3/90/M 号法律第 17 条"扣押"："一、在下列情况下，公共工程及公共服务的批给得被扣押：a. 当出现或即将无理中止有关的经营时；b. 当承批人的组织及运作或有关经营所用的设施和物料的一般状况，出现严重不足或混乱时。二、在扣押期间，批给的经营将由承批人的代表确保，而因维持正常经营所必需的费用，则由承批人负担。三、当认为有需要时，可继续扣押，批给人在扣押期满时得知会承批人再次经营该批给；而当承批人不接受时，则按下一条文的规定撤销批给。"
② 第 3/90/M 号法律第 18 条"撤销"："一、当承批人不履行按批给合约所规定而需遵守的主要责任时，公共工程及公共服务的批给，得由批给人单方面予以撤销。二、构成单方面撤销批给的特别原因：a. 放弃或无故终止经营；b. 在不尊重有关合约的规定下，进行临时性或永久性的、全部或局部经营的移转；c. 欠缴在有关合约所订定应付予批给人的回报。三、批给的撤销将导致用于有关经营的所有财产无偿地拨归批给人。"
③ 第 3/90/M 号法律第 20 条"赎回"："一、赎回是指批给人在合约期满前取回批给的经营。二、批给的赎回使承批人有权收取赔偿。三、在批给合约内应订定一项期限，在该期限后可开始行使赎回权，以及计算上款规定的赔偿额所遵守的标准。"
④ 第 3/90/M 号法律第 21 条"因公共利益而撤销"："一、除承批人不遵守任何与其有关联的责任外，在公共利益的原因促使下，批给人得在任何时刻单方面撤销批给。二、按上款规定而宣告的撤销，赋予承批人收取一项合理赔偿的权利，有关金额的计算须特别顾及距批给满期所欠时间以及承批人所作的投资。"

2. 股东、董事及主要雇员的适当资格

有关资格审查非常严格，不单是参与竞投公司及博彩公司须具备适当资格，还有公司的资产等，适当资格审查延伸适用于拥有投标公司5%或5%以上公司资本的股东、该等公司的董事及在娱乐场担任要职的主要雇员。有关的审查是由政府根据第26/2001号行政法规订出的标准而作出的。

当审查参与竞投公司及博彩公司是否具备适当资格时，除认为属重要的其他因素外，政府尤应考虑下列标准并进行分析。

（1）分析由竞投公司或博彩公司所填写的"参与竞投公司或博彩公司资料披露表"（以下简称为"资料披露表1"）所提供的资料并进行核证参与竞投公司或博彩公司的经验是否足够。

（2）分析"资料披露表1"和由竞投公司或博彩公司所填写的"参与竞投公司/博彩公司股东及董事个人资料披露表"（以下简称为"资料披露表2"）所提供的资料，以及参与竞投公司或博彩公司的信用评级报告书所载的资料，进行核证参与竞投公司或博彩公司的商誉。

（3）分析上述的资料，审查属同一参与竞投公司集团或同一博彩公司集团的其他公司的性质及商誉，尤其是属参与竞投公司或博彩公司控权股东的公司的性质及商誉。

（4）分析"资料披露表1""资料披露表2"，以及一份关于与参与竞投公司或博彩公司有密切联系的实体，尤其是属参与竞投公司或博彩公司控权股东的实体的信用评级报告书，对他们的性质及商誉进行核证。

在审查拥有参与竞投公司及博彩公司5%或5%以上公司资本的股东以及该等公司的董事是否具备适当资格时，除认为属重要的其他因素外，政府尤应考虑、分析上指之"资料披露表2"以及有关股东及董事的信用评级报告书所载的资料。

在审查在娱乐场担任要职的参与竞投公司及博彩公司主要雇员是否具备适当资格时，除认为属重要的其他因素外，政府尤应考虑式样由经济财政司司长以批示核准之在娱乐场担任要职的参与竞投公司或博彩公司主要雇员资料表。

另外，政府对上述参与竞投公司、博彩公司、拥有该等公司5%或5%以上公司资本的股东、该等公司的董事及在娱乐场担任要职的主要雇员进行资格之审查时，尤其应考虑上述每一实体对本身所受约束的法律规定的遵守情况；政府亦应在批给期间内更新及确认上述文件的资料，以对博彩公司、拥有该公司 5% 或 5% 以上公司资本的股东、该公司的董事及在娱乐场担任要职的主要雇员作持续及长期的监察及监管。

对于信用评级考虑的经济及财务状况，包括倘有的重要消费借贷或财务活动，以及所拥有的财产及权利的价值评估。

第十二章
澳门博彩法编年史

　　由于澳门的历史资料多以口头相传，现存档案多以政府公报为依据。笔者多年来，在澳门历史档案室、存放于澳门行政暨公职局的政府公报档案内收集关于博彩法律制度的资料，但大部分都是零碎的成文资料，及至拜读澳门基金会吴志良主席送给笔者的一套五册由吴志良、汤开建、金国平主编的《澳门编年史》，于是在其中选出关于博彩历史部分作为本章主要依据，惜有关文献只出版至 1949 年，为了加强本节的内容，笔者又从其他途径找到澳门社会发展研究会理事长陈炳强、副理事长兼秘书长陈秉松先生合著的《博彩业与发展商机：探讨赌权与澳门经济浮沉》一书。在此基础上重新整理出澳门由 1847 年至 2004 年 7 月的博彩编年史，后来发现并非完全以编年历史方式才适合本书的风格，最后根据上述的资料整理出以下的内容。

　　道光二十七年（1847 年 2 月 15 日至 1848 年 2 月 4 日）

　　1 月，白鸽票开始在澳门专营承充缴饷。据《澳门政府宪报》所载的 1887～1888 年的岁入报表中，有关白鸽票专营饷项一栏，其中的注释云："白鸽票赌博是应华人的请求，于 1847 年 1 月，由澳门总督批准设置。"相应地在 1847 年的《澳门政府宪报》中，澳门公物会在该年 1 月至 6 月的上半年度收支明细表中，准许开设 5 个月的白鸽票收益是白银 720 两。这与上述岁入报表中注释内容在时间上是完全吻合的。这一时间，即是我们考察澳门博彩业发展的历史起点。白鸽票，同治《番禺县志》称："取

《千字文》前八十字，密点十字，令人亦猜点十字，猜得五字以上者，每一钱赢十钱，城乡各处俱开有票厂，猜票者以票投之，每日猜一次。于是老少男女均被诱惑，约千人之乡，岁辄输银两千余两。"光绪时期又把白鸽票称为小闱姓。白鸽票是中国最早的彩票形式之一，出现于清雍正年间的粤东地区，见诸档案记载的最初名为夺标，后又有称之为字标。据考其得名缘由，"唯是设厂远方，通报非易，然输赢之间，人望知快，遂用白鸽佩还通报，故今人俗称为白鸽票者云尔"。在葡萄牙语中，澳葡政府将白鸽票意译为"中国彩票"。此即为澳门博彩业合法之始，亦即澳门专营承充制度实施之始[①]。

8 月 12 日，澳门政府对番摊赌博收取税项的最早记载，见于本日的《澳门政府宪报》，澳门公物会（Junta da Fazenda Pública de Macau）当年 1 月至 6 月的上半年度收支明细表中，提及客栈和合法博戏（"Jogo Lícito"应是指番摊）在一起的税收，大约是银 60 余两。数额微不足道，似乎表明这并非正式的赌馆。这里将客栈和所谓的合法博戏归拢在一块，可能是指在客栈中开设的赌场。这是在亚马留政府开始向华人征税后的事，亦是澳门番摊实行正式专营承充以前的收益。虽不能确定开始收取的确切时间，但根据数额推测，很像澳门赌馆每月给予粤东地方官宪的陋规。番摊，又称钱戏、摊钱、摊铺等名目。番摊是晚清时期粤东地区赌馆中最主要的一种赌博形式，故而一般赌馆也被称为番摊馆，最早提到"番摊馆"一词是在嘉庆十年（1805 年）。其博彩之法，据《清稗类钞》载："摇摊，以骰置器中摇之，盖即唐时之意钱。以四数之，谓之摊钱，又曰摊蒲，亦可随手取数十钱，纳于器而数之。每四枚为盈数，统计余零，或一或二或三或成数，分为四门，以压得者为胜。"清张心泰《粤游小志》亦载："东省赌博最盛，赌具以钱，随意抓置席间覆之，分么二三四四门，令众人出资猜之，注齐去覆，四钱一数，若筮等然，视其所余，决中否，定输赢。中者孤注偿三倍，半占者赔偿，串角、大面各如数偿之。"[②]

道光二十八年（1848 年 2 月 5 日至 1849 年 1 月 23 日）

7 月，澳门政府 1847 年 7 月 1 日至 1848 年 6 月 30 日的财政年度收入是

① 吴志良、汤开建、金国平主编《澳门编年史》，第四卷：清后期（1845—1911），广东人民出版社，2009，第 1623 页。

② 吴志良、汤开建、金国平主编《澳门编年史》，第四卷：清后期（1845—1911），广东人民出版社，2009，第 1629 页。

46581.949⅔两。其中白鸽票专营收益为2534.4两，猪肉专营720两，牛肉专营167.4两①。

道光二十九年（1849年1月24日至1850年2月11日）

4月，番摊在澳门正式开始专营承饷。据《澳门政府宪报》记载："番摊赌馆的专营承充（Licencas para as Casas de Jogo）始于1849年4月，系澳督根据1846年2月16日的训令批准设置。"这里的训令，就是前面提到的里斯本的指令，可以像荷兰、英国人在东南亚的殖民地那样实施专营承充制度。施白蒂称：1849年，亚马留总督第一次允许在澳门设立番摊赌博。开赌，成为保持澳门财政平衡的一种有效方式，英国人占领香港引起经济衰退后，博彩活动更成为一种交易，而且很是盛行②。

7月，澳门政府1848年7月1日至1849年6月30日的财政年度收入是52496.639⅔两。其中白鸽票专营收益为3096两，赌馆为（casa de jogo china）57.6两，牛肉专营为671.4两，猪肉专营为1821.6两③。

道光三十年（1850年2月12日至1851年1月31日）

4月，澳门番摊赌馆的专营承充正式以竞投的方式招人承充，一名华商以每月缴纳1000澳门元赌饷，获得承充一年的专营权④。

7月，澳门政府1849年7月1日至1850年6月30日的财政年度收入是67242.48两。其中专营收益为（包括白鸽票、赌馆、牛肉、猪肉等）5901.391两⑤。

咸丰元年（1851年2月1日至1852年2月19日）

2月15日，《澳门政府宪报》登载马尼拉彩票（Loteria da Manila，即吕宋票）广告。该票共计10000张，每张2比索（peso），头彩为5000比索⑥。

---

① 吴志良、汤开建、金国平主编《澳门编年史》，第四卷：清后期（1845—1911），广东人民出版社，2009，第1635页。
② 吴志良、汤开建、金国平主编《澳门编年史》，第四卷：清后期（1845—1911），广东人民出版社，2009，第1644页。
③ 吴志良、汤开建、金国平主编《澳门编年史》，第四卷：清后期（1845—1911），广东人民出版社，2009，第1646页。
④ 吴志良、汤开建、金国平主编《澳门编年史》，第四卷：清后期（1845—1911），广东人民出版社，2009，第1658页。
⑤ 吴志良、汤开建、金国平主编《澳门编年史》，第四卷：清后期（1845—1911），广东人民出版社，2009，第1660页。
⑥ 吴志良、汤开建、金国平主编《澳门编年史》，第四卷：清后期（1845—1911），广东人民出版社，2009，第1668页。

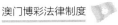

6 月 12 日，澳门公物会发布告示：因澳门白鸽票厂到 7 月 24 日满期，故定于 6 月 17 日在议事公局重新出投。如有愿遵守规条及出批价最高者，准令承充。其白鸽票规条张贴在议事公局内，与人观看。白鸽票流传澳门虽早于此时，但所见澳门政府以中文形式发布招投布告则为其次①。

7 月，澳门政府 1850 年 7 月 1 日至 1851 年 6 月 30 日的财政收入是 33402321 厘士（Reiss）。其中白鸽票专营收益为 3787200 厘士，赌馆为 7704000 厘士，牛肉和猪肉为 2738019 厘士，煮卖鸦片专营为 144000 厘士②。

9 月 18 日，卡布拉尔主义体制倒台后，澳督贾多素官场失意，以被"委以重任"为借口免去澳督职务。贾多素从履任到卸任前后仅 8 个月。任期内他力除时弊，拨乱反正，竭尽全力改善澳门的状况，为公共开支寻找财源，在重重阻碍中，尽量保证公共开支。但不幸的是，他的努力未达到预期的效果，澳门的大部分公务员懒散与麻木不仁，而官员们又不支持他的工作。政府开支庞大，讲究排场，积重难返。他遗憾地表示：有碍体面的"白鸽票"，"罪恶赌博"的番摊，对应自由买卖的生活必需品实行专卖，这一切竟是国家工作人员赖以维持的"罪恶根源"③。

咸丰二年（1852 年 2 月 20 日至 1853 年 2 月 7 日）

7 月，自上年 7 月 1 日至本年 6 月 30 日，澳门政府财政总收入为 41219313 厘士。其中白鸽票专营收益为 4004640 厘士，赌馆为 8544000 厘士，牛肉和猪肉为 3226680 厘士，鱼为 79200 厘士，煮卖鸦片专营为 144000 厘士④。

该年，澳门管理华人事务官劳伦索·马葵士将澳门博彩桌牌照专营权批投，由澳门土生葡商尼阁老·飞南第（Nicolau Tolentino Fernandes）以每年 12000 元或者每月 1000 元投得。在南湾（Praia Grande）和下环（Manduco）两个地方，每间赌馆每月挣 250 元，1 年挣 3000 元⑤。

---

① 吴志良、汤开建、金国平主编《澳门编年史》，第四卷：清后期（1845—1911），广东人民出版社，2009，第 1672 页。

② 吴志良、汤开建、金国平主编《澳门编年史》，第四卷：清后期（1845—1911），广东人民出版社，2009，第 1675 页。

③ 吴志良、汤开建、金国平主编《澳门编年史》，第四卷：清后期（1845—1911），广东人民出版社，2009，第 1677 页。

④ 吴志良、汤开建、金国平主编《澳门编年史》，第四卷：清后期（1845—1911），广东人民出版社，2009，第 1687 页。

⑤ 吴志良、汤开建、金国平主编《澳门编年史》，第四卷：清后期（1845—1911），广东人民出版社，2009，第 1690 页。

咸丰三年（1853 年 2 月 8 日至 1854 年 1 月 28 日）

7 月，自上年 7 月 1 日至本年 6 月 30 日，澳门政府财政总收入为 40525444 厘士。其中白鸽票专营收益为 2973600 厘士，赌馆为 6986400 厘士，牛肉和猪肉为 2934360 厘士，鱼为 86400 厘士，煮卖鸦片专营为 1620000 厘士 ①。

咸丰六年（1856 年 2 月 6 日至 1857 年 1 月 25 日）

7 月，自上年 7 月 1 日至本年 6 月 30 日，澳门政府财政收入为 83243.6 元。其中白鸽票专营收益为 8337.5 元，赌馆为 10062.5 元，牛肉和猪肉为 4592 元，鱼为 1875 元，煮卖鸦片专营为 5590 元②。

咸丰七年（1857 年 1 月 26 日至 1858 年 2 月 13 日）

7 月，自上年 7 月 1 日至本年 6 月 30 日，澳门政府财政收入为 92910 元。其中白鸽票专营收益为 10725 元，赌馆为 11557 元，牛肉和猪肉为 5996 元，鱼为 1940 元，煮卖鸦片专营为 5350 元 ③。

咸丰八年（1858 年 2 月 14 日至 1859 年 2 月 2 日）

7 月，自上年 7 月 1 日至本年 6 月 30 日，澳门政府财政收入为 150790.5 元。其中白鸽票专营收益为 20087 元，赌馆为 24265 元，牛肉和猪肉为 10206.9 元，鱼为 1983 元，煮卖鸦片专营为 9920 元 ④。

咸丰十年（1860 年 1 月 23 日至 1861 年 2 月 9 日）

7 月，自上年 7 月 1 日至本年 6 月 30 日，澳门政府财政收入为 249214 元。其中白鸽票专营收益为 27265 元，赌馆为 84400 元，牛肉和猪肉为 13301.3 元，鱼为 2011 元，煮卖鸦片专营为 19715 元⑤。

咸丰十一年（1861 年 2 月 10 日至 1861 年 8 月 5 日）

7 月，自上年 7 月 1 日至本年 6 月 30 日，澳门政府财政收入为 244886.4 元。其中白鸽票专营收益为 32000 元，赌馆为 88655 元，牛肉和猪

① 吴志良、汤开建、金国平主编《澳门编年史》，第四卷：清后期（1845—1911），广东人民出版社，2009，第 1692 页。

② 吴志良、汤开建、金国平主编《澳门编年史》，第四卷：清后期（1845—1911），广东人民出版社，2009，第 1708 页。

③ 吴志良、汤开建、金国平主编《澳门编年史》，第四卷：清后期（1845—1911），广东人民出版社，2009，第 1716 页。

④ 吴志良、汤开建、金国平主编《澳门编年史》，第四卷：清后期（1845—1911），广东人民出版社，2009，第 1721 页。

⑤ 吴志良、汤开建、金国平主编《澳门编年史》，第四卷：清后期（1845—1911），广东人民出版社，2009，第 1732 页。

肉为 10434.2 元，鱼为 1846.2 元，煮卖鸦片专营为 22285 元 ①。

同治元年（1862 年 1 月 30 日至 1863 年 2 月 17 日）

7 月，自上年 7 月 1 日至本年 6 月 30 日，澳门政府财政收入为 231892.2 元。其中白鸽票专营收益为 33450 元，赌馆为 78905 元，牛肉和猪肉为 14399.2 元，鱼为 1678.3 元，煮卖鸦片专营为 21050 元②。

同治二年（1863 年 2 月 18 日至 1864 年 2 月 7 日）

6 月，自上年 7 月 1 日至本年 6 月 30 日，澳门政府财政收入为 223384.4 元。其中白鸽票专营收益为 28130 元，赌馆为 81400 元，牛肉和猪肉为 11110 元，鱼为 1846.2 元，煮卖鸦片专营为 28165 元③。

10 月 8 日，澳门仁慈堂发售澳门彩票，以白鸽票称之。

婴堂设有白鸽票 4000 条出卖。每条取银 2 元，共成银 8000 元，为抽用行衰矜所用。此票分为 4 起。每起该票 1000 条，均照式样如左：1 条中式银 500 元，1 条中式银 200 元，2 条每条中式银 100 元共银 200 元，3 条每条中式银 50 元共银 150 元，8 条每条中式银 25 元共银 200 元，30 条每条中式银 5 元共银 150 元，75 条每条中式银 4 元共银 300 元。中式票 120，不中白票 880 条，二票共 1000 条。一扣用银 300 元，中式银 1700 元，二银共 2000 元。卖票自本洋月 20 日起，开票 4 次，即每起 1 次。首起在番人本年 12 月 19 沙麻度日开，次起在番人明年 3 月 19 沙麻度日开，3 起在番人明年 6 月 21 爹沙日开，4 起在番人明年 9 月 20 爹沙日开。每起票 1 日开全，卖此票议开第 1 起，始卖第 2 起，以此次第清款。1863 年 10 月 8 日育婴堂票式 ④。

同治四年（1865 年 1 月 27 日至 1866 年 2 月 14 日）

澳中民居有地税，商贩有公钞，其往来贩运日用所需，若牛羊猪鱼咸鱼之属均有税。其开设洋药烟馆亦系数户包缴烟税，每年约二三万金。白鸽票赌局每年三四万金，摊馆每年十二万金，妓馆每妓月纳税银半元。又

① 吴志良、汤开建、金国平主编《澳门编年史》，第四卷：清后期（1845—1911），广东人民出版社，2009，第 1736 页。
② 吴志良、汤开建、金国平主编《澳门编年史》，第四卷：清后期（1845—1911），广东人民出版社，2009，第 1740 页。
③ 吴志良、汤开建、金国平主编《澳门编年史》，第四卷：清后期（1845—1911），广东人民出版社，2009，第 1750 页。
④ 吴志良、汤开建、金国平主编《澳门编年史》，第四卷：清后期（1845—1911），广东人民出版社，2009，第 1752 页。

有戏馆一所，每年纳房租一万金，亦可谓巧于取利矣①。

同治六年（1867 年 2 月 5 日至 1868 年 1 月 24 日）

6 月 14 日，澳门商业统计数据：茶场 14 家，从业人数 430 人；赌馆 14 间，从业人数 142 人；中国彩票（白鸽票）的从业人数是 182 人；移民公司 17 家，从业人数 163 人 ②。

同治十一年（1872 年 2 月 9 日至 1873 年 1 月 28 日）

1 月 20 日，香港禁赌。1871 年底，在日渐激烈的反对声中，香港会议禁止赌博。港英政府随后发布告示，自 1 月 20 日始，所有赌馆实时封闭，不准营业。1 月 30 日又颁发禁赌布告条令，指出所谓赌博，其意还包括一切闱姓、花会及其他有彩之赌博，皆属于禁止范围。香港禁赌对澳门博彩业产生了一定影响，直接导致了有香港商人参与承充的第二届闱姓破产。而且随着粤港两地的禁赌，更多的赌客向澳门转移，导致澳门博彩业进入高峰期。《申报》评论此事："彼澳门西官以为人弃我取，粤省香港既已禁止净绝，则赌徒之生业顿无所赖，然平素恃为生涯，而一旦弃之，人情所不能堪。澳门旧有赌馆，有不络绎趋赴者乎？合省港于澳门，以三合一，有不更增其盛者乎？此所以每年承缴赌税有百数十万之多也。"③

5 月 12 日，承充第二届闱姓商人梁六声称已经卖出闱姓票超过 800000 条，却遭受许多损失和迫害，不能确定能继续经营三年时间。1 月 20 日，香港禁赌，闱姓和番摊在香港被禁止。他的合伙人，特别是华人文咸（Veng-Ham），香港鸦片承充人，负责照料闱姓售卖，主要由其缴纳大部分的承充款——现已不再支持这项生意。面对此种情形，1872 年 5 月 20 日，公物会宣布与梁六的合同作废。5 月 26 日，澳门公物会重新出投闱姓，同华商习应泰（Si-ieng-tae）签订合同草案，承充价为 3 年 22000 元，自 1872 年 9 月 27 日起④。

6 月 25 日，澳门公物会重新出投澳门第二届闱姓，赌商陈恒以每年缴

---

① 吴志良、汤开建、金国平主编《澳门编年史》，第四卷：清后期（1845—1911），广东人民出版社，2009，第 1761 页。

② 吴志良、汤开建、金国平主编《澳门编年史》，第四卷：清后期（1845—1911），广东人民出版社，2009，第 1785 页。

③ 吴志良、汤开建、金国平主编《澳门编年史》，第四卷：清后期（1845—1911），广东人民出版社，2009，第 1819 页。

④ 吴志良、汤开建、金国平主编《澳门编年史》，第四卷：清后期（1845—1911），广东人民出版社，2009，第 1822 页。

纳 17033.3 元承充银的最高价投得，为期 3 年，3 年共缴银 51000 元，担保人先拿·飞南第伯爵[①]。

同治十二年（1873 年 1 月 29 日至 1874 年 2 月 16 日）

8 月 5 日，澳门番摊承充合同签订，这是目前所能见到的最早的澳门番摊承充合同。《承充澳门番摊揽头生意章程》内容为中葡文合璧，左右对照。承充的华商为郑耀、刘越犀、钟超三人。条款的主要内容如下：①承充番摊合约章程以一年为期。计至 1874 年 9 月 10 日为满期。承充规银 15 万元，由本年 9 月 11 日起。每月上期缴纳规银 12500 元，七二兑。②准开摊馆 26 间，不得多开。无论是否开足 26 间，依然照纳规银。如欲多开须禀明公物会宪。③由关闸至妈阁地方所有摊馆生意均归承充人。任由承充人在界内照上款开馆多少。④午夜 12 点闭门。有私开罚银 50 两。⑤准开打牌馆 3 间。⑥该承充 3 人有保险公司 50 份，每份银 500 两交出作担保规银，另有香港商人担保该三人遵照合同。签名：郑耀、刘越犀、钟超，担保人为和兴李升。通过这一番摊承充合同档案来看，番摊的开设地不包括氹仔，有开设打牌馆以及开设时间的限制情形，这些内容都是以前未曾出现过的[②]。

1872~1873 年度，澳门财政收入总额为 380012748 厘士，其中白鸽票专营收益为 49566333 厘士，赌馆税收为 127500000 厘士，煮卖鸦片专营税收益为 35700000 厘士。财政支出为 266344936 厘士[③]。

1874~1875 年度，澳门政府收入为 341947000 厘士。其中中式彩票（Loteria china）专营收益为 49500000 厘士，赌馆为 127500000 厘士，牛肉和猪肉为 16000000 厘士，鱼为 3200000 厘士，煮卖鸦片专营为 35700000 厘士。氹仔的财政收益为 10740000 厘士[④]。

光绪元年（1875 年 2 月 6 日至 1876 年 1 月 25 日）

8 月 13 日，1874 年番摊专营权承充人不满足于在陆上经营，故安排两

---

① 吴志良、汤开建、金国平主编《澳门编年史》，第四卷：清后期（1845—1911），广东人民出版社，2009，第 1825 页。

② 吴志良、汤开建、金国平主编《澳门编年史》，第四卷：清后期（1845—1911），广东人民出版社，2009，第 1835 页。

③ 吴志良、汤开建、金国平主编《澳门编年史》，第四卷：清后期（1845—1911），广东人民出版社，2009，第 1842 页。

④ 吴志良、汤开建、金国平主编《澳门编年史》，第四卷：清后期（1845—1911），广东人民出版社，2009，第 1851 页。

只船开往氹仔海面赌博，直到深夜，但遭氹仔炮台军事长官禁止①。

光绪三年（1877 年 2 月 13 日至 1878 年 2 月 1 日）

8 月 11 日，澳督颁布第 77 号札谕，对澳门博彩业的承充方式进行改革，将澳门番摊馆 12 间出投领牌，一改过去类似揽头的承充形式。至 1879 年 8 月 30 日招人领牌之期，澳督以为现日多有商人欲行全盘领取，且领牌不若承充竞取增益更多，故又将番摊承充经营重复故辙②。

光绪四年（1878 年 2 月 2 日至 1879 年 1 月 21 日）

5 月 18 日，随着闱姓在广州和澳门等地的发展，其规模和影响也越来越大。澳门闱姓到了第三届，已出现了一个小高潮。在第四届澳门闱姓未出投之前，就已经风闻今年澳门政府"可得洋 45 万元，观此情形，是赌风竟日炽一日也"。5 月 18 日，澳门公物会将澳门、氹仔、过路湾闱姓出投。华人冯成、何德昌以现银 401000 元，取得 3 年的承充期。担保人先拿·飞南第伯爵。自西纪本年 9 月 27 日至 1881 年 9 月 26 日③。

光绪五年（1879 年 1 月 22 日至 1880 年 2 月 9 日）

5 月 23 日，因有不法之徒私开赌馆赌台，自称有澳门大宪弁差应承保护包庇此项私开赌局，哄骗华人，私收银两。澳门政府发布告示：赌馆赌台只系在公物会承充之人可能开设，除承充人外，如有开设，是为私开赌局，应即照例严拿究办。该匪胆敢妄为，查出有凭，定当按律严惩不贷④。

光绪六年（1880 年 2 月 10 日至 1881 年 1 月 29 日）

9 月 1 日，澳门所设赌馆，由葡萄牙官吏收取使费，以充地方公用。定例每年投充 1 次，当众开票，以价高者准承。现闻该处当道于 19 日在澳门酌定去取，香港葡国领事署连日由 10 点钟代收承充书函，所有章程均可向署中询问。闻此次有愿出重价至洋 14 万元者。盖向年澳门赌馆共 12 家，今则拟开 16 家，故费亦加增也。赌风之盛如此⑤。

---

① 吴志良、汤开建、金国平主编《澳门编年史》，第四卷：清后期（1845—1911），广东人民出版社，2009，第 1859 页。
② 吴志良、汤开建、金国平主编《澳门编年史》，第四卷：清后期（1845—1911），广东人民出版社，2009，第 1875 页。
③ 吴志良、汤开建、金国平主编《澳门编年史》，第四卷：清后期（1845—1911），广东人民出版社，2009，第 1878 页。
④ 吴志良、汤开建、金国平主编《澳门编年史》，第四卷：清后期（1845—1911），广东人民出版社，2009，第 1888 页。
⑤ 吴志良、汤开建、金国平主编《澳门编年史》，第四卷：清后期（1845—1911），广东人民出版社，2009，第 1897 页。

光绪八年（1882 年 2 月 18 日至 1883 年 2 月 7 日）

3 月 3 日，华人卢九、胡臣获准承充氹仔番摊并鸦片烟生意，一年为期，自本年 5 月 1 日起计，只限在氹仔村而已，别村或别处，无论与氹仔或远或近，俱不在内。规银为 8800 元，分每月上期缴纳，七二兑①。

光绪十年（1884 年 1 月 28 日至 1885 年 2 月 14 日）

澳门财政税收总数为 508507000 厘士，其中中式彩票税收为 219328000 厘士，番摊税收为 130000000 厘士，熟鸦片税收为 33716000 厘士，其他收益为 125463000 厘士，氹仔的财政收益为 17801000 厘士。财政支出为 507156000 厘士②。

光绪十三年（1887 年 1 月 24 日至 1888 年 2 月 11 日）

富纯等又呈报望厦等村缴纳洋租并铺户民房蓬寮各数清单：

澳门规费，闱姓充规三万六千元、赌规十三万、白鸽票二万、鱼栏一万元、牛栏数千元、肉栏数千元、猪栏数千元、盐埠三四千元。住户、铺户、业主每年收租银百元，洋人抽一成，住铺客抽五厘。以上各项，共收房地租、充规，通共在百万之间。西洋人不满千数，兵丁不满四百人，唐人绿衣不过一百人，兵船仅一号③。

光绪十四年（1888 年 2 月 12 日至 1889 年 1 月 30 日）

1887~1888 年度，澳门财政收入为 365615000 厘士，其中闱姓专营收益为 30600000 厘士，白鸽票为 38250000 厘士，番摊专营为 119260000 厘士，煮卖鸦片专营为 43395000 厘士，猪肉为 156145000 厘士，鱼为 12078000 厘士。氹仔的财政收益为 19979000 厘士。帝汶的赌馆收益为 1341000 厘士。财政支出为 442878000 厘士④。

光绪十五年（1889 年 1 月 31 日至 1890 年 1 月 20 日）

1888~1889 年度，澳门财政收入为 416591500 厘士，其中闱姓专营收益为 30600000 厘士，白鸽票为 38250000 厘士，番摊专营为 106250000 厘

---

① 吴志良、汤开建、金国平主编《澳门编年史》，第四卷：清后期（1845—1911），广东人民出版社，2009，第 1911 页。
② 吴志良、汤开建、金国平主编《澳门编年史》，第四卷：清后期（1845—1911），广东人民出版社，2009，第 1941 页。
③ 吴志良、汤开建、金国平主编《澳门编年史》，第四卷：清后期（1845—1911），广东人民出版社，2009，第 1973 页。
④ 吴志良、汤开建、金国平主编《澳门编年史》，第四卷：清后期（1845—1911），广东人民出版社，2009，第 1986 页。

士，煮卖鸦片专营为 43395000 厘士。猪肉为 15614500 厘士，鱼为 7000000 厘士。凼仔的财政收益为 19979000 厘士。帝汶的赌馆收益为 1341000 厘士①。

光绪十八年（1892 年 1 月 30 日至 1893 年 2 月 16 日）

12 月 12 日，澳门政府告示：凼仔番摊生意，准陈槐堂承充，由 1892 年 9 月 1 日起至 1894 年 6 月 30 日止，并允准承充人在凼仔埠头之海面，开设摊船四只。过路湾番摊生意，经准沈进（即沈泽英）、何汝华承充，由 1892 年 4 月 15 日起至 1895 年 6 月 30 日止。凼仔、过路湾猪肉生意，经准黄广、黄万、冼乐等承充，由 1892 年 7 月 1 日起至 1894 年 6 月 30 日止。据《中西日报》早前的报道，上述几项专营出投时，曾将凼仔番摊底价额定为 5600 元、肉码底价额定为 1420 元，竟然无人下票。4 月 29 日，复行开投，不再限以底价。番摊饷码仍然寂然，只有一人下票。投肉票者，每年只认缴饷 800 元，较现届已少 400 元之数。由此可知澳门生意冷淡②。

光绪二十年（1894 年 2 月 6 日至 1895 年 1 月 25 日）

1893~1894 年度，澳门财政收入为 530545000 厘士，其中闱姓专营收益为 51000000 厘士，白鸽票为 43000000 厘士，番摊专营为 123000000 厘士，煮卖鸦片专营为 98000000 厘士，猪肉为 20000000 厘士，鱼为 11000000 厘士。凼仔的财政收益为 18200000 厘士。帝汶的赌馆收益为 1760000 厘士③。

光绪二十一年（1895 年 1 月 26 日至 1896 年 2 月 12 日）

11 月 6 日，自省城禁赌之后，澳门 16 家摊馆异常热闹，每至灯时，几无坐立之地。闱姓各厂，更为热闹。初十、十一两日，来电纷驰投猜恐后，门限几为之穿。在九龙一带之赌馆也迁至澳门，如泗孟街口之大生馆、福隆街口之广胜馆。传闻九龙最有名的宝字摊馆也要在澳中开张④。

---

① 吴志良、汤开建、金国平主编《澳门编年史》，第四卷：清后期（1845—1911），广东人民出版社，2009，第 1994 页。
② 吴志良、汤开建、金国平主编《澳门编年史》，第四卷：清后期（1845—1911），广东人民出版社，2009，第 2011 页。
③ 吴志良、汤开建、金国平主编《澳门编年史》，第四卷：清后期（1845—1911），广东人民出版社，2009，第 2037 页。
④ 吴志良、汤开建、金国平主编《澳门编年史》，第四卷：清后期（1845—1911），广东人民出版社，2009，第 2045 页。

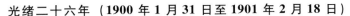

光绪二十六年（1900 年 1 月 31 日至 1901 年 2 月 18 日）

1899～1900 年度，澳门政府收入为 689654 元，其中闱姓专营收益为 60000 元，白鸽票为 74900 元，番摊专营为 150000 元，煮卖鸦片专营为 130000 元，猪肉为 23100 元，鱼为 12000 元。凼仔的财政收入为 12350 元。预算财政支出为 632432.81 元①。

光绪二十九年（1903 年 1 月 29 日至 1904 年 2 月 15 日）

1902～1903 年度，澳门政府收入为 655991000 厘士，其中中式彩票专营收益为 86336000 厘士，番摊专营为 222666000 厘士，煮卖鸦片为 83200000 厘士，凼仔财政收入 10240000 厘士。财政支出为 445687000 厘士②。

光绪三十年（1904 年 2 月 16 日至 1905 年 2 月 3 日）

5 月 19 日，旅居澳门的比利时人亚利山大·温德斯塔尔（Alexandre Vandestar）建议澳门政府设立一赌场，开发幸运博彩及博彩。10 月 21 日，约翰·巴恩斯（John S. Barnes）亦提出在澳门专营欧式赌博的申请。其时担心对传统赌博"番摊"会产生负面影响。最后，1908 年 4 月 14 日海事及海外国务秘书处处长未准于澳门设立欧式博彩③。

6 月 27 日，华商胡达与澳门政府订立合同，承充凼仔番摊生意，以 5 年为期，自本年 7 月 1 日起至 1909 年 6 月 30 日止④。

光绪三十一年（1905 年 2 月 4 日至 1906 年 1 月 24 日）

11 月 11 日，澳门华商在蓬莱新街 4 号及 6 号创立"广行公司"。公司宗旨系为股友叙会娱乐与谈情联谊而设，公司可以开设法律准许的赌博，如牌、骨牌、台球、象棋等，还可以设立看书、阅报、弦歌、酒宴等，但不许开设番摊、车微盘、牌九及别项之违例赌具⑤。

11 月 15 日，凼仔、路环白鸽票及澳门山票生意开投，港商余蔼国以最

① 吴志良、汤开建、金国平主编《澳门编年史》，第四卷：清后期（1845—1911），广东人民出版社，2009，第 2098 页。

② 吴志良、汤开建、金国平主编《澳门编年史》，第四卷：清后期（1845—1911），广东人民出版社，2009，第 2118 页。

③ 吴志良、汤开建、金国平主编《澳门编年史》，第四卷：清后期（1845—1911），广东人民出版社，2009，第 2121 页。

④ 吴志良、汤开建、金国平主编《澳门编年史》，第四卷：清后期（1845—1911），广东人民出版社，2009，第 2121 页。

⑤ 吴志良、汤开建、金国平主编《澳门编年史》，第四卷：清后期（1845—1911），广东人民出版社，2009，第 2131 页。

高票计每年出饷 282000 元投得, 合同以 6 年为期, 从 1905 年 12 月 1 日起至 1911 年 6 月 30 日止。承充人有权在澳门设立分厂牌仔, 售卖山票, 不日即可开办, 拟每月开彩三四次。山票是晚清彩票的一种, 光绪末年为了弥补闱姓被取消后的税饷损失而创制的赌博彩票。其赌法是: 从《幼学千字文》中选出书中最前一部分由"天地玄黄"到"遐迩一体"止, 合共 120 字。投买者在其中任意挑买 15 个字, 5 个字为一条, 每会收票若干, 每月于初二、十二、二十二日开彩三次, 开彩前一天截止投买。徐珂称: "粤东有山票者, 其注用《千字文》首篇 120 字, 较白鸽票多 40 字。猜买者以 15 字为限。每次开 30 字, 收票可至数 10 万条, 每条须银 1 角 5 分, 于数十万条中, 取中字最多者得头彩, 同中同分。票盛时, 头标可得数万元。"郑观应称: "山票毫半近闻半毫亦可猜买, 而得猜有数十倍、数百倍至数千倍之多, 其引人入胜之法可谓妙矣。"①

1904~1905 年度, 澳门政府收入为 685781000 厘士, 其中中式彩票专营收益为 109388000 厘士, 番摊专营为 206048000 厘士, 煮卖鸦片为 165329000 厘士, 氹仔财政收入 4020000 厘士。财政支出为 448347000 厘士②。

光绪三十二年 (1906 年 1 月 25 日至 1907 年 2 月 12 日)

1905~1906 年度, 澳门政府收入为 632000000 厘士, 其中中式彩票专营收益为 93288000 厘士, 番摊专营为 221078000 厘士, 煮卖鸦片为 195389000 厘士, 氹仔财政收入 3148000 厘士。财政支出为 475273000 厘士③。

宣统二年 (1910 年 2 月 10 日至 1911 年 1 月 29 日)

1909~1910 年度, 澳门政府收入为 553344000 厘士, 其中中式彩票专营收益为 80460000 厘士, 番摊专营为 243000000 厘士, 煮卖鸦片为 28759000 厘士, 财政支出为 639136000 厘士④。

---

① 吴志良、汤开建、金国平主编《澳门编年史》, 第四卷: 清后期 (1845—1911), 广东人民出版社, 2009, 第 2132 页。
② 吴志良、汤开建、金国平主编《澳门编年史》, 第四卷: 清后期 (1845—1911), 广东人民出版社, 2009, 第 2133 页。
③ 吴志良、汤开建、金国平主编《澳门编年史》, 第四卷: 清后期 (1845—1911), 广东人民出版社, 2009, 第 2141 页。
④ 吴志良、汤开建、金国平主编《澳门编年史》, 第四卷: 清后期 (1845—1911), 广东人民出版社, 2009, 第 2191 页。

宣统三年 （1911 年 1 月 30 日至 1912 年 1 月 18 日）

5 月 20 日，澳门政府颁布第 93 号札谕，批准设立会安娱乐公司章程。会安公司位于皇家新街第 181 号，主要为股友聚会、娱乐、遣兴、谈情而设，经营范围包括依律例所准之赌博、纸牌、骨牌、台玻、象棋及看书、阅报、弦歌、酒宴等，而番摊、车微盘、牌九以及其他之违例赌具，概不开设。本年，此类娱乐公司不断在澳门出现，第 21 号宪报登载有"合益公司"，在三巴仔横街第 1 号门牌；第 30 号宪报公布"永安公司""泰来公司"，分别在木桥街第 38 号门牌、皇家新街第 187 号门牌；第 35 号宪报又有"乐闲公司"，在白眼塘横街第 33 号门牌；第 40 号宪报又有"和泰公司"，在通商新街第 27 号门牌[1]。

10 月 12 日，澳门赌商小飞南第 （Bernardino de Senna Fernandes Jr.） 伯爵在岗顶私邸中自杀。小飞南第为澳门土生先拿·飞南第家族第四代，飞南第伯爵的次子，早年在英国接受教育，1887 年返回澳门。其父死后，由于其兄少年夭折，故以次子身份承袭伯爵之衔。除担任暹罗驻澳门领事，亦承继乃父之事业，继续经营博彩业。1894 年 11 月，他与澳门葡商依沙基利·巴罗斯 （José Francisco Ezequiel de Barros） 合伙承充澳门、氹仔、路环三地闱姓生意，为期 8 年，至 1902 年 11 月止。1908 年 2 月，又承充澳门、氹仔、路环签铺票生意，为期 5 年，至 1913 年 1 月止。按规定，第一年缴银 1.7 万元，第二年缴银 1.7 万元，第三年缴银 2.3 万元，第四年缴银 2.8 万元，第五年缴银 3 万元。但是，一年之后，小飞南第伯爵未能完成合同，被澳门政府中止其签铺票经营权，其自杀原因很可能同这次中止经营权有关[2]。

10 月 18 日，澳门政府订立《承充澳氹路白鸽票及山票生意实合同之章程》。该章程对 1912 年 11 月 16 日至 1917 年 11 月 15 日承充期限内白鸽票、山票生意进行规定，要求承充人每年按照承充之价，缴纳国课衙门承充规银，分 24 次上期缴纳，同时按照每年规银的 1/3 用现银交出国课银库收存，以为担保银，承充人亦可按照律例，换用产业交国课作抵。与此相应，承充人有权自做其应在澳门、氹仔、路环每处设收票铺多少，任由承充人开足，且任从承充人发给票艇牌照，代收白鸽票及出票入厂，所有牌费应收

---

[1] 吴志良、汤开建、金国平主编《澳门编年史》，第四卷：清后期 （1845—1911），广东人民出版社，2009，第 2201 页。

[2] 吴志良、汤开建、金国平主编《澳门编年史》，第四卷：清后期 （1845—1911），广东人民出版社，2009，第 2212 页。

若干及给牌收票章程均由承充人自定义，不必与国家商议①。

11 月 25 日，下午 2 时，澳门政府在督理国课衙门大堂内，将澳门、氹仔、路湾开设白鸽票、山票生意以封固暗票形式出投，招人承充，以 5 年为期，即自 1912 年 11 月 16 日至 1917 年 11 月 15 日。凡来投者须将压票银 3 万元交存代理国课银库之西洋银行，投价以 25 万元为底。此前在 10 月 18 日，澳葡政府颁布了新的《承充澳氹路白鸽票及山票生意实合同之章程》②。

1910～1911 年度，澳门政府收入为 529713000 厘士，其中中式彩票专营收益为 70638000 厘士，番摊专营为 217687000 厘士，煮卖鸦片为 98032000 厘士，财政支出为 636450000 厘士③。

民国元年（1912 年 1 月 1 日至 1912 年 12 月 31 日）

11 月，澳门政府将山票及白鸽票专营权出投，期限 5 年，每年纳饷 372000 元，但至 1915 年 5 月合约废止④。

民国十年（1921 年 1 月 1 日至 1921 年 12 月 31 日）

9 月 29 日，广东政府交涉员李锦纶就"九一六事件"向葡萄牙驻广州总领事提出四项要求：①葡政府应向粤政府道歉；②惩办主张开炮的葡国军官；③此后无论何种葡舰，不得驶过湾仔、银坑华界；④澳门必须定期一律禁赌。但澳门政府否认此次事件是由葡国舰先启衅端，不仅对广东提出的要求置之不理，反而要求广东政府赔偿死伤葡兵⑤。

民国十一年（1922 年 1 月 1 日至 1922 年 12 月 31 日）

6 月 4 日，广东省省长伍廷芳向葡萄牙驻广州领事提出三项要求，限其三天之内答复：①所有非洲军队从澳门撤出；②对被杀戮的中国人赔偿损失；③永远禁止在澳门吸鸦片烟和赌博⑥。

---

① 吴志良、汤开建、金国平主编《澳门编年史》，第四卷：清后期（1845—1911），广东人民出版社，2009，第 2212 页。

② 吴志良、汤开建、金国平主编《澳门编年史》，第四卷：清后期（1845—1911），广东人民出版社，2009，第 2216 页。

③ 吴志良、汤开建、金国平主编《澳门编年史》，第四卷：清后期（1845—1911），广东人民出版社，2009，第 2220 页。

④ 吴志良、汤开建、金国平主编《澳门编年史》，第五卷：民国时期（1912—1949），广东人民出版社，2009，第 2239 页。

⑤ 吴志良、汤开建、金国平主编《澳门编年史》，第五卷：民国时期（1912—1949），广东人民出版社，2009，第 2359 页。

⑥ 吴志良、汤开建、金国平主编《澳门编年史》，第五卷：民国时期（1912—1949），广东人民出版社，2009，第 2374 页。

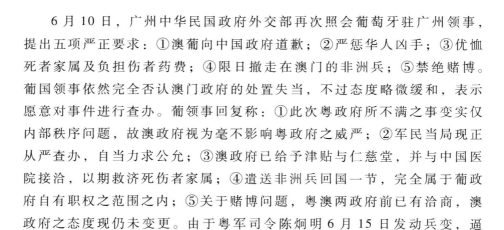

6月10日，广州中华民国政府外交部再次照会葡萄牙驻广州领事，提出五项严正要求：①澳葡向中国政府道歉；②严惩华人凶手；③优恤死者家属及负担伤者药费；④限日撤走在澳门的非洲兵；⑤禁绝赌博。葡国领事依然完全否认澳门政府的处置失当，不过态度略微缓和，表示愿意对事件进行查办。葡领事回复称：①此次粤政府所不满之事变实仅内部秩序问题，故澳政府视为毫不影响粤政府之威严；②军民当局现正从严查办，自当力求公允；③澳政府已给予津贴与仁慈堂，并与中国医院接洽，以期救济死伤者家属；④遣送非洲兵回国一节，完全属于葡政府自有职权之范围之内；⑤关于赌博问题，粤澳两政府前已有洽商，澳政府之态度现仍未变更。由于粤军司令陈炯明6月15日发动兵变，逼迫孙中山下野，广州政府四分五裂，国内局势骤变，与澳门政府交涉之事即暂告一段落[①]。

民国十四年（1925年1月1日至1925年12月31日）

1925年，澳门财政总收入为409.3万元，总支出为460.8万元，亏空50余万元，其中不包括港口支出及为应付广东本年夏季动乱和排外浪潮而从里斯本和非洲派来军队的支出。澳门此时财政出现危机，财政收入主要靠鸦片和赌博业，这两项垄断行业的收入占澳门总收入的90%。从1918年至1925年，澳门鸦片收入从667.6万元跌至181.9万元[②]。

民国二十年（1931年1月1日至1931年12月31日）

11月26日，位于莲峰山山麓的赛狗场地正式开张，观台可容纳1500人。先是数名华人与美国人在澳门成立"澳门赛狗会"，兴建莲峰山山麓的赛狗场，设置看台、跑道、狗圈等。同年，澳门赛狗会正式开幕，主办者特从美国请来一队24人的女子乐队表演，仪式相当隆重，场面尤其热烈。其时跑狗每逢周末举行，晚8时30分开始，至11时30分左右结束，每晚比赛8场，观众下注买"心水狗"，消费颇高，连入场券每位都收费1元。由于消费高昂，至1936年即宣告停办[③]。

---

① 吴志良、汤开建、金国平主编《澳门编年史》，第五卷：民国时期（1912—1949），广东人民出版社，2009，第2375页。

② 吴志良、汤开建、金国平主编《澳门编年史》，第五卷：民国时期（1912—1949），广东人民出版社，2009，第2427页。

③ 吴志良、汤开建、金国平主编《澳门编年史》，第五卷：民国时期（1912—1949），广东人民出版社，2009，第2502页。

民国二十六年（1937 年 1 月 1 日至 1937 年 12 月 31 日）①

1 月 13 日，澳门政府发布公告，宣布拟于 2 月 16 日上午 11 时在财政总局大堂内将澳门、凼仔及路环开收签铺票、白鸽票、山票生意，出投招人承充，以 3 年为期，由 1937 年 2 月 17 日起计。底价为 94 万元，押票银94000 元。最后由高可宁、傅老榕等人组建的泰兴娱乐总公司投得专营权。泰兴娱乐总公司在中央酒店、福隆新街和十月初五街分设三家赌场，承包澳门赌业，皆为骰宝、番摊、牌九以及铺票、白鸽票、字花之类中式赌博。该公司与澳门政府财政厅签订专营条约，主办全澳门赌场业务，每年缴纳赌税合葡币 180 万元。其中全澳门赌场工作人员共有七八百人，中央酒店占1/3，规模为全澳之最。傅老榕原名德用，后改为德荫，1894 年生，广东南海人。1913 年，时年 19 岁的傅老榕到香港谋生，初为杂工及轮船机械学徒，后因事入狱 10 个多月，出狱后在桂、梧、邑、柳等地之间从事贸易。1930 年豪兴娱乐公司成立，并投得澳门赌场的经营权，深得前广东银行行长霍芝亭和香港康年银行创办人李声恒的支持和帮助。1935 年，傅老榕与霍芝亭等人在深圳另立门户，开设了一间赌场，由于交通方便，赌客盈门，澳门赌场因此日益萧索，甚至在 1937 年豪兴娱乐公司亏蚀净尽，商人毕侣俭接受续办一年，亦挨不住亏蚀。1938 年，由于民国政府取缔深圳赌场，傅老榕遂卷土重来，投得澳门赌场的经营权，初期生意平平，直至太平洋战争爆发后，到澳避难富人骤增，澳门赌业才日益兴旺起来。傅老榕除经营娱乐业外，还在香港创设德记船务贸易有限公司、广兴置业有限公司、大华置地有限公司、大华影业有限公司及其他商业，联号分布港澳两地，在港澳经济上占有重要地位，由此傅老榕在 20 世纪 40～60 年代与高可宁、何东、罗文锦等合称香港四大家族。在社会慈善事业方面，傅老榕对澳贡献良多，抗战期间，救济澳门难民，出钱出力，毅然担负起责任。故历任澳门中华总商会、镜湖医院及同善堂名誉顾问之职。

3 月 12 日，澳门政府发布公告，宣布拟于 4 月 15 日上午 11 时在财政总局大堂内将澳门番摊生意出投招人承办，以 3 年为期，即由 1937 年 5 月 18日起至 1940 年 5 月 17 日止。底价为 120 万元，押票银为 12 万元②。

---

① 吴志良、汤开建、金国平主编《澳门编年史》，第五卷：民国时期（1912—1949），广东人民出版社，2009，第 2555 页。

② 吴志良、汤开建、金国平主编《澳门编年史》，第五卷：民国时期（1912—1949），广东人民出版社，2009，第 2557 页。

4 月 3 日，澳门政府发布公告，宣布拟于 4 月 15 日下午 3 时在财政总局大堂内将澳门、氹仔及路环签铺票、白鸽票、山票生意出投招人承充，以 3 年为期，由 1937 年 5 月 16 日起计。底价为 60 万元，押票银 6 万元①。

4 月 15 日，上午 11 时，澳门财政总局在本局大堂内将澳门、氹仔、路环开收签铺票、白鸽票、山票生意出投招人承充，以 3 年为期，由 1937 年 5 月 16 日起计。底价为 60 万元，并列出投章程 6 款，立实合同章程 31 款②。

民国三十六年（1947 年 1 月 1 日至 1947 年 12 月 31 日）

12 月，葡萄牙政府决定从下年开始实施"繁荣澳门计划"，为此特批 55 万元经费，用以发展交通事业，如开凿河道以利大舶出入，筹建机场以利空航，创设仓库以利商业，及筹设其他配套的基础设施如公园、道路等。全部项目皆由总督柯维纳亲自负责建立预算，待确立后，来年按计划进行。据 1950 年 9 月完成的报告《最近三年澳门属地完成及改善各项工程概况（1947 年 9 月至 1950 年 9 月）》称，自 1947 年 9 月以来，澳门市行政局已将办事处各部门内部业务重新调整及改善，使所进行之工作更有秩序而收效果：对于旅店、旅舍之检查严为注意，着令其改善设备，务使旅客在舒适、清洁及价格方面获致利益；加强取缔乞丐、娼妓、赌博及淫亵物品工作，同时颁布关于戏院、舞场及其他娱乐场所经营之条例，务使其均有显著之改善③。

二十世纪五十年代（1950 年 1 月 1 日至 1960 年 12 月 31 日）

1953 年，澳葡政府规定自 1 月 1 日起，当年所有在澳门赌博及彩票所得收益全部拨归公共救济总会。

1955 年，澳葡政府拟订澳门赛马专营事业办法。

1956 年，澳葡政府核准汽车比赛委员会发行当年举办的第三届赛车奖券。

二十世纪六十年代（1961 年 1 月 1 日至 1969 年 12 月 31 日）

1961 年 2 月 13 日，葡萄牙政府颁布第 18267 号法令，正式将澳门辟为

---

① 吴志良、汤开建、金国平主编《澳门编年史》，第五卷：民国时期（1912—1949），广东人民出版社，2009，第 2557 页。

② 吴志良、汤开建、金国平主编《澳门编年史》，第五卷：民国时期（1912—1949），广东人民出版社，2009，第 2558 页。

③ 吴志良、汤开建、金国平主编《澳门编年史》，第五卷：民国时期（1912—1949），广东人民出版社，2009，第 2732 页。

旅游区、博彩区；7月，澳葡政府颁布《承投山铺票条例》，另外，在《政府公报》刊登开投通告；8月，印度尼西亚华侨郑君豹与澳葡政府签订赛狗专营合约。翌月，澳门跑狗有限公司在香港注册成立，并得到澳葡政府认可；10月，以港资背景为主的霍英东、何鸿燊、叶汉、叶德利合组的财团，以承诺年饷316.7万元及承担繁荣澳门的条件，投得了澳门赌场专利权。按法例规定，专营期为8年。泰兴娱乐总公司持续24年的赌场专营权终告结束。同年，该财团又投得了山票、铺票及白鸽票的专营权。

1962年1月1日，新投得赌场专营权的财团在士多纽拜斯马路开设了第一间赌场——新花园赌场；1月13日，《政府公报》刊登批予何鸿燊为期8年的山票、铺票及白鸽票等中式彩票专营批给合约公证书；其后至2月，《政府公报》曾两次刊登将幸运博彩专营批给合同公证书的签订期限延长；3月，何鸿燊代表该财团在里斯本海外部与澳葡政府代表——澳督罗必信正式签署《中西幸运博彩专营合约》；5月，澳门旅游娱乐有限公司正式注册成立；5月26日，何鸿燊在澳督府内签订转让合约，将赌场专营权转让予澳门旅游娱乐有限公司；6月2日，《政府公报》刊登澳门幸运博彩专营权由澳门旅游娱乐公司承办。

1963年2月，澳门跑狗有限公司正式将赛狗专营合约转让予以何贤任董事长之澳门逸园赛狗有限公司；9月28日，澳门逸园赛狗有限公司恢复了中断逾26年的赛狗活动，并进行了首场赛事。

1964年12月5日，澳督罗必信颁布第1649号立法性法规，对第1496号立法性法规作出部分修改。其中将幸运博彩专营期改为25年，由1962年1月1日起计。

1965年4月3日，《政府公报》刊登澳葡政府批准有关铺票、白鸽票及其他中式彩票专营权转移予荣兴彩票有限公司的转移合同公证书。

1967年12月16日，《政府公报》刊登《体育博彩代理及经纪章程》。

1969年2月1日，《政府公报》刊登关于以高利贷方式向赌客贷款并收押他人身份证的人士予以监禁并罚款的处分规定。

二十世纪七十年代（1970年1月1日至1979年12月31日）

1970年6月，葡京酒店首期工程完竣，设于葡京酒店内的葡京娱乐场一直成为澳门旅游娱乐有限公司的旗舰赌场。

1971年8月，澳门回力球企业有限公司注册成立。

1975年5月，回力球场工程完竣；6月15日，澳门举行首次回力球赛；

10 月 4 日，《政府公报》刊登第 169/75 号训令，核准有关百家乐的游戏规则，百家乐逐步成为澳门娱乐场一项极为重要的博彩游戏；12 月 20 日，《政府公报》刊登博彩合约监察处的职能。

1977 年 7 月 9 日，《政府公报》刊登《澳门赛马车会》章程；8 月，由叶汉任主席的澳门赛马车会获得澳葡政府批予赛马车专营权，有效期为 20 年。

二十世纪八十年代（1980 年 1 月 1 日至 1989 年 12 月 31 日）

1980 年，位于氹仔的赛马车场落成；9 月，澳门进行了首场赛马车博彩。

1981 年 4 月 4 日，《政府公报》刊登澳葡政府与澳门回力球企业有限公司修订专营批给合同的内容。

1982 年 5 月，澳门立法会通过第 6/82/M 号法律。该法律界定澳门为恒久性博彩区域，并重新规范了幸运博彩业的批给制度、批给的公开招标、总督的职权及该法律本身的修改程序等内容。同年，叶汉退出澳门旅游娱乐有限公司，由郑裕彤承购其所占股权。

1984 年 1 月 26 日，澳督高斯达签署第 2/84/M 号法令，修订过去对进入博彩场所的年龄规定；7 月，澳门逸园赛狗有限公司股权易手，澳门旅游娱乐有限公司成为该公司大股东；11 月，澳葡政府颁布第 217/84/M 号法令，规定即发彩票章程；12 月，一种新型的彩票——澳门即发彩票正式出售。

1985 年 5 月，铺票受到市场淘汰而终告结束；12 月，澳门逸园赛狗有限公司与澳葡政府签订新的赛狗专营合约，有效期为 20 年，至 2005 年 12 月 31 日届满。

1986 年 9 月，澳门立法会通过第 10/86/M 号法律，对第 6/82/M 号的幸运博彩法律作出适当修订。

1987 年 2 月，澳门彩票有限公司注册成立；8 月，澳门立法会通过第 12/87/M 号法律，并撤销第 76/84/M 号法令，对即发彩票重新作出规范。

1988 年 1 月 30 日，澳门赛马车会举行了最后一场赛事，并于翌日起停赛；4 月 5 日，《政府公报》刊登第 28/88/M 号法令，设立博彩监察暨协调司。

1989 年 1 月，台湾朕伟集团在澳门注册成立澳门赛马有限公司，获澳葡政府批予赛马专营权；9 月 11 日，澳门赛马有限公司开幕，停办了近半个世纪的赛马活动又重新开赛，赛马场是由原来的赛马车场改建而成。

二十世纪九十年代（1990年1月1日至1999年12月31日）

1990年8月，澳门回力球场结束营业，场馆改建作其他用途；8月27日，《政府公报》刊登第163/90/M号训令《赛马暨互相博彩规章》；10月22日，《政府公报》刊登金银宝/廿一点即发彩票规例；11月12日，《政府公报》刊登第222/90/M号《核准白鸽票博彩条例》训令；12月，具有悠久历史的白鸽票改用电脑开彩；12月14日，澳门赛马有限公司电脑大楼被封，赛马活动停止。

1991年1月，澳门赛马有限公司恢复赛事。

1992年11月3日，《政府公报》刊登第229/92/M号《核准白鸽票彩票官式规章》训令，并撤销第222/90/M号训令。

1993年3月31日，中华人民共和国第八届全国人民代表大会第一次会议通过《中华人民共和国澳门特别行政区基本法》（简称《澳门基本法》），《澳门基本法》第118条规定，澳门特别行政区根据本地整体利益自行制定旅游娱乐业的政策。

1996年7月22日，《政府公报》刊登第8/96/M号《核准不法赌博制度》法律，并废止8月27日第9/77/M号法律。

1997年7月，澳门旅游娱乐有限公司和澳门赛马有限公司与澳葡政府分别签署两项博彩合约，幸运博彩专营权及赛马专营权合约。其中幸运博彩专营权延至2001年12月31日。

1998年6月，澳葡政府批准澳门彩票有限公司专营足球博彩；11月16日，《政府公报》刊登第234/98/M号《弹子机博彩规章》训令。

1999年12月20日，澳门回归祖国，澳门特别行政区成立，从此澳门各个领域翻开了历史新的一页。

二十一世纪（2000年1月1日至2004年12月31日）

2000年4月，澳门彩票有限公司获准专营篮球博彩；6月17日，澳门彩票有限公司首创了亚洲合法的网上足球博彩；8月23日，由澳门时任行政长官何厚铧任主席的澳门博彩委员会举行首次会议，并决定聘请安达信公司作为研究澳门博彩业未来发展方向和政策的顾问公司，整份研究报告预计于2001年完成；12月29日，澳门彩票有限公司正式接受网上NBA（美国国家篮球协会）投注，成为亚洲首间合法经营NBA的博彩公司。

2001年1月8日，《澳门特别行政区公报》刊登第245／2000号行政长官批示，批准澳门赛马有限公司试办赛马投注经纪业务，为期180日，期限可经由特许实体批准续期；8月30日，立法会通过第16/2001号法律《娱乐场幸运博彩经营法律制度》，该法律是澳门重新招标竞投幸运博彩经营牌照以及规范相关经营活动的重要依据；10月22日，《澳门特别行政区公报》刊登第23/2001号行政法规《修改核准司法警察局组织之6月29日第27/98/M号法令》，批准司法警察局设置博彩罪案调查处；10月26日，行政长官颁布第26/2001号行政法规《规范娱乐场幸运博彩经营批给的公开竞投、批给合同，以及参与竞投公司和承批公司的适当资格及财力要件》；10月30日，行政长官作出第216/2001号"关于设立娱乐场幸运博彩经营批给首次公开竞投委员会"的批示。

2002年1月3日，娱乐场幸运博彩经营批给首次公开竞投委员会开始约晤18间合资格竞投幸运博彩牌照的公司，并听取有关投资计划。2月8日，澳门政府公布了3个投得幸运博彩经营牌照的公司，即澳门博彩股份有限公司（澳门旅游娱乐有限公司子公司）、永利渡假村（澳门）股份有限公司及银河娱乐场澳门股份有限公司。3月28日，澳门政府与澳门博彩股份有限公司签署《澳门特别行政区娱乐场幸运博彩或其他方式的博彩经营批给合同》，合同有效期为18年，由2002年4月1日起至2020年3月31日止。4月1日，《澳门特别行政区公报》刊登第6/2002号行政法规《订定从事娱乐场幸运博彩中介业务的资格及规则》；同日，澳门博彩股份有限公司正式投入营运。此外，根据经济财政司司长批示，准许澳门博彩股份有限公司于当日起经营泵波拿博彩。4月4日，行政长官制定第10/2002号行政法规《博彩中介人佣金税项之部分豁免》，豁免期为3年，由2002年4月1日起至2005年3月31日止。5月22日，香港立法会通过《2000年赌博（修订）条例草案》，并于同月31日生效实施。6月28日，澳门霍英东基金会成立（霍英东将原先持有澳门旅游娱乐有限公司的全部股份及权益转入该基金会）。9月27日，就港澳两地赛马会合作事宜，澳门赛马会与香港赛马会在香港举行首次会议，会议决定双方今后继续保持交换意见及资料。

2003年4月11日，澳门博彩股份有限公司公职金制度定案，并拟于同年7月1日生效。4月23日，经济财政司司长作出第41/2003号及第42/2003号批示，核准《足球纸牌博彩法定规章》及《幸运轮法定规章》。8月15日，经济财政司司长作出第63/2003号及第64/2003号批示，准许澳门赛马有限公司及澳门逸园赛狗股份有限公司接受互联网投注，有效期分别至 2004 年 8 月 31 日及 2004 年 12 月 31 日。8 月 21 日，行政长官作出第 207/2003 号批示：设立澳门旅游博彩技术培训中心，该中心在社会文化司司长领导下运作。9 月 1 日，经济财政司司长作出第 69/2003 号批示，核准《联奖扑克法定规章》。11 月 3 日，《澳门特别行政区公报》刊登第 34/2003 号行政法规《博彩监察协调局的组织及运作》。

2004 年 2 月 15 日，港澳两地赛马会合办的首届"港澳杯"埠际赛马第一回合在香港举行，标志着两个赛马会的友好合作踏入新纪元。2 月，澳门东方娱乐场被美国《福布斯》杂志评选为全球十大最佳赌场之一，是亚洲唯一一家入围的赌场；在十大最佳赌场评选中，欧洲占四家，美国及加勒比海各占两家，南非和亚洲各占一家。3 月 3 日，行政长官签署第 8/2004 号行政命令，核准《白鸽票法定规章》，并废止第 229/92/M 号训令。4 月 13 日，经济财政司司长作出第 48/2004 号批示，准许澳门荣兴彩票有限公司在中式彩票范畴内经营电话投注及互联网投注，有效期至 2004 年 12 月 31 日止。4 月 26 日，澳门赛马会等 18 个"亚洲赛马联盟"成员在香港联合签署《赛马博彩之好邻居政策》协议，一致拥护互相尊重彼此权益及维护赛马诚信的原则，决心合力打击非法赌博活动。5 月 18 日，以"转批给"方式获准在澳门经营幸运博彩的威尼斯澳门股份有限公司，其旗下的首间娱乐场——金沙娱乐场揭幕，这是亚洲首个由美资公司投资发展的博彩娱乐场，开幕时有逾 2 万人进场。5 月 24 日，经济财政司司长作出第 63/2004 号批示：核准《博彩中介人主要雇员个人资料披露表》表格式样。5 月 31 日，澳门立法会通过第 5/2004 号法律《娱乐场博彩或投注信贷法律制度》，该法律于 2004 年 7 月 1 日正式生效。6 月 7 日，澳门政府开始接受博彩中介人申请经营牌照。6 月 9 日，《澳门特别行政区公报》摘录刊登澳门彩票有限公司专营合同延长及修改内容。8 月 27 日，澳门赛马专营合约修改，专营期延长一年，由 2004 年 9 月 1 日起至 2005 年 8 月 31 日止。

后　记

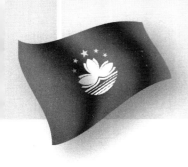

　　在几经违反交稿期限的情况下，终于交出定稿，在此非常感谢编辑委员会委员们的宽容，特别是感谢澳门基金会主席吴志良博士、澳门大学的骆伟建教授。

　　在写作的过程中，笔者除了对法律条文进行分析及参考各博彩著作外，还进行了多次采访、约谈，以了解博彩法的实施操作情况，这些对象包括：博彩承批公司的管理层、庄荷管理层、庄荷、博彩中介人、博彩中介人之合作人、从事博彩业管理工作的退休中高级公务员，以及澳门娱乐博彩业中介人协会会长郭志忠先生，从而对澳门博彩法及相关的法律作出较为全面的介绍，因为笔者不单从事法律教学及研究工作，还有执行一些律师实务工作，因此，本书亦加入了对博彩法的实际操作情况。

　　在本书撰写期间，笔者非常幸运地接到一项博彩法的研究工作，笔者利月这资源，安排了多个学生助理：纪熠、钟志伟、曾柏毅、王斯韵、卢颂馨、李金狮、张祖健、冯颖琨、周婷婷等进行收集资料、打字、校对等工作，正是有了他们的协助方能使本书得以面世，其中曾柏毅在广告及控烟、李金狮在负责任博彩章节中作出的努力已超出了校对的工作范围，在此，对他们表示感谢。

　　最后，衷心感谢澳门基金会在财政及行政上的支持，以及一群热心工作的澳门基金会工作人员，没有她们辛劳的付出，本书是不能出版、发行的。

2013 年 7 月

参考文献

著　作

《2010～2011澳门特别行政区第四届立法会第二立法会期会刊》，第二组第 IV－21 期。

王五一：《赌权开放的制度反思》，澳门理工学院，2005。

尹思哲（Manuel M. E. Trigo）：《债法概要》，朱琳琳译，澳门大学法学院，1997/1998 年打印版。

江育民：《从法社会学观点论现行刑法上之赌博罪》，国防管理学院法律研究所硕士学位论文，1996。

坎贝尔：《中国的苦力贸易》，转引自陈翰笙主编《华工出国史料汇编》第四辑，中华书局，1984。

李治洪：《澳门博彩业法律制度研究》，华侨大学硕士学位论文，2000。

李淑华：《澳门劳动法》，澳门保安部队高等学校，1994。

肖汉奇、郑国生主编《广告法实用教程》，中国法制出版社，1995。

吴志良、汤开建、金国平主编《澳门编年史》，第五卷：民国时期（1912—1949），广东人民出版社，2009。

吴志良、汤开建、金国平主编《澳门编年史》，第四卷：清后期（1845—1911），广东人民出版社，2009。

邱庭彪：《论视听监察的证明力》，载陈光中、陈泽宪、科恩主编《比较与借鉴——从各国经验看中国刑事诉讼法改革路径》，中国政法大学出版社，2007。

郑伟聪：《澳门博彩公司法律制度若干问题研究》，中华文化交流协会，2010。

郑言实编《澳门过渡时期重要文件汇编》，澳门基金会，2000。

骆伟建：《澳门特别行政区基本法新论》，社会科学文献出版社，2012。

徐萨斯：《历史上的澳门》，澳门基金会，2000。

澳门立法会 2006 年 3 月 23 日全体会议摘录。

法　例

1961 年 7 月 15 日的《澳门政府公报》刊登竞投《专营幸运博彩事业》的公告。

1964 年 2 月 1 日第 7461 号训令《核准中西式博彩章程》。

1966 年 2 月 5 日第 8116 号训令《修改一九六四年第 7461 号训令核准的中西式博彩章程第二十六条至第三十八条》。

Australia Casino Control Act 2006，A2006 – 2，Republication No. 11，Effective：1 March，2012，Republication date：1 March，2012.

中国人民银行公告（2004）第 18 号《调整国家货币出入境限额》。

国务院令第 108 号。

修正经由 6 月 3 日第 13/72 号立法条例所修正之 1961 年 6 月 4 日第 1496 号立法条例第 1 条 a 项及 b 项以及第 23 条 a 项内文第 13/72 号立法性法规《修正一九六一年七月四日第 1496 号立法条例（幸运博彩）第二条、第三条、第八条、第一八条及第二十三条条文》。

第 1/1999 号法律《回归法》。

第 1/80/M 号法令《设立澳门发行机构及核准其章程》。

第 1/89/M 号法律《修改营业税章程——撤消同一章程第廿六—A、卅一、卅六及六十一条条文》。

第 10/86/M 号法律《修正五月二十九日第 6/82/M 号法律若干条文

（幸运博彩）》。

第 100/89/M 号训令《核准"麻雀"及"牌九"博彩临时规则》。

第 101/2011 号行政长官批示《以例外情况豁免新濠博亚博彩（澳门）股份有限公司缴纳有关娱乐场幸运博彩或其他方式的博彩经营所生利润的所得补充税》。

第 101/84/M 号法令《订定雇主与工作者在工作关系上应尊重及遵守的最低及基本条件》。

第 13/2009 号法律《关于订定内部规范的法律制度》。

第 135/91/M 号训令《核准"麻雀"博彩章程——撤销三月二十日第 52/89/M 号训令》。

第 1496 号立法性法规《管制幸运博彩之设立》。

第 158/2004 号行政长官批示《订定澳门基金会为博彩毛收入的 1.6% 拨款之受惠人》。

第 16/2001 号法律《订定娱乐场幸运博彩经营法律制度》。

第 16/96/M 号法令《核准酒店业及同类行业之新制度——若干废止》。

第 1649 号立法性法规《修改一九六一年的第 1496 号立法性法规第二条、第八条、第三十七条、第四十条、第四十三条、第五十一条及第五十五条（关于批给幸运博彩之事宜）——废止第 1496 号立法性法规第三十八条、第四十二条、第四十七条、第四十八条及第四十九条》。

第 167/2008 号行政长官批示《以例外情况豁免威尼斯人澳门股份有限公司缴纳有关娱乐场幸运博彩或其他方式的博彩经营所生利润的所得补充税》。

第 168/75 号训令《关于一九六四年二月一日第 7461 号训令核准之中西式博彩章程第十六条至第廿五条之新编号及新内容事宜（轮盘官式规则）》。

第 171/79/M 号训令《核准 BOULE（廿五门）博彩规则——撤销一九六四年二月一日第 7461 号训令核准之中西博彩规则第七四及七九条条文》。

第 1760 号立法性法规《修改一九六一年七月四日《澳门政府公报》第二十六期副刊第 1496 号立法性法规第十三条之规定》。

第 1789 号立法性法规《再修正经一九六四年十二月五日第 1649 号立法条例修正之一九六一年七月四日第 1496 号立法条例第二条及第五一条四款条文（管制幸运博彩之设立）》。

第 18/2000 号行政法规《更改澳门货币暨汇兑监理署之名称》。

第 180/2007 号行政长官批示《豁免新濠博亚博彩（澳门）股份有限公司

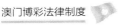

缴纳有关娱乐场幸运博彩或其他方式的博彩经营所生利润的所得补充税》。

第 186/2008 号行政长官批示《以例外情况豁免美高梅金殿超濠股份有限公司缴纳有关娱乐场幸运博彩或其他方式的博彩经营所生利润的所得补充税》。

第 2/84/M 号法令《修正经由六月三日第 13/72 号立法条例所修正之一九六一年六月四日第 1496 号立法条例第一条 a 及 b 项以及第二十三条 a 项内文》。

第 22/96/M 号训令《核准"三公百家乐"法定博彩之规则》。

第 227/2006 号行政长官批示《设立"金融情报办公室"》。

第 24/89/M 号法令《设立澳门工作关系》。

第 249/2004 号行政长官批示《以例外情况豁免银河娱乐场股份有限公司缴纳有关娱乐场幸运博彩或其他方式的博彩经营所生利润的所得补充税》。

第 250/2004 号行政长官批示《以例外情况豁免威尼斯人澳门股份有限公司缴纳有关娱乐场幸运博彩或其他方式的博彩经营所生利润的所得补充税》。

第 259/2001 号行政长官批示《将幸运博彩专营批给合同期间延长》。

第 267/2003 号行政长官批示《重新公布二月二十五日第 2/78/M 号法律通过的〈职业税章程〉及有关自由及专门职业表的全文》。

第 283/2006 号行政长官批示《以例外情况豁免永利渡假村（澳门）股份有限公司缴纳有关娱乐场幸运博彩或其他方式的博彩经营所生利润的所得补充税》。

第 296/2012 号行政长官批示《核准关于娱乐场吸烟区应遵要求的规范》。

第 30/2004 号行政长官批示《以例外情况豁免澳门博彩股份有限公司缴纳有关娱乐场幸运博彩或其他方式的博彩经营所生利润的所得补充税》。

第 30/99/M 号法令《订定财政司新组织法——废止一九三四年四月十四日第三百七十六号立法性法规及十一月二十七日第 61/95/M 号法令》。

第 32/2012 号行政命令《将若干权力授予经济财政司司长，作为签订"组织及经营即发彩票及体育彩票——足球及篮球博彩特许合同"续期至二零一五年六月五日，以及合同修改事宜而签署有关公证书的签署人》。

第 326/2008 号行政长官批示《以例外情况豁免银河娱乐场股份有限公司缴纳有关娱乐场幸运博彩或其他方式的博彩经营所生利润的所得补充税》。

第 333/2007 号行政长官批示《以例外情况豁免澳门博彩股份有限公司缴纳有关娱乐场幸运博彩或其他方式的博彩经营所生利润的所得补充税》。

第 358/2010 号行政长官批示《以例外情况豁免永利渡假村（澳门）股份有限公司缴纳有关娱乐场幸运博彩或其他方式的博彩经营所生利润的所得补充税》。

第 378/2011 号行政长官批示《以例外情况豁免澳门博彩股份有限公司缴纳有关娱乐场幸运博彩或其他方式的博彩经营所生利润的所得补充税》。

第 38/97/M 号法令《订定兑换店之设立及业务之新制度》。

第 39/89/M 号法令《解散澳门发行机构及设立澳门货币暨兑换监理署——撤销一月十二日第一／八〇／M 号法令及十月三十日第六三／八二／M 号法令》。

第 5/2004 号法律《娱乐场博彩或投注信贷法律制度》。

第 5/2011 号法律《预防及控制吸烟制度》。

第 57/2004 经济财政司司长批示的核准载于附件内的《骰宝法定规章》。

第 59/2004 经济财政司司长对外规范性批示核准之《鱼虾蟹骰宝法定博彩规章》。

第 6/2002 号行政法规《订定从事娱乐场幸运博彩中介业务的资格及规则》。

第 6/82/M 号法律《核准在本地区经营幸运博彩之批给的法律制度——撤销一九六一年七月四日第一四九六号立法条例第一至一四条，第三六及五三条条文》。

第 60/2004 号经济财政司司长对外规范性批示核准之《轮盘法定规章》。

第 67/2007 号经济财政司司长批示《万家乐法定规章》。

第 7/2006 号行政法规《核准清洗黑钱及资助恐怖主义犯罪的预防措施》。

第 7/2008 号法律《劳动关系法》。

第 7/81/M 号法律《有关薪俸及退休金的调整，其他给付之划一及不正常情况的纠正》。

第 7/89/M 号法律《订定广告活动之制度事宜》。

第 8/96/M 号法律《核准不法赌博制度——废止八月二十七日第 9/77/

M 号法律》。

第 89/2004 经济财政司司长对外规范性批示《"Q 扑克"法定规章》。

澳门《民事诉讼法典》。

澳门《民法典》。

澳门《刑事诉讼法典》。

澳门《刑法典》。

澳门《行政程序法典》。

澳门《基本法》。

裁　判

台湾台北地方"法院"民事判决，100 年度诉字第 1671 号，原告新濠博亚博彩（澳门）股份有限公司（Melco Crown Gaming）诉游枪案。

台湾台北地方"法院"民事判决，100 年度重诉字第 143 号，原告 Wynn Resorts（Macau）SA 即永利渡假村诉陈正忠及张明珠案。

澳门特别行政区终审法院第 28/2007 号合议庭裁判。

澳门特别行政区终审法院第 40/2008 号合议庭裁判。

网　站

刘凌云：《六雄争霸重构澳门博彩产业链》，《新财富》2008 年第 7 期，载 http：//www. p5w. net/newfortune/texie/200807/t1786393. htm。

李治洪： 《澳门博彩业法律制度研究》，2000，第 13～17 页。载 http：//cdmd. cnki. com. cn/Article/CDMD － 10385 － 2000001378. htm。

澳门大学博彩研究所网站，载 http：//www. umac. mo/iscg/Events/RG_ symposium/rg_ home_ CN. html。

澳门志毅轩网站，http：//iasweb. ias. gov. mo/cvf/。

澳门社会发展研究会"澳门博彩业大事追寻（1842 年至 2004 年 7 月）"网站，载 http：//www. macauresearch. org/my% 20webs1/magazine1/magazine1 casinohistory. htm。

澳门特别行政区政府教育暨青年局教育资源中心网站，载 http：//www. dsej. gov. mo/cre/money/index. htm。

附录一
娱乐场的承批合同

澳门特别行政区娱乐场幸运博彩或其他方式的博彩经营批给合同

2002年3月28日，在澳门特别行政区南湾大马路政府总部，由于财政局之专责公证员缺席，根据行政长官11月8日第216/2000号批示规定，本人朱奕聪，该局法律辅助中心二等高级技术员，被委任为代专责公证员。在本人面前有以下立约人：

第一立约人：澳门特别行政区，由行政长官何厚铧代表；何厚铧，已婚，职业住所位于澳门南湾大马路政府总部，本人根据《澳门特别行政区基本法》第四十五条规定，核实其身份及权力。

第二立约人：澳门博彩股份有限公司，总办事处设在澳门葡京路2至4号葡京酒店九楼，于商

澳门特别行政区与银河娱乐场股份有限公司签署之公证合同摘录

澳门特别行政区与永利渡假村（澳门）股份有限公司签署之公证合同摘录

业及汽车登记局的登记编号为
15056 号。由行政管理机关成员
何鸿燊及 Rui José da Cunha 代
表；何鸿燊，已婚，居住于澳门
西望洋马路 15 号；Rui José da
Cunha，已婚，居住于澳门家辣
堂街 7 号五楼 A。本人依据壹份
由该登记局出具的证明文件核实
其资格及权限，并将之存档。

本人因认识甲乙双方代表
而核实其身份。

第一立约人以上指身份声明：

透过第 217/2001 号行政长
官批示，开展了娱乐场幸运博
彩或其他方式的博彩经营（三
个）批给的公开竞投；

娱乐场幸运博彩或其他方
式的博彩经营（三个）批给的
公开竞投，随着开启标书的行
为而展开，开启标书的行为分
为两个阶段——开启封套上注
明"文件"字样的各个封套的
阶段及开启封套上注明"标书"
字样的各个封套的阶段；接着，
进行了一个介绍及评审标书的
咨询阶段；公开竞投程序在编
制一份具说明理由的报告书后
结束；行政长官根据该报告书
作出了供竞投的娱乐场幸运博
彩经营批给的临时判给；

透过第 26/2002 号行政长官
批示，将其中一个供竞投的娱乐
场幸运博彩或其他方式的博彩经
营批给临时判给澳门博彩股份有
限公司，下称"承批公司"；

承批公司已按照第 26/2001 号行政法规第八十四条第一款的规定，提供保证履行承批公司的法定义务或合同义务的担保金；

承批公司已按照第 26/2001 号行政法规第八十二条第五款的规定，向娱乐场幸运博彩经营批给首次公开竞投委员会证明已经以现金缴足金额不少于澳门币二亿元的公司资本，且该公司资本已存放于本地的信用机构或获许可在澳门特别行政区经营的信用机构的分支机构或附属公司；

承批公司已同意本澳门特别行政区娱乐场幸运博彩或其他方式的博彩经营批给合同的拟本；

承批公司、拥有承批公司 5% 或 5% 以上公司资本的股东及承批公司的董事，已接受审查是否具备适当资格的程序，该程序在编制有关报告书后结束；报告书指出该等实体具备适当资格；

承批公司已接受审查是否具备财力经营娱乐场幸运博彩或其他方式的博彩经营批给的程序，该程序在编制有关报告书后结束；报告书指出承批公司具备适当财力；

双方立约人以上述的身份声明，经双方协商后，同意订立娱乐场幸运博彩或其他方式的博彩经营批给行政合同，此行政合同由下列规则所规范。

澳门特别行政区娱乐场幸运博彩或其他方式的博彩经营批给合同

兹证明，缮录于二零零二年六月二十六日澳门财政局公证处第 338 号簿册第 12 至 91 页背页的澳门特别行政区与银河娱乐场股份有限公司签署之澳门特别行政区娱乐场幸运博彩或其他方式的博彩经营批给合同摘录内容如下：

澳门特别行政区娱乐场幸运博彩或其他方式的博彩经营批给合同

兹证明，缮录于二零零二年六月二十四日澳门财政局公证处第 337 号簿册第 82 至 149 页背页及第 338 号簿册第 2 至 11 页背页的澳门特别行政区与永利渡假村（澳门）股份有限公司签署之澳门特别行政区娱乐场幸运博彩或其他方式的博彩经营批给合同摘录内容如下：

第一章

批给的标的、类型及期间

第一条——批给的标的

一、本批给合同所作批给的标的为在中华人民共和国澳门特别行政区（下称"澳门特别行政区"或"批给实体"）经营娱乐场幸运博彩或其他方式的博彩。

二、批给不包括经营下列博彩活动：

（一）互相博彩；

（二）向公众提供的博彩活动；但不妨碍第 16/2001 号法律第三条第七款规定的适用；

（三）互动博彩；

（四）在船舶或航空器上进行的幸运博彩或任何其他方式的博彩、投注或博彩业务；但不妨碍第 16/2001 号法律第五条第三款（一）项及第四款规定的适用。

第二条——批给的目的

承批公司有下列义务：

（一）确保适当经营及操作娱乐场幸运博彩或其他方式的博彩；

（二）在管理及操作娱乐场幸运博彩或其他方式的博彩方面，必须雇用具备适当资格担任此等职务及承担此等责任的人；

（三）以公正、诚实及不受犯罪活动影响的方式，经营及操作娱乐场幸运博彩或其他方式的博彩；

第一章

批给的标的、类型及期间

第一条——批给的标的

一、本批给合同所作批给的标的为在中华人民共和国澳门特别行政区（下称"澳门特别行政区"或"批给实体"）经营娱乐场幸运博彩或其他方式的博彩。

二、批给不包括经营下列博彩活动：

（一）互相博彩；

（二）向公众提供的博彩活动；但不妨碍第 16/2001 号法律第三条第七款规定的适用；

（三）互动博彩；

（四）在船舶或航空器上进行的幸运博彩或任何其他方式的博彩、投注或博彩业务；但不妨碍第 16/2001 号法律第五条第三款（一）项及第四款规定的适用。

第二条——批给的目的

承批公司有下列义务：

（一）确保适当经营及操作娱乐场幸运博彩或其他方式的博彩；

（二）在管理及操作娱乐场幸运博彩或其他方式的博彩方面，必须雇用具备适当资格担任此等职务及承担此等责任的人；

（三）以公正、诚实及不受犯罪活动影响的方式，经营及操作娱乐场幸运博彩或其他方式的博彩；

第一章

批给的标的、类型及期间

第一条——批给的标的

一、本批给合同所作批给的标的为在中华人民共和国澳门特别行政区（下称"澳门特别行政区"或"批给实体"）经营娱乐场幸运博彩或其他方式的博彩。

二、批给不包括经营下列博彩活动：

（一）互相博彩；

（二）向公众提供的博彩活动；但不妨碍第 16/2001 号法律第三条第七款规定的适用；

（三）互动博彩；

（四）在船舶或航空器上进行的幸运博彩或任何其他方式的博彩、投注或博彩业务；但不妨碍第 16/2001 号法律第五条第三款（一）项及第四款规定的适用。

第二条——批给的目的

承批公司有下列义务：

（一）确保适当经营及操作娱乐场幸运博彩或其他方式的博彩；

（二）在管理及操作娱乐场幸运博彩或其他方式的博彩方面，必须雇用具备适当资格担任此等职务及承担此等责任的人；

（三）以公正、诚实及不受犯罪活动影响的方式，经营及操作娱乐场幸运博彩或其他方式的博彩；

（四）维护及保障澳门特别行政区在收取源自娱乐场及其他博彩区域运作的税项方面的利益。

第三条——适用的法律及具管辖权的法院

一、本批给合同仅受澳门特别行政区法律的约束。

二、承批公司承认及服从澳门特别行政区法院对可能出现的任何争执或利益冲突作出裁判的专属管辖权，故放弃在澳门特别行政区以外地方的任何法院提出诉讼。

第四条——遵守澳门特别行政区的法例

承批公司必须遵守澳门特别行政区的适用法例，并放弃尤其以免除履行其必须履行的或施加于其身上的义务或行为为目的而援引澳门特别行政区以外地方的法例。

第五条——参与其他管辖区域的娱乐场幸运博彩或其他方式的博彩经营

一、如承批公司有意参与任何其他管辖区域的娱乐场幸运博彩或其他方式的博彩经营，包括仅透过管理合同而参与经营，则必须将该意向通知政府；如承批公司知悉其任一控权股东、拥有其10%或10%以上公司资本的任一股东或其任一董事有上述意向，亦须立即通知政府。

（四）维护及保障澳门特别行政区在收取源自承批公司的娱乐场及其他博彩区域运作的税项方面的利益。

第三条——适用的法律及具管辖权的法院

一、本批给合同仅受澳门特别行政区法律的约束。

二、承批公司承认及服从澳门特别行政区法院对可能出现的任何争执或利益冲突作出裁判的专属管辖权，故放弃在澳门特别行政区以外地方的任何法院提出诉讼。

第四条——遵守澳门特别行政区的法例

承批公司必须遵守澳门特别行政区的适用法例，并放弃尤其以免除履行其必须履行的或施加于其身上的义务或行为为目的而援引澳门特别行政区以外地方的法例。

第五条——参与其他管辖区域的娱乐场幸运博彩或其他方式的博彩经营

一、如承批公司参与任何其他管辖区域的娱乐场幸运博彩或其他方式的博彩经营的发出准照程序或批给程序，以及娱乐场幸运博彩或其他方式的博彩经营，包括仅透过管理合同而参与，则必须将有关事实通知澳门特别行政区政府（下称"政府"）；如承批公司知悉其任一董事、其任一控权股

（四）维护及保障澳门特别行政区在收取源自承批公司的娱乐场及其他博彩区域运作的税项方面的利益。

第三条——适用的法律及具管辖权的法院

一、本批给合同仅受澳门特别行政区法律的约束。

二、承批公司承认及服从澳门特别行政区法院对可能出现的任何争执或利益冲突作出裁判的专属管辖权，故放弃在澳门特别行政区以外地方的任何法院提出诉讼。

第四条——遵守澳门特别行政区的法例

承批公司必须遵守澳门特别行政区的适用法例，并放弃尤其以免除履行其必须履行的或施加于其身上的义务或行为为目的而援引澳门特别行政区以外地方的法例。

第五条——参与其他管辖区域的娱乐场幸运博彩或其他方式的博彩经营

一、如承批公司参与任何其他管辖区域的娱乐场幸运博彩或其他方式的博彩经营的发出准照程序或批给程序，以及娱乐场幸运博彩或其他方式的博彩经营，包括仅透过管理合同而参与，则必须将有关事实通知澳门特别行政区政府（下称"政府"）；如承批公司知悉其任一董事、其任一控权股

	东，包括最终控权股东，又或任何持有直接或间接相应于承批公司10%或10%以上公司资本的公司出资者作出上述的参与，亦须立即通知政府。	东，包括最终控权股东，又或任何持有直接或间接相应于承批公司10%或10%以上公司资本的公司出资者作出上述的参与，亦须立即通知政府。
	二、为适用上款的规定，承批公司必须根据具体情况，向政府提供其要求的一切文件、资讯或资料，又或必须采取措施，以取得须向政府提供的上述文件、资讯或资料，但按照法律规定属机密文件、资讯或资料者除外。	二、为适用上款的规定，承批公司必须根据具体情况，向政府提供其要求的一切文件、资讯或资料，又或采取措施，以取得须向政府提供的上述文件、资讯或资料，但按照法律规定属机密文件、资讯或资料者除外。
第六条——批给制度	第六条——批给制度	第六条——批给制度
批给制度由一法律框架集成，该法律框架包括经第16/2001号法律通过的娱乐场幸运博彩或其他方式的博彩经营法律制度、第26/2001号行政法规、进行幸运博彩的施行规则，尤其是第16/2001号法律第五十五条所指的规则、第16/2001号法律的其他补足性法规，以及本批给合同。	批给制度由一法律框架集成，该法律框架包括经第16/2001号法律通过的娱乐场幸运博彩或其他方式的博彩经营法律制度、第26/2001号行政法规、进行幸运博彩的施行规则，尤其是第16/2001号法律第五十五条所指的规则、第16/2001号法律的其他补足性法规，以及本批给合同。	批给制度由一法律框架集成，该法律框架包括经第16/2001号法律通过的娱乐场幸运博彩或其他方式的博彩经营法律制度、第26/2001号行政法规、进行幸运博彩的施行规则，尤其是第16/2001号法律第五十五条所指的规则、第16/2001号法律的其他补足性法规，以及本批给合同。
第七条——所批给业务的经营	第七条——所批给业务的经营	第七条——所批给业务的经营
承批公司必须按照本批给合同所载的规定及条件经营所批给的业务。	承批公司必须按照本批给合同所载的规定及条件经营所批给的业务。	承批公司必须按照本批给合同所载的规定及条件经营所批给的业务。
第八条——批给的期限	第八条——批给的期限	第八条——批给的期限
一、本批给合同所作批给的期限为十八年，自二零零二年四月一日起至二零二零年三月三十一日止。	一、本批给合同所作批给的期限为二十年，自二零零二年六月二十七日起至二零二二年六月二十六日止。	一、本批给合同所作批给的期限为二十年，自二零零二年六月二十七日起至二零二二年六月二十六日止。
二、上款的规定，不妨碍适用本批给合同中在批给期限届	二、上款的规定，不妨碍适用本批给合同中在批给期限届	二、上款的规定，不妨碍适用本批给合同中在批给期限届

满后仍继续生效的条款。

第二章
娱乐场及其他博彩区域的经营及运作地方

第九条——经营所批给业务的地方

一、承批公司在从事其业务时，只可在经政府预先许可及分类的娱乐场及其他博彩区域经营娱乐场幸运博彩或其他方式的博彩。

二、供经营所批给业务的任何其他地方的拨用，须经政府许可。

第十条——博彩种类、博彩桌及电动或机动博彩机的博彩

一、承批公司获许可经营第16/2001号法律第三条第三款所指的所有幸运博彩方式，以及按照同条第四款及第五款的规定许可的其他幸运博彩方式。承批公司亦获许可按照法律的规定经营包括"角子机"在内的任何电动或机动博彩机的博彩。

二、承批公司必须于每年十二月份，向博彩监察暨协调局送交一份列表，列表上须载明承批公司拟于翌年经营的博彩桌及包括"角子机"在内的电动或机动博彩机的数目及所在地点。

三、承批公司经营的博彩桌及包括"角子机"在内的电动或机动博彩机的数目，可透过

満后仍继续生效的条款。

第二章
娱乐场及其他博彩区域的经营及运作地方

第九条——经营所批给业务的地方

一、承批公司在从事其业务时，只可在经政府预先许可及分类的娱乐场及其他博彩区域经营娱乐场幸运博彩或其他方式的博彩。

二、供经营所批给业务的任何其他地方的拨用，须经政府许可。

第十条——博彩种类、博彩桌及电动或机动博彩机的博彩

一、承批公司获许可经营第16/2001号法律第三条第三款所指的所有幸运博彩方式，以及按照同条第四款及第五款的规定许可的其他幸运博彩方式。承批公司亦获许可按照法律的规定经营包括"角子机"在内的任何电动或机动博彩机的博彩。

二、承批公司必须于每年十二月份，向博彩监察暨协调局送交一份列表，列表上须载明承批公司拟于翌年经营的博彩桌及包括"角子机"在内的电动或机动博彩机的数目及所在地点。

三、承批公司经营的博彩桌及包括"角子机"在内的电动或机动博彩机的数目，可透

満后仍继续生效的条款。

第二章
娱乐场及其他博彩区域的经营及运作地方

第九条——经营所批给业务的地方

一、承批公司在从事其业务时，只可在经政府预先许可及分类的娱乐场及其他博彩区域经营娱乐场幸运博彩或其他方式的博彩。

二、供经营所批给业务的任何其他地方的拨用，须经政府许可。

第十条——博彩种类、博彩桌及电动或机动博彩机的博彩

一、承批公司获许可经营第16/2001号法律第三条第三款所指的所有幸运博彩方式，以及按照同条第四款及第五款的规定许可的其他幸运博彩方式。承批公司亦获许可按照法律的规定经营包括"角子机"在内的任何电动或机动博彩机的博彩。

二、承批公司必须于每年十二月份，向博彩监察暨协调局送交一份列表，列表上须载明承批公司拟于翌年经营的博彩桌及包括"角子机"在内的电动或机动博彩机的数目及所在地点。

三、承批公司经营的博彩桌及包括"角子机"在内的电动或机动博彩机的数目，可

向博彩监察暨协调局作出预先通知而更改。 四、承批公司必须按照博彩监察暨协调局的指示，在其娱乐场内保持并经营最基本的博彩种类。 第十一条——娱乐场的持续运作 一、承批公司必须每年每日均开放娱乐场。 二、承批公司可订定娱乐场及在娱乐场内进行的活动每日向公众开放的时段；但不妨碍上款规定的适用。 三、应将所订定的娱乐场及在娱乐场内进行的活动每日向公众开放的时段预先通知政府，并张贴于娱乐场入口处。 四、如更改娱乐场及在娱乐场内进行的活动每日向公众开放的时段，应最少提前三日通知政府。 第十二条——暂停娱乐场及其他博彩区域的操作 一、如承批公司拟在一天或多天的某一时段暂停一间或多间娱乐场及其他博彩区域的操作，必须最少提前三日透过具说明理由的申请书请求政府许可。 二、在紧急情况或不可抗力的情况下，尤其是当发生严重事故、灾祸或自然灾难等严重威胁个人生命安全的情况时，免除上款所指的许可；在此情况	过向博彩监察暨协调局作出预先通知而更改。 四、承批公司必须按照博彩监察暨协调局的指示，在其娱乐场内保持并经营最基本的博彩种类。 第十一条——娱乐场的持续运作 一、承批公司必须每年每日均开放娱乐场。 二、承批公司可订定娱乐场及在娱乐场内进行的活动每日向公众开放的时段；但不妨碍上款规定的适用。 三、应将所订定的娱乐场及在娱乐场内进行的活动每日向公众开放的时段预先通知政府，并张贴于娱乐场入口处。 四、如更改娱乐场及在娱乐场内进行的活动每日向公众开放的时段，应最少提前三日通知政府。 第十二条——暂停娱乐场及其他博彩区域的操作 一、如承批公司拟在一天或多天的某一时段暂停一间或多间娱乐场及其他博彩区域的操作，必须最少提前三日透过具说明理由的申请书请求政府许可。 二、在紧急情况或不可抗力的情况下，尤其是当发生严重事故、灾祸或自然灾难等严重威胁个人生命安全的情况时，免除上款所指的许可；在此	透过向博彩监察暨协调局作出预先通知而更改。 第十一条——娱乐场的持续运作 一、承批公司必须每年每日均开放娱乐场。 二、承批公司可订定娱乐场及在娱乐场内进行的活动每日向公众开放的时段；但不妨碍上款规定的适用。 三、应将所订定的娱乐场及在娱乐场内进行的活动每日向公众开放的时段预先通知政府，并张贴于娱乐场入口处。 四、如更改娱乐场及在娱乐场内进行的活动每日向公众开放的时段，应最少提前三日通知政府。 第十二条——暂停娱乐场及其他博彩区域的操作 一、如承批公司拟在一天或多天的某一时段暂停一间或多间娱乐场及其他博彩区域的操作，必须最少提前三日透过具说明理由的申请书请求政府许可。 二、在紧急情况或不可抗力的情况下，尤其是当发生严重事故、灾祸或自然灾难等严重威胁个人生命安全的情况时，免除上款所指的许可；在此

下，承批公司应尽快将暂停娱乐场或其他博彩区域的操作一事通知政府。

第十三条——电子监视及监控设备

一、承批公司必须在娱乐场及其他博彩区域安装经博彩监察暨协调局核准的电子监视及监控设备；为此，承批公司应向该局提出书面申请；申请书应指明拟安装的设备，并附具有关的技术规格说明；而博彩监察暨协调局尚可随时要求提供上指设备的样机或样品。

二、如博彩监察暨协调局提出要求，承批公司尚须在娱乐场及其他博彩区域的其他相连区域，又或在通往或连接此等娱乐场及其他博彩区域的其他区域安装经该局核准的电子监视及监控设备。

三、如博彩监察暨协调局提出要求，承批公司必须促使安装经该局核准的新电子监视及监控设备。

四、如承批公司知悉构成犯罪或行政违法行为的任何行为或事实，以及承批公司认为属严重的任何违法行为或事实，则必须尽快向有权限的公共当局举报。

情况下，承批公司应尽快将暂停娱乐场或其他博彩区域的操作一事通知政府。

第十三条——电子监视及监控设备

一、承批公司必须在娱乐场及其他博彩区域安装经博彩监察暨协调局核准的、具高国际质量的电子监视及监控设备；为此，承批公司应向该局提出书面申请；申请书应指明拟安装的设备，并附具有关的技术规格说明；而博彩监察暨协调局尚可随时要求提供上指设备的样机或样品。

二、如博彩监察暨协调局提出要求，承批公司尚须在娱乐场及其他博彩区域的其他相连区域，又或在通往或连接此等娱乐场及其他博彩区域的其他区域安装经该局核准的电子监视及监控设备。

三、如博彩监察暨协调局提出具说明理由的要求，尤其为确保电子监视及监控设备能保持第一款所指的高国际质量而提出要求，承批公司必须促使安装经该局核准的新电子监视及监控设备。

四、如承批公司知悉构成犯罪或行政违法行为的任何行为或事实，以及承批公司认为属严重的任何违法行为或事实，则必须尽快向有权限的公共当局举报。

情况下，承批公司应尽快将暂停娱乐场或其他博彩区域的操作一事通知政府。

第十三条——电子监视及监控设备

一、承批公司必须在娱乐场及其他博彩区域安装经博彩监察暨协调局核准的、具高国际质量的电子监视及监控设备；为此，承批公司应向该局提出书面申请；申请书应指明拟安装的设备，并附具有关的技术规格说明；而博彩监察暨协调局尚可随时要求提供上指设备的样机或样品。

二、如博彩监察暨协调局提出要求，承批公司尚须在娱乐场及其他博彩区域的其他相连区域，又或在通往或连接此等娱乐场及其他博彩区域的其他区域安装经该局核准的电子监视及监控设备。

三、如博彩监察暨协调局提出具说明理由的要求，尤其为确保电子监视及监控设备能保持第一款所指的高国际质量而提出要求，承批公司必须促使安装经该局核准的新电子监视及监控设备。

四、如承批公司知悉构成犯罪或行政违法行为的任何行为或事实，以及承批公司认为属严重的任何违法行为或事实，则必须尽快向有权限的公共当局举报。

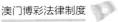

第三章 承批公司	第三章 承批公司	第三章 承批公司
第十四条——公司的所营事业、住所及形式 一、承批公司的所营事业必须仅为经营娱乐场幸运博彩或其他方式的博彩。 二、经政府许可，承批公司的所营事业可包括与娱乐场幸运博彩或其他方式的博彩相关的业务。 三、承批公司必须维持其公司住所设于澳门特别行政区，并须维持其股份有限公司的形式。 第十五条——公司资本及股份 一、承批公司必须维持金额不少于澳门币二亿元的公司资本。 二、如行政长官因嗣后情况显示有需要而命令增加公司资本，承批公司必须增加其公司资本。 三、承批公司的全部公司资本，必须仅以表示股份的记名凭证表示。 四、透过公开认购的方式增加承批公司的公司资本，须经政府许可。 五、承批公司发行优先股，须经政府许可。 六、设立或发行表示承批公司公司资本的股份的种类或组	第十四条——公司的所营事业、住所及形式 一、承批公司的所营事业必须仅为经营娱乐场幸运博彩或其他方式的博彩。 二、经政府许可，承批公司的所营事业可包括与娱乐场幸运博彩或其他方式的博彩相关的业务。 三、承批公司必须维持其公司住所设于澳门特别行政区，并须维持其股份有限公司的形式。 第十五条——公司资本及股份 一、承批公司必须维持金额不少于澳门币二亿元的公司资本。 二、如行政长官因嗣后情况显示有需要而命令增加公司资本，承批公司必须增加其公司资本。 三、承批公司的全部公司资本，必须仅以表示股份的记名凭证表示。 四、透过公开认购的方式增加承批公司的公司资本，须经政府许可。 五、承批公司发行优先股，须经政府许可。 六、设立或发行表示承批公司公司资本的股份的种类或	第十四条——公司的所营事业、住所及形式 一、承批公司的所营事业必须仅为经营娱乐场幸运博彩或其他方式的博彩。 二、经政府许可，承批公司的所营事业可包括与娱乐场幸运博彩或其他方式的博彩相关的业务。 三、承批公司必须维持其公司住所设于澳门特别行政区，并须维持其股份有限公司的形式。 第十五条——公司资本及股份 一、承批公司必须维持金额不少于澳门币二亿元的公司资本。 二、承批公司的全部公司资本，必须仅以表示股份的记名凭证表示。 三、透过公开认购的方式增加承批公司的公司资本，须经政府许可。 四、承批公司发行优先股，须经政府许可。 五、设立或发行表示承批公司公司资本的股份的种类或组别，以及移转该等股份，须经政府许可，且不妨碍上款规定的适用。 六、承批公司必须采取措施，使持有承批公司股份的法人

别，以及移转该等股份，须经政府许可，且不妨碍上款规定的适用。

七、承批公司必须采取措施，使持有承批公司股份的法人的全部公司资本、持有此等法人公司出资的法人的全部公司资本，如此类推至属公司出资的最终持有人的自然人或法人的全部公司资本，均仅以表示股份的记名凭证表示；但如属获许在证券交易所上市的法人，其可在证券交易所进行买卖的股份，不在此限。

第十六条——股份的移转及设定负担

一、对表示承批公司公司资本的股份的所有权或有关此等股份的其他权利作任何名义的生前移转或设定负担，以及作出涉及将表决权或其他股东权利赋予原权利拥有人以外的人的任何行为，须经政府许可。

二、如属上款所指的情况，承批公司在任何情况下均有义务拒绝为在违反本批给合同或法律规定的情况下取得或拥有表示其公司资本的股份的任何实体作出有关记录，且不承认该实体的股东身份，以及不作出任何以默示或明示的方式承认上款所述生前移转或设定负担的任何效力的行为。

三、如对表示承批公司公司资本的股份的所有权或有关此

组别，以及移转该等股份，须经政府许可，且不妨碍上款规定的适用。

七、承批公司必须采取措施，使持有承批公司股份的法人的全部公司资本、持有此等法人公司出资的法人的全部公司资本，如此类推至属公司出资的最终持有人的自然人或法人的全部公司资本，均仅以表示股份的记名凭证表示；但如属获许在证券交易所上市的法人，其可在证券交易所进行买卖的股份，不在此限。

第十六条——股份的移转及设定负担

一、对表示承批公司公司资本的股份的所有权或有关此等股份的其他权利作任何名义的生前移转或设定负担，以及作出涉及将表决权或其他股东权利赋予原权利拥有人以外的人的任何行为，须经政府许可。

二、如属上款所指的情况，承批公司在任何情况下均有义务拒绝为在违反本批给合同或法律规定的情况下取得或拥有表示其公司资本的股份的任何实体作出有关记录，且不承认该实体的股东身份，以及不作出任何以默示或明示的方式承认上款所述生前移转或设定负担的任何效力的行为。

三、如对表示承批公司公司资本的股份的所有权或

的全部公司资本、持有此等法人公司出资的法人的全部公司资本，如此类推至属公司出资的最终持有人的自然人或法人的全部公司资本，均仅以表示股份的记名凭证表示；但如属获许在证券交易所上市的法人，其可在证券交易所进行买卖的股份，不在此限。

第十六条——股份的移转及设定负担

一、对表示承批公司公司资本的股份的所有权或有关此等股份的其他权利作任何名义的生前移转或设定负担，以及作出涉及将表决权或其他股东权利赋予原权利拥有人以外的人的任何行为，须经政府许可。

二、如属上款所指的情况，承批公司在任何情况下均有义务拒绝为在违反本批给合同或法律规定的情况下取得或拥有表示其公司资本的股份的任何实体作出有关记录，且不承认该实体的股东身份，以及不作出任何以默示或明示的方式承认上款所述生前移转或设定负担的任何效力的行为。

三、如对表示承批公司公司资本的股份的所有权或

等股份的其他权利作死因移转，应尽快通知政府；承批公司必须同时采取措施，在股份记录簿册记录有关的移转。	有关此等股份的其他权利作死因移转，应尽快通知政府；承批公司必须同时采取措施，在其股份记录簿册记录有关的移转。	有关此等股份的其他权利作死因移转，应尽快通知政府；承批公司必须同时采取措施，在其股份记录簿册记录有关的移转。
四、获得第一款所指许可后，表示承批公司公司资本的股份的所有权或有关此等股份的其他权利的拥有人，如对该等所有权或权利作移转或设定负担，又或作出涉及将表决权或其他股东权利赋予他人的行为，必须立即将有关事实通知承批公司；承批公司在其股份记录簿册作出有关记录或完成等同程序后，须于三十日内通知博彩监察暨协调局，并应送交使有关法律行为符合规范的文件的副本，以及提供关于所订定的任何其他规定及条件的详细资料。	四、获得第一款所指许可后，表示承批公司公司资本的股份的所有权或有关此等股份的其他权利的拥有人，如对该等所有权或权利作移转或设定负担，又或作出涉及将表决权或其他股东权利赋予他人的行为，必须立即将有关事实通知承批公司；承批公司在其股份记录簿册作出有关记录或完成等同程序后，须于三十日内通知博彩监察暨协调局，并应送交使有关法律行为符合规范的文件的副本，以及提供关于所订定的任何其他规定及条件的详细资料。	四、获得第一款所指许可后，表示承批公司公司资本的股份的所有权或有关此等股份的其他权利的拥有人，如对该等所有权或权利作移转或设定负担，又或作出涉及将表决权或其他股东权利赋予他人的行为，必须立即将有关事实通知承批公司；承批公司在其股份记录簿册作出有关记录或完成等同程序后，须于三十日内通知博彩监察暨协调局，并应送交使有关法律行为符合规范的文件的副本，以及提供关于所订定的任何其他规定及条件的详细资料。
五、承批公司尚须采取措施，使下列行为获得政府的许可：对持有表示承批公司股东的公司资本的公司出资5%或5%以上的自然人或法人的公司出资的所有权或有关此等公司出资的其他权利作任何名义的生前移转；对持有上指法人5%或5%以上公司出资的自然人或法人的公司资本作任何名义的生前移转；如此类推至对属公司出资的最终持有人的自然人或法人的公司资本作任何名义的生前	五、承批公司尚须采取措施，使下列行为获得政府的许可：对持有表示承批公司股东的公司资本的公司出资的自然人或法人的公司出资的所有权或有关此等公司出资的其他权利作任何名义的生前移转、对持有上指法人公司出资的自然人或法人的公司资本作任何名义的生前移转，如此类推至对属公司出资的最终持有人的自然人或法人的公司资本作任何名义的生前移转，但仅以直接	五、承批公司尚须采取措施，使下列行为获得政府的许可：对持有表示承批公司股东的公司资本的公司出资的自然人或法人的公司出资的所有权或有关此等公司出资的其他权利作任何名义的生前移转、对持有上指法人公司出资的自然人或法人的公司资本作任何名义的生前移转，如此类推至对属公司出资的最终持有人的自然人或法人的公司资本作任何名义的生前移转，但仅以直

移转；但如属获许在证券交易所上市的法人，其可在证券交易所进行买卖的股份，不在此限。

六、承批公司知悉下列行为后，应尽快通知政府：持有表示承批公司股东的公司资本的公司出资 5% 或 5% 以上的自然人或法人的公司出资的所有权或有关此等公司出资的其他权利的死因移转；持有上指法人公司出资 5% 或 5% 以上的自然人或法人的公司资本的死因移转；如此类推至属公司出资的最终持有人的自然人或法人的公司资本的死因移转。

七、承批公司得悉下列行为后，须立即通知政府：以任何名义对表示承批公司股东的公司资本的公司出资设定负担，以任何名义对持有上指股东的公司出资者的公司出资设定负担，如此类推至以任何名义对属公司出资的最终持有人的公司出资设定负担，但仅以有关公司出资间接相应于承批公司 5% 或 5% 以上公司资本的情况为限；但如表示获许在证券交易所上市的法人的公司资本的公司出资，可在证券交易所进行买卖的该法人的股份，不在此限。

或间接相应于承批公司 5% 或 5% 以上公司资本的公司出资为限；如属获许在证券交易所上市的法人，其可在证券交易所进行买卖的股份，不在此限。

六、承批公司知悉下列行为后，应尽快通知政府：持有表示承批公司股东的公司资本的公司出资 5% 或 5% 以上的自然人或法人的公司出资的所有权或有关此等公司出资的其他权利的死因移转；持有上指法人公司出资 5% 或 5% 以上的自然人或法人的公司资本的死因移转；如此类推至属公司出资的最终持有人的自然人或法人的公司资本的死因移转。

七、承批公司得悉下列行为后，须立即通知政府：以任何名义对表示承批公司股东的公司资本的公司出资设定负担，以任何名义对持有上指股东的公司出资者的公司出资设定负担，如此类推至以任何名义对属公司出资的最终持有人的公司出资设定负担，但仅以间接相应于承批公司 5% 或 5% 以上公司资本的公司出资为限；如属表示获许在证券交易所上市的法人的公司资本的公司出资，可在证券交易所进行买卖的该法人的股份，不在此限。

接或间接相应于承批公司 5% 或 5% 以上公司资本的公司出资为限；如属获许在证券交易所上市的法人，其可在证券交易所进行买卖的股份，不在此限。

六、承批公司知悉下列行为后，应尽快通知政府：持有表示承批公司股东的公司资本的公司出资 5% 或 5% 以上的自然人或法人的公司出资的所有权或有关此等公司出资的其他权利的死因移转；持有上指法人公司出资 5% 或 5% 以上的自然人或法人的公司资本的死因移转；如此类推至属公司出资的最终持有人的自然人或法人的公司资本的死因移转。

七、承批公司得悉下列行为后，须立即通知政府：以任何名义对表示承批公司股东的公司资本的公司出资设定负担，以任何名义对持有上指股东的公司出资者的公司出资设定负担，如此类推至以任何名义对属公司出资的最终持有人的公司出资设定负担，但仅以间接相应于承批公司 5% 或 5% 以上公司资本的公司出资为限；如属表示获许在证券交易所上市的法人的公司资本的公司出资，可在证券交易所进行买卖的该法人的股份，不在此限。

八、上款的规定，亦适用于作出涉及将表决权或其他股东权利赋予原权利拥有人以外的人的任何行为的情况；但如属获许可在证券交易所上市的法人，其可在证券交易所进行买卖的股份，不在此限。 九、第四款的规定，经适当配合后，适用于对第五款所指公司出资的所有权或有关此等公司出资的其他权利作任何名义的移转的行为。	八、上款的规定，亦适用于作出涉及将表决权或其他股东权利赋予原权利拥有人以外的人的任何行为的情况；如属获许在证券交易所上市的法人，其可在证券交易所进行买卖的股份，不在此限。 九、第四款的规定，经适当配合后，适用于对第五款所指公司出资的所有权或有关此等公司出资的其他权利作任何名义的移转的行为。	八、上款的规定，亦适用于作出涉及将表决权或其他股东权利赋予原权利拥有人以外的人的任何行为的情况；如属获许在证券交易所上市的法人，其可在证券交易所进行买卖的股份，不在此限。 九、第四款的规定，经适当配合后，适用于对第五款所指公司出资的所有权或有关此等公司出资的其他权利作任何名义的移转的行为。 十、如承批公司的某一控权股东属另一管辖区域的娱乐场幸运博彩经营承批公司或获发娱乐场幸运博彩经营准照者，又或属另一管辖区域的娱乐场幸运博彩经营承批公司的控权股东或获发娱乐场幸运博彩经营准照的公司的控权股东，当其因收到由规管该管辖区域的娱乐场幸运博彩或其他方式的博彩经营活动的机构发出其不可继续作为承批公司股东的书面指示而不欲继续作为承批公司的股东时，政府如认为该书面指示是因不可归责于承批公司或有关控权股东的行为而引致，则许可该控权股东将其在承批公司拥有的公司出资移转；但如该等公司出资是由第三人取得，则仍须获得政府许可。

第十七条——债券的发行	第十七条——债券的发行	第十七条——债券的发行
承批公司发行债券，须经政府许可。	承批公司发行债券，须经政府许可。	承批公司发行债券，须经政府许可。
第十八条——在证券交易所上市	第十八条——在证券交易所上市	第十八条——在证券交易所上市
一、承批公司或承批公司属控权股东的公司，不得在证券交易所上市；但经政府许可者除外。	一、承批公司或承批公司属控权股东的公司，不得在证券交易所上市；但经政府许可者除外。	一、承批公司或承批公司属控权股东的公司，不得在证券交易所上市；但经政府许可者除外。
二、承批公司尚有义务采取措施，使属承批公司控权股东的、主要业务为直接或间接执行附于本批给合同的投资计划所述项目的法人不会在未经政府许可下申请在证券交易所上市或作出旨在获接纳在证券交易所上市的行为。	二、承批公司尚有义务采取措施，使属承批公司控权股东的、主要业务为直接或间接执行附于本批给合同的投资计划所述项目的法人不会在未预先通知政府的情况下申请在证券交易所上市或作出旨在获许在证券交易所上市的行为。	二、承批公司尚有义务采取措施，使属承批公司控权股东的、主要业务为直接或间接执行附于本批给合同的投资计划所述项目的法人不会在未预先通知政府的情况下申请在证券交易所上市或作出旨在获许在证券交易所上市的行为。
三、请求以上两款所指许可的申请书，应由承批公司作出，并应附具一切所需文件，且不妨碍政府可要求提供附加文件、资料或资讯。	三、第一款所指许可的申请书及上款所指的预先通知，应由承批公司作成或作出，并应附具一切所需文件，且不妨碍政府可要求提供附加文件、资料或资讯。	三、第一款所指许可的申请书及上款所指的预先通知，应由承批公司作成或作出，并应附具一切所需文件，且不妨碍政府可要求提供附加文件、资料或资讯。
四、政府的许可可以回报给付作为条件。		
第十九条——股东结构及公司资本结构	第十九条——股东结构及公司资本结构	第十九条——股东结构及公司资本结构
一、承批公司必须于每年十二月份，向政府呈交承批公司的股东结构、拥有承批公司5%或5%以上公司资本的法人尤其是公司的公司资本结构，以及拥有此等法人5%或5%以上公司资本的法人的公司资本结构，如此类推至属最终股东的自然人及法人的公司资本结	一、承批公司必须于每年十二月份向政府呈交文件，其内须载有承批公司的股东结构、拥有承批公司5%或5%以上公司资本的法人尤其是公司的公司资本结构，以及拥有此等法人5%或5%以上公司资本的法人的公司资本结构，如此类推至属最终股东的	一、承批公司必须于每年十二月份向政府呈交文件，其内须载有承批公司的股东结构、拥有承批公司5%或5%以上公司资本的法人尤其是公司的公司资本结构，以及拥有此等法人5%或5%以上公司资本的法人的公司资本结构，如此类推至属最终股东的自然

构，又或递交证明该等股东结构及公司资本结构无任何变更的声明书。	自然人及法人的公司资本结构，但如属获许在证券交易所上市的法人，其可在证券交易所进行买卖的股份，不在此限，又或须递交证明该等股东结构及公司资本结构无任何变更的声明书。	人及法人的公司资本结构，但如属获许在证券交易所上市的法人，其可在证券交易所进行买卖的股份，不在此限，又或须递交证明该等股东结构及公司资本结构无任何变更的声明书。
二、承批公司尚须采取措施，以取得并向政府递交一份经承批公司的每名股东及上款所述之人签署的、经适当认证的声明书，内容为彼等证明本身拥有所申报的公司出资数量及此等公司出资为记名的公司出资，并应附具表明有关公司出资的凭证的副本；递交时，应附同上款所指的最新资料或声明书。	二、承批公司尚须采取措施，以取得经承批公司每名股东及上款所述之人签署的、经适当认证的声明书，该等声明书的内容为彼等证明本身拥有所申报的公司出资数量及此等公司出资为记名的公司出资，且应附具表明有关公司出资的凭证的副本，并在递交上款所指最新资料或声明书时一并递交。	二、承批公司尚须采取措施，以取得经承批公司每名股东及上款所述之人签署的、经适当认证的声明书，该等声明书的内容为彼等证明本身拥有所申报的公司出资数量及此等公司出资为记名的公司出资，且应附具表明有关公司出资的凭证的副本，并在递交上款所指最新资料或声明书时一并递交。
第二十条——禁止在公司机关内兼任职务	第二十条——禁止在公司机关内兼任职务	第二十条——禁止在公司机关内兼任职务
一、承批公司有义务不委任在另一于澳门特别行政区经营的承批公司的公司机关或在某一于澳门特别行政区经营的承批公司的管理公司担任职务的人，在其董事会、股东会主席团、监事会或其他公司机关担任职务。	一、承批公司有义务不委任在另一于澳门特别行政区经营的承批公司、获转批给人或在澳门特别行政区经营的承批公司在娱乐场幸运博彩或其他方式的博彩经营方面的管理公司的公司机关担任职务的人，在其董事会、股东会主席团、监事会或其他公司机关担任职务。	一、承批公司有义务不委任在另一于澳门特别行政区经营的承批公司、获转批给人或在澳门特别行政区经营的承批公司在娱乐场幸运博彩或其他方式的博彩经营方面的管理公司的公司机关担任职务的人，在其董事会、股东会主席团、监事会或其他公司机关担任职务。
二、承批公司必须将关于其委任任何人在其董事会、股东会主席团、监事会或其他公司机关担任职务的事实，尽快通知政府。	二、承批公司必须将关于其委任任何人在其董事会、股东会主席团、监事会或其他公司机关担任职务的事实，尽快通知政府。	二、承批公司必须将关于其委任任何人在其董事会、股东会主席团、监事会或其他公司机关担任职务的事实，尽快通知政府。

三、政府必须将关于其他承批公司委任任何人在该等承批公司的董事会、股东会主席团、监事会或其他公司机关担任职务的事实，告知承批公司。

第二十一条——管理

一、承批公司董事会必须将承批公司的管理权授予一名常务董事。

二、上款所指的常务董事必须是澳门特别行政区的永久性居民，并最少拥有承批公司10％的公司资本。

三、承批公司管理权的授予，包括常务董事的委任、常务董事的权力范围、授权的期限及该授权行为的任何修改，尤其是涉及常务董事的暂时性代任或确定性代替的修改，均须经政府许可；为此，承批公司须向政府送交一份承批公司董事会决议的拟本，其内载有承批公司管理权授予的建议书，包括常务董事的身份资料、常务董事的权力范围、授权的期限、关于常务董事因故不能视事时进行代任的说明，以及关于常务董事的暂时性代任或确定性代替的任何决议；政府就授予管理权的一切内容作出许可前，承批公司管理权的授予不产生任何效力。

三、政府必须将关于其他在澳门特别行政区经营的承批公司、获转批给人或在澳门特别行政区经营的承批公司在娱乐场幸运博彩或其他方式的博彩经营方面的管理公司委任任何人在其董事会、股东会主席团、监事会或其他公司机关担任职务的事实，告知承批公司。

第二十一条——管理

一、承批公司管理权的授予，包括常务董事的委任、常务董事的权力范围、授权的期限及该授权行为的任何修改，尤其是涉及常务董事的暂时性代任或确定性代替的修改，均须经政府许可；为此，承批公司须向政府送交一份承批公司董事会决议的拟本，其内载有承批公司管理权授予的建议书，包括常务董事的身份资料、常务董事的权力范围、授权的期限、关于常务董事因故不能视事时进行代任的说明，以及关于常务董事的暂时性代任或确定性代替的任何决议；政府就授予管理权的一切内容作出许可前，承批公司管理权的授予不产生任何效力。

二、如政府不核准上款所指授权的一项或多项内容，承批公司必须在接获就政府不核准一事而作出的通知后十五日内，向政府送交决议的

三、政府必须将关于其他在澳门特别行政区经营的承批公司、获转批给人或在澳门特别行政区经营的承批公司在娱乐场幸运博彩或其他方式的博彩经营方面的管理公司委任任何人在其董事会、股东会主席团、监事会或其他公司机关担任职务的事实，告知承批公司。

第二十一条——管理

一、承批公司管理权的授予，包括常务董事的委任、常务董事的权力范围、授权的期限及该授权行为的任何修改，尤其是涉及常务董事的暂时性代任或确定性代替的修改，均须经政府许可；为此，承批公司须向政府送交一份承批公司董事会决议的拟本，其内载有承批公司管理权授予的建议书，包括常务董事的身份资料、常务董事的权力范围、授权的期限、关于常务董事因故不能视事时进行代任的说明，以及关于常务董事的暂时性代任或确定性代替的任何决议；政府就授予管理权的一切内容作出许可前，承批公司管理权的授予不产生任何效力。

二、如政府不核准上款所指授权的一项或多项内容，承批公司必须在接获就政府不核准一事而作出的通知后十五日内，向政府送交决议的

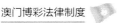

四、如政府不核准上款所指授权的一项或多项内容，承批公司应在接获就政府不核准一事而作出的通知后，尽快向政府送交决议的新拟本。	新拟本；如属所指的人选不获接受的情况，则尚须送交由新指定的常务董事填妥的第26/2001号行政法规附件Ⅱ的表格。	新拟本；如属所指的人选不获接受的情况，则尚须送交由新指定的常务董事填妥的第26/2001号行政法规附件Ⅱ的表格。
五、除经政府许可外，承批公司有义务不作出任何委任或授权，借此在一种稳定关系的基础上授予属董事会权限范围的、以承批公司名义订立与经营企业有关的法律行为的权力；但作出单纯属事务性质的行为的权力，尤其是在公共部门或公共机关作出该类行为的权力，不在此限。	三、除经政府许可外，承批公司有义务不作出任何委任或授权，借此在一种稳定关系的基础上授予属董事会权限范围的、以承批公司名义订立与经营企业有关的法律行为的权力；但作出单纯属事务性质的行为的权力，尤其是在公共部门或公共机关作出该类行为的权力，不在此限。	三、除经政府许可外，承批公司有义务不作出任何委任或授权，借此在一种稳定关系的基础上授予属董事会权限范围的、以承批公司名义订立与经营企业有关的法律行为的权力；但作出单纯属事务性质的行为的权力，尤其是在公共部门或公共机关作出该类行为的权力，不在此限。
第二十二条——章程及准公司协议 一、对承批公司的章程作任何修改，须经政府核准。 二、承批公司的章程的修改草案，须于召开应审议有关修改的股东大会的日期之前，最少提早三十日送交政府，以供核准。 三、承批公司必须在签署作为任何章程修改的凭证的文件后三十日内，将经认证的文件副本交予政府。 四、承批公司必须就其知悉的任何准公司协议通知政府；为此，除其他可采取或应采取的措施外，承批公司尚须于任何股东大会召开前的十五日内，或当事先未经召集而举行股东大会，则在股东大会进行时，向	第二十二条——章程及准公司协议 一、对承批公司的章程作任何修改，须经政府核准。 二、承批公司的章程的修改草案，须于召开应审议有关修改的股东大会的日期之前，最少提早三十日送交政府，以供核准。 三、承批公司必须在签署作为任何章程修改的凭证的文件后三十日内，将经认证的文件副本交予政府。 四、承批公司必须就其知悉的任何准公司协议通知政府；为此，除其他可采取或应采取的措施外，承批公司尚须于任何股东大会召开前的十五日内，或当事先未经召集而举行股东大会，则在股东大会	第二十二条——章程及准公司协议 一、对承批公司的章程作任何修改，须经政府核准。 二、承批公司的章程的修改草案，须于召开应审议有关修改的股东大会的日期之前，最少提早三十日送交政府，以供核准。 三、承批公司必须在签署作为任何章程修改的凭证的文件后三十日内，将经认证的文件副本交予政府。 四、承批公司必须就其知悉的任何准公司协议通知政府；为此，除其他可采取或应采取的措施外，承批公司尚须于任何股东大会召开前的十五日内，或当事先未经召集而举行股东大会，则在股东大会

其股东查询是否有准公司协议，尤其是关于行使表决权或其他股东权利的准公司协议，并须将采取上述措施的结果通知政府。	进行时，向其股东查询是否有准公司协议，尤其是关于行使表决权或其他股东权利的准公司协议，并须将采取上述措施的结果通知政府。	进行时，向其股东查询是否有准公司协议，尤其是关于行使表决权或其他股东权利的准公司协议，并须将采取上述措施的结果通知政府。
	五、政府必须在六十日内，就是否核准承批公司修改其章程以及就是否核准承批公司的准公司协议，向承批公司作出通知。	五、政府必须在六十日内，就是否核准承批公司修改其章程以及就是否核准承批公司的准公司协议，向承批公司作出通知。
第二十三条——提供资讯的义务 除第六条所述批给制度订定的其他提供资讯的义务外，承批公司尚有义务： （一）尽快将可能影响承批公司正常运作的任何情况通知政府，例如：关于承批公司的清偿能力或偿还能力的情况；针对承批公司、其任一董事、拥有其5%或5%以上公司资本的任一股东及其在娱乐场担任要职的任一主要雇员而提起的任何司法诉讼程序；承批公司知悉的在其娱乐场及其他博彩区域实施的构成犯罪或行政违法行为的任何行为或事实；澳门特别行政区公共行政当局任一机关的据位人或工作人员，包括保安部队及治安部门的人员，针对承批公司或其公司机关的据位人而采取的任何敌视行为。 （二）尽快将下列事件通知	**第二十三条——提供资讯的义务** 一、除第六条所述批给制度订定的其他提供资讯的义务外，承批公司尚有义务： （一）尽快将可能影响承批公司正常运作的任何情况通知政府，例如：关于承批公司的清偿能力或偿还能力的情况；针对承批公司、其任一董事、拥有其5%或5%以上公司资本的任一股东及其在娱乐场担任要职的任一主要雇员而提起的任何司法诉讼程序；承批公司知悉的在其娱乐场及其他博彩区域实施的构成犯罪或行政违法行为的任何行为或事实；澳门特别行政区公共行政当局任一机关的据位人或工作人员，包括保安部队及治安部门的人员，针对承批公司或其公司机关的据位人而采取的任何敌视行为。 （二）尽快将下列事件通	**第二十三条——提供资讯的义务** 一、除第六条所述批给制度订定的其他提供资讯的义务外，承批公司尚有义务： （一）尽快将可能影响承批公司正常运作的任何情况通知政府，例如：关于承批公司的清偿能力或偿还能力的情况；针对承批公司、其任一董事、拥有其5%或5%以上公司资本的任一股东及其在娱乐场担任要职的任一主要雇员而提起的任何司法诉讼程序；承批公司知悉的在其娱乐场及其他博彩区域实施的构成犯罪或行政违法行为的任何行为或事实；澳门特别行政区公共行政当局任一机关的据位人或工作人员，包括保安部队及治安部门的人员，针对承批公司或其公司机关的据位人而采取的任何敌视行为。 （二）尽快将下列事件通

政府：可能影响或妨碍准时及完全履行因本批给合同而产生的任何义务的所有事件、对该等义务的准时及完全履行可能构成沉重负担或极大困难的所有事件，又或按照第十九章的规定可构成撤销批给的事由的所有事件。	知政府：可能影响或妨碍准时及完全履行因本批给合同而产生的任何义务的所有事件、对该等义务的准时及完全履行可能构成沉重负担或极大困难的所有事件，又或按照第十九章的规定可构成撤销批给的事由的所有事件。	知政府：可能影响或妨碍准时及完全履行因本批给合同而产生的任何义务的所有事件、对该等义务的准时及完全履行可能构成沉重负担或极大困难的所有事件，又或按照第十九章的规定可构成撤销批给的事由的所有事件。
（三）尽快将下列任一事实或事项通知政府：	（三）尽快将下列任一事实或事项通知政府：	（三）尽快将下列任一事实或事项通知政府：
（1）承批公司的董事、向该公司提供融资者及在娱乐场担任要职的主要雇员以薪金、薪俸、工资、服务费或其他名义收取的固定或偶发、定期或特殊报酬，以及倘有的上述实体分享承批公司利润的机制；	（1）承批公司的董事、向该公司提供融资者及在娱乐场担任要职的主要雇员以薪金、薪俸、工资、服务费或其他名义收取的固定或偶发、定期或特殊报酬，以及倘有的上述实体分享承批公司利润的机制；	（1）承批公司的董事、向该公司提供融资者及在娱乐场担任要职的主要雇员以薪金、薪俸、工资、服务费或其他名义收取的固定或偶发、定期或特殊报酬，以及倘有的上述实体分享承批公司利润的机制；
（2）现有的或将设立的福利，包括分派利润的方式；	（2）现有的或将设立的福利，包括分派利润的方式；	（2）现有的或将设立的福利，包括分派利润的方式；
（3）现有的或由承批公司建议的管理合同及提供劳务合同。	（3）现有的或由承批公司建议的管理合同及提供劳务合同。	（3）现有的或由承批公司建议的管理合同及提供劳务合同。
（四）尽快将下列文件的经认证副本交予政府：	（四）尽快将下列文件的经认证副本交予政府：	（四）尽快将下列文件的经认证副本交予政府：
（1）作为上项（1）目所述任何报酬的凭证或描述该等报酬的合同或其他文件；	（1）作为上项（1）目所述任何报酬的凭证或描述该等报酬的合同或其他文件；	（1）作为上项（1）目所述任何报酬的凭证或描述该等报酬的合同或其他文件；
（2）作为现有的或将设立的任何福利或分派利润方式的凭证或描述该等福利或方式的合同或其他文件；	（2）作为现有的或将设立的任何福利或分派利润方式的凭证或描述该等福利或方式的合同或其他文件；	（2）作为现有的或将设立的任何福利或分派利润方式的凭证或描述该等福利或方式的合同或其他文件；
（3）现有的或由承批公司建议的管理合同及提供劳务合同。	（3）现有的或由承批公司建议的管理合同及提供劳务合同。	（3）现有的或由承批公司建议的管理合同及提供劳务合同。

（五）尽快将承批公司及下列任一实体在经济及财务状况方面即将出现的或可预见的任何重大改变，通知博彩监察暨协调局：	（五）尽快将承批公司及下列任一实体在经济及财务状况方面即将出现的或可预见的任何重大改变，通知政府：	（五）尽快将承批公司及下列任一实体在经济及财务状况方面即将出现的或可预见的任何重大改变，通知政府：
（1）承批公司的控权股东；	（1）承批公司的控权股东；	（1）承批公司的控权股东；
（2）与承批公司有密切联系的实体，尤其是承诺或保证对承批公司按合同规定须开展的投资或须承担的义务提供融资的实体；	（2）与承批公司有密切联系的实体，尤其是承诺或保证对承批公司按合同规定须开展的投资或须承担的义务提供融资的实体；	（2）与承批公司有密切联系的实体，尤其是承诺或保证对承批公司按合同规定须开展的投资或须承担的义务提供融资的实体；
（3）按照第16/2001号法律第十八条第一款（二）项的规定，承诺或保证对承批公司按合同规定须开展的投资或须承担的义务提供融资的、拥有承批公司5%或5%以上公司资本的股东。	（3）按照第16/2001号法律第十八条第一款（二）项的规定，承诺或保证对承批公司按合同规定须开展的投资或须承担的义务提供融资的、拥有承批公司5%或5%以上公司资本的股东。	（3）按照第16/2001号法律第十八条第一款（二）项的规定，承诺或保证对承批公司按合同规定须开展的投资或须承担的义务提供融资的、拥有承批公司5%或5%以上公司资本的股东。
（六）尽快将承批公司与第三人之间的年平均营业额已达澳门币二亿五千万元或超过澳门币二亿五千万元此一事实，通知博彩监察暨协调局。	（六）尽快将承批公司与第三人之间的年平均营业额已达澳门币二亿五千万元或超过澳门币二亿五千万元此一事实，通知政府。	（六）尽快将承批公司与第三人之间的年平均营业额已达澳门币二亿五千万元或超过澳门币二亿五千万元此一事实，通知政府。
（七）于每年十二月份向博彩监察暨协调局呈交载有承批公司所有银行账目及有关结余的文件。	（七）于每年一月份向博彩监察暨协调局呈交载有承批公司所有银行账目及有关结余的文件。	（七）于每年一月份向博彩监察暨协调局呈交载有承批公司所有银行账目及有关结余的文件。
（八）尽快提供政府所要求的补充或附加资讯。	（八）尽快提供政府所要求的补充或附加资讯。	（八）尽快提供政府所要求的补充或附加资讯。
（九）尽快向博彩监察暨协调局及财政局提供其为顺利执行本身职务所需的资料及资讯。	（九）尽快向博彩监察暨协调局及财政局提供其为顺利执行本身职务所需的资料及资讯。	（九）尽快向博彩监察暨协调局及财政局提供其为顺利执行本身职务所需的资料及资讯。
	二、政府可规定上款（三）项及（四）项所定义务为每	二、政府可规定上款（三）项及（四）项所定义务为每

第四章 **管理公司** 第二十四条——预先通知的义务及政府的许可	年履行一次的义务。 **第四章** **管理公司** 第二十四条——管理合同	年履行一次的义务。 **第四章** **管理公司** 第二十四条——预先通知的义务及政府的许可
一、承批公司必须最少提前九十日将其拟与管理公司订立合同的意向通知政府。	一、承批公司必须透过订立合同，将承批公司关于娱乐场幸运博彩或其他方式的博彩经营的管理权移转予属"威尼斯人"集团的名为"威尼斯人澳门管理股份有限公司"的公司（下称"管理公司"）。	一、承批公司必须最少提前九十日将其拟与管理公司订立合同的意向通知政府。
二、当承批公司有意与管理公司订立使该管理公司具有管理承批公司的权力的合同时，必须向政府请求许可。	二、为适用上款规定，承批公司必须就与管理公司订立管理合同一事请求政府核准；请求核准的申请书须附具管理公司的公司章程的经认证副本或等同文件，以及相关管理合同的拟本，并指出管理公司的常务董事以及附同由该常务董事填妥的第 26/2001 号行政法规附件二的表格及将管理公司的管理权授予该常务董事的授权书的拟本。	二、当承批公司有意与管理公司订立使该管理公司具有管理承批公司的权力的合同时，必须向政府请求许可。
三、为适用上款的规定，承批公司必须将管理公司的章程的经认证副本或等同文件及有关管理合同的拟本，连同请求许可的申请书一并递交。	三、第一款所指管理合同应载有承批公司按照本批给合同而须在娱乐场幸运博彩或其他方式的博彩经营方面履行的所有义务的条款，以及指明移转予管理公司的义务。 四、承批公司须就管理公司按照管理合同而作出的行为负连带责任，但不妨碍上款规定的适用。	三、为适用上款的规定，承批公司必须将管理公司的章程的经认证副本或等同文件及有关管理合同的拟本，连同请求许可的申请书一并递交。

228

	五、终止第一款所指管理合同或对之作任何修改，必须取得政府的许可。 六、承批公司的管理权移转予管理公司，不豁免承批公司必须履行的法定义务或合同义务，但如获政府许可并按照许可的范围则除外。 七、如承批公司拟就不属娱乐场幸运博彩或其他方式的博彩经营的管理与一管理公司订立合同，则必须最少提前九十日，将该意向通知政府。 八、为适用上款的规定，承批公司必须将管理公司的章程的经认证副本或等同文件及有关管理合同的拟本送交政府。	
第五章 **适当资格** 第二十五条——承批公司的适当资格 一、承批公司必须按照法律的规定，在批给期间内保持其适当资格。 二、为适用上款的规定，承批公司必须接受由政府依法作出的持续及长期的监察及监管。	**第五章** **适当资格** 第二十五条——承批公司的适当资格 一、承批公司必须按照法律的规定，在批给期间内保持其适当资格。 二、为适用上款的规定，承批公司必须接受由政府依法作出的持续及长期的监察及监管。 三、承批公司必须尽快支付审查其是否具备适当资格的程序的费用；为此，博彩监察暨协调局将发出一份载有该等费用的文件，其成为该等费用的充分证据。	**第五章** **适当资格** 第二十五条——承批公司的适当资格 一、承批公司必须按照法律的规定，在批给期间内保持其适当资格。 二、为适用上款的规定，承批公司必须接受由政府依法作出的持续及长期的监察及监管。 三、承批公司必须尽快支付审查其是否具备适当资格的程序的费用；为此，博彩监察暨协调局将发出一份载有该等费用的文件，其成为该等费用的充分证据。

第二十六条——承批公司股东、董事及主要雇员的适当资格	第二十六条——承批公司及管理公司的股东、董事及主要雇员的适当资格	第二十六条——承批公司及管理公司的股东、董事及主要雇员的适当资格
一、拥有承批公司 5% 或 5% 以上公司资本的股东、承批公司的董事及在娱乐场担任要职的主要雇员，应按照法律的规定，在批给期间内保持其适当资格。	一、拥有承批公司 5% 或 5% 以上公司资本的股东、承批公司的董事及在娱乐场担任要职的主要雇员，应按照法律的规定，在批给生效期间内保持其适当资格。	一、拥有承批公司 5% 或 5% 以上公司资本的股东、承批公司的董事及在娱乐场担任要职的主要雇员，应按照法律的规定，在批给生效期间内保持其适当资格。
二、为适用上款的规定，拥有承批公司 5% 或 5% 以上公司资本的股东、承批公司的董事及在娱乐场担任要职的主要雇员，必须接受由政府依法作出的持续及长期的监察及监管。	二、为适用上款的规定，拥有承批公司 5% 或 5% 以上公司资本的股东、承批公司的董事及在娱乐场担任要职的主要雇员，必须接受由政府依法作出的持续及长期的监察及监管。	二、为适用上款的规定，拥有承批公司 5% 或 5% 以上公司资本的股东、承批公司的董事及在娱乐场担任要职的主要雇员，必须接受由政府依法作出的持续及长期的监察及监管。
三、承批公司必须采取措施，使拥有承批公司 5% 或 5% 以上公司资本的股东、承批公司的董事及在娱乐场担任要职的主要雇员，在批给期间内保持其适当资格，并完全意识到该等股东、董事及主要雇员的适当资格反映于承批公司本身的适当资格。	三、承批公司必须采取措施，使拥有承批公司 5% 或 5% 以上公司资本的股东、承批公司的董事及在娱乐场担任要职的主要雇员，在批给生效期间内保持适当资格，并完全意识到该等股东、董事及主要雇员的适当资格反映于承批公司本身的适当资格。	三、承批公司必须采取措施，使拥有承批公司 5% 或 5% 以上公司资本的股东、承批公司的董事及在娱乐场担任要职的主要雇员，在批给生效期间内保持适当资格，并完全意识到该等股东、董事及主要雇员的适当资格反映于承批公司本身的适当资格。
四、承批公司必须要求拥有承批公司 5% 或 5% 以上公司资本的股东、承批公司的董事及在娱乐场担任要职的主要雇员在知悉对承批公司或彼等的适当资格可能具重要性的任何事实后，尽快通知政府。	四、承批公司必须要求拥有承批公司 5% 或 5% 以上公司资本的股东、承批公司的董事及在娱乐场担任要职的主要雇员在知悉对承批公司或彼等的适当资格可能具重要性的任何事实后，尽快通知政府。	四、承批公司必须要求拥有承批公司 5% 或 5% 以上公司资本的股东、承批公司的董事及在娱乐场担任要职的主要雇员在知悉对承批公司或彼等的适当资格可能具重要性的任何事实后，尽快通知政府。
五、为适用上款的规定，承批公司必须每隔六个月询问拥有承批公司 5% 或 5% 以上公司资	五、为适用上款的规定，承批公司必须每隔六个月询问拥有承批公司 5% 或 5% 以	五、为适用上款的规定，承批公司必须每隔六个月询问拥有承批公司 5% 或 5% 以

本的股东、承批公司的董事及在娱乐场担任要职的主要雇员是否知悉对承批公司或彼等的适当资格可能具重要性的任何事实；且不妨碍承批公司在获悉任何重要事实后应立即通知政府。	上公司资本的股东、承批公司的董事及在娱乐场担任要职的主要雇员是否知悉对承批公司或彼等的适当资格可能具重要性的任何事实；且不妨碍承批公司在获悉任何重要事实后应尽快通知政府。	上公司资本的股东、承批公司的董事及在娱乐场担任要职的主要雇员是否知悉对承批公司或彼等的适当资格可能具重要性的任何事实；且不妨碍承批公司在获悉任何重要事实后应尽快通知政府。
六、承批公司在知悉对拥有承批公司 5% 或 5% 以上公司资本的股东、承批公司的董事及在娱乐场担任要职的主要雇员的适当资格可能具重要性的任何事实后，必须尽快通知政府。	六、承批公司在知悉对拥有承批公司 5% 或 5% 以上公司资本的股东、承批公司的董事及在娱乐场担任要职的主要雇员的适当资格可能具重要性的任何事实后，必须尽快通知政府。	六、承批公司在知悉对拥有承批公司 5% 或 5% 以上公司资本的股东、承批公司的董事及在娱乐场担任要职的主要雇员的适当资格可能具重要性的任何事实后，必须尽快通知政府。
	七、承批公司必须采取措施，使与其订立合同的管理公司、拥有管理公司 5% 或 5% 以上公司资本的股东、管理公司的董事及在娱乐场担任要职的主要雇员，在批给生效期间内保持适当资格，并完全意识到管理公司及该等股东、董事及主要雇员的适当资格反映于承批公司本身的适当资格。	七、承批公司必须采取措施，使与其订立合同的管理公司、拥有管理公司 5% 或 5% 以上公司资本的股东、管理公司的董事及在娱乐场担任要职的主要雇员，在批给生效期间内保持适当资格，并完全意识到管理公司及该等股东、董事及主要雇员的适当资格反映于承批公司本身的适当资格。
	八、上条第三款的规定，适用于审查拥有承批公司 5% 或 5% 以上公司资本的股东、拥有管理公司 5% 或 5% 以上公司资本的股东、承批公司及管理公司的董事及在娱乐场担任要职的主要雇员是否具备适当资格的程序。	八、上条第三款的规定，适用于审查拥有承批公司 5% 或 5% 以上公司资本的股东、拥有管理公司 5% 或 5% 以上公司资本的股东、承批公司及管理公司的董事及在娱乐场担任要职的主要雇员是否具备适当资格的程序。
第二十七条——特别合作义务 除第六十七条所定的一般	第二十七条——特别合作义务 除第六十七条所定的一	第二十七条——特别合作义务 除第六十七条所定的一

合作义务外，承批公司尚有义务立即向政府提供其认为对审查承批公司是否保持适当资格所需的任何文件、资讯或资料。

第二十八条——通知的特别义务

一、如承批公司知悉拥有承批公司 5% 或 5% 以上公司资本的任一股东在任何管辖区域的娱乐场幸运博彩或其他方式的博彩经营准照或批给终止，必须尽快通知政府。

二、如承批公司知悉由某一规管另一管辖区域的娱乐场幸运博彩或其他方式的博彩经营活动的机构，就可使该机构作出惩处，以及中止或以任何方式影响拥有承批公司 5% 或 5% 以上公司资本的任一股东在该管辖区域取得的娱乐场幸运博彩或其他方式的博彩经营准照或批给的事实而进行的任何调查，则必须尽快通知政府。

第六章
财力及融资

第二十九条——承批公司的财力

一、承批公司必须保持其财力，以经营所批给的业务及按照本批给合同的规定，尤其是按照附于本批给合同的投资计划的规定，准时及完全履行关于其业务的任何方面的义务

般合作义务外，承批公司尚有义务立即向政府提供其认为对审查承批公司是否保持适当资格所需的任何文件、资讯或资料。

第二十八条——通知的特别义务

一、如承批公司知悉拥有承批公司 5% 或 5% 以上公司资本的任一股东在任何管辖区域的娱乐场幸运博彩或其他方式的博彩经营准照或批给终止，必须尽快通知政府。

二、如承批公司知悉由某一规管另一管辖区域的娱乐场幸运博彩或其他方式的博彩经营活动的机构，就可使该机构作出惩处，以及中止或以任何方式影响拥有承批公司 5% 或 5% 以上公司资本的任一股东在该管辖区域取得的娱乐场幸运博彩或其他方式的博彩经营准照或批给的事实而进行的任何调查，则必须尽快通知政府。

第六章
财力及融资

第二十九条——承批公司的财力

一、承批公司必须保持其财力，以经营所批给的业务及按照本批给合同的规定，尤其是按照附于本批给合同的投资计划的规定，准时及完全履行关于其业务的任何

般合作义务外，承批公司尚有义务立即向政府提供其认为对审查承批公司是否保持适当资格所需的任何文件、资讯或资料。

第二十八条——通知的特别义务

一、如承批公司知悉拥有承批公司 5% 或 5% 以上公司资本的任一股东在任何管辖区域的娱乐场幸运博彩或其他方式的博彩经营准照或批给终止，必须尽快通知政府。

二、如承批公司知悉由某一规管另一管辖区域的娱乐场幸运博彩或其他方式的博彩经营活动的机构，就可使该机构作出惩处，以及中止或以任何方式影响拥有承批公司 5% 或 5% 以上公司资本的任一股东在该管辖区域取得的娱乐场幸运博彩或其他方式的博彩经营准照或批给的事实而进行的任何调查，则必须尽快通知政府。

第六章
财力及融资

第二十九条——承批公司的财力

一、承批公司必须保持其财力，以经营所批给的业务及按照本批给合同的规定，尤其是按照附于本批给合同的投资计划的规定，准时及完全履行关于其业务的任何

及合同规定其须开展的投资或须承担的义务。	方面的义务及合同规定其须开展的投资或须承担的义务。	方面的义务及合同规定其须开展的投资或须承担的义务。
二、为适用上款的规定，承批公司必须接受由政府依法作出的持续及长期的监察及监管。	二、为适用上款的规定，承批公司及拥有承批公司5%或5%以上公司资本的股东必须接受由政府依法作出的持续及长期的监察及监管。	二、为适用上款的规定，承批公司及拥有承批公司5%或5%以上公司资本的股东必须接受由政府依法作出的持续及长期的监察及监管。
	三、承批公司必须尽快支付审查承批公司及拥有承批公司5%或5%以上公司资本的股东是否具备财力的程序的费用；为此，博彩监察暨协调局将发出一份载有该等费用的文件，其成为该等费用的充分证据。	三、承批公司必须尽快支付审查承批公司及拥有承批公司5%或5%以上公司资本的股东是否具备财力的程序的费用；为此，博彩监察暨协调局将发出一份载有该等费用的文件，其成为该等费用的充分证据。
第三十条——消费借贷及同类合同	第三十条——消费借贷及同类合同	第三十条——消费借贷及同类合同
一、承批公司有义务将任何向第三人提供的、价值超逾澳门币三千万元的消费借贷或与第三人订立同类合同的事实通知政府。	一、承批公司有义务将任何向第三人提供的、价值超逾澳门币三千万元的消费借贷或与第三人订立同类合同的事实通知政府。	一、承批公司有义务将任何向第三人提供的、价值超逾澳门币三千万元的消费借贷或与第三人订立同类合同的事实通知政府。
二、承批公司有义务不向其董事、股东或在娱乐场任职的主要雇员提供任何消费借贷或与其订立同类合同；但经政府许可者除外。	二、承批公司有义务不向其董事、股东或在娱乐场担任要职的主要雇员提供任何消费借贷或与其订立同类合同；但经政府许可者除外。	二、承批公司有义务不向其董事、股东或在娱乐场担任要职的主要雇员提供任何消费借贷或与其订立同类合同；但经政府许可者除外。
三、承批公司有义务不与商业企业主订立使其可具有管理或参与管理承批公司的权力的任何合同，包括"step in rights"合同；但经政府许可者除外。	三、承批公司有义务不与商业企业主订立使其可具有管理或参与管理承批公司的权力的任何合同，包括"step in rights"合同；但经政府许可者除外。	三、承批公司有义务不与商业企业主订立使其可具有管理或参与管理承批公司的权力的任何合同，包括"step in rights"合同；但经政府许可者除外。
第三十一条——风险的承担	第三十一条——风险的承担	第三十一条——风险的承担
一、承批公司明确表示就批	一、承批公司明确表示就	一、承批公司明确表示就

给所固有的、与承批公司的财力及融资有关的一切风险承担所有有关债务并完全及独自承担有关责任；但不妨碍本批给合同第四十条及第七十五条规定的适用。

二、批给实体无须就承批公司的融资负上任何义务及承担任何责任或风险。

第三十二条——融资的取得

一、承批公司必须取得所需融资，以便按照本批给合同的规定，尤其是按照附于本批给合同的投资计划的规定，准时及完全履行关于其业务的任何方面的义务及合同规定其须开展的投资或须承担的义务。

二、因承批公司为取得上款所指融资而与第三人，包括提供融资的实体及承批公司的股东建立的合同关系而产生的任何抗辩或防御方法，均不得用以对抗批给实体。

第三十三条——法定储备金

承批公司必须保持法律所要求的储备金。

第三十四条——特别合作义务

一、除第六十七条所定的一般合作义务外，承批公司尚有义务立即向政府提供其认为对审查承批公司是否保持适当财力所需的任何文件、资讯或资料。

批给所固有的、与承批公司的财力及融资有关的一切风险承担所有有关债务，并完全及独自承担有关责任；但不妨碍本批给合同第四十条及第七十五条规定的适用。

二、批给实体无须就承批公司的融资负上任何义务及承担任何责任或风险。

第三十二条——融资的取得

一、承批公司必须取得所需融资，以便按照本批给合同的规定，尤其是按照附于本批给合同的投资计划的规定，准时及完全履行关于其业务的任何方面的义务及合同规定其须开展的投资或须承担的义务。

二、因承批公司为取得上款所指融资而与第三人，包括提供融资的实体及承批公司的股东建立的合同关系而产生的任何抗辩或防御方法，均不得用以对抗批给实体。

第三十三条——法定储备金

承批公司必须保持法律所要求的储备金。

第三十四条——特别合作义务

一、除第六十七条所定的一般合作义务外，承批公司尚有义务立即向政府提供其认为对审查承批公司是否保持适当财力所需的任何文件、资讯或资料。

批给所固有的、与承批公司的财力及融资有关的一切风险承担所有有关债务，并完全及独自承担有关责任；但不妨碍本批给合同第四十条及第七十五条规定的适用。

二、批给实体无须就承批公司的融资负上任何义务及承担任何责任或风险。

第三十二条——融资的取得

一、承批公司必须取得所需融资，以便按照本批给合同的规定，尤其是按照附于本批给合同的投资计划的规定，准时及完全履行关于其业务的任何方面的义务及合同规定其须开展的投资或须承担的义务。

二、因承批公司为取得上款所指融资而与第三人，包括提供融资的实体及承批公司的股东建立的合同关系而产生的任何抗辩或防御方法，均不得用以对抗批给实体。

第三十三条——法定储备金

承批公司必须保持法律所要求的储备金。

第三十四条——特别合作义务

一、除第六十七条所定的一般合作义务外，承批公司尚有义务立即向政府提供其认为对审查承批公司是否保持适当财力所需的任何文件、资讯或资料。

二、承批公司必须将任何消费借贷、抵押、债务的宣告、担保，又或为获得对承批公司业务的任何方面提供融资而承担或将承担的任何债务，尽快通知政府。

三、承批公司必须将与任何消费借贷、抵押、债务的宣告、担保，又或为获得对承批公司业务的任何方面提供融资而承担或将承担的任何债务有关的文件的经认证副本，尽快送交政府。

四、承批公司必须采取措施，以取得并向政府提交一份经承批公司的每名控权股东，包括最终控权股东签署的声明书，其内容为彼等同意受上述特别合作义务所约束，为此，经政府要求，彼等必须提供一切文件、资讯、资料或证据，并应给予任何准许。

第七章
投资计划

第三十五条——投资计划

一、承批公司必须按照附于本批给合同的投资计划的规定，执行该计划。

二、承批公司尤其有下列义务：

（一）在所有项目中使用具素质的劳动力；

（二）为执行附于本批给合同的投资计划所述的项目而聘用

二、承批公司必须将价值相等于或高于澳门币八百万元的任何消费借贷、抵押、债务的宣告、担保或为获得对承批公司业务的任何方面提供融资而承担或将承担的任何其他债务，尽快通知政府。

三、承批公司必须将与任何消费借贷、抵押、债务的宣告、担保，又或为获得对承批公司业务的任何方面提供融资而承担或将承担的任何债务有关的文件的经认证副本，尽快送交政府。

四、承批公司必须采取措施，以取得并向政府递交一份经承批公司的每名控权股东，包括最终控权股东签署的声明书，其内容为彼等同意受上述特别合作义务所约束，为此，经政府要求，彼等必须提供一切文件、资讯、资料或证据，并应给予任何准许。

第七章
投资计划

第三十五条——投资计划

一、承批公司必须按照附于本批给合同的投资计划的规定，执行该投资计划。

二、承批公司尤其有下列义务：

（一）在所有项目中使用具素质的劳动力；

（二）为执行附于本批给合同的投资计划所述的项

二、承批公司必须将价值相等于或高于澳门币八百万元的任何消费借贷、抵押、债务的宣告、担保或为获得对承批公司业务的任何方面提供融资而承担或将承担的任何其他债务，尽快通知政府。

三、承批公司必须将与任何消费借贷、抵押、债务的宣告、担保，又或为获得对承批公司业务的任何方面提供融资而承担或将承担的任何债务有关的文件的经认证副本，尽快送交政府。

四、承批公司必须采取措施，以取得并向政府递交一份经承批公司的每名控权股东，包括最终控权股东签署的声明书，其内容为彼等同意受上述特别合作义务所约束，为此，经政府要求，彼等必须提供一切文件、资讯、资料或证据，并应给予任何准许。

第七章
投资计划

第三十五条——投资计划

一、承批公司必须按照附于本批给合同的投资计划的规定，执行该投资计划。

二、承批公司尤其有下列义务：

（一）在所有项目中使用具素质的劳动力；

（二）为执行附于本批给合同的投资计划所述的项

企业及工人时，优先聘用长期在澳门特别行政区从事业务的企业或本地企业及澳门特别行政区的本地工人；

（三）制定与附于本批给合同的投资计划所述项目有关的工程项目时，遵守澳门特别行政区现行的技术规范及技术规章，尤其是经八月二十六日第47/96/M号法令核准的《地工技术规章》及经九月十六日第56/96/M号法令核准的《屋宇结构及桥梁结构之安全及荷载规章》，以及官方机构的说明书及认可文件和生产者或拥有专利权的实体的指示；

（四）将附于本批给合同的投资计划所述项目交予土地工务运输局核准时，除现行法例，尤其是八月二十一日第79/85/M号法令规定的其他文件外，尚须附具一份由土地工务运输局认可为具技术资格的、能显示在相同及同类工作方面具经验的实体编制的经土地工务运输局核准的质量控制手册、一份工作计划及相关的财政及工作的序时记录、较重要材料的样本，以及每项施工专业的负责人的履历；如欠交质量控制手册或所提交的质量控制手册不获核准，承批公司必须遵守届时由土地工务运输局指定的专业实体编制的质量控制手册；

目而聘用企业及工人时，优先聘用长期在澳门特别行政区从事业务的企业或本地企业及澳门特别行政区的本地工人；

（三）制定与附于本批给合同的投资计划所述项目有关的工程项目时，遵守澳门特别行政区现行的技术规范及技术规章，尤其是经八月二十六日第47/96/M号法令核准的《地工技术规章》及经九月十六日第56/96/M号法令核准的《屋宇结构及桥梁结构之安全及荷载规章》，以及官方机构的说明书及认可文件和生产者或拥有专利权的实体的指示；

（四）将附于本批给合同的投资计划所述项目交予土地工务运输局核准时，除现行法例，尤其是八月二十一日第79/85/M号法令规定的其他文件外，尚须附具一份由土地工务运输局认可为具技术资格的、能显示在相同及同类工作方面具经验的实体编制的经土地工务运输局核准的质量控制手册、一份工作计划及相关的财政及工作的序时记录、较重要材料的样本，以及每项施工专业的负责人的履历；如欠交质量控制手册或所提交的质量控制手册不获核准，承批公司必须遵守届时由土地工务运

目而聘用企业及工人时，优先聘用长期在澳门特别行政区从事业务的企业或本地企业及澳门特别行政区的本地工人；

（三）制定与附于本批给合同的投资计划所述项目有关的工程项目时，遵守澳门特别行政区现行的技术规范及技术规章，尤其是经八月二十六日第47/96/M号法令核准的《地工技术规章》及经九月十六日第56/96/M号法令核准的《屋宇结构及桥梁结构之安全及荷载规章》，以及官方机构的说明书及认可文件和生产者或拥有专利权的实体的指示；

（四）将附于本批给合同的投资计划所述项目交予土地工务运输局核准时，除现行法例，尤其是八月二十一日第79/85/M号法令规定的其他文件外，尚须附具一份由土地工务运输局认可为具技术资格的、能显示在相同及同类工作方面具经验的实体编制的经土地工务运输局核准的质量控制手册、一份工作计划及相关的财政及工作的序时记录、较重要材料的样本，以及每项施工专业的负责人的履历；如欠交质量控制手册或所提交的质量控制手册不获核准，承批公司必须遵守届时由土地工务运

	输局指定的专业实体编制的质量控制手册；	输局指定的专业实体编制的质量控制手册；
（五）根据现行法律及规章的规定、国际上认可的进行同类工程或供应的标准及行规，严格按照经核准的项目执行工程；	（五）根据现行法律及规章的规定、国际上认可的进行同类工程或供应的标准及行规，严格按照经核准的项目执行工程；	（五）根据现行法律及规章的规定、国际上认可的进行同类工程或供应的标准及行规，严格按照经核准的项目执行工程；
（六）遵守附于本批给合同的投资计划所述项目的施工期限及向公众开放的期限；	（六）遵守附于本批给合同的投资计划所述项目的施工期限及向公众开放的期限；	（六）遵守附于本批给合同的投资计划所述项目的施工期限及向公众开放的期限；
（七）执行附于本批给合同的投资计划所述项目时，采用由获认可实体认证及核准的、符合国际标准的及在国际上普遍认可为具高质量的材料、系统及设备；	（七）执行附于本批给合同的投资计划所述项目时，采用由获认可实体认证及核准的、符合国际标准的及在国际上普遍认可为具高质量的材料、系统及设备；	（七）执行附于本批给合同的投资计划所述项目时，采用由获认可实体认证及核准的、符合国际标准的及在国际上普遍认可为具高质量的材料、系统及设备；
（八）按照高国际质量标准，保持附于本批给合同的投资计划所述的所有项目的质量；	（八）按照高国际质量标准，保持附于本批给合同的投资计划所述的所有项目的质量；	（八）按照高国际质量标准，保持附于本批给合同的投资计划所述的所有项目的质量；
（九）确保其设施内的商业场所达高国际质量标准；	（九）确保其设施内的商业场所达高国际质量标准；	（九）确保其设施内的商业场所达高国际质量标准；
（十）按照高国际质量标准，维持现代化、高效及优质的管理；	（十）按照高国际质量标准，维持现代化、高效及优质的管理；	（十）按照高国际质量标准，维持现代化、高效及优质的管理；
（十一）在承批公司的设施的兴建阶段中或在承批公司业务的任何方面的经营阶段中出现对工作的正常进展造成或可能造成重大改变的任何情况时，又或在承批公司的设施中出现结构上的异常情况或其他异常情况时，透过详述有关情况且说明理由的报告书，尽快将一切有关情况通知政府；报告书应	（十一）在承批公司的设施的兴建阶段中或在承批公司业务的任何方面的经营阶段中出现对工作的正常进展造成或可能造成重大改变的任何情况时，又或在承批公司的设施中出现结构上的异常情况或其他异常情况时，透过详述有关情况且说明理由的报告书，尽快将一切有关	（十一）在承批公司的设施的兴建阶段中或在承批公司业务的任何方面的经营阶段中出现对工作的正常进展造成或可能造成重大改变的任何情况时，又或在承批公司的设施中出现结构上的异常情况或其他异常情况时，透过详述有关情况且说明理由的报告书，尽快将一切有关

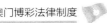

载明承批公司以外的公认为具资格及声誉的实体倘有提供的辅助，并指明已采取的或将采取的解决有关问题的措施。

三、如因在项目的设计及范围、建筑工程的执行，以及附于本批给合同的投资计划内的建筑物的保养等方面的不足、错误或严重疏忽而造成可向承批公司归责的损害，承批公司必须就此等损害向批给实体及第三人负责。

四、政府可以许可在无须修订本批给合同下更改第二款（六）项所指的期限。

五、批给实体承诺使承批公司可以按照法律的规定直接或间接执行附于本批给合同的投资计划所述的项目。

情况通知政府；报告书应载明承批公司以外的公认为具资格及声誉的实体倘有提供的辅助，并指明已采取的或将采取的解决有关问题的措施。

三、政府可以许可由管理公司直接执行附于本批给合同的投资计划所述的部分项目，但管理公司必须履行如由承批公司直接执行上述项目时承批公司须履行的、由本批给合同规定的一切义务中的适用部分。

四、在上款所指情况下，承批公司必须向政府递交一份经管理公司签署的声明书，内容为该管理公司承诺在批给生效期间内，未经政府许可，不将已执行或未执行的部分或全部项目转让。

五、在第三款所指情况下，由管理公司所作开支的总额，计算入第三十九条所述的、须由承批公司作出的开支的总额。

六、如在项目的设计及范围、建筑工程的执行，以及附于本批给合同的投资计划内的建筑物的保养等方面，因可归责于承批公司的不足、错误或严重疏忽而造成损害，承批公司必须就此等损害向批给实体及第三人负责。

七、政府可以许可无须修订本批给合同而更改第二

情况通知政府；报告书应载明承批公司以外的公认为具资格及声誉的实体倘有提供的辅助，并指明已采取的或将采取的解决有关问题的措施。

三、如在项目的设计及范围、建筑工程的执行，以及附于本批给合同的投资计划内的建筑物的保养等方面，因可归责于承批公司的不足、错误或严重疏忽而造成损害，承批公司必须就此等损害向批给实体及第三人负责。

四、政府可以许可无须修订本批给合同而更改第二款（六）项所指的期限。

五、政府承诺使承批公司可以按照法律的规定直接或间接执行附于本批给合同的投资计划所述的项目。

	款第（六）项所指的期限。	
	八、政府承诺使承批公司可以按照法律的规定直接或间接执行附于本批给合同的投资计划所述的项目。	
第三十六条——列入投资计划的项目的更改	第三十六条——列入投资计划的项目的更改	第三十六条——列入投资计划的项目的更改
一、在执行附于本批给合同的投资计划时，政府可就列入投资计划内的项目的执行，要求提供任何文件或强制作出任何更改，以确保现行技术规范及规章获得遵守，并确保所要求的质量标准水平。	一、在执行附于本批给合同的投资计划时，政府可就列入投资计划内的项目的执行，要求提供任何文件或强制作出任何更改，以确保现行技术规范及规章获得遵守，并确保所要求的质量标准水平。	一、在执行附于本批给合同的投资计划时，政府可就列入投资计划内的项目的执行，要求提供任何文件或强制作出任何更改，以确保现行技术规范及规章获得遵守，并确保所要求的质量标准水平。
二、政府不可强制对上述项目作出使第三十九条所述的总额增加的任何更改。	二、政府不可强制对上述项目作出使第三十九条所述的总额增加的任何更改。	二、政府不可强制对上述项目作出使第三十九条所述的总额增加的任何更改。
第三十七条——监察	第三十七条——监察	第三十七条——监察
一、政府，尤其透过土地工务运输局，根据附于本批给合同的投资计划所载内容而按照适用法例的规定，对工程的执行情况，尤其是对工作计划的执行及材料、系统与设备的质量予以跟进及监察。	一、政府，尤其透过土地工务运输局，根据附于本批给合同的投资计划所载内容而按照适用法例的规定，对工程的执行情况，尤其是对工作计划的执行及材料、系统与设备的质量予以跟进及监察。	一、政府，尤其透过土地工务运输局，根据附于本批给合同的投资计划所载内容而按照适用法例的规定，对工程的执行情况，尤其是对工作计划的执行及材料、系统与设备的质量予以跟进及监察。
二、土地工务运输局应就指定为跟进及监察工程执行情况的该局代表通知承批公司；如工程执行情况的跟进及监察工作由一名以上代表负责，须指定其中一人为主管人员。	二、土地工务运输局应就指定为跟进及监察工程执行情况的该局代表通知承批公司；如工程执行情况的跟进及监察工作由一名以上代表负责，须指定其中一人为主管人员。	二、土地工务运输局应就指定为跟进及监察工程执行情况的该局代表通知承批公司；如工程执行情况的跟进及监察工作由一名以上代表负责，须指定其中一人为主管人员。
三、为适用第一款的规定，承批公司必须每月呈交示附于	三、为适用第一款的规定，承批公司必须每月呈交展	三、为适用第一款的规定，承批公司必须每月呈交展

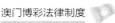

本批给合同的投资计划的执行进度的详尽书面报告；该份每月呈交的报告最少应载明：	示附于本批给合同的投资计划的执行进度的详尽书面报告；该份每月呈交的报告最少应载明：	示附于本批给合同的投资计划的执行进度的详尽书面报告；该份每月呈交的报告最少应载明：
（一）较重要的事件、人员的数目、有关材料、系统及设备的数量；	（一）较重要的事件、人员的数目、有关材料、系统及设备的数量；	（一）较重要的事件、人员的数目、有关材料、系统及设备的数量；
（二）关于工作计划的工作进展情况（进度控制）；	（二）关于工作计划的工作进展情况（进度控制）；	（二）关于工作计划的工作进展情况（进度控制）；
（三）财政及工作的序时记录的最新资料；	（三）财政及工作的序时记录的最新资料；	（三）财政及工作的序时记录的最新资料；
（四）项目、供应、应采用的方法、材料、系统及设备的需要；	（四）项目、供应、应采用的方法、材料、系统及设备的需要；	（四）项目、供应、应采用的方法、材料、系统及设备的需要；
（五）为确保执行工作计划而采取的主要措施；	（五）为确保执行工作计划而采取的主要措施；	（五）为确保执行工作计划而采取的主要措施；
（六）为改正偏差情况而须开展的工作。	（六）为改正偏差情况而须开展的工作。	（六）为改正偏差情况而须开展的工作。
四、在有需要时，尤其是当关于执行附于本批给合同的投资计划的正常工作进度受到影响时，承批公司必须提交额外的详尽书面报告。	四、在有需要时，尤其是当关于执行附于本批给合同的投资计划的正常工作进度受到影响时，承批公司必须提交额外的详尽书面报告。	四、在有需要时，尤其是当关于执行附于本批给合同的投资计划的正常工作进度受到影响时，承批公司必须提交额外的详尽书面报告。
五、经政府要求，承批公司必须在规定的期限内提交任何文件，尤其是关于附于本批给合同的投资计划的文字及图像资料。	五、经政府要求，承批公司必须在规定的期限内提交任何文件，尤其是关于附于本批给合同的投资计划的文字及图像资料。	五、经政府要求，承批公司必须在规定的期限内提交任何文件，尤其是关于附于本批给合同的投资计划的文字及图像资料。
六、承批公司尚须提供所要求的一切说明及资料，作为对上款所指文件的补充。	六、承批公司尚须提供所要求的一切说明及资料，作为对上款所指文件的补充。	六、承批公司尚须提供所要求的一切说明及资料，作为对上款所指文件的补充。
七、如政府对工作的质量存有疑问，可促使强制进行承批公司预算进行的测试以外的任何其他测试，并在有需要时，就测试中所采用的决策规则向	七、如政府对工作的质量存有疑问，可促使强制进行承批公司预算进行的测试以外的任何其他测试，并在有需要时，就测试中所采用	七、如政府对工作的质量存有疑问，可促使强制进行承批公司预算进行的测试以外的任何其他测试，并在有需要时，就测试中所采用

承批公司征询意见。	的决策规则向承批公司征询意见。	的决策规则向承批公司征询意见。
八、进行上款所指测试及弥补所发现的缺陷所需的费用，由承批公司负责。	八、进行上款所指测试及弥补所发现的缺陷所需的费用，由承批公司负责。	八、进行上款所指测试及弥补所发现的缺陷所需的费用，由承批公司负责。
九、与工程执行的技术方面有关的命令、通告及通知，可直接向工程的技术主任发出。	九、与工程执行的技术方面有关的命令、通告及通知，可由政府，尤其透过土地工务运输局直接向工程的技术主任发出。	九、与工程执行的技术方面有关的命令、通告及通知，可由政府，尤其透过土地工务运输局直接向工程的技术主任发出。
十、工程的技术主任应致力跟进有关工作，被召唤时必须到达施工地点。	十、工程的技术主任应致力跟进有关工作，被召唤时必须到达施工地点。	十、工程的技术主任应致力跟进有关工作，被召唤时必须到达施工地点。
十一、如发现工程的执行与经核准的项目不符或违反适用的法律、法规或合同规定的情况，政府，尤其透过土地工务运输局，可依法中止及禁制工程的执行。	十一、如发现工程的执行与经核准的项目不符或违反适用的法律、法规或合同规定的情况，政府，尤其透过土地工务运输局，可依法中止及禁制工程的执行。	十一、如发现工程的执行与经核准的项目不符或违反适用的法律、法规或合同规定的情况，政府，尤其透过土地工务运输局，可依法中止及禁制工程的执行。
十二、对因本批给合同而产生的义务的履行情况进行监察的权力，不导致批给实体对建筑工程的执行承担任何责任；而该等工程在构思、执行或运作上的一切不完善之处或瑕疵，均由承批公司独自承担责任；但该等不完善之处或瑕疵是因批给实体的决定而造成者除外。	十二、对因本批给合同而产生的义务的履行情况进行监察的权力，不导致批给实体对建筑工程的执行承担任何责任；而该等工程在构思、执行或运作上的一切不完善之处或瑕疵，均由承批公司独自承担责任；但该等不完善之处或瑕疵是因批给实体的决定而造成者除外。	十二、对因本批给合同而产生的义务的履行情况进行监察的权力，不导致批给实体对建筑工程的执行承担任何责任；而该等工程在构思、执行或运作上的一切不完善之处或瑕疵，均由承批公司独自承担责任；但该等不完善之处或瑕疵是因批给实体的决定而造成者除外。
第三十八条——转包	第三十八条——承包及转包	第三十八条——承包及转包
第三人的承包及转包，并不免除承批公司所须承担的法定义务或合同义务。	第三人的承包及转包，并不免除承批公司所须承担的法定义务或合同义务。	第三人的承包及转包，并不免除承批公司所须承担的法定义务或合同义务。
第三十九条——载于投资计划内的投资所剩款项的拨用	第三十九条——载于投资计划内的投资所剩款项的拨用	第三十九条——载于投资计划内的投资所剩款项的拨用
附于本批给合同的投资计划	附于本批给合同的投资计	附于本批给合同的投资计

的工程完成后，如承批公司所作开支的总额低于其以娱乐场幸运博彩或其他方式的博彩经营批给（三个）首次公开竞投的竞投公司身份提交的标书所载的、反映于上指投资计划内的投资的预算总额澳门币四十七亿三千七百四十八万元时，承批公司必须将剩余的款项用于由其指定的并经政府接受的与承批公司业务有关的项目上，又或用于由政府指定的对澳门特别行政区有重大公共利益的项目上。	划的工程完成后，如承批公司直接作出的或经政府许可而间接作出的开支的总额低于其以娱乐场幸运博彩或其他方式的博彩经营批给（三个）首次公开竞投的竞投公司身份提交的标书所载的、反映于上指投资计划内的投资的预算总额澳门币八十八亿元，承批公司必须将剩余的款项用于由其指定并经政府接受的与承批公司业务有关的项目上，又或用于由政府指定的对澳门特别行政区有重大公共利益的项目上。	划的工程完成后，如承批公司直接或间接作出的开支的总额低于其以娱乐场幸运博彩或其他方式的博彩经营批给（三个）首次公开竞投的竞投公司身份提交的标书所载的、反映于上指投资计划内的投资的预算总额澳门币四十亿元，承批公司必须将剩余的款项用于由其指定并经政府接受的与承批公司业务有关的项目上，又或用于由政府指定的对澳门特别行政区有重大公共利益的项目上。
第四十条——保险 一、承批公司必须订立并保持更新所需的保险合同，以保证发展所批给业务的固有风险获得有效及完全的保障；有关保险应向于获许可在澳门特别行政区经营的保险公司投保；如向此类保险公司投保属不可行或对承批公司造成过重负担，经政府许可后，有关保险合同可向外地保险公司投保。 二、承批公司尤其应确保订立下列保险合同，并维持该等合同的效力： （一）为承批公司工作人员投保的工作意外及职业病保险； （二）为承批公司所拥有的车辆投保的汽车民事责任保险；	第四十条——保险 一、承批公司必须订立并保持更新所需的保险合同，以保证发展批给所涵盖业务的固有风险获得有效及完全的保障；有关保险应向获许可在澳门特别行政区经营的保险公司投保；如向此类保险公司投保属不可行或对承批公司造成过重负担，经政府许可后，有关保险合同可向外地保险公司投保。 二、承批公司尤其应确保订立下列保险合同，并维持该等合同的效力： （一）为承批公司工作人员投保的工作意外及职业病保险； （二）为承批公司所拥有的车辆投保的汽车民事责任保险；	第四十条——保险 一、承批公司必须订立并保持更新所需的保险合同，以保证发展批给所涵盖业务的固有风险获得有效及完全的保障；有关保险应向获许可在澳门特别行政区经营的保险公司投保；如向此类保险公司投保属不可行或对承批公司造成过重负担，经政府许可后，有关保险合同可向外地保险公司投保。 二、承批公司尤其应确保订立下列保险合同，并维持该等合同的效力： （一）为承批公司工作人员投保的工作意外及职业病保险； （二）为承批公司所拥有的车辆投保的汽车民事责任保险；

（三）为承批公司所拥有的或为承批公司按融资租赁制度租用的船舶、飞机或其他空中飞行工具投保的民事责任保险；

（四）装置宣传品的民事责任保险；

（五）与在澳门特别行政区经营娱乐场幸运博彩或其他方式的博彩，以及发展批给所涵盖的其他业务有关的，而又未以任何其他保险合同予以保障的一般民事责任保险；

（六）楼宇、家具、设备及用于所经营业务的其他财产的损害保险；

（七）为施行与所批给业务有关的楼宇的任何工程或为在该等楼宇内施行任何工程而投保的建筑保险（全险，包括民事责任保险）。

三、上款（六）项所指保险的保障为全险保障，最少须包括下列项目：

（一）火灾、雷电或爆炸（不论属任何性质）；

（二）喉管爆裂；储水池、锅炉、管道、地下储水池、盥洗池或其他输水器具渗漏或满溢；

（三）洪水、台风、热带风暴、火山爆发、地震或其他自然灾害；

（四）飞机或其他空中飞行工具，又或自飞机或其他空中飞

（三）为承批公司所拥有的或为承批公司按融资租赁制度租用的船舶、飞机或其他空中飞行工具投保的民事责任保险；

（四）装置宣传品的民事责任保险；

（五）与在澳门特别行政区经营娱乐场幸运博彩或其他方式的博彩，以及发展批给所涵盖的其他业务有关的，而又未以任何其他保险合同予以保障的一般民事责任保险；

（六）楼宇、家具、设备及用于批给所涵盖业务的其他财产的损害保险；

（七）为施行与批给所涵盖业务有关的楼宇的任何工程或为在该等楼宇内施行任何工程而投保的建筑保险（全险，包括民事责任保险）。

三、上款（六）项所指保险的保障为全险保障，最少须包括下列项目：

（一）火灾、雷电或爆炸（不论属任何性质）；

（二）喉管爆裂；储水池、锅炉、管道、地下储水池、盥洗池或其他输水器具渗漏或满溢；

（三）洪水、台风、热带风暴、火山爆发、地震或其他自然灾害；

（四）飞机或其他空中飞行工具，又或自飞机或其

（三）为承批公司所拥有的或为承批公司按融资租赁制度租用的船舶、飞机或其他空中飞行工具投保的民事责任保险；

（四）装置宣传品的民事责任保险；

（五）与在澳门特别行政区经营娱乐场幸运博彩或其他方式的博彩，以及发展批给所涵盖的其他业务有关的，而又未以任何其他保险合同予以保障的一般民事责任保险；

（六）楼宇、家具、设备及用于批给所涵盖业务的其他财产的损害保险；

（七）为施行与批给所涵盖业务有关的楼宇的任何工程或为在该等楼宇内施行任何工程而投保的建筑保险（全险，包括民事责任保险）。

三、上款（六）项所指保险的保障为全险保障，最少须包括下列项目：

（一）火灾、雷电或爆炸（不论属任何性质）；

（二）喉管爆裂；储水池、锅炉、管道、地下储水池、盥洗池或其他输水器具渗漏或满溢；

（三）洪水、台风、热带风暴、火山爆发、地震或其他自然灾害；

（四）飞机或其他空中飞行工具，又或自飞机或其

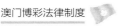

行工具坠下或投弃的物件的坠落或碰撞； （五）车辆碰撞； （六）盗窃或抢劫； （七）罢工、袭击、暴动、公共秩序的扰乱或性质相似的其他事实。 四、第二款所指各项保险的保险金额或最低保险金额如下： （一）（一）至（四）项所指的保险，按现行法例的规定处理； （二）（五）项所指的保险，金额由政府经考虑批给所涵盖业务的营业额及上一年的出险指数，以及其他参数后订定； （三）（六）项所指的保险，相等于所指财产的净值；净值是指毛价值减去累计折旧； （四）（七）项所指的保险，为工程的总值。 五、承批公司尚须确保与其订立合同的实体已投保有效的工作意外及职业病保险。 六、承批公司应向政府证明已订立完全有效的保险合同；在订立保险合同或为保险合同续期时，须将有关保险合同的副本送交政府。 七、将上款所指副本送交政府前，承批公司有义务不开展任何工程或工作。	他空中飞行工具坠下或投弃的物件的坠落或碰撞； （五）车辆碰撞； （六）盗窃或抢劫； （七）罢工、袭击、暴动、公共秩序的扰乱或性质相似的其他事实。 四、第二款所指各项保险的保险金额或最低保险金额如下： （一）（一）至（四）项所指的保险，按现行法例的规定处理； （二）（五）项所指的保险，金额由政府经考虑批给所涵盖业务的营业额及上一年的出险指数，以及其他参数后订定； （三）（六）项所指的保险，相等于所指财产的净值；净值是指毛价值减去累计折旧； （四）（七）项所指的保险，为工程的总值。 五、承批公司尚须确保与其订立合同的实体已投保有效的工作意外及职业病保险。 六、承批公司应向政府证明已订立完全有效的保险合同；在订立保险合同或为保险合同续期时，须将有关保险合同的副本送交政府。 七、将上款所指副本送交政府前，承批公司有义务不开展任何工程或工作。	他空中飞行工具坠下或投弃的物件的坠落或碰撞； （五）车辆碰撞； （六）盗窃或抢劫； （七）罢工、袭击、暴动、公共秩序的扰乱或性质相似的其他事实。 四、第二款所指各项保险的保险金额或最低保险金额如下： （一）（一）至（四）项所指的保险，按现行法例的规定处理； （二）（五）项所指的保险，金额由政府经考虑批给所涵盖业务的营业额及上一年的出险指数，以及其他参数后订定； （三）（六）项所指的保险，相等于所指财产的净值；净值是指毛价值减去累计折旧； （四）（七）项所指的保险，为工程的总值。 五、承批公司尚须确保与其订立合同的实体已投保有效的工作意外及职业病保险。 六、承批公司应向政府证明已订立完全有效的保险合同；在订立保险合同或为保险合同续期时，须将有关保险合同的副本送交政府。 七、将上款所指副本送交政府前，承批公司有义务不开展任何工程或工作。

八、除经政府许可外，承批公司不可取消、中止、更改或替换任何保险合同；但纯属更换保险实体的情况除外，在此情况下，承批公司应尽快将有关事实通知政府。	八、除经政府许可外，承批公司不可取消、中止、更改或替换任何保险合同；但纯属更换保险实体的情况除外，在此情况下，承批公司应尽快将有关事实通知政府。	八、除经政府许可外，承批公司不可取消、中止、更改或替换任何保险合同；但纯属更换保险实体的情况除外，在此情况下，承批公司应尽快将有关事实通知政府。
九、如承批公司不支付保险费，政府可动用保证履行承批公司的法定义务或合同义务的担保金，为承批公司计算而直接支付保险费。	九、如承批公司不支付保险费，政府可动用保证履行承批公司的法定义务或合同义务的担保金，为承批公司计算而直接支付保险费。	九、如承批公司不支付保险费，政府可动用保证履行承批公司的法定义务或合同义务的担保金，为承批公司计算而直接支付保险费。
第八章 财产 第四十一条——澳门特别行政区的财产	第八章 财产 第四十一条——澳门特别行政区的财产	第八章 财产 第四十一条——澳门特别行政区的财产
一、承批公司必须按照博彩监察暨协调局的指示，确保因经营所批给业务而透过将享有、收益及使用暂时性移转的方式获提供或将获提供的澳门特别行政区的财产得到完善的保管或替换。	一、承批公司必须按照博彩监察暨协调局的指示，确保因经营所批给业务而透过将享有、收益及使用暂时性移转的方式获提供的澳门特别行政区的财产得到保管或替换。	一、承批公司必须按照博彩监察暨协调局的指示，确保因经营所批给业务而透过将享有、收益及使用暂时性移转的方式获提供的澳门特别行政区的财产得到保管或替换。
二、承批公司必须确保因经营所批给业务而透过租赁或批给获提供或将获提供的、按照《澳门特别行政区基本法》第七条规定由政府负责管理的土地及自然资源完全得到保存。	二、承批公司必须确保因经营所批给业务而透过租赁或批给获提供或将获提供的、按照《澳门特别行政区基本法》第七条规定由政府负责管理的土地及自然资源得到保存。	二、承批公司必须确保因经营所批给业务而透过租赁或批给获提供或将获提供的、按照《澳门特别行政区基本法》第七条规定由政府负责管理的土地及自然资源得到保存。
第四十二条——其他财产	第四十二条——其他财产	第四十二条——其他财产
一、娱乐场及用于博彩业务的设备和用具，必须位于属承批公司所有的不动产内，且不可为娱乐场、设备及用具设定任何负担；但经政府许可者除外。	一、娱乐场及用于博彩业务的设备和用具，必须位于属承批公司所有的不动产内，且不可为娱乐场、设备及用具设定任何负担；但经政府许可者除外。	一、娱乐场及用于博彩业务的设备和用具，必须位于属承批公司所有的不动产内，且不可为娱乐场、设备及用具设定任何负担；但经政府许可者除外。

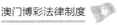

二、尽管获给予上款所指许可，承批公司亦必须在本批给合同消灭时，令娱乐场及用于博彩业务的设备和用具，包括位于娱乐场以外地方的设备和用具不负任何负担。

三、娱乐场不可位于使用及收益是透过任何性质的租赁合同，又或没有将完全所有权赋予承批公司的任何其他种类的合同，即使属非典型合同而设定的不动产内；但经政府许可者除外。

四、获适当许可后，承批公司必须将上款所指合同的副本，以及一切合同修改及变更的副本交予政府，即使该等修改及变更具追溯效力亦然。

五、承批公司必须将其所有娱乐场设于按分层所有权制度设定的楼宇或楼宇群内，即使该等楼宇或楼宇群构成一经济及功能单位者亦然，从而使该等娱乐场构成一个或多个应精确地识别及划定面积的独立单位。

二、尽管获给予上款所指许可，承批公司亦必须在批给消灭时，令娱乐场及用于博彩业务的设备和用具，包括位于娱乐场以外地方的设备和用具不负任何负担。

三、娱乐场不可位于使用及收益是透过任何性质的租赁合同，又或没有将完全所有权赋予承批公司的任何其他种类的合同，即使属非典型合同而设定的不动产内，但经政府许可者除外；在上述许可中尤其可订立条件，规定承批公司须最迟在第四十三条第一款所定日期前一百八十日取得娱乐场所在的独立单位，以便能将娱乐场归属于澳门特别行政区，但批给在该日期前撤销则除外，在此情况中，有关取得须尽快作出。

四、获适当许可后，承批公司必须将上款所指合同的副本，以及一切合同修改及变更的副本交予政府，即使该等合同、修改及变更具追溯效力亦然。

五、承批公司必须将其所有娱乐场设于按分层所有权制度设定的楼宇或楼宇群内，即使该等楼宇或楼宇群属一经济及功能单位者亦然，从而使该等娱乐场构成一个或多个应精确地识别及划定面积的独立单位。

二、尽管获给予上款所指许可，承批公司亦必须在批给消灭时，令娱乐场及用于博彩业务的设备和用具，包括位于娱乐场以外地方的设备和用具不负任何负担。

三、娱乐场不可位于使用及收益是透过任何性质的租赁合同，又或没有将完全所有权赋予承批公司的任何其他种类的合同，即使属非典型合同而设定的不动产内，但经政府许可者除外；在上述许可中尤其可订立条件，规定承批公司须最迟在第四十三条第一款所定日期前一百八十日取得娱乐场所在的独立单位，以便能将娱乐场归属于澳门特别行政区，但批给在该日期前撤销则除外，在此情况中，有关取得须尽快作出。

四、获适当许可后，承批公司必须将上款所指合同的副本，以及一切合同修改及变更的副本交予政府，即使该等合同、修改及变更具追溯效力亦然。

五、承批公司必须将其所有娱乐场设于按分层所有权制度设定的楼宇或楼宇群内，即使该等楼宇或楼宇群属一经济及功能单位者亦然，从而使该等娱乐场构成一个或多个应精确地识别及划定面积的独立单位。

续表

六、为适用上款的规定，承批公司必须尽快向政府提交关于设定分层所有权的物业登记证明，其内应载有所有独立单位的说明书，并附同一份确定及划定有关面积的图则。

七、承批公司必须就分层所有权设定凭证的任何修改作出登记，并须透过财政局将有关物业登记的证明尽快交予政府。

八、承批公司尚须将关于分层所有权的分层建筑物的规章交予政府作核准。

第四十三条——娱乐场及用于博彩业务的设备和用具的归属

一、在第八条所定的批给期限届满之日，娱乐场及用于博彩业务的设备和用具，包括位于娱乐场以外地方的设备和用具，均无偿及自动归属批给实体，但批给在上述日期前撤销者除外；交付上述财产时，承批公司必须确保该等财产处于良好的保存及运作状况，但属为遵守本批给合同的规定而使用该等财产时所造成的正常损耗除外；此外，必须确保该等财产不负任何负担。

二、承批公司必须立即交付上款所指财产。

三、如承批公司不交付第一款所指财产，政府立即行政占有

六、为适用上款的规定，承批公司必须尽快向政府提交关于设定分层所有权的物业登记证明，其内应载有所有独立单位的说明书，并附同一份确定及划定有关面积的图则。

七、承批公司必须就分层所有权设定凭证的任何修改作出登记，并须透过财政局将有关物业登记的证明尽快交予政府。

八、承批公司尚须将关于分层所有权的分层建筑物规章交予政府作核准。

第四十三条——娱乐场及用于博彩业务的设备和用具的归属

一、在二零二二年六月二十六日，娱乐场及用于博彩业务的设备和用具，包括位于娱乐场以外地方的设备和用具，均无偿及自动归属批给实体，但批给在上述日期前撤销者除外；交付上述财产时，承批公司必须确保该等财产处于良好的保存及运作状况，但属为遵守本批给合同的规定而使用该等财产时所造成的正常损耗除外；此外，必须确保该等财产不负任何负担。

二、承批公司必须立即交付上款所指财产。

三、如承批公司不交付第一款所指财产，政府立即行

六、为适用上款的规定，承批公司必须尽快向政府提交关于设定分层所有权的物业登记证明，其内应载有所有独立单位的说明书，并附同一份确定及划定有关面积的图则。

七、承批公司必须就分层所有权设定凭证的任何修改作出登记，并须透过财政局将有关物业登记的证明尽快交予政府。

八、承批公司尚须将关于分层所有权的分层建筑物规章交予政府作核准。

第四十三条——娱乐场及用于博彩业务的设备和用具的归属

一、在二零二二年六月二十六日，娱乐场及用于博彩业务的设备和用具，包括位于娱乐场以外地方的设备和用具，均无偿及自动归属批给实体，但批给在上述日期前撤销者除外；交付上述财产时，承批公司必须确保该等财产处于良好的保存及运作状况，但属为遵守本批给合同的规定而使用该等财产时所造成的正常损耗除外；此外，必须确保该等财产不负任何负担。

二、承批公司必须立即交付上款所指财产。

三、如承批公司不交付第一款所指财产，政府立即

该等财产，有关开支由保证履行承批公司的法定义务或合同义务的担保金承担。	政占有该等财产，有关开支由保证履行承批公司的法定义务或合同义务的担保金承担。	行政占有该等财产，有关开支由保证履行承批公司的法定义务或合同义务的担保金承担。
四、在批给终止时，政府应对第四十一条及第四十二条所指的财产进行查验，以检查该等财产的保存及保养状况，并应缮立一份查验笔录；查验时，承批公司的代表可以在场参与。	四、在第一款所指的日期，政府应对第四十一条及第四十二条所指的财产进行查验，以检查该等财产的保存及保养状况，并应缮立一份查验笔录；查验时，承批公司的代表可以在场参与。	四、在第一款所指的日期，政府应对第四十一条及第四十二条所指的财产进行查验，以检查该等财产的保存及保养状况，并应缮立一份查验笔录；查验时，承批公司的代表可以在场参与。
五、当承批公司解散或清算时，如未经政府透过下条所指强制性清册程序证明应予归还的财产处于良好的保存及运作状况，又或未显示出能透过政府所接受的任何担保而确保支付因损害赔偿或任何其他名义而应支付予批给实体的任何款项，则不可对承批公司的财产进行分割。	五、当承批公司解散或清算时，如未经政府透过下条所指强制性清册程序证明应予归还的财产处于良好的保存及运作状况，又或未显示出能透过政府所接受的任何担保而确保支付因损害赔偿或任何其他名义而应支付予批给实体的任何款项，则不可对承批公司的财产进行分割。	五、当承批公司解散或清算时，如未经政府透过下条所指强制性清册程序证明应予归还的财产处于良好的保存及运作状况，又或未显示出能透过政府所接受的任何担保而确保支付因损害赔偿或任何其他名义而应支付予批给实体的任何款项，则不可对承批公司的财产进行分割。
六、第一款最后部分的规定，不妨碍对用于博彩业务的设备及用具进行正常更新。 第四十四条——用于所批给业务的财产的清册	六、第一款最后部分的规定，不妨碍对用于博彩业务的设备及用具进行正常更新。 第四十四条——用于所批给业务的财产的清册	六、第一款最后部分的规定，不妨碍对用于博彩业务的设备及用具进行正常更新。 第四十四条——用于所批给业务的财产的清册
一、承批公司必须为所有属于澳门特别行政区且用于所批给业务的财产及权利，以及所有可归属澳门特别行政区的财产制作一式三份的财产清册，并须更新财产清册的资料；为此，承批公司须最迟于每年五月三十一日更新出现变更的相	一、承批公司必须为所有属于澳门特别行政区且用于所批给业务的财产及权利，以及所有可归属澳门特别行政区的财产制作一式三份的财产清册，并须更新财产清册的资料；为此，承批公司须最迟于每年五月三十一日	一、承批公司必须为所有属于澳门特别行政区且用于所批给业务的财产及权利，以及所有可归属澳门特别行政区的财产制作一式三份的财产清册，并须更新财产清册的资料；为此，承批公司须最迟于每年五月三十一日

关表，并将之分别送交博彩监察暨协调局及财政局。

二、在批给终止的年份，上指清册须于批给终止前六十作出。

三、在其他撤销批给合同的情况下，第一款所指清册须依政府订定的日期及时刻进行。

第四十五条——改善费

以任何名义用于第四十一条所指的财产及可归属批给实体的财产的改善费，均不赋予承批公司获得任何补偿或损害赔偿的权利。

第四十六条——供承批公司使用的土地的批给

一、尤其供承批公司在经营所批给业务方面使用的土地的批给制度，由有关的土地批给合同订定。

二、政府与承批公司之间订立的土地批给合同的条款，须受本批给合同中适用部分的规定约束。

第九章
溢价金

第四十七条——溢价金

一、承批公司必须在批给期间内每年向澳门特别行政区缴纳一项溢价金，作为获批给娱乐场幸运博彩或其他方式的博彩经营的回报。

更新出现变更的相关表，并将之分别送交博彩监察暨协调局及财政局。

二、在批给期间届满的年份，上指清册必须于批给终止前六十作出。

三、在其他撤销批给的情况下，第一款所指清册须依政府订定的日期及时刻进行。

第四十五条——改善物

以任何名义对第四十一条所指的财产及可归属批给实体的财产所作的改善，不赋予承批公司获得任何补偿或损害赔偿的权利，而承批公司无须将改善物拆除。

第四十六条——供承批公司使用的土地的批给

一、尤其承批公司在经营所批给业务方面使用的土地的批给制度，由有关的土地批给合同订定。

二、政府与承批公司之间订立的土地批给合同，须受本批给合同中适用部分的规定约束。

第九章
溢价金

第四十七条——溢价金

一、承批公司必须在批给生效期间内向澳门特别行政区缴纳每年的溢价金，作为获批给娱乐场幸运博彩或其他方式的博彩经营的回报。

更新出现变更的相关表，并将之分别送交博彩监察暨协调局及财政局。

二、在批给期间届满的年份，上指清册必须于批给终止前六十作出。

三、在其他撤销批给的情况下，第一款所指清册须依政府订定的日期及时刻进行。

第四十五条——改善物

以任何名义对第四十一条所指的财产及可归属批给实体的财产所作的改善，不赋予承批公司获得任何补偿或损害赔偿的权利，而承批公司无须将改善物拆除。

第四十六条——供承批公司使用的土地的批给

一、尤其承批公司在经营所批给业务方面使用的土地的批给制度，由有关的土地批给合同订定。

二、政府与承批公司之间订立的土地批给合同，须受本批给合同中适用部分的规定约束。

第九章
溢价金

第四十七条——溢价金

一、承批公司必须在批给生效期间内向澳门特别行政区缴纳每年的溢价金，作为获批给娱乐场幸运博彩或其他方式的博彩经营的回报。

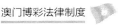

二、承批公司应缴溢价金的金额由固定部分及可变动部分组成。	二、承批公司须缴纳的每年溢价金的金额由固定部分及可变动部分组成。	二、承批公司须缴纳的每年溢价金的金额由固定部分及可变动部分组成。
三、按照第215/2001号行政长官批示的规定，承批公司须缴纳的溢价金固定部分的金额为澳门币三千万元，并可按照澳门特别行政区的平均物价指数作出调整。	三、按照第215/2001号行政长官批示的规定，承批公司须缴纳的每年溢价金固定部分的金额为澳门币三千万元。	三、按照第215/2001号行政长官批示的规定，承批公司须缴纳的每年溢价金固定部分的金额为澳门币三千万元。
四、承批公司须缴纳的溢价金可变动部分的金额，按照承批公司所经营的博彩桌及包括"角子机"在内的电动或机动博彩机的数目计算。	四、承批公司须缴纳的每年溢价金可变动部分的金额，按照承批公司所经营的博彩桌及包括"角子机"在内的电动或机动博彩机的数目计算。	四、承批公司须缴纳的每年溢价金可变动部分的金额，按照承批公司所经营的博彩桌及包括"角子机"在内的电动或机动博彩机的数目计算。
五、为适用上款的规定：	五、为适用上款的规定：	五、为适用上款的规定：
（一）就专供特定博彩或博彩者使用的、尤其是在特别博彩厅或区域内经营的每一张博彩桌，承批公司须每年缴纳澳门币三十万元；	（一）就专供特定博彩或博彩者使用的、尤其是在特别博彩厅或区域内经营的每一张博彩桌，承批公司须每年缴纳澳门币三十万元；	（一）就专供特定博彩或博彩者使用的、尤其是在特别博彩厅或区域内经营的每一张博彩桌，承批公司须每年缴纳澳门币三十万元；
（二）就非专供特定博彩或博彩者使用的每一张博彩桌，承批公司须每年缴纳澳门币十五万元；	（二）就非专供特定博彩或博彩者使用的每一张博彩桌，承批公司须每年缴纳澳门币十五万元；	（二）就非专供特定博彩或博彩者使用的每一张博彩桌，承批公司须每年缴纳澳门币十五万元；
（三）就承批公司所经营的包括"角子机"在内的每一台电动或机动博彩机，承批公司须每年缴纳澳门币一千元。	（三）就承批公司所经营的包括"角子机"在内的每一台电动或机动博彩机，承批公司须每年缴纳澳门币一千元。	（三）就承批公司所经营的包括"角子机"在内的每一台电动或机动博彩机，承批公司须每年缴纳澳门币一千元。
六、不论承批公司在任何时刻所经营的博彩桌数目多少，溢价金可变动部分的金额，不可低于因长期经营专供特定博彩或博彩者使用的、尤其是在特别博彩厅或区域内经营的一百张博彩桌及长期经营非专供	六、不论承批公司在任何时刻所经营的博彩桌数目多少，每年溢价金可变动部分的金额，不可低于因长期经营专供特定博彩或博彩者使用的、尤其是在特别博彩厅或区域内经营的一百张博彩桌及长期	六、不论承批公司在任何时刻所经营的博彩桌数目多少，每年溢价金可变动部分的金额，不可低于因长期经营专供特定博彩或博彩者使用的、尤其是在特别博彩厅或区域内经营的一百张博彩桌及长期

特定博彩或博彩者使用的一百张博彩桌而应缴纳的金额。

七、承批公司必须最迟于有关年度的一月份第十日缴纳溢价金固定部分的金额；政府亦可规定以按月分期支付的方式缴纳。

八、承批公司必须按月并最迟于有关月份翌月第十日，就前一月份所经营的博彩桌以及包括"角子机"在内的电动或机动博彩机缴纳溢价金可变动部分的金额。

九、为计算上款所指的溢价金的可变动部分的金额，须考虑承批公司在有关月份经营每张博彩桌及每台包括"角子机"在内的电动或机动博彩机的日数。

十、溢价金的缴纳是透过向澳门特别行政区财税厅收纳处递交有关支付凭单的方法为之。

第十章
第16/2001号法律第二十二条（七）项及（八）项规定的拨款
第四十八条——第16/2001号法律第二十二条（七）项规定的拨款

一、承批公司必须向批给实体缴纳一项相当于博彩经营毛收入1.6%的拨款，该项拨款将交予一个由政府指定的、以

经营非专供特定博彩或博彩者使用的一百张博彩桌而应缴纳的金额。

七、承批公司必须最迟于有关年度的一月份第十日缴纳每年溢价金固定部分的金额；政府亦可规定以按月分期支付的方式缴纳。

八、承批公司必须按月并最迟于有关月份翌月第十日，就前一月份所经营的博彩桌以及包括"角子机"在内的电动或机动博彩机缴纳每年溢价金可变动部分的金额。

九、为计算上款所指的每年溢价金可变动部分的金额，须考虑承批公司在有关月份经营每张博彩桌及每台包括"角子机"在内的电动或机动博彩机的日数。

十、每年溢价金的缴纳是透过向澳门特别行政区财税厅收纳处递交有关支付凭单的方法为之。

第十章
第16/2001号法律第二十二条（七）项及（八）项规定的拨款
第四十八条——第16/2001号法律第二十二条（七）项规定的拨款

一、承批公司必须向批给实体缴纳一项相当于博彩经营毛收入1.6%的拨款，该项拨款将交予一个由政府指定

经营非专供特定博彩或博彩者使用的一百张博彩桌而应缴纳的金额。

七、承批公司必须最迟于有关年度的一月份第十日缴纳每年溢价金固定部分的金额；政府亦可规定以按月分期支付的方式缴纳。

八、承批公司必须按月并最迟于有关月份翌月第十日，就前一月份所经营的博彩桌以及包括"角子机"在内的电动或机动博彩机缴纳每年溢价金可变动部分的金额。

九、为计算上款所指的每年溢价金可变动部分的金额，须考虑承批公司在有关月份经营每张博彩桌及每台包括"角子机"在内的电动或机动博彩机的日数。

十、每年溢价金的缴纳是透过向澳门特别行政区财税厅收纳处递交有关支付凭单的方法为之。

第十章
第16/2001号法律第二十二条（七）项及（八）项规定的拨款
第四十八条——第16/2001号法律第二十二条（七）项规定的拨款

一、承批公司必须向批给实体缴纳一项相当于博彩经营毛收入1.6%的拨款，该项拨款将交予一个由政府指定

促进、发展或研究文化、社会、经济、教育、科学、学术及慈善活动为宗旨的公共基金会运用。 二、上款所指拨款须由承批公司按月并最迟于有关月份翌月第十日，透过向澳门特别行政区财税厅收纳处递交有关支付凭单而缴纳。 三、第一款所指拨款须由批给实体进行本身预算登录。 第四十九条——第 16/2001 号法律第二十二条（八）项规定的拨款 一、承批公司必须向批给实体缴纳一项相当于博彩经营毛收入 1.4％ 的拨款，用以发展澳门特别行政区城市建设、推广旅游及提供社会保障。 二、上款所指拨款须由承批公司按月并最迟于有关月份翌月第十日，透过向澳门特别行政区财税厅收纳处递交有关支付凭单而缴纳。 三、第一款所指拨款须由批给实体进行本身预算登录。 四、政府可指定一个或多个实体作为获分配部分或全部已缴拨款的受惠实体；政府可以许可由承批公司直接将拨款拨予有关实体，在此情况下，第一款所指应交到澳门特别行政区财税厅收纳处的拨款的金额将相应减少。	的、以促进、发展或研究文化、社会、经济、教育、科学、学术及慈善活动为宗旨的公共基金会运用。 二、上款所指拨款须由承批公司按月并最迟于有关月份翌月第十日，透过向澳门特别行政区财税厅收纳处递交有关支付凭单而缴纳。 三、第一款所指拨款须由批给实体进行本身预算登录。 第四十九条——第 16/2001 号法律第二十二条（八）项规定的拨款 一、承批公司必须向批给实体缴纳一项相当于博彩经营毛收入 2.4 ％ 的拨款，用以发展澳门特别行政区城市建设、推广旅游及提供社会保障。 二、上款所指拨款须由承批公司按月并最迟于有关月份翌月第十日，透过向澳门特别行政区财税厅收纳处递交有关支付凭单而缴纳。 三、第一款所指拨款须由批给实体进行本身预算登录。 四、政府可指定一个或多个项目，又或一个或多个实体作为获给予部分已缴拨款的受惠项目或实体。	的、以促进、发展或研究文化、社会、经济、教育、科学、学术及慈善活动为宗旨的公共基金会运用。 二、上款所指拨款须由承批公司按月并最迟于有关月份翌月第十日，透过向澳门特别行政区财税厅收纳处递交有关支付凭单而缴纳。 三、第一款所指拨款须由批给实体进行本身预算登录。 第四十九条——第 16/2001 号法律第二十二条（八）项规定的拨款 一、承批公司必须向批给实体缴纳一项相当于博彩经营毛收入 2.4% 的拨款，用以发展澳门特别行政区城市建设、推广旅游及提供社会保障。 二、上款所指拨款须由承批公司按月并最迟于有关月份翌月第十日，透过向澳门特别行政区财税厅收纳处递交有关支付凭单而缴纳。 三、第一款所指拨款须由批给实体进行本身预算登录。 四、政府可指定一个或多个项目，又或一个或多个实体作为获给予部分已缴拨款的受惠项目或实体。

五、政府与承批公司可协议将拨款给予一个或多个项目，又或一个或多个实体，而拨款总额是以博彩经营毛收入 1.2% 为上限；在此情况下，承批公司可直接给予有关拨款，而第一款所指应交到澳门特别行政区财税厅收纳处的拨款的金额则相应减少。

五、政府与承批公司可协议将拨款给予一个或多个项目，又或一个或多个实体，而拨款总额是以博彩经营毛收入 1.2% 为上限；在此情况下，承批公司可直接给予有关拨款，而第一款所指应交到澳门特别行政区财税厅收纳处的拨款的金额则相应减少。

第十一章
纳税义务及文件的提交
第五十条——博彩特别税

一、承批公司必须向澳门特别行政区缴纳法律规定的博彩特别税，该税款是以十二分之一的方式缴纳，且须按月并最迟于有关月份翌月第十日交予政府。

二、博彩特别税可以澳门币或以政府接受的澳门币以外的货币缴纳。

三、如在承批公司的娱乐场内的大部分筹码是以澳门币取得，且经政府许可后，博彩特别税方可以澳门币缴纳；但不妨碍上款规定的适用。

四、如以澳门币缴纳博彩特别税，应将税款直接交予澳门特别行政区公钞局库房。

五、如以政府接受的澳门

第十一章
纳税义务及文件的提交
第五十条——博彩特别税

一、承批公司必须向澳门特别行政区缴纳法律规定的博彩特别税，该税款是以十二分之一的方式缴纳，且须按月并最迟于有关月份翌月第十日交予政府。

二、博彩特别税可以澳门币或以政府接受的澳门币以外的货币缴纳。

三、如以澳门币缴纳博彩特别税，应将税款直接交予澳门特别行政区公钞局库房。

四、如以政府接受的澳门币以外的货币缴纳博彩特别税，应将有关货币交予澳门金融管理局，由该局将折算成澳门币的金额交澳门特别行政区公钞局库房支配。

第十一章
纳税义务及文件的提交
第五十条——博彩特别税

一、承批公司必须向澳门特别行政区缴纳法律规定的博彩特别税，该税款是以十二分之一的方式缴纳，且须按月并最迟于有关月份翌月第十日交予政府。

二、博彩特别税可以澳门币或以政府接受的澳门币以外的货币缴纳。

三、如以澳门币缴纳博彩特别税，应将税款直接交予澳门特别行政区公钞局库房。

四、如以政府接受的澳门币以外的货币缴纳博彩特别税，应将有关货币交予澳门金融管理局，由该局将折算成澳门币的金额交澳门特别行政区公钞局库房支配。

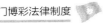

币以外的缴纳博彩特别税，应将有关货币交予澳门金融管理局，由该局将折算成澳门币的金额交澳门特别行政区公钞局库房支配。		
第五十一条——税项的就源扣缴	第五十一条——税项的就源扣缴	第五十一条——税项的就源扣缴
一、承批公司必须透过确定性就源扣缴的方式，收取并缴纳关于支付予博彩中介人的佣金或其他报酬的法定税项，有关税款须按月并最迟于有关月份翌月第十日交到澳门特别行政区财税厅收纳处。	一、承批公司必须透过确定性就源扣缴的方式，收取并缴纳关于支付予博彩中介人的佣金或其他报酬的法定税项，有关税款须按月并最迟于有关月份翌月第十日交到澳门特别行政区财税厅收纳处。	一、承批公司必须透过确定性就源扣缴的方式，收取并缴纳关于支付予博彩中介人的佣金或其他报酬的法定税项，有关税款须按月并最迟于有关月份翌月第十日交到澳门特别行政区财税厅收纳处。
二、承批公司必须透过确定性就源扣缴的方式，收取并缴纳法律规定的关于承批公司工作人员的职业税，有关税款须按照法律的规定交到澳门特别行政区财税厅收纳处。	二、承批公司必须透过确定性就源扣缴的方式，收取并缴纳法律规定的关于承批公司工作人员的职业税，有关税款须按照法律的规定交到澳门特别行政区财税厅收纳处。	二、承批公司必须透过确定性就源扣缴的方式，收取并缴纳法律规定的关于承批公司工作人员的职业税，有关税款须按照法律的规定交到澳门特别行政区财税厅收纳处。
第五十二条——其他应缴税项、税捐、费用及手续费的缴纳	第五十二条——其他应缴税项、税捐、费用及手续费的缴纳	第五十二条——其他应缴税项、税捐、费用及手续费的缴纳
承批公司必须缴纳澳门特别行政区法例规定应缴的且未获豁免缴纳的税项、税捐、费用或手续费。	承批公司必须缴纳澳门特别行政区法例规定应缴的且未获豁免缴纳的税项、税捐、费用或手续费。	承批公司必须缴纳澳门特别行政区法例规定应缴的且未获豁免缴纳的税项、税捐、费用或手续费。
第五十三条——证明并无欠澳门特别行政区公钞局债务的文件	第五十三条——证明并无欠澳门特别行政区公钞局债务的文件	第五十三条——证明并无欠澳门特别行政区公钞局债务的文件
承批公司必须按年并最迟于三月三十一日，向政府递交由财政局发出的证明，证明承批公司、其常务董事及其公司机	一、承批公司必须按年并最迟于三月三十一日，向政府递交由财政局发出的关于前一税务年度的证明，证明承批	一、承批公司必须按年并最迟于三月三十一日，向政府递交由财政局发出的关于前一税务年度的证明，证明承批

关的据位人并无欠澳门特别行政区公钞局任何税捐、税项、罚款或附加款项；附加款项此一概念包含补偿性利息、迟延利息及债务的3%的款项。	公司并无欠澳门特别行政区公钞局任何税捐、税项、罚款或附加款项；附加款项此一概念包含补偿性利息、迟延利息及债务的3%的款项。	公司并无欠澳门特别行政区公钞局任何税捐、税项、罚款或附加款项；附加款项此一概念包含补偿性利息、迟延利息及债务的3%的款项。
	二、承批公司尚须按年并最迟于三月三十一日，就前一税务年度向政府递交载明承批公司的常务董事、公司机关据位人及拥有承批公司5%或5%以上公司资本的股东的税务状况的文件。	二、承批公司尚须按年并最迟于三月三十一日，就前一税务年度向政府递交载明承批公司的常务董事、公司机关据位人及拥有承批公司5%或5%以上公司资本的股东的税务状况的文件。
第五十四条——证明并无欠澳门特别行政区社会保障方面的债务的文件	第五十四条——证明并无欠澳门特别行政区社会保障方面的债务的文件	第五十四条——证明并无欠澳门特别行政区社会保障方面的债务的文件
承批公司必须按年并最迟于三月三十一日，向政府递交由澳门特别行政区社会保障基金发出的文件，证明承批公司在澳门特别行政区社会保障方面的供款状况符合规范。	承批公司必须按年并最迟于三月三十一日，向政府递交由澳门特别行政区社会保障基金发出的文件，证明承批公司在澳门特别行政区社会保障方面的供款状况符合规范。	承批公司必须按年并最迟于三月三十一日，向政府递交由澳门特别行政区社会保障基金发出的文件，证明承批公司在澳门特别行政区社会保障方面的供款状况符合规范。
第五十五条——资讯的提供	第五十五条——资讯的提供	第五十五条——资讯的提供
一、承批公司必须按季度并最迟于有关季度结束翌月的最后一日，将上一季度的试算表送交政府；而每年最后一季的试算表，则须最迟于翌年二月份的最后一日送交。	一、承批公司必须按季度并最迟于有关季度结束翌月的最后一日，将上一季度的试算表送交政府；而每年最后一季的试算表，则须最迟于翌年二月份的最后一日送交。	一、承批公司必须按季度并最迟于有关季度结束翌月的最后一日，将上一季度的试算表送交政府；而每年最后一季的试算表，则须最迟于翌年二月份的最后一日送交。
二、承批公司尚须在举行通过账目的年度股东大会的日期之前，最少提早三十日向政府送交下列资料：	二、承批公司尚须在举行通过账目的年度股东大会的日期之前，最少提早三十日向政府送交下列资料：	二、承批公司尚须在举行通过账目的年度股东大会的日期之前，最少提早三十日向政府送交下列资料：
（一）关于上一营业年度的	（一）关于上一营业年度	（一）关于上一营业年度

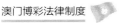

全部会计报表及统计表；

（二）在有关营业年度内曾为董事会或监事会成员的人、受托人，以及会计部门负责人的全名，并应载有此等姓名的可能使用的各种文本；

（三）一份附有监事会及外部核数师意见书的董事会报告及账目。

第五十六条——会计及内部查核

一、承批公司必须设置本身的会计系统、健全的行政组织及适当的内部查核程序，并须遵从政府就此等事宜发出的指示，尤其是透过博彩监察暨协调局或财政局发出的指示。

二、承批公司在会计的编排及提交方面，必须仅采用澳门特别行政区现行公定会计格式的标准；但不妨碍行政长官可根据博彩监察暨协调局局长或财政局局长的建议，规定必须设置的会计簿册、会计文件或其他会计资料，以及订定承批公司在将其营业活动记账时必须采用的标准及在会计的编排及提交方面必须遵守特别规定。

第五十七条——年度账目的外部审计

承批公司必须每年将其账目交予经博彩监察暨协调局及财

全部会计报表及统计表；

（二）在有关营业年度内曾为董事会或监事会成员的人、受托人，以及会计部门负责人的全名，并应载有此等姓名的可能使用的各种文本；

（三）一份附有监事会及外部核数师意见书的董事会报告及账目。

第五十六条——会计及内部查核

一、承批公司必须设置本身的会计系统、健全的行政组织及适当的内部查核程序，并须遵从政府就此等事宜发出的指示，尤其是透过博彩监察暨协调局或财政局发出的指示。

二、承批公司在会计的编排及提交方面，必须仅采用澳门特别行政区现行公定会计格式的标准；但不妨碍行政长官可根据博彩监察暨协调局局长或财政局局长的建议，规定必须设置的会计簿册、会计文件或其他会计资料，以及订定承批公司在将其营业活动记账时必须采用的标准及在会计的编排及提交方面必须遵守特别规定。

第五十七条——年度账目的外部审计

承批公司必须每年将其账目交予经博彩监察暨协调局

全部会计报表及统计表；

（二）在有关营业年度内曾为董事会或监事会成员的人、受托人，以及会计部门负责人的全名，并应载有此等姓名的可能使用的各种文本；

（三）一份附有监事会及外部核数师意见书的董事会报告及账目。

第五十六条——会计及内部查核

一、承批公司必须设置本身的会计系统、健全的行政组织及适当的内部查核程序，并须遵从政府就此等事宜发出的指示，尤其是透过博彩监察暨协调局或财政局发出的指示。

二、承批公司在会计的编排及提交方面，必须仅采用澳门特别行政区现行公定会计格式的标准；但不妨碍行政长官可根据博彩监察暨协调局局长或财政局局长的建议，规定必须设置的会计簿册、会计文件或其他会计资料，以及订定承批公司在将其营业活动记账时必须采用的标准及在会计的编排及提交方面必须遵守特别规定。

第五十七条——年度账目的外部审计

承批公司必须每年将其账目交予经博彩监察暨协调局

政局预先同意的公认为具国际声誉的独立外部实体进行审计，并须预先向该实体提供一切所需文件，尤其是第16/2001号法律第三十四条所指的文件。

第五十八条——特别审计

在博彩监察暨协调局或财政局认为有需要或属适宜时，承批公司必须随时及在有或无预先通知的情况下，接受由公认为具国际声誉的独立外部实体或其他实体进行的特别审计。

第五十九条——强制公布

一、承批公司承诺每年最迟于四月三十日在《澳门特别行政区公报》及在澳门特别行政区报章中最多人阅读的两份报章，其中一份须为中文报章，另一份须为葡文报章，公布关于上一营业年度截至十二月三十一日为止的以下资料：

（一）资产负债表、损益表及附件；

（二）业务综合报告；

（三）监事会意见书；

（四）外部核数师的综合意见书；

（五）于全年任何期间拥有承批公司5%或5%以上公司资本的主要股东名单，并指出有关百分率的数值；

（六）公司机关据位人的姓名。

及财政局预先同意的公认为具国际声誉的独立外部实体进行审计，并须预先向该实体提供一切所需文件，尤其是第16/2001号法律第三十四条所指的文件。

第五十八条——特别审计

在博彩监察暨协调局或财政局认为有需要或属适宜时，承批公司必须随时及在有或无预先通知的情况下，接受由公认为具国际声誉的独立外部实体或其他实体进行的特别审计。

第五十九条——强制公布

一、承批公司必须每年最迟于四月三十日在《澳门特别行政区公报》及在澳门特别行政区报章中最多人阅读的两份报章，其中一份须为中文报章，另一份须为葡文报章，公布关于上一营业年度截至十二月三十一日为止的以下资料：

（一）资产负债表、损益表及附件；

（二）业务综合报告；

（三）监事会意见书；

（四）外部核数师的综合意见书；

（五）于全年任何期间拥有承批公司5%或5%以上公司资本的主要股东名单，并指出有关百分率的数值；

（六）公司机关据位人的姓名。

及财政局预先同意的公认为具国际声誉的独立外部实体进行审计，并须预先向该实体提供一切所需文件，尤其是第16/2001号法律第三十四条所指的文件。

第五十八条——特别审计

在博彩监察暨协调局或财政局认为有需要或属适宜时，承批公司必须随时及在有或无预先通知的情况下，接受由公认为具国际声誉的独立外部实体或其他实体进行的特别审计。

第五十九条——强制公布

一、承批公司承诺每年最迟于四月三十日在《澳门特别行政区公报》及在澳门特别行政区报章中最多人阅读的两份报章，其中一份须为中文报章，另一份须为葡文报章，公布关于上一营业年度截至十二月三十一日为止的以下资料：

（一）资产负债表、损益表及附件；

（二）业务综合报告；

（三）监事会意见书；

（四）外部核数师的综合意见书；

（五）于全年任何期间拥有承批公司5%或5%以上公司资本的主要股东名单，并指出有关百分率的数值；

（六）公司机关据位人的姓名。

二、承批公司必须于公布日之前，最少提早十日向政府送交上款所指全部资料的副本及第六条所述批给制度规定须公布的其他资料的副本。

第六十条——特别合作义务

除第六十七条所定的一般合作义务外，承批公司尚有义务与政府合作，尤其是与博彩监察暨协调局及财政局合作，在进行特别审计方面提供所要求的资料及资讯、协助该等部门分析或查核承批公司的会计系统，以及履行第六条所述批给制度所定的一切义务。

第十二章
担保

第六十一条——保证承批公司履行法定义务及合同义务的担保金

一、保证承批公司履行法定义务及合同义务的担保金，可以透过法律规定的且为政府接受的任一方式提供。

二、承批公司必须保持一项以政府为受益人的、由诚兴银行发出的独立银行担保（"first demand"），以保证：

（一）正确及按时履行承批公司必须履行的法定义务及合同义务；

（二）正确及按时缴纳第四

二、承批公司必须于公布日之前，最少提早十日向政府送交上款所指全部资料的副本及第六条所述批给制度规定须公布的其他资料的副本。

第六十条——特别合作义务

除第六十七条所定的一般合作义务外，承批公司尚有义务与政府合作，尤其是与博彩监察暨协调局及财政局合作，在进行特别审计方面提供所要求的资料及资讯、协助该等部门分析或查核承批公司的会计系统，以及履行第六条所述批给制度所定的一切义务。

第十二章
担保

第六十一条——保证承批公司履行法定义务或合同义务的担保金

一、保证承批公司履行法定义务或合同义务的担保金，可以透过法律规定的且为政府接受的任一方式提供。

二、承批公司必须保持一项以政府为受益人的、由廖创兴银行有限公司发出的独立银行担保（"first demand"），以保证：

（一）正确及按时履行承批公司必须履行的法定义务或合同义务；

（二）正确及按时缴纳第

二、承批公司必须于公布日之前，最少提早十日向政府送交上款所指全部资料的副本及第六条所述批给制度规定须公布的其他资料的副本。

第六十条——特别合作义务

除第六十七条所定的一般合作义务外，承批公司尚有义务与政府合作，尤其是与博彩监察暨协调局及财政局合作，在进行特别审计方面提供所要求的资料及资讯、协助该等部门分析或查核承批公司的会计系统，以及履行第六条所述批给制度所定的一切义务。

第十二章
担保

第六十一条——保证承批公司履行法定义务或合同义务的担保金

一、保证承批公司履行法定义务或合同义务的担保金，可以透过法律规定的且为政府接受的任一方式提供。

二、承批公司必须保持一项以政府为受益人的、由大西洋银行股份有限公司发出的独立银行担保（"first demand"），以保证：

（一）正确及按时履行承批公司必须履行的法定义务或合同义务；

（二）正确及按时缴纳第四

十七条所指的承批公司必须向澳门特别行政区缴纳的溢价金;	四十七条所指的承批公司必须向澳门特别行政区缴纳的溢价金;	十七条所指的承批公司必须向澳门特别行政区缴纳的溢价金;
（三）缴付按照法律规定或本批给合同所载条款的规定而可能向承批公司科处的罚款或其他金钱处罚;	（三）缴付按照法律规定或本批给合同所载条款的规定而可能向承批公司科处的罚款或其他金钱处罚;	（三）缴付按照法律规定或本批给合同所载条款的规定而可能向承批公司科处的罚款或其他金钱处罚;
（四）支付因全部或部分不履行承批公司在本批给合同中必须履行的义务而造成的损害及所失利益构成的合同责任所引致的任何损害赔偿。	（四）支付因全部或部分不履行承批公司在本批给合同中必须履行的义务而造成的损害及所失利益构成的合同责任所引致的任何损害赔偿。	（四）支付因全部或部分不履行承批公司在本批给合同中必须履行的义务而造成的损害及所失利益构成的合同责任所引致的任何损害赔偿。
三、承批公司必须保持一项以政府为受益人的、最高金额为澳门币七亿元、担保期由订立本批给合同之日至二零零七年三月三十一日，以及最高金额为澳门币三亿元、担保期由二零零七年四月一日至本批给合同终止之日加一百八十日的上款所指独立银行担保。	三、承批公司必须保持一项以政府为受益人的、最高金额为澳门币七亿元、担保期由订立本批给合同之日至二零零七年三月三十一日，以及最高金额为澳门币三亿元、担保期由二零零七年四月一日至本批给合同终止之日加一百八十日的上款所指独立银行担保。	三、承批公司必须保持一项以政府为受益人的、最高金额为澳门币七亿元、担保期由订立本批给合同之日至二零零七年三月三十一日，以及最高金额为澳门币三亿元、担保期由二零零七年四月一日至本批给合同终止之日加一百八十日的上款所指独立银行担保。
四、承批公司必须为保持第二款所指的独立银行担保生效而采取一切所需措施及履行一切所需义务。	四、承批公司必须为保持第二款所指的独立银行担保生效而采取一切所需措施及履行一切所需义务。	四、承批公司必须为保持第二款所指的独立银行担保生效而采取一切所需措施及履行一切所需义务。
五、如承批公司不履行其必须履行的法定义务或合同义务、不正确及按时缴纳其必须缴纳的溢价金、不缴纳按照法律规定或本批给合同所载条款的规定而向其科处的罚款或其他金钱处罚且在法定期限内不作出反驳，则不论事先是否已	五、如承批公司不履行其必须履行的法定义务或合同义务、不正确及按时缴纳其必须缴纳的溢价金、不缴纳按照法律规定或本批给合同所载条款的规定而向其科处的罚款或其他金钱处罚且在法定期限内不作出反驳，	五、如承批公司不履行其必须履行的法定义务或合同义务、不正确及按时缴纳其必须缴纳的溢价金、不缴纳按照法律规定或本批给合同所载条款的规定而向其科处的罚款或其他金钱处罚且在法定期限内不作出反驳，

作出司法裁判，政府可动用第二款所指的独立银行担保；如须支付因全部或部分不履行承批公司在本批给合同中须履行的义务而造成的损害及所失利益构成的合同责任所引致的任何损害赔偿，政府亦可动用第二款所指的独立银行担保。

六、如政府动用第二款所指的独立银行担保，承批公司必须自接获就动用该独立银行担保而作出的通知之日起计十五日内，采取一切必要措施以恢复担保的完整效力。

七、第二款所指的独立银行担保，仅在政府许可下方可取消。

八、政府可以许可修改第三款至第六款所述的规定或条件，亦可以许可以法律规定的其他方式代替第二款所指的独立银行担保，以提供保证承批公司履行法定义务或合同义务的担保。

九、因发出、维持及取消保证承批公司履行法定义务或合同义务的担保金而产生的费用，悉数由承批公司承担。

十、第二款所指的独立银行担保包括第 16/2001 号法律第二十条第三款、第二十二条

则不论事先是否已作出司法裁判，政府可动用第二款所指的独立银行担保；如须支付因全部或部分不履行承批公司在本批给合同中须履行的义务而造成的损害及所失利益构成的合同责任所引致的任何损害赔偿，政府亦可动用第二款所指的独立银行担保。

六、如政府动用第二款所指的独立银行担保，承批公司必须自接获就动用该独立银行担保而作出的通知之日起计十五日内，采取一切必要措施以恢复担保的完整效力。

七、第二款所指的独立银行担保，仅在政府许可下方可取消。

八、政府可以许可修改第三款至第六款所述的规定或条件，亦可以许可以法律规定的其他方式代替第二款所指的独立银行担保，以提供保证承批公司履行法定义务或合同义务的担保。

九、因发出、维持及取消保证承批公司履行法定义务或合同义务的担保金而产生的费用，悉数由承批公司承担。

十、第二款所指的独立银行担保，包括第二款所指的担保。

则不论事先是否已作出司法裁判，政府可动用第二款所指的独立银行担保；如须支付因全部或部分不履行承批公司在本批给合同中须履行的义务而造成的损害及所失利益构成的合同责任所引致的任何损害赔偿，政府亦可动用第二款所指的独立银行担保。

六、如政府动用第二款所指的独立银行担保，承批公司必须自接获就动用该独立银行担保而作出的通知之日起计十五日内，采取一切必要措施以恢复担保的完整效力。

七、第二款所指的独立银行担保，仅在政府许可下方可取消。

八、政府可以许可修改第三款至第六款所述的规定或条件，亦可以许可以法律规定的其他方式代替第二款所指的独立银行担保，以提供保证承批公司履行法定义务或合同义务的担保。

九、因发出、维持及取消保证承批公司履行法定义务或合同义务的担保金而产生的费用，悉数由承批公司承担。

（二）项，以及第 26/2001 号行政法规第八十四条第一款、第二款所指的担保。

第六十二条——保证缴纳博彩特别税的特定银行担保

一、当政府按照第 16/2001 号法律第二十七条第五款的规定提出要求时，承批公司必须按照政府订定的期限、规定、条件及金额，提供一项以政府为受益人的独立银行担保（"first demand"），以保证缴纳在博彩特别税方面预计须缴纳的每月金额。

二、未经政府许可，不得更改上款所指独立银行担保的规定及条件；承批公司必须严格按照提供担保时订定的规定，履行因维持该担保有效而对承批公司产生的或可能产生的一切义务。

三、如承批公司不按照法律及本批给合同的规定缴纳应缴予批给实体的博彩特别税，则不论事先是否已作出司法裁判，政府可动用第一款所指的独立银行担保。

四、如政府动用第一款所指的独立银行担保，承批公司必须自接获就动用该独立银行担保而作出的通知之日起计十五日内，采取一切必要措施以恢复担保的完整效力。

第六十二条——保证缴纳博彩特别税的特定银行担保

一、当政府因有理由担心承批公司不缴纳在博彩特别税方面预计须缴纳的每月金额而按照第 16/2001 号法律第二十七条第五款的规定提出要求时，承批公司必须按照政府订定的期限、规定、条件及金额，提供一项以政府为受益人的独立银行担保（"first demand"），以保证缴纳上述的金额。

二、未经政府许可，不得更改上款所指独立银行担保的规定及条件；承批公司必须严格按照提供担保时订定的规定，履行因维持该担保有效而对承批公司产生的或可能产生的一切义务。

三、如承批公司不按照法律及本批给合同的规定缴纳应缴予批给实体的博彩特别税，则不论事先是否已作出司法裁判，政府可动用第一款所指的独立银行担保。

四、如政府动用第一款所指的独立银行担保，承批公司必须自接获就动用该独立银行担保而作出的通知之日起计十五日内，采取一切必要措施以恢复担保的完整效力。

第六十二条——保证缴纳博彩特别税的特定银行担保

一、当政府因有理由担心承批公司不缴纳在博彩特别税方面预计须缴纳的每月金额而按照第 16/2001 号法律第二十七条第五款的规定提出要求时，承批公司必须按照政府订定的期限、规定、条件及金额，提供一项以政府为受益人的独立银行担保（"first demand"），以保证缴纳上述的金额。

二、未经政府许可，不得更改上款所指独立银行担保的规定及条件；承批公司必须严格按照提供担保时订定的规定，履行因维持该担保有效而对承批公司产生的或可能产生的一切义务。

三、如承批公司不按照法律及本批给合同的规定缴纳应缴予批给实体的博彩特别税，则不论事先是否已作出司法裁判，政府可动用第一款所指的独立银行担保。

四、如政府动用第一款所指的独立银行担保，承批公司必须自接获就动用该独立银行担保而作出的通知之日起计十五日内，采取一切必要措施以恢复担保的完整效力。

五、第一款所指担保仅在批给终止后再过一百八十日，且经政府许可后，方可由承批公司取消。 六、因发出、维持及取消第一款所指独立银行担保而产生的费用，悉数由承批公司承担。 第六十三条——由承批公司的控股权股东或股东提供的担保 一、政府可要求承批公司一名控权股东就承批公司履行所作出的承诺及所承担的义务而提供一项为政府所接受的担保；如不存在承批公司的控权股东，政府可要求由承批公司的股东提供担保。 二、尤其当有理由相信承批公司不能履行其必须履行的法定义务或合同义务，则可要求提供上款所指的担保。 三、第一款所指的担保，可透过现金存放、银行担保、保证保险或《民法典》第六百一十九条所定的任一方式，按照由行政长官批示订定的期限、规定、条件及金额而提供。 四、如承批公司不按照法律及本批给合同的规定履行承诺及义务，则不论事先是否已作出司法裁判，政府可动用第一款所指的担保。 五、如政府动用第一款所指的担保，承批公司必须促使其控权股东或股东自接获就动	五、第一款所指担保仅在批给撤销后再过一百八十日，且经政府许可后，方可由承批公司取消。 六、因发出、维持及取消第一款所指独立银行担保而产生的费用，悉数由承批公司承担。 第六十三条——由承批公司的控股权股东或股东提供的担保 一、政府可要求承批公司的控权股东就该公司履行所作出的承诺及所承担的义务而提供一项为政府所接受的担保；如承批公司无控权股东，政府可要求由承批公司的股东提供上述担保。 二、如有理由担心承批公司不能履行其必须履行的法定义务及合同义务时，尤其要求提供上款所指担保。 三、第一款所指担保可透过现金存放、银行担保、保证保险或《民法典》第六百一十九条所定的任一方式，按照行政长官批示所定的期限、规定、条件及金额而提供。 四、如承批公司不按照法律及本批给合同的规定履行承诺及义务，则不论事先是否已作出司法裁判，政府可动用按照本条规定提供的担保。 五、如政府动用按照本条规定提供的担保，承批公司必须促使其控权股东或相关股	五、第一款所指担保仅在批给撤销后再过一百八十日，且经政府许可后，方可由承批公司取消。 六、因发出、维持及取消第一款所指独立银行担保而产生的费用，悉数由承批公司承担。 第六十三条——其他担保 第六十一条第二款所指的独立银行担保，包括第16/2001号法律第二十条第三款及第二十二条（二）项，以及第26/2001号行政法规第八十四条第一款及第二款所指的担保。

用该担保而作出的通知之日起计十五日内，采取一切必要措施以恢复担保的完整效力。	东自接获就动用该担保而作出的批示的通知之日起计十五日内，采取一切必要措施以恢复担保的完整效力。	
六、因发出、保持及取消第一款所指担保而产生的费用，悉数由提供上述担保的承批公司控权股东或股东承担。	六、未经政府许可，不得更改按照本条规定提供的担保的规定及方式。	
第十三章 **监察承批公司义务的履行** 第六十四条——由政府作出的监察、监督及监管	**第十三章** **监察承批公司义务的履行** 第六十四条——由政府作出的监察、监督及监管	**第十三章** **监察承批公司义务的履行** 第六十四条——由政府作出的监察、监督及监管
一、监察、监督及监管承批公司义务的履行情况的权力，由政府行使，尤其是透过博彩监察暨协调局及财政局行使。	一、监察、监督及监管承批公司义务的履行情况的权力，由政府行使，尤其是透过博彩监察暨协调局及财政局行使。	一、监察、监督及监管承批公司义务的履行情况的权力，由政府行使，尤其是透过博彩监察暨协调局及财政局行使。
二、为着适当的效力，如政府提出要求，在无须预先通知的情况下，承批公司必须让政府或由政府专门且适当委托及指明身份的任何其他实体自由进入承批公司设施的任何部分，以及自由查阅及查核承批公司的会计或簿记，包括任何交易记录、簿册、会议录、账目及其他记录或文件、所使用的管理统计资料及记录；此外，亦须向政府或向政府委任的实体提供其认为属必要的资料的影印本。	二、为着适当的效力，如政府提出要求，在无须预先通知的情况下，承批公司必须让政府或由政府专门且适当委托及指明身份的任何其他实体自由进入承批公司设施的任何部分，以及自由查阅及查核承批公司的会计或簿记，包括任何交易记录、簿册、会议录、账目及其他记录或文件、所使用的管理统计资料及记录；此外，亦须向政府或向政府委任的实体提供其认为属必要的资料的影印本。	二、为着适当的效力，如政府提出要求，在无须预先通知的情况下，承批公司必须让政府或由政府专门且适当委托及指明身份的任何其他实体自由进入承批公司设施的任何部分，以及自由查阅及查核承批公司的会计或簿记，包括任何交易记录、簿册、会议录、账目及其他记录或文件、所使用的管理统计资料及记录；此外，亦须向政府或向政府委任的实体提供其认为属必要的资料的影印本。
三、承批公司必须遵守及执行政府在查验及监察的权力范围内作出的决定，包括倘作出的关于暂停娱乐场及其他博	三、承批公司必须遵守及执行政府在查验及监察的权力范围内作出的决定，尤其是由博彩监察暨协调局发出的	三、承批公司必须遵守及执行政府在查验及监察的权力范围内作出的决定，尤其是由博彩监察暨协调局发出的

彩区域操作的决定。

四、经营所批给的业务，须接受博彩监察暨协调局按照适用法例规定作出的长期的监察及查验。

第六十五条——对博彩经营毛收入的每日监察

承批公司必须接受政府透过博彩监察暨协调局依法对博彩经营毛收入作出的每日监察。

第十四章
一般合作义务

第六十六条——政府的一般合作义务

政府必须与承批公司合作，以便承批公司能履行其合同义务。

第六十七条——承批公司的一般合作义务

为适用本批给合同的规定，承批公司必须与政府合作，为此，经政府要求，应提供一切文件、资讯、资料或证据，并应给予任何准许。

第十五章
承批公司的其他义务

第六十八条——娱乐场及其他场所的运作

承批公司必须使娱乐场及其他场所的所有附属设施，以及用于经营所批给业务的相连部分，按原定用途或经许可的用

指示，包括倘作出的关于暂停娱乐场及其他博彩区域操作的决定。

四、经营所批给的业务，须接受博彩监察暨协调局按照适用法例规定作出的长期的监察及查验。

第六十五条——对博彩经营毛收入的每日监察

承批公司必须接受政府透过博彩监察暨协调局依法对博彩经营毛收入作出的每日监察。

第十四章
一般合作义务

第六十六条——政府的一般合作义务

政府必须与承批公司合作，以便承批公司能履行其法定义务及合同义务。

第六十七条——承批公司的一般合作义务

为适用本批给合同的规定，承批公司必须与政府合作，为此，经政府要求，应提供一切文件、资讯、资料或证据，并应给予任何准许。

第十五章
承批公司的其他义务

第六十八条——娱乐场及其他场所，以及相连部分的运作

承批公司必须使娱乐场及其他场所的所有附属设施，以及用于经营所批给业务的相连部分，按原定用途或经许可

指示，包括倘作出的关于暂停娱乐场及其他博彩区域操作的决定。

四、经营所批给的业务，须接受博彩监察暨协调局按照适用法例规定作出的长期的监察及查验。

第六十五条——对博彩经营毛收入的每日监察

承批公司必须接受政府透过博彩监察暨协调局依法对博彩经营毛收入作出的每日监察。

第十四章
一般合作义务

第六十六条——政府的一般合作义务

政府必须与承批公司合作，以便承批公司能履行其法定义务及合同义务。

第六十七条——承批公司的一般合作义务

为适用本批给合同的规定，承批公司必须与政府合作，为此，经政府要求，应提供一切文件、资讯、资料或证据，并应给予任何准许。

第十五章
承批公司的其他义务

第六十八条——娱乐场及其他场所，以及相连部分的运作

承批公司必须使娱乐场及其他场所的所有附属设施，以及用于经营所批给业务的相连部分，按原定用途或经许可

途正常运作。

第六十九条——承批公司的一般义务

一、承批公司负有特别义务，以促进及要求所有为发展批给所涵盖业务而聘用的实体遵守确保健全组织及运作的一切规则，以及为承批公司的娱乐场及其他博彩区域的顾客、工作人员及其他在娱乐场及其他博彩区域担任职务的人而设的特别保安措施。

二、为发展批给所涵盖的业务，承批公司必须聘用领有适当准照及获适当许可的、在相关方面具有适当专业及技术能力的实体。

第七十条——政府的其他许可

与承批公司的业务有关或与取得博彩设备及器材有关的证明文件及记录文件的代替、取消或变更，须经政府许可。

第七十一条——政府的许可及核准

政府作出的许可及核准，又或拒绝作出许可及核准，均不免除承批公司准时履行在本批给合同中所承担的义务，亦不导致政府承担任何责任；但如政府的行为对承批公司施加负担或造成特别及非常的损失者除外。

的用途正常运作。

第六十九条——承批公司的一般义务

一、承批公司负有特别义务，以促进及要求所有为发展批给所涵盖业务而聘用的实体遵守确保健全组织及运作的一切规则，以及为承批公司的娱乐场及其他博彩区域的顾客、工作人员及其他在娱乐场及其他博彩区域担任职务的人而设的特别保安措施。

二、为发展批给所涵盖的业务，承批公司必须聘用领有适当准照及获适当许可的、在相关方面具有适当专业及技术能力的实体。

第七十条——政府的其他许可

与承批公司的业务有关或与取得博彩设备及器材有关的证明文件及记录文件的代替、取消或变更，须经政府许可。

第七十一条——政府的许可及核准

政府作出的许可及核准，又或拒绝作出许可及核准，均不免除承批公司准时履行在本批给合同中所承担的义务，亦不导致政府承担任何责任；但如政府的行为对承批公司施加负担或造成特别及非常的损失者除外。

的用途正常运作。

第六十九条——承批公司的一般义务

一、承批公司负有特别义务，以促进及要求所有为发展批给所涵盖业务而聘用的实体遵守确保健全组织及运作的一切规则，以及为承批公司的娱乐场及其他博彩区域的顾客、工作人员及其他在娱乐场及其他博彩区域担任职务的人而设的特别保安措施。

二、为发展批给所涵盖的业务，承批公司必须聘用领有适当准照及获适当许可的、在相关方面具有适当专业及技术能力的实体。

第七十条——政府的其他许可

与承批公司的业务有关或与取得博彩设备及器材有关的证明文件及记录文件的代替、取消或变更，须经政府许可。

第七十一条——政府的许可及核准

政府作出的许可及核准，又或拒绝作出许可及核准，均不免除承批公司准时履行在本批给合同中所承担的义务，亦不导致政府承担任何责任；但如政府的行为对承批公司施加负担或造成特别及非常的损失者除外。

第十六章

承批公司的责任

第七十二条——向批给实体承担民事责任

如因可归责于承批公司的事实导致承批公司全部或部分合同义务不获履行而造成损害，承批公司必须就此等损害向批给实体负责。

第七十三条——免除批给实体承担承批公司对第三人的非合同责任

一、批给实体不承担或分担因承批公司作出的或为其利益作出的、涉及或可能涉及民事责任或其他责任的行为而可能构成的承批公司须负的任何责任。

二、承批公司尚须按照委托人与受托人关系的一般规定，对为发展批给所涵盖业务而由承批公司聘用的实体所造成的损失负责。

第十七章

在批给中的主体变更

第七十四条——合同地位的让与、设定负担、顶让及转让

一、承批公司有义务不以明示或默示、正式或非正式的方式将某一娱乐场或某一博彩区域的经营全部或部分让与、顶让、转让或以任何方式对之设定负担，又或作出以达至相同结果为目的的任何法律行为；

第十六章

承批公司的责任

第七十二条——向批给实体承担民事责任

如因可归责于承批公司的事实导致承批公司全部或部分法定义务或合同义务不获履行而造成损害，承批公司必须就此等损害向批给实体负责。

第七十三条——免除批给实体承担承批公司对第三人的非合同责任

一、批给实体不承担或分担因承批公司作出的或为其利益作出的、涉及或可能涉及民事责任或其他责任的行为而可能构成的承批公司须负的任何责任。

二、承批公司尚须按照委托人与受托人关系的一般规定，对为发展批给所涵盖业务而由承批公司聘用的实体所造成的损失负责。

第十七章

在批给中的主体变更

第七十四条——合同地位的让与、设定负担、顶让及转让

一、承批公司有义务不以明示或默示、正式或非正式的方式将某一娱乐场或某一博彩区域的经营全部或部分让与、顶让、转让或以任何方式对之设定负担，又或作出以达至相同结果为目的

第十六章

承批公司的责任

第七十二条——向批给实体承担民事责任

如因可归责于承批公司的事实导致承批公司全部或部分法定义务或合同义务不获履行而造成损害，承批公司必须就此等损害向批给实体负责。

第七十三条——免除批给实体承担承批公司对第三人的非合同责任

一、批给实体不承担或分担因承批公司作出的或为其利益作出的、涉及或可能涉及民事责任或其他责任的行为而可能构成的承批公司须负的任何责任。

二、承批公司尚须按照委托人与受托人关系的一般规定，对为发展批给所涵盖业务而由承批公司聘用的实体所造成的损失负责。

第十七章

在批给中的主体变更

第七十四条——合同地位的让与、设定负担、顶让及转让

一、承批公司有义务不以明示或默示、正式或非正式的方式将某一娱乐场或某一博彩区域的经营全部或部分让与、顶让、转让或以任何方式对之设定负担，又或作出以达至相同结果为目的

但经政府许可者除外。

二、每作出一项违反上款规定的行为者，须缴纳下列违约金，且不影响其他适用的处罚或罚则：

将娱乐场或博彩区域的经营全部让与、顶让或转让——澳门币十亿元；

将娱乐场或博彩区域的经营部分让与、顶让或转让——澳门币五亿元；

对娱乐场或博彩区域的经营的全部或部分设定负担——澳门币三亿元。

三、请求第一款所指许可的申请书，应附具所需的一切文件，并指明承批公司拟作出的法律行为的所有内容，且不妨碍政府可要求提供附加文件、资料或资讯。

第七十五条——转批给

一、承批公司不得将批给的全部或部分作转批给，又或作出以达至相同结果为目的的任何法律行为；但经政府许可者除外。

二、每作出一项违反上款规定的行为者，须缴纳下列违约金，且不影响其他适用的处罚或罚则：

将批给的全部作转批给——澳门币五亿元；

将批给的部分作转批给——澳门币三亿元。

的任何法律行为；但经政府许可者除外。

二、作出一项违反上款规定的行为者，须向澳门特别行政区缴纳下列违约金，且不影响其他适用的处罚或罚则：

将娱乐场或博彩区域的经营全部让与、顶让或转让——澳门币十亿元；

将娱乐场或博彩区域的经营部分让与、顶让或转让——澳门币五亿元；

对娱乐场或博彩区域的经营的全部或部分设定负担——澳门币三亿元。

三、请求第一款所指许可的申请书，应附具所需的一切文件，并指明承批公司拟作出的法律行为的所有内容，且不妨碍政府可要求提供附加文件、资料或资讯。

第七十五条——转批给

一、承批公司有义务不将批给的全部或部分作转批给，又或作出以达至相同结果为目的的任何法律行为；但经政府许可者除外。

二、作出一项违反上款规定的行为者，须向澳门特别行政区缴纳下列违约金，且不影响其他适用的处罚或罚则：

将批给的全部作转批给——澳门币五亿元；

将批给的部分作转批给——澳门币三亿元。

的任何法律行为；但经政府许可者除外。

二、作出一项违反上款规定的行为者，须向澳门特别行政区缴纳下列违约金，且不影响其他适用的处罚或罚则：

将娱乐场或博彩区域的经营全部让与、顶让或转让——澳门币十亿元；

将娱乐场或博彩区域的经营部分让与、顶让或转让——澳门币五亿元；

对娱乐场或博彩区域的经营的全部或部分设定负担——澳门币三亿元。

三、请求第一款所指许可的申请书，应附具所需的一切文件，并指明承批公司拟作出的法律行为的所有内容，且不妨碍政府可要求提供附加文件、资料或资讯。

第七十五条——转批给

一、承批公司有义务不将批给的全部或部分作转批给，又或作出以达至相同结果为目的的任何法律行为；但经政府许可者除外。

二、作出一项违反上款规定的行为者，须向澳门特别行政区缴纳下列违约金，且不影响其他适用的处罚或罚则：

将批给的全部作转批给——澳门币五亿元；

将批给的部分作转批给——澳门币三亿元。

三、为获得第一款所指的许可，承批公司应将其拟作出转批给的意向通知政府，并应向政府提供其认为属必需的一切资料，包括承批公司与其拟与之订立合同的实体之间的一切来往信函。 四、转批给并不免除承批公司须承担的法定义务或合同义务。	三、为获得第一款所指的许可，承批公司应将其拟作出转批给的意向通知政府，并应向政府提供其认为属必需的一切资料，包括承批公司与其拟与之订立合同的实体之间的一切来往信函。 四、转批给并不免除承批公司须承担的法定义务或合同义务，但如属政府许可并按照政府许可的范围则除外；此外，承批公司不论有否过错，均须对因可归责于承批公司的获转批给人的事实导致其全部或部分合同义务不获履行而造成的损害，向澳门特别行政区负补充责任，并享有预先检索抗辩权。	三、为获得第一款所指的许可，承批公司应将其拟作出转批给的意向通知政府，并应向政府提供其认为属必需的一切资料，包括承批公司与其拟与之订立合同的实体之间的一切来往信函。 四、转批给并不免除承批公司须承担的法定义务或合同义务，但如属政府许可并按照政府许可的范围则除外；此外，承批公司不论有否过错，均须对因可归责于承批公司的获转批给人的事实导致其全部或部分合同义务不获履行而造成的损害，向澳门特别行政区负补充责任，并享有预先检索抗辩权。
第十八章 **不履行合同** 第七十六条——不履行合同 　　一、如因可归责于承批公司的事实而不履行由本批给合同或政府的决定所产生的责任或义务，承批公司须接受法定的或合同规定的处罚或罚则，且不妨碍第七十七条及第七十八条的规定。 　　二、在不可抗力的情况下或经证实不可归责于承批公司的其他事实的情况下，承批公司获免除上款所指的责任，但仅以准时及完全履行责任或义务实际受阻者为限。 　　三、不可预见及不可抵抗的、	**第十八章** **不履行合同** 第七十六条——不履行合同 　　一、如因可归责于承批公司的事实而不履行由本批给合同或政府的决定所产生的责任或义务，承批公司须接受法定的或合同规定的处罚或罚则，且不妨碍第七十七条及第七十八条的规定。 　　二、在不可抗力的情况下或经证实不可归责于承批公司的其他事实的情况下，承批公司获免除上款所指的责任，但仅以准时及完全履行责任或义务实际受阻者为限。 　　三、不可预见及不可抵抗	**第十八章** **不履行合同** 第七十六条——不履行合同 　　一、如因可归责于承批公司的事实而不履行由本批给合同或政府的决定所产生的责任或义务，承批公司须接受法定的或合同规定的处罚或罚则，且不妨碍第七十七条及第七十八条的规定。 　　二、在不可抗力的情况下或经证实不可归责于承批公司的其他事实的情况下，承批公司获免除上款所指的责任，但仅以准时及完全履行责任或义务实际受阻者为限。 　　三、不可预见及不可抵抗

承批公司以外的且效果的产生不取决于承批公司的意思或承批公司的人事情况的事件，尤其是战争行为、恐怖主义、公共秩序的扰乱、时疫、原子辐射、火灾、雷电、严重洪水、气旋、热带风暴、地震及直接影响批给所涵盖业务的其他自然灾变，方被视为不可抗力的情况，并产生下款所定的后果。

四、如发生属不可抗力的情况，承批公司必须立即通知政府，并尽快指出承批公司认为在因本批给合同而产生的义务中因该等事件的发生而履行受阻者，以及在承批公司拟实行旨在消除所述事件的影响及／或使该等义务的履行符合规范的措施的情况下，指出该等措施。

五、如发生第三款所指任一情况，承批公司必须尽快重建受损的财产或使受损的财产回复原来的状态，从而恢复对娱乐场幸运博彩或其他方式的博彩的适当经营及操作；如承批公司在重建上指财产及／或回复上指财产的状态上不具有经济利益，则必须将保险价额移转予批给实体。

第十九章
批给的撤销及中止
第七十七条——双方协议的解除

的、承批公司以外的且效果的产生不取决于承批公司的意思或承批公司的人事情况的事件，尤其是战争行为、恐怖主义、公共秩序的扰乱、时疫、原子辐射、火灾、雷电、严重洪水、气旋、热带风暴、地震及直接影响批给所涵盖业务的其他自然灾变，方被视为不可抗力的情况，并产生下款所定的后果。

四、如发生属不可抗力的情况，承批公司必须立即通知政府，并尽快指出承批公司认为在因本批给合同而产生的义务中因该等事件的发生而履行受阻者，以及在承批公司拟实行旨在消除所述事件的影响及/或使该等义务的履行符合规范的措施的情况下，指出该等措施。

五、如发生第三款所指任一情况，承批公司必须尽快重建受损的财产及/或使受损的财产回复原来的状态，从而恢复对娱乐场幸运博彩或其他方式的博彩的适当经营及操作；如承批公司在重建上指财产及/或回复上指财产的状态上不具有经济利益，则必须将保险价额移转予批给实体。

第十九章
批给的撤销及中止
第七十七条——双方协议的解除

抗的、承批公司以外的且效果的产生不取决于承批公司的意思或承批公司的人事情况的事件，尤其是战争行为、恐怖主义、公共秩序的扰乱、时疫、原子辐射、火灾、雷电、严重洪水、气旋、热带风暴、地震及直接影响批给所涵盖业务的其他自然灾变，方被视为不可抗力的情况，并产生下款所定的后果。

四、如发生属不可抗力的情况，承批公司必须立即通知政府，并尽快指出承批公司认为在因本批给合同而产生的义务中因该等事件的发生而履行受阻者，以及在承批公司拟实行旨在消除所述事件的影响及/或使该等义务的履行符合规范的措施的情况下，指出该等措施。

五、如发生第三款所指任一情况，承批公司必须尽快重建受损的财产及/或使受损的财产回复原来的状态，从而恢复对娱乐场幸运博彩或其他方式的博彩的适当经营及操作；如承批公司在重建上指财产及/或回复上指财产的状态上不具有经济利益，则必须将保险价额移转予批给实体。

第十九章
批给的撤销及中止
第七十七条——双方协议的解除

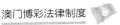

一、政府与承批公司可随时透过双方协议解除本批给合同。 二、承批公司对终止其作为立约方的任何合同的效力完全负责，而批给实体对此不承担任何责任；但另有明确协定者除外。 第七十八条——赎回 一、政府自批给的第七年起可以具收件回执的挂号信且最少提前一年通知承批公司赎回批给；但法律另有规定者除外。 二、批给实体因赎回而享有及承担承批公司在上款所指通知的日期前有效订立的法律行为而产生的一切权利及义务。 三、如属承批公司在第一款所指通知作出后订立的合同而设定的义务，则仅当该等合同在订立前已获政府许可时，批给实体方承担该等义务。 四、批给实体承担由承批公司设定的义务，并不妨碍针对承批公司设定的、超出所批给业务的正常管理的义务而拥有求偿权。 五、批给赎回后，承批公司有权获得合理及公平的损害赔偿。计算损害赔偿金额的应遵标准由行政法规订定。	一、政府与承批公司可随时透过双方协议解除本批给合同。 二、承批公司对终止其作为立约方的任何合同的效力完全负责，而批给实体对此不承担任何责任；但另有明确协定者除外。 第七十八条——赎回 一、政府自批给的第十五年起可以具收件回执的挂号信且最少提前一年通知承批公司赎回批给；但法律另有规定者除外。 二、批给实体因赎回而享有及承担承批公司在上款所指通知的日期前有效订立的法律行为而产生的一切权利及义务。 三、如属承批公司在第一款所指通知作出后订立的合同而设定的义务，则仅当该等合同在订立前已获政府许可时，批给实体方承担该等义务。 四、批给实体承担由承批公司设定的义务，并不妨碍针对承批公司设定的、超出所批给业务的正常管理的义务而拥有求偿权。 五、批给赎回后，承批公司有权获得合理及公平的损害赔偿，该损害赔偿相当于承批公司因赎回而不再在附于本批给合同的投资计划所载的渡假村—酒店—娱乐	一、政府与承批公司可随时透过双方协议解除本批给合同。 二、承批公司对终止其作为立约方的任何合同的效力完全负责，而批给实体对此不承担任何责任；但另有明确协定者除外。 第七十八条——赎回 一、政府自批给的第十五年起可以具收件回执的挂号信且最少提前一年通知承批公司赎回批给；但法律另有规定者除外。 二、批给实体因赎回而享有及承担承批公司在上款所指通知的日期前有效订立的法律行为而产生的一切权利及义务。 三、如属承批公司在第一款所指通知作出后订立的合同而设定的义务，则仅当该等合同在订立前已获政府许可时，批给实体方承担该等义务。 四、批给实体承担由承批公司设定的义务，并不妨碍针对承批公司设定的、超出所批给业务的正常管理的义务而拥有求偿权。 五、批给赎回后，承批公司有权获得合理及公平的损害赔偿，该损害赔偿相当于承批公司因赎回而不再在附于本批给合同的投资计划所载的渡假村—酒店—娱乐

六、为作出因赎回而产生的损害赔偿，异常折旧或毁损的财产及权利均不予计算。 七、第五款所述的损害赔偿，用作抵销因对承批公司科处的罚款而产生的债务及用作弥补倘有的损失及承批公司应缴的任何其他款项。	场设施获得的利益。损害赔偿的金额相当于上述设施在赎回批给的上一税务年度获得的、未扣除利息、折旧及摊销的收益的价值乘以批给终止前尚余的年数。	场设施获得的利益。损害赔偿的金额相当于上述设施在赎回批给的上一税务年度获得的、未扣除利息、折旧及摊销的收益的价值乘以批给终止前尚余的年数。
第七十九条——暂时行政介入 一、如承批公司未经许可且非因不可抗力的情况而全部或部分终止或中断经营所批给业务的情况发生或即将出现，又或在承批公司的组织及运作上或在设施及设备的总体状况上出现可影响所批给业务的正常经营的严重混乱或不足的情况，则政府在上述的终止或中断情况持续或上述的混乱及不足继续存在的时间内，可直接或透过第三人代替承批公司，并确保所批给业务的经营及促使采取必要措施以保障本批给合同的标的。 二、在暂时行政介入期间，用作维持正常经营所批给业务所必需的开支，由承批公司支付，为此，政府可动用保证履行承批公司的法定义务或合同义务的担保金及由承批公司控权股东提供的担保。 三、导致暂时行政介入的原因消失后，如政府认为适宜，则通知承批公司在规定的期限	第七十九条——暂时行政介入 一、如承批公司未经许可且非因不可抗力的情况而全部或部分终止或中断经营所批给业务的情况发生或即将出现，又或在承批公司的组织及运作上或在设施及设备的总体状况上出现可影响所批给业务的正常经营的严重混乱或不足的情况，则政府在上述的终止或中断情况持续或上述的混乱及不足继续存在的时间内，可直接或透过第三人代替承批公司，并确保所批给业务的经营及促使采取必要措施以保障本批给合同的标的。 二、在暂时行政介入期间，用作维持正常经营所批给业务所必需的开支，由承批公司支付，为此，政府可动用保证履行承批公司的法定义务或合同义务的担保金及由承批公司控权股东提供的担保。 三、导致暂时行政介入的原因消失后，如政府认为适宜，则通知承批公司在规	第七十九条——暂时行政介入 一、如承批公司未经许可且非因不可抗力的情况而全部或部分终止或中断经营所批给业务的情况发生或即将出现，又或在承批公司的组织及运作上或在设施及设备的总体状况上出现可影响所批给业务的正常经营的严重混乱或不足的情况，则政府在上述的终止或中断情况持续或上述的混乱及不足继续存在的时间内，可直接或透过第三人代替承批公司，并确保所批给业务的经营及促使采取必要措施以保障本批给合同的标的。 二、在暂时行政介入期间，用作维持正常经营所批给业务所必需的开支，由承批公司支付，为此，政府可动用保证履行承批公司的法定义务或合同义务的担保金及由承批公司控权股东提供的担保。 三、导致暂时行政介入的原因消失后，如政府认为适宜，则通知承批公司在规

内重新正常经营所批给的业务。	定的期限内重新正常经营所批给的业务。	定的期限内重新正常经营所批给的业务。
四、如承批公司不欲或不能重新经营所批给的业务，又或虽重新经营所批给的业务，但在其组织及运作上继续出现严重混乱或不足，政府可因本批给合同不获履行而宣告单方解除合同。	四、如承批公司不欲或不能重新经营所批给的业务，又或虽重新经营所批给的业务，但在其组织及运作上继续出现严重混乱或不足，政府可因本批给合同不获履行而宣告单方解除合同。	四、如承批公司不欲或不能重新经营所批给的业务，又或虽重新经营所批给的业务，但在其组织及运作上继续出现严重混乱或不足，政府可因本批给合同不获履行而宣告单方解除合同。
第八十条——因不履行的单方解除	第八十条——因不履行的单方解除	第八十条——因不履行的单方解除
一、在承批公司不履行按照法律或合同规定必须履行的基本义务的情况下，政府可透过因不履行而单方解除本批给合同，将批给终止。	一、在承批公司不履行法律或合同规定其必须履行的基本义务的情况下，政府可透过因不履行而单方解除本批给合同，将批给终止。	一、在承批公司不履行法律或合同规定其必须履行的基本义务的情况下，政府可透过因不履行而单方解除本批给合同，将批给终止。
二、构成单方解除本批给合同的原因主要有：	二、构成单方解除本批给合同的原因主要有：	二、构成单方解除本批给合同的原因主要有：
（一）透过经营未获许可的博彩或透过经营不属承批公司所营事业的业务而偏离批给的标的；	（一）透过经营未获许可的博彩或透过经营不属承批公司所营事业的业务而偏离批给的标的；	（一）透过经营未获许可的博彩或透过经营不属承批公司所营事业的业务而偏离批给的标的；
（二）放弃经营所批给的业务或无合理理由暂停经营所批给的业务；	（二）放弃经营所批给的业务或无合理理由暂停经营所批给的业务连续超逾七日或在一历年内间断超逾十四日；	（二）放弃经营所批给的业务或无合理理由暂停经营所批给的业务连续超逾七日或在一历年内间断超逾十四日；
（三）在违反第六条所述批给制度的规定的情况下，暂时或确定性将全部或部分经营移转；	（三）在违反第六条所述批给制度的规定的情况下，暂时或确定性将全部或部分经营移转；	（三）在违反第六条所述批给制度的规定的情况下，暂时或确定性将全部或部分经营移转；
（四）欠缴第六条所指批给制度规定的、应缴予批给实体的税项、溢价金、税捐或其他回报而又未在法定限期内提出申驳；	（四）欠缴第六条所述批给制度规定的、应缴予批给实体的税项、溢价金、税捐或其他回报而又未在法定限期内提出申驳；	（四）欠缴第六条所述批给制度规定的、应缴予批给实体的税项、溢价金、税捐或其他回报而又未在法定限期内提出申驳；

272

（五）承批公司拒绝或不能按照上条第四款的规定取回批给，又或虽取回批给，但导致暂时行政介入的情况继续存在；	（五）承批公司拒绝或不能按照上条第四款的规定取回批给，又或虽取回批给，但导致暂时行政介入的情况继续存在；	（五）承批公司拒绝或不能按照上条第四款的规定取回批给，又或虽取回批给，但导致暂时行政介入的情况继续存在；
（六）重复反对监察及查验的进行或屡次不遵守政府的决定；	（六）重复反对监察及查验的进行或屡次不遵守政府的决定，尤其是博彩监察暨协调局的指示；	（六）重复反对监察及查验的进行或屡次不遵守政府的决定，尤其是博彩监察暨协调局的指示；
（七）经常不遵守第六条所指的批给制度；	（七）经常不遵守第六条所述批给制度所包括的基本义务；	（七）经常不遵守第六条所述批给制度所包括的基本义务；
（八）不按照规定及期限提供或添补本批给合同所指的担保金或担保；	（八）不按照规定及期限提供或添补本批给合同所指的担保金或担保；	（八）不按照规定及期限提供或添补本批给合同所指的担保金或担保；
（九）承批公司破产或无偿还能力；	（九）承批公司破产或无偿还能力；	（九）承批公司破产或无偿还能力；
（十）进行旨在损害公共利益的任何严重欺诈活动；	（十）进行旨在损害公共利益的任何严重欺诈活动；	（十）进行旨在损害公共利益的任何严重欺诈活动；
（十一）严重违反进行娱乐场幸运博彩或其他方式的博彩施行规则或损害娱乐场幸运博彩或其他方式的博彩的公正性。	（十一）重复严重违反进行娱乐场幸运博彩或其他方式的博彩施行规则或损害娱乐场幸运博彩或其他方式的博彩的公正性；	（十一）重复严重违反进行娱乐场幸运博彩或其他方式的博彩施行规则或损害娱乐场幸运博彩或其他方式的博彩的公正性。
	（十二）未经政府许可而终止或修改与管理公司订立的管理合同。	
三、在不妨碍第八十三条的规定下，如出现上款所指任一情况或出现按照本条规定可导致因不履行而单方解除批给合同的任何其他情况，政府应通知承批公司在规定的期限内完全履行其义务并纠正或弥补因其行为而造成的后果；但违	三、在不妨碍第八十三条规定的适用下，如出现上款所指任一情况或出现按照本条规定可导致因不履行而单方解除本批给合同的任何其他情况，政府应通知承批公司在规定的期限内完全履行其义务并纠正或弥补因其行为而造成的后	三、在不妨碍第八十三条规定的适用下，如出现上款所指任一情况或出现按照本条规定可导致因不履行而单方解除本批给合同的任何其他情况，政府应通知承批公司在规定的期限内完全履行其义务并纠正或弥补因其行为而造成的后

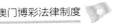
反的情况属不可补正者除外。

四、如承批公司不按照政府所订的规定履行其义务、改正或弥补因其行为而造成的后果，政府可透过向承批公司作出的通知而单方解除本批给合同，并可以书面形式将此意向通知按照并为适用第六条所指的批给制度中关于财力方面的规定而已保证对承批公司所开展的投资及承担的义务提供融资的实体。

五、就上款所指解除合同的决定而对承批公司作出的通知，无须经过任何其他手续，立即产生效力。

六、如因出现有根据的紧急情况而无法容忍第三款所指对不履行进行补正的程序的缓慢，在不影响执行该程序及第四款的规定的情况下，政府可立即按照上条的规定作出暂时行政介入。

七、按照本条的规定因不履行而单方解除本批给合同，导致承批公司负有作出损害赔偿的义务，损害赔偿应按法律的一般规定计算。

八、因不履行而单方解除本批给合同，导致有关娱乐场，以及用于博彩的设备及用具，即使其所在地点不在娱乐场内，均立即无偿归属批给实体。

果；但违反的情况属不可补正者除外。

四、如承批公司不按照政府所订的规定履行其义务、改正或弥补因其行为而造成的后果，政府可透过向承批公司作出的通知而单方解除本批给合同，并可以书面形式将此意向通知按照并为适用第六条所指的批给制度中关于财力方面的规定而已保证对承批公司所开展的投资及承担的义务提供融资的实体。

五、就上款所指解除合同的决定而对承批公司作出的通知，无须经过任何其他手续，立即产生效力。

六、如因出现有根据的紧急情况而无法容忍第三款所指对不履行进行补正的程序的缓慢，在不影响执行该程序及第四款的规定的情况下，政府可立即按照上条的规定作出暂时行政介入。

七、按照本条的规定因不履行而单方解除本批给合同，导致承批公司负有作出损害赔偿的义务，损害赔偿应按法律的一般规定计算。

八、因不履行而单方解除本批给合同，导致有关娱乐场，以及用于博彩的设备及用具，即使其所在地点不在娱乐场内，均立即无偿归属批给实体。

果；但违反的情况属不可补正者除外。

四、如承批公司不按照政府所订的规定履行其义务、改正或弥补因其行为而造成的后果，政府可透过向承批公司作出的通知而单方解除本批给合同，并可以书面形式将此意向通知按照并为适用第六条所指的批给制度中关于财力方面的规定而已保证对承批公司所开展的投资及承担的义务提供融资的实体。

五、就上款所指解除合同的决定而对承批公司作出的通知，无须经过任何其他手续，立即产生效力。

六、如因出现有根据的紧急情况而无法容忍第三款所指对不履行进行补正的程序的缓慢，在不影响执行该程序及第四款的规定的情况下，政府可立即按照上条的规定作出暂时行政介入。

七、按照本条的规定因不履行而单方解除本批给合同，导致承批公司负有作出损害赔偿的义务，损害赔偿应按法律的一般规定计算。

八、因不履行而单方解除本批给合同，导致有关娱乐场，以及用于博彩的设备及用具，即使其所在地点不在娱乐场内，均立即无偿归属批给实体。

第八十一条——失效	第八十一条——失效	第八十一条——失效
一、本批给合同于第八条所订定的批给期间届满时失效，订立合同双方之间的合同关系亦告消灭；但不妨碍本批给合同中在批给期间届满后继续生效的条款的适用。	一、本批给合同于第八条所订定的批给期间届满之日失效，订立合同双方之间的合同关系亦告消灭；但不妨碍本批给合同中在批给期间届满后继续生效的条款的适用。	一、本批给合同于第八条所订定的批给期间届满之日失效，订立合同双方之间的合同关系亦告消灭；但不妨碍本批给合同中在批给期间届满后继续生效的条款的适用。
二、如出现上款所规定的失效，承批公司完全负责终止其作为立约方的任何合同的效力，而批给实体对此不承担任何责任。	二、如承批公司在订立本批给合同后六个月内不订立第二十四条第一款所指的管理合同，本批给合同则告失效，订立合同双方之间的合同关系亦告消灭；但不妨碍政府另作决定。	二、如出现上款所规定的失效，承批公司完全负责终止其作为立约方的任何合同的效力，而批给实体对此不承担任何责任。
	三、如出现以上两款所规定的失效，承批公司完全负责终止其作为立约方的任何合同的效力，而批给实体对此不承担任何责任。	
第二十章 **合同的修订及修改**	**第二十章** **合同的修订及修改**	**第二十章** **合同的修订及修改**
第八十二条——批给合同的修订	第八十二条——批给合同的修订	第八十二条——批给合同的修订
一、本批给合同可依法修订。	一、本批给合同可在政府与承批公司作出磋商后依法修订。	一、本批给合同可在政府与承批公司作出磋商后依法修订。
二、本批给合同的修订，以及对本批给合同所作的任何附录，均须遵守第 26/2001 号行政法规第九十一条所定的手续。	二、本批给合同的修订，以及对本批给合同所作的任何附录，均须遵守第 26/2001 号行政法规第九十一条所定的手续。	二、本批给合同的修订，以及对本批给合同所作的任何附录，均须遵守第 26/2001 号行政法规第九十一条所定的手续。
第二十一章 **司法争讼前的阶段**	**第二十一章** **司法争讼前的阶段**	**第二十一章** **司法争讼前的阶段**
第八十三条——司法争讼前的阶段的磋商	第八十三条——司法争讼前的阶段的磋商	第八十三条——司法争讼前的阶段的磋商

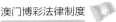

一、如订立合同双方在规范本批给合同的规则的有效性、适用、执行、解释或填补等事宜上出现问题或分歧，必须进行磋商。 二、问题的出现并不免除承批公司准时及完全履行本批给合同的规定，以及已按照本批给合同规定通知承批公司的政府的决定，亦不容许承批公司中断其业务的任何方面的发展，有关发展应按照提出问题之日的生效规定继续进行。 三、上款关于承批公司须履行政府的决定的规定，亦适用于就同一事宜而相继作出的决定，即使该等决定是在开始磋商之日后发出亦然，只要该等相继作出的决定中的第一项决定已在开始磋商之日之前通知承批公司。	一、如订立合同双方在规范本批给合同的规则的有效性、适用、执行、解释或填补等事宜上出现问题或分歧，必须进行磋商。 二、问题的出现并不免除承批公司准时及完全履行本批给合同的规定，以及已按照本批给合同规定通知承批公司的政府的决定，亦不容许承批公司中断其业务的任何方面的发展，有关发展应按照提出问题之日的生效规定继续进行。 三、上款关于承批公司须履行政府的决定的规定，亦适用于就同一事宜而相继作出的决定，即使该等决定是在开始磋商之日后发出亦然，只要该等相继作出的决定中的第一项决定已在开始磋商之日之前通知承批公司。	一、如订立合同双方在规范本批给合同的规则的有效性、适用、执行、解释或填补等事宜上出现问题或分歧，必须进行磋商。 二、问题的出现并不免除承批公司准时及完全履行本批给合同的规定，以及已按照本批给合同规定通知承批公司的政府的决定，亦不容许承批公司中断其业务的任何方面的发展，有关发展应按照提出问题之日的生效规定继续进行。 三、上款关于承批公司须履行政府的决定的规定，亦适用于就同一事宜而相继作出的决定，即使该等决定是在开始磋商之日后发出亦然，只要该等相继作出的决定中的第一项决定已在开始磋商之日之前通知承批公司。
第二十二章 **最后规定** 第八十四条——准照、执照或许可的取得 一、本批给合同不免除承批公司为取得经营其业务的任何方面或履行本批给合同规定的义务属必要的准照、执照或许可而须提出申请、缴付费用及／或采取措施等义务，亦不豁免承批公司必须遵守或符合取得上述准照、执照或许可及使之维持有效所需的一切要件。	**第二十二章** **最后规定** 第八十四条——准照、执照或许可的取得 一、本批给合同不免除承批公司为取得经营其业务的任何方面或履行本批给合同规定的义务属必要的准照、执照或许可而须提出申请、缴付费用及／或采取措施等义务，亦不豁免承批公司必须遵守或符合取得上述准照、执照或许可及使之维持有效所需的一切要件。	**第二十二章** **最后规定** 第八十四条——准照、执照或许可的取得 一、本批给合同不免除承批公司为取得经营其业务的任何方面或履行本批给合同规定的义务属必要的准照、执照或许可而须提出申请、缴付费用及／或采取措施等义务，亦不豁免承批公司必须遵守或符合取得上述准照、执照或许可及使之维持有效所需的一切要件。

二、如上款所指任一准照、执照或许可被收回、失效、被中止或废止，又或基于任何理由不再产生效力，承批公司应立即通知政府，并指出为取回该等准照、执照或许可或使之重新生效而已采取或将采取的措施。

三、本批给合同的任何条款，均不能被理解为用以替代法律或合同规定必须取得的任何准照、执照或许可的条款。

第八十五条——工业产权及知识产权

一、承批公司在经营其业务时，必须按照澳门特别行政区现行法律尊重工业产权及知识产权，并须就侵犯该等产权而产生的后果独自承担责任。

二、在承批公司已尊重所有工业产权及知识产权的这项前提下，承批公司方获发给准照、执照及许可，尤其是与履行附于本批给合同的投资计划有关的准照、执照及许可。

三、承批公司应将对履行按照本批给合同规定获赋予的职责或行使按照本批给合同获赋予的权利属必需或有用的任何性质的研究、草案、计划、图则、文件或其他材料，无偿让与批给实体。

二、如上款所指任一准照、执照或许可被收回、失效、被中止或废止，又或基于任何理由不再产生效力，承批公司应立即通知政府，并指出为取回该等准照、执照或许可或使之重新生效而已采取或将采取的措施。

三、本批给合同的任何条款，均不能被理解为用以替代法律或合同规定必须取得的任何准照、执照或许可的条款。

第八十五条——工业产权及知识产权

一、承批公司在经营其业务时，必须按照澳门特别行政区现行法律尊重工业产权及知识产权，并须就侵犯该等产权而产生的后果独自承担责任。

二、在承批公司已尊重所有工业产权及知识产权的这项前提下，承批公司方获发给准照、执照及许可，尤其是与履行附于本批给合同的投资计划有关的准照、执照及许可。

三、承批公司应将对批给实体履行按照本批给合同规定获赋予的职责或行使按照本批给合同获赋予的权利属必需或有用的任何性质的研究、草案、计划、图则、文件或其他材料，无偿让与批给实体。

二、如上款所指任一准照、执照或许可被收回、失效、被中止或废止，又或基于任何理由不再产生效力，承批公司应立即通知政府，并指出为取回该等准照、执照或许可或使之重新生效而已采取或将采取的措施。

三、本批给合同的任何条款，均不能被理解为用以替代法律或合同规定必须取得的任何准照、执照或许可的条款。

第八十五条——工业产权及知识产权

一、承批公司在经营其业务时，必须按照澳门特别行政区现行法律尊重工业产权及知识产权，并须就侵犯该等产权而产生的后果独自承担责任。

二、在承批公司已尊重所有工业产权及知识产权的这项前提下，承批公司方获发给准照、执照及许可，尤其是与履行附于本批给合同的投资计划有关的准照、执照及许可。

三、承批公司应将对批给实体履行按照本批给合同规定获赋予的职责或行使按照本批给合同获赋予的权利属必需或有用的任何性质的研究、草案、计划、图则、文件或其他材料，无偿让与批给实体。

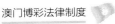

四、应批给实体的要求，承批公司必须为确认或登记上款所指权利而制作任何种类的文件或声明。	四、承批公司必须应批给实体的要求而制作任何种类的文件或声明，以便上款所指权利能获得确认或登记。	四、承批公司必须应批给实体的要求而制作任何种类的文件或声明，以便上款所指权利能获得确认或登记。
五、如按照本条规定而拨给或将拨给批给实体的工业产权或知识产权被侵犯，而承批公司未有解决就该侵犯而与第三人发生的任何争议，则批给实体可作出介入以维护上述产权，承批公司承诺提供为此目的而被要求提供的所有协助。	五、如按照本条规定而拨给或将拨给批给实体的工业产权或知识产权被侵犯，而承批公司未有解决就该侵犯而与第三人发生的任何争议，则批给实体可作出介入以维护上述产权，承批公司承诺提供为此目的而被要求提供的所有协助。	五、如按照本条规定而拨给或将拨给批给实体的工业产权或知识产权被侵犯，而承批公司未有解决就该侵犯而与第三人发生的任何争议，则批给实体可作出介入以维护上述产权，承批公司承诺提供为此目的而被要求提供的所有协助。
第八十六条——通知、通告、许可及核准	第八十六条——通知、通告、许可及核准	第八十六条——通知、通告、许可及核准
一、除另有规定外，本批给合同所指的通知、通告、许可及核准，均须以书面方式作出，并以下列方式传递：	一、除另有规定外，本批给合同所指的通知、通告、许可及核准，均须以书面方式作出，并以下列方式传递：	一、除另有规定外，本批给合同所指的通知、通告、许可及核准，均须以书面方式作出，并以下列方式传递：
（一）亲手传递，但必须以签收为证；	（一）亲手传递，但必须以签收为证；	（一）亲手传递，但必须以签收为证；
（二）图文传真，必须以发讯收条为证；	（二）图文传真，但必须以发讯收条为证；	（二）图文传真，但必须以发讯收条为证；
（三）具收件回执的挂号信。	（三）具收件回执的挂号信。	（三）具收件回执的挂号信。
二、政府所给予的许可，必属预先许可。	二、政府所给予的许可，必属预先许可，并可定出条件。	二、政府所给予的许可，必属预先许可，并可定出条件。
三、不对承批公司申请的许可及核准或其他请求作出答复，视为不批准。	三、不对承批公司申请的许可及核准或其他请求作出答复，视为不批准。	三、不对承批公司申请的许可及核准或其他请求作出答复，视为不批准。
四、为适用本批给合同的规定，下列地址及接收图文传真的地点，视为订立合同双方的住所：	四、为适用本批给合同的规定，下列地址及接收图文传真的地点，视为订立合同双方的住所：	四、为适用本批给合同的规定，下列地址及接收图文传真的地点，视为订立合同双方的住所：

澳门特别行政区政府： 博彩监察暨协调局 澳门南湾大马路 762 - 804 号中华广场 21 楼 图文传真：370296 承批公司：澳门博彩股份有限公司 住所：澳门大堂区葡京路葡京酒店九楼 图文传真：570082 五、透过事先向对方作出通知，订立合同双方可变更上款所指的地址及接收图文传真的地点。	澳门特别行政区政府： 博彩监察暨协调局 澳门南湾大马路 762 - 804 号中华广场 21 楼 图文传真：370296 承批公司：银河娱乐场股份有限公司 住所：澳门南湾大马路 409 号中国法律大厦 25 楼 图文传真：371199 五、透过事先向对方作出通知，订立合同双方可变更上款所指的地址及接收图文传真的地点。 六、为适用本批给合同的规定，下列地址及接收图文传真的地点，视为管理公司的住所： 管理公司：威尼斯人澳门管理股份有限公司 住所：澳门苏亚利斯博士大马路 25 号公务员互助会大厦 2 楼 25 室 图文传真：712633	澳门特别行政区政府： 博彩监察暨协调局 澳门南湾大马路 762 - 804 号中华广场 21 楼 图文传真：370296 承批公司：永利渡假村（澳门）股份有限公司 住所：澳门友谊大马路 918 号世界贸易中心 8 楼 C 图文传真：336057 五、透过事先向对方作出通知，订立合同双方可变更上款所指的地址及接收图文传真的地点。
第八十七条——禁止作出限制竞争的行为 一、承批公司必须在遵守市场经济的固有原则下，以良性及公平竞争的方式从事其业务。 二、承批公司有义务不以任何方式与其他承批公司或属于有关集团的公司订立能阻碍、限制或破坏竞争的协议，又或实行能阻碍、限制或破坏竞争	第八十七条——禁止作出限制竞争的行为 一、承批公司必须在遵守市场经济的固有原则下，以良性及公平竞争的方式从事其业务。 二、承批公司有义务不以任何方式与其他在澳门特别行政区经营的承批公司、获转批给人或在澳门特别行政区经营的承批公司在娱乐场幸运博彩	第八十七条——禁止作出限制竞争的行为 一、承批公司必须在遵守市场经济的固有原则下，以良性及公平竞争的方式从事其业务。 二、承批公司有义务不以任何方式与其他在澳门特别行政区经营的承批公司、获转批给人或在澳门特别行政区经营的承批公司在娱乐场幸运博彩

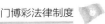

的商定行为。	或其他方式的博彩经营方面的管理公司，又或属于有关集团的公司订立能阻碍、限制或破坏竞争的协议，又或实行能阻碍、限制或破坏竞争的商定行为。	或其他方式的博彩经营方面的管理公司，又或属于有关集团的公司订立能阻碍、限制或破坏竞争的协议，又或实行能阻碍、限制或破坏竞争的商定行为。
三、承批公司有义务不滥用在市场或在市场内相当部分所占的、能阻碍、限制或破坏竞争的主导地位。	三、承批公司有义务不滥用在市场或在市场内相当部分所占的、能阻碍、限制或破坏竞争的主导地位。	三、承批公司有义务不滥用在市场或在市场内相当部分所占的、能阻碍、限制或破坏竞争的主导地位。
第八十八条——博彩中介人	第八十八条——博彩中介人	第八十八条——博彩中介人
承批公司须对在其公司登记的博彩中介人、其董事及合作人在娱乐场及其他博彩区域进行的活动向政府负责；为此，应对上述中介人、董事及合作人的活动作出监督。	承批公司须对在其公司登记的博彩中介人、其董事及合作人在娱乐场及其他博彩区域进行的活动向政府负责；为此，应对上述中介人、董事及合作人的活动作出监督。	承批公司须对在其公司登记的博彩中介人、其董事及合作人在娱乐场及其他博彩区域进行的活动向政府负责；为此，应对上述中介人、董事及合作人的活动作出监督。
第八十九条——承批公司的设施的推广	第八十九条——承批公司的设施的推广	第八十九条——承批公司的设施的推广
一、承批公司有义务为其设施，尤其是娱乐场，在澳门特别行政区内外进行宣传及市场推广活动。	一、承批公司有义务为其设施，尤其是娱乐场，在澳门特别行政区内外进行宣传及市场推广活动。	一、承批公司有义务为其设施，尤其是娱乐场，在澳门特别行政区内外进行宣传及市场推广活动。
二、政府及承批公司有义务使本身的宣传及市场推广工作及活动配合在外地进行的推广澳门的工作及活动。	二、政府及承批公司有义务使本身的宣传及市场推广工作及活动配合在外地进行的推广澳门的工作及活动。	二、政府及承批公司有义务使本身的宣传及市场推广工作及活动配合在外地进行的推广澳门的工作及活动。
三、未经政府许可，承批公司有义务不容许在互联网的网站或网址，又或任何其他用作推动互动博彩的地方使用其娱乐场或其他用于经营所批给业务的场所及相连部分的影像或大量具寓意的介绍说明。	三、未经政府许可，承批公司有义务不容许在互联网的网站或网址，又或任何其他用作推动互动博彩的地方使用其娱乐场或其他用于经营所批给业务的场所及相连部分的影像或大量具寓意的介绍说明。	三、未经政府许可，承批公司有义务不容许在互联网的网站或网址，又或任何其他用作推动互动博彩的地方使用其娱乐场或其他用于经营所批给业务的场所及相连部分的影像或大量具寓意的介绍说明。

第九十条——纳入批给合同的内容	第九十条——纳入批给合同的内容	第九十条——纳入批给合同的内容
承批公司以第 217/2001 号行政长官批示所展开的娱乐场幸运博彩或其他方式的博彩经营（三个）批给首次公开竞投的竞投公司身份所提交的标书中，一切不与本批给合同有明确或不明确抵触的部分，均视为纳入本批给合同的内容。	承批公司以娱乐场幸运博彩或其他方式的博彩经营（三个）批给首次公开竞投的竞投公司身份所提交的标书中，一切不与本批给合同有明确或不明确抵触的部分，均视为纳入本批给合同的内容。	承批公司以娱乐场幸运博彩或其他方式的博彩经营（三个）批给首次公开竞投的竞投公司身份所提交的标书中，一切不与本批给合同有明确或不明确抵触的部分，均视为纳入本批给合同的内容。
第九十一条——在经营所批给业务中使用的筹码	第九十一条——在经营所批给业务中使用的筹码	第九十一条——在经营所批给业务中使用的筹码
一、承批公司发行任何种类或性质的筹码及将之投入流通时，必须遵照政府的指引。	一、承批公司必须遵照政府在发行任何种类或性质的筹码及将之投入流通方面发出的指引。	一、承批公司必须遵照政府在发行任何种类或性质的筹码及将之投入流通方面发出的指引。
二、筹码的发行量及流通量，须经政府许可。	二、投入流通的筹码的数量无须经政府许可，但不妨碍政府可以订定一数量上限。	二、投入流通的筹码的数量无须经政府许可，但不妨碍政府可以订定一数量上限。
三、承批公司保证以现金、支票或同等的信用凭证兑现经承批公司申请后投入流通的筹码。	三、承批公司必须保证以现金、支票或同等的信用凭证兑现已投入流通的筹码。	三、承批公司必须保证以现金、支票或同等的信用凭证兑现已投入流通的筹码。
四、承批公司必须就投入流通的所有筹码，以现金或具高清偿能力的凭证，维持偿付能力比率、设立备付金及遵守政府在不同时刻指定的谨慎规则，以保证筹码的实时兑现。	四、承批公司必须就已投入流通的所有筹码，以现金或具高清偿能力的凭证，维持偿付能力比率、设立备付金及遵守政府在不同时刻指定的谨慎规则，以保证筹码的实时兑现。	四、承批公司必须就已投入流通的所有筹码，以现金或具高清偿能力的凭证，维持偿付能力比率、设立备付金及遵守政府在不同时刻指定的谨慎规则，以保证筹码的实时兑现。
第九十二条——保密	第九十二条——保密	第九十二条——保密
一、政府或承批公司履行法律或本批给合同的规定而制作的文件均具有机密性质，并仅在对方许可下方可将之提供予第三人。	一、政府或承批公司履行第六条所述批给制度或本批给合同的规定而制作的文件均具有机密性质，并仅在对方许可下方可将之提供予第三人。	一、政府或承批公司履行第六条所述批给制度或本批给合同的规定而制作的文件均具有机密性质，并仅在对方许可下方可将之提供予第三人。

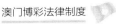

二、政府及承批公司必须采取所需措施，以由政府保证澳门特别行政区公共行政当局工作人员受守秘义务约束，以及由承批公司保证其工作人员受守秘义务约束。	二、政府及承批公司必须采取所需措施，以由政府保证澳门特别行政区公共行政当局工作人员受守秘义务约束，以及由承批公司保证其工作人员受守秘义务约束。	二、政府及承批公司必须采取所需措施，以由政府保证澳门特别行政区公共行政当局工作人员受守秘义务约束，以及由承批公司保证其工作人员受守秘义务约束。
三、政府及承批公司必须促使取得或可能取得机密文件的其他人，尤其是透过顾问合同、提供劳务合同或其他合同而取得或可能取得机密文件的人遵守守秘义务。	三、政府及承批公司必须促使取得或可能取得机密文件的其他人，尤其是透过顾问合同、提供劳务合同或其他合同而取得或可能取得机密文件的人遵守守秘义务。	三、政府及承批公司必须促使取得或可能取得机密文件的其他人，尤其是透过顾问合同、提供劳务合同或其他合同而取得或可能取得机密文件的人遵守守秘义务。
第九十三条——投诉簿册	第九十三条——投诉簿册	第九十三条——投诉簿册
一、承批公司必须设有投诉簿册，并确保该簿册能为娱乐场及其他博彩区域的顾客所使用。	一、承批公司必须专为关于娱乐场幸运博彩或其他方式的博彩经营的投诉而设有投诉簿册，并确保该簿册能为娱乐场及其他博彩区域的顾客所使用。	一、承批公司必须专为关于娱乐场幸运博彩或其他方式的博彩经营的投诉而设有投诉簿册，并确保该簿册能为娱乐场及其他博彩区域的顾客所使用。
二、承批公司必须在娱乐场及其他博彩区域以显眼的方式张贴告示，说明设有投诉簿册。	二、承批公司必须在娱乐场及其他博彩区域以显眼的方式张贴告示，说明设有投诉簿册。	二、承批公司必须在娱乐场及其他博彩区域以显眼的方式张贴告示，说明设有投诉簿册。
三、承批公司必须在四十八小时内将投诉簿册所载投诉的副本交予政府，并须附同承批公司就该等投诉而作出的报告。	三、承批公司必须在四十八小时内将投诉簿册所载投诉的副本交予政府，并须附同承批公司就该等投诉而作出的报告。	三、承批公司必须在四十八小时内将投诉簿册所载投诉的副本交予政府，并须附同承批公司就该等投诉而作出的报告。
第二十三章 **过渡规定**	**第二十三章** **过渡规定**	**第二十三章** **过渡规定**
第九十四条——职业培训计划	第九十四条——职业培训计划	第九十四条——职业培训计划
一、承批公司必须在政府规定的期限内，编制将在批给所涵盖业务方面任职的雇员的职业培训计划。	一、承批公司必须在政府规定的期限内，编制将在批给所涵盖业务方面任职的雇员的职业培训计划。	一、承批公司必须在政府规定的期限内，编制将在批给所涵盖业务方面任职的雇员的职业培训计划。

二、承批公司必须在所定的期限内，向政府递交关于上款所指计划的任何其他附加文件或资料。

第九十五条——公司资本的存放

承批公司必须维持其公司资本存放于本地信用机构或获许可在澳门特别行政区经营的信用机构的分支机构或附属公司，且不得在承批公司开业前调动；政府透过经济财政司司长的批示明确认可为某一承批公司开业的日期，方视为该承批公司开业的日期。

第九十六条——获指定的常务董事

一、政府应最迟于二零零二年四月十五日通知承批公司，是否许可在承批公司以娱乐场幸运博彩或其他方式的博彩经营批给（三个）首次公开竞投的竞投公司身份递交的第26/2001号行政法规附件 I 中所指定的人选担任承批公司的常务董事。

二、如所指定的人选不获政府接受，承批公司必须在接获就政府不接受有关人选而作出的通知后十五日内，指定新的常务董事人选，并附同由获

二、承批公司必须在所定的期限内，向政府递交关于上款所指计划的任何其他附加文件或资料。

第九十五条——公司资本的存放

承批公司必须维持其公司资本存放于本地信用机构或获许可在澳门特别行政区经营的信用机构的分支机构或附属公司，且不得在承批公司开业前调动；政府透过经济财政司司长的批示明确认可为某一承批公司开业的日期，方视为承批公司开业的日期。

第九十六条——获指定的常务董事

一、政府须于订立本批给合同后十五日内通知承批公司，是否许可在承批公司以娱乐场幸运博彩或其他方式的博彩经营批给（三个）首次公开竞投的竞投公司身份递交的第26/2001号行政法规附件 I 中所指定的人选担任承批公司的常务董事。

二、第二十一条第一款及第二款的规定，适用于在订立本批给合同后首次将承批公司的管理权授予常务董事的行为。

二、承批公司必须在所定的期限内，向政府递交关于上款所指计划的任何其他附加文件或资料。

第九十五条——获指定的常务董事

一、政府须于订立本批给合同后十五日内通知承批公司，是否许可在承批公司以娱乐场幸运博彩或其他方式的博彩经营批给（三个）首次公开竞投的竞投公司身份递交的第26/2001号行政法规附件 I 中所指定的人选担任承批公司的常务董事。

二、第二十一条第一款及第二款的规定，适用于在订立本批给合同后首次将承批公司的管理权授予常务董事的行为。

第九十六条——银行账目

承批公司必须于订立本批给合同后七日内，向政府呈交载有承批公司名下所有银行账目及有关结余的文件。

指定的常务董事填妥的第 26/2001 号行政法规附件Ⅱ所载的表格。 三、第二十一条第三款及第四款的规定，适用于在订立本批给合同后首次将承批公司的管理权授予常务董事的行为。 四、如政府不核准上款所指授权的一项或多项内容，承批公司应在接获就政府不核准一事而作出的通知后，尽快送交决议的新拟本。 **第九十七条——银行账目** 承批公司必须最迟于二零零二年四月三十日向政府呈交载有承批公司名下所有银行账目及有关结余的文件。	**第九十七条——获指定的管理公司** 一、政府应在接获第二十四条第二款所指的请求核准的申请后三十日内通知承批公司，是否许可承批公司拟与管理公司订立的管理合同、是否许可在管理公司递交的第 26/2001 号行政法规附件 I 中所指定的人选担任管理公司的常务董事，以及是否许可将管理公司的管理权授予该常务董事的授权书。 二、如政府不核准上款所指管理合同的拟本或管理权授权书拟本的一项或多项内容，承批公司应于十五日内送交载有经政府定出的指引的管理合同新拟本或将管理公司的管理权授予常务董事的授权书新拟本。 三、如第一款所指的人选不获政府接受，承批公司必须在接获就政府不接受有关人选	**第九十七条——关于合作义务的声明书** 承批公司必须采取措施，以便取得一份经拥有承批公司 5% 或 5% 以上公司资本的每名股东、承批公司的每名董事及在娱乐场担任要职的主要雇员，以及包括最终控权股东在内的承批公司每名控权股东签署的声明书，其内容为彼等同意受一项与政府合作的特别义务所约束，为此，彼等必须应要求而提供任何文件、资讯、资料或证据，并必须给予任何准许；承批公司必须于订立本批给合同后十五日内，将该声明书交予政府。

第九十八条——关于合作义务的声明书

　　承批公司必须采取措施，以便取得一份经拥有承批公司5%或5%以上公司资本的每名股东、承批公司的每名董事及在娱乐场担任要职的主要雇员，以及承批公司每名最终控权股东签署的声明书，其内容为彼等同意受一项与政府合作的特别义务所约束，为此，彼等必须应要求而提供任何文件、资讯、资料或证据，并必须给予任何准许；承批公司必须最迟于二零零二年四月三十日将该声明书交予政府。

而作出的通知后十五日内，指定新的管理公司常务董事人选，并附同由获指定的常务董事填妥的第26/2001号行政法规附件Ⅱ所载的表格。

第九十八条——银行账目

　　承批公司必须于订立本批给合同后七日内，向政府呈交载有承批公司名下所有银行账目及有关结余的文件。

第九十八条——溢价金的固定部分及可变动部分

　　一、第四十七条所指每年溢价金的固定部分，仅自二零零五年六月二十六日起方须按比例缴纳；但如承批公司于该日期前在附于本批给合同的投资计划所载的渡假村—酒店—娱乐场设施内开始一家娱乐场或一个博彩区域的经营则除外，在此情况下，应自该时刻起须缴纳溢价金的固定部分。

　　二、第四十七条所指每年溢价金的可变动部分，仅自开始经营娱乐场幸运博彩或其他方式的博彩后方须缴纳，而不论是在临时设施或在上款所指设施内经营；为计算第四十七条所指溢价金的可变动部分，承批公司必须最迟于其第一家娱乐场或第一个博彩区域开放前十日，向政府送交一份列表，列表上须载明承批公司拟于该年度经营的博彩桌及包括"角子机"在内的电动或机动博彩机的数目及所在地点。

　　三、如承批公司在临时设施内开放其第一家娱乐场或第一个博彩区域，每年溢价金可变动部分的金额，不

		可低于因长期经营专供特定博彩或博彩者使用的、尤其是在特别博彩厅或区域内经营的二十张博彩桌及长期经营非专供特定博彩或博彩者使用的二十张博彩桌而应缴纳的金额，直至在第一款所指设施内开始一家娱乐场或一个博彩区域的经营为止。 四、第四十七条第五款所指每年溢价金可变动部分的金额，自订立本批给合同后第三年起，将由订立合同双方修订。
第九十九条——二零零二年度的溢价金 一、承批公司必须最迟于二零零二年四月五日向政府送交一份列表，列表上须载明承批公司拟于本年度经营的博彩桌及包括"角子机"在内的电动或机动博彩机的数目及所在地点。 二、承批公司必须最迟于二零零二年四月十日缴纳二零零二年度溢价金的固定部分，金额为澳门币二千二百五十万元。	第九十九条——关于合作义务的声明书 承批公司必须采取措施，以便取得一份经拥有承批公司5%或5%以上公司资本的每名股东、承批公司的每名董事及在娱乐场担任要职的主要雇员，以及包括最终控权股东在内的承批公司每名控权股东签署的声明书，其内容为彼等同意受一项与政府合作的特别义务所约束，为此，彼等必须应要求而提供任何文件、资讯、资料或证据，并必须给予任何准许；承批公司必须于订立本批给合同后十五日内，将该声明书交予政府。	第九十九条——核准公司章程及准公司协议 政府须于订立本批给合同后六十日内，就是否核准承批公司的章程及准公司协议一事向承批公司作出通知。
第一百条——疏浚 一、承批公司必须就澳门旅游娱乐有限公司在澳门特别行政区，尤其是在下列地方进行疏浚及其他必需的海上工作的	第一百条——溢价金的固定部分及可变动部分 一、第四十七条所指每年溢价金的固定部分，仅自二零零五年六月二十六日起方须	第一百条——委任或授权 承批公司必须于订立本批给合同后十五日内，就订立本批给合同之日存在的在一稳定关系的基础上赋予属董事会

义务负连带责任：

（一）供经常为澳门特别行政区提供属公共利益的服务的企业或机构使用的、位于澳门、氹仔岛及路环岛的码头；

（二）通往外港及内港的航道及毗邻区域；

（三）通往内港及"澳门航海学校"与17号浮标之间区域的航道；

（四）通往内港与北沙梨头船坞（避风塘）及与南沙梨头船坞（干坞）之间的航道；

（五）通往外港及路环的发电厂码头的航道及毗邻区域；

（六）通往机场燃油码头的航道及毗邻区域；

（七）通往九澳港的航道；

（八）九澳油库码头毗邻区域；

（九）通往九澳货柜码头的航道及毗邻区域；

（十）由政府按照澳门特别行政区的实际需要而指定的其他区域，而在该等区域进行疏浚及其他必需的海上工作的费用不会明显高于在以上各项所指地方进行相同工作的平均费用。

二、上款所指的疏浚工作，须按照政府经听取承批公司及澳门旅游娱乐有限公司的意见后所制定的计划进行；政府有责任确保清除在应进行上述工作的地点内的船只或障碍物。

按比例缴纳；但如承批公司于该日期前在附于本批给合同的投资计划所载的渡假村—酒店—娱乐场设施内开始一家娱乐场或一个博彩区域的经营则除外，在此情况下，应自该时刻起须缴纳溢价金的固定部分。

二、第四十七条所指每年溢价金的可变动部分，仅自开始经营娱乐场幸运博彩或其他方式的博彩后方须缴纳，而不论是在临时设施或在上款所指设施内经营；为计算第四十七条所指溢价金

权限范围的、以承批公司名义订立关于企业经营的法律行为的权力的所有及任何委任或授权，向政府作出通知，以便其给予许可；但作出单纯属事务性质的行为的权力，尤其是在公共部门或公共机关作出该类行为的权力，不在此限；又或于上指期限内递交证明不存在上述委任或授权的声明书。

三、第一款所指的承批公司责任，其限度为每三年的每年疏浚量相当于四百八十万立方米。

四、承批公司尚须就澳门旅游娱乐有限公司的下述义务负连带责任：按照与政府之间的协议，在政府根据澳门特别行政区的实际需要而指定的在澳门特别行政区内的区域，进行疏浚及其他必需的海上工作，而其费用属明显高于在第一款（一）至（九）项所指地点进行疏浚或其他必需的海上工作的平均费用者。

第一百零一条——核准公司章程

政府最迟于二零零二年六月三十就是否核准承批公司的章程一事向承批公司作出通知。

的可变动部分，承批公司必须最迟于其第一家娱乐场或第一个博彩区域开放前十日，向政府送交一份列表，列表上须载明承批公司拟于该年度经营的博彩桌及包括"角子机"在内的电动或机动博彩机的数目及所在地点。

三、如承批公司在临时设施内开放其第一家娱乐场或第一个博彩区域，每年溢价金可变动部分的金额，不可低于因长期经营专供特定博彩或博彩者使用的、尤其是在特别博彩厅或区域内经营的二十张博彩桌及长期经营非专供特定博彩或博彩者使用的二十张博彩桌而应缴纳的金额，直至在第一款所指设施内开始一家娱乐场或一个博彩区域的经营为止。

四、第四十七条第五款所指每年溢价金可变动部分的金额，自订立本批给合同后第三年起，将由订立合同双方修订。

第一百零一条——核准公司章程及准公司协议

政府须于订立本批给合同后六十日内，就是否核准承批公司的章程及准公司协议一事向承批公司作出通知。

第一百零一条——对其他管辖区域的娱乐场幸运博彩及其他方式的博彩经营的现有参与

承批公司必须于订立本批给合同后十五日内，将承批公司任何董事、包括最终控权股东在内的控权股东，或拥有直接或间接相应于承批公司10%或10%以上公司资本的公司出资的任何股东

第一百零二条——保险

　　承批公司必须最迟于二零零二年五月三十一日向政府送交第四十条所指保险合同的副本。

第一百零二条——委任或授权

　　承批公司必须于订立本批给合同后十五日内，就订立本批给合同之日存在的在一稳定关系的基础上赋予属董事会权限范围的、以承批公司名义订立关于企业经营的法律行为的权力的所有及任何委任或授权，向政府作出通知，以便其给予许可；但作出单纯属事务性质的行为的权力，尤其是在公共部门或公共机关作出该类行为的权力，不在此限；又或于上指期限内递交证明不存在上述委任或授权的声明书。

对任何其他管辖区域的娱乐场幸运博彩或其他方式的博彩经营的现有参与，包括仅透过管理合同而作出的参与，通知政府。

第一百零二条——承批公司公司机关的组成

　　承批公司必须于订立本批给合同后七日内，将其董事会、股东会主席团、监事会及其他公司机关于订立本批给合同之日的组成通知政府。

第一百零三条——获许可的幸运博彩经营的地点

　　一、承批公司获许可在下列地点经营娱乐场幸运博彩及其他方式的博彩：

　　（一）"葡京娱乐场"，位于澳门葡京路；

　　（二）"回力球娱乐场"，位于澳门回力球场；

　　（三）"东方娱乐场"，位于澳门文华东方酒店；

　　（四）"金域娱乐场"，位于澳门金域酒店；

　　（五）"钻石娱乐场"，位于澳门假日酒店；

第一百零三条——对其他管辖区域的娱乐场幸运博彩及其他方式的博彩经营的现有参与

　　承批公司必须于订立本批给合同后十五日内，将承批公司任何董事、包括最终控权股东在内的控权股东，或拥有直接或间接相应于承批公司10%或10%以上公司资本的公司出资的任何股东对任何其他管辖区域的娱乐场幸运博彩或其他方式的博彩经营的现有参与，包括仅透过管理合同而作出的参与，通知政府。

第一百零三条——股东结构及公司资本结构

　　一、承批公司必须于订立本批给合同后七日内，向政府呈交载有于订立本批给合同之日的承批公司的股东结构的文件。

　　二、承批公司必须于订立本批给合同后七日内，向政府呈交载有于订立本批给合同之日的拥有承批公司5%或5%以上公司资本的法人尤其是公司的公司资本结构，以及拥有此等法人5%或5%以上公司资本的法人的公司

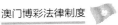

（六）"海岛娱乐场"，位于氹仔澳门凯悦酒店；

（七）"励骏会"，位于澳门置地广场；

（八）"游艇会娱乐场"，位于路氹填海区氹仔南部游艇俱乐部皇庭海景酒店；

（九）"新世纪娱乐场"，位于氹仔新世纪酒店；

（十）"金碧娱乐场"，位于澳门新建业商业中心；

（十一）"澳门皇宫娱乐场"，位于澳门旧外港码头。

二、上款的规定，将于订立本批给合同五年后由政府修订。

三、上款的规定，并不妨碍承批公司请求替换第一款所述的任一地点。

四、承批公司必须最迟于二零零二年五月十五日，就第一款（二）至（十一）项所指地点，遵守第四十二条第四款的规定。

资本结构，如此类推至属最终股东的自然人及法人的公司资本结构的文件。

三、承批公司必须于订立本批给合同后十五日内，向政府递交第十九条第二款所述的、关于二零零二年度的声明书。

第一百零四条——由澳门旅游娱乐有限公司发行或投入流通的筹码

一、承批公司获许可使用由澳门旅游娱乐有限公司发行或投入流通的筹码。

二、承批公司保证以现金、支票或同等的信用凭证兑现由澳门旅游娱乐有限公司发行或投入流通的筹码。

第一百零四条——承批公司公司机关的组成

承批公司必须于订立本批给合同后七日内，将其董事会、股东会主席团、监事会及其他公司机关于订立本批给合同之日的组成通知政府。

第一百零四条——批给数目的限制

一、直至二零零九年四月一日，批给实体有义务按照法律的规定不作出娱乐场幸运博彩或其他方式的博彩经营批给，从而使批给的数目在任何时间均不多于三个。

二、如批给实体在上款所指日期后作出新的娱乐场幸运博彩或其他方式的博彩经营批给，而新批给的条件整体上较

续表

第一百零五条——电子监视及监控设备

第十三条第一款所定的义务，只适用于第一百零三条第一款所指经营娱乐场幸运博彩及其他方式的博彩的地点内新监视及监控设备的装设。

第一百零五条——股东结构及公司资本结构

一、承批公司必须于订立本批给合同后七日内，向政府呈交载有于订立本批给合同之日的承批公司的股东结构的文件。

二、承批公司必须于订立本批给合同后七日内，向政府呈交载有于订立本批给合同之日的拥有承批公司5%或5%以上公司资本的法人尤其是公司的公司资本结构，以及拥有此等法人5%或5%以上公司资本的法人的公司资本结构，如此类推至属最终股东的自然人及法人的公司资本结构的文件。

三、承批公司必须于订立本批给合同后十五日内，向政府递交第十九条第二款所述的、关于二零零二年度的声明书。

本批给合同所定的条件更为有利，则政府必须透过修改本批给合同而将该等较为有利的条件延伸至承批公司。

第一百零五条——拨款的百分比的修订

第四十八条及第四十九条所述拨款的百分比，将于二零一零年内由订立合同双方修订。

第一百零六条——委任或授权

承批公司必须最迟于二零零二年四月八日，就订立本批给合同之日存在的在一稳定关系的基础上赋予属董事会权限范围的、以承批公司名义订立关于企业经营的法律行为的权力的所有及任何委任或授权，向政府作出通知，以便其给予

第一百零六条——批给数目的限制

一、直至二零零九年四月一日，批给实体有义务按照法律的规定不作出娱乐场幸运博彩或其他方式的博彩经营批给，从而使批给的数目在任何时间均不多于三个。

二、如批给实体在上款所

第一百零六条——效力的产生

本批给合同以两种正式语文作成，由二零零二年六月二十七日起产生效力。

双方签署本合同

二零零二年六月二十八日于财政局

代专责公证员朱奕聪

———

许可；但作出单纯属事务性质的行为的权力，尤其是在公共部门或公共机关作出该类行为的权力，不在此限。

第一百零七条——对其他管辖区域的娱乐场幸运博彩及其他方式的博彩经营的现有参与

承批公司必须最迟于二零零二年五月三十一日，将承批公司控权股东、拥有承批公司10%或10%以上公司资本的所有股东或承批公司所有董事对任何其他管辖区域的娱乐场幸运博彩或其他方式的博彩经营的现有参与，包括仅透过管理合同而作出的参与，通知政府。

第一百零八条——承批公司公司机关的组成

承批公司必须最迟于二零零二年四月五日，将其董事会、股东会主席团、监事会及其他公司机关于订立本批给合同之日的组成通知政府。

指日期后作出新的娱乐场幸运博彩或其他方式的博彩经营批给，而新批给的条件整体上较本批给合同所定的条件更为有利，则政府必须透过修改本批给合同而将该等较为有利的条件延伸至承批公司。

第一百零七条——拨款的百分比的修订

第四十八条及第四十九条所述拨款的百分比，将于二零一零年内由订立合同双方修订。

第一百零八条——效力的产生

本批给合同以两种正式语文作成，由二零零二年六月二十七日起产生效力。

双方签署本合同。

二零零二年六月二十八日于财政局

代专责公证员朱奕聪

——

批给合同附件

投资计划

承批公司尤其承诺执行下述项目，且不影响本批给合同第三十九条规定的适用：

1. 一渡假村—酒店—娱

批给合同附件

投资计划

承批公司尤其承诺执行下述项目，且不影响本批给合同第三十九条规定的适用：

一渡假村—酒店—娱乐场综合设施——于二零零六年十二月份竣工并向公众开放。

总额：澳门币四十亿元；必须于订立本批给合同后的七年内支出。

续表

乐场综合设施——于二零零六年六月份竣工并向公众开放；

2. 一以"威尼斯"作主题的渡假村—酒店—娱乐场综合设施——于二零零六年六月份竣工并向公众开放；

3. 一会议中心——于二零零六年十二月份竣工并向公众开放。

总额：澳门币八十八亿元；必须于订立本批给合同后的十年内支出。

第一百零九条——股东结构及公司资本结构

一、承批公司必须最迟于二零零二年四月五日，向政府呈交于订立本批给合同之日的承批公司的股东结构。

二、承批公司必须最迟于二零零二年四月五日，向政府呈交于订立本批给合同之日的拥有承批公司 5% 或 5% 以上公司资本的法人尤其是公司的公司资本结构，以及拥有此等法人 5% 或 5% 以上公司资本的法人的公司资本结构，如此类推至属最终股东的自然人及法人的公司资本结构。

三、承批公司必须最迟于二零零二年四月十五日向政府递交第十九条第二款所述的、关于二零零二年度的声明书。

第一百一十条——批给数目的限制

直至二零零九年四月一日，批给实体有义务按照法律的规定不作出娱乐场幸运博彩或其他方式的博彩经营批给，从而使批给的数目在任何时间均不多于三个。 第一百一十一条——将葡京娱乐场拨予经营所批给的业务 一、透过将"葡京娱乐场"的享有、收益及使用暂时性转予承批公司的方式，将"葡京娱乐场"，包括其用于经营娱乐场幸运博彩或其他方式的博彩的所有设备及用具，拨予经营所批给的业务，为期一年。 二、因获拨给"葡京娱乐场"，包括其用于经营娱乐场幸运博彩或其他方式的博彩的所有设备及用具而应缴付予批给实体的回报为倘转让该娱乐场时由批给实体与承批公司协议的售价的十八分之一。 三、如直至二零零二年十二月三十一日，批给实体与承批公司不能就"葡京娱乐场"，包括其用于经营娱乐场幸运博彩或其他方式的博彩的所有设备及用具的转让价达成协议，则政府在咨询承批公司的意见后，将单方订定因获拨给该财产以经营所批给业务而应缴付予批给实体的回报。 四、承批公司必须与政府合作，促进所有及任何将"葡京娱乐场"所在楼宇以批给实体的名义登记所需的行为，以		

及其他因此而产生的行为。		
第一百一十二条——拨款的百分比的修订		
第四十八条及第四十九条所述拨款的百分比，将于二零一零年内由订立合同双方修订。		
第一百一十三条——效力的产生		
本批给合同以两种正式语文作成，由二零零二年四月一日起产生效力。		
双方签署本合同		
二零零二年三月二十八日于财政局		
代专责公证员朱奕聪		
——		
二零零二年四月三日于财政局		
局长艾卫立		

附录二

打击清洗黑钱财务行动特别组织
《40 项建议》

（含 2004 年 10 月 22 日的修订）

引　言

　　不法分子清洗黑钱的手法和伎俩层出不穷，以图规避执法当局不断推出的对策。打击清洗黑钱财务行动特别组织[①]（下称"特别组织"）发现，近年清洗黑钱手法愈趋复杂，利用法人掩饰非法收益真正拥有权和控制权以及利用专业人士提供意见和协助以清洗犯罪收益等情况，愈来愈多。有见及此，特别组织从处理不合作国家及地区问题的工作汲取经验，以及参考一些国家和国际组织采取的措施，然后检讨并修订《40 项建议》，重新制订一套打击清洗黑钱和恐怖分子融资活动的完善机制。特别组织现呼吁所

---

　　① 特别组织是一个跨政府组织，负责订定标准以及制订和推展政策，以打击清洗黑钱和恐怖分子融资活动，说组织目前有 33 个成员：包括 31 个国家、政府和两个国际组织；以及超过 20 个的观察成员：包括 5 个性质近似特别组织的地区组织及超过 15 个的国际组织或团体。所有成员和观察成员的名单载于特别组织网站，http：//www. fatf－gafi. org/Members_en. htm。

有国家采取所需行动，采纳新订建议，改革他们现有打击清洗黑钱和恐怖分子融资活动的机制，并切实推行建议的措施。

特别组织为修订《40项建议》进行了大型的检讨工作，咨询对象包括特别组织成员、非成员、观察成员、金融界和其他受影响界别以及有关人士。在咨询期间收集的多方面意见，全部在检讨过程中加以考虑。

经修订的《40项建议》所针对的活动已由清洗黑钱活动扩大至包括恐怖分子融资活动。《40项建议》加上《打击恐怖分子融资活动 8 项特别建议》，组成一套更完善、全面和贯彻的措施，打击清洗黑钱和恐怖分子融资活动。特别组织明白，各国法律制度和金融体系各异，因此未必全部能够采取划一的措施来达到共同目标，尤其是在细节方面。因此，《40项建议》订明措施的最低标准，让各国可因应个别情况和宪法制度，落实有关细节安排。建议的内容包括各国刑事司法和规管制度应采纳的所有措施，金融机构及某些行业和专业应采取的预防措施，以及国际间的合作。

最初的《40项建议》在 1990 年制订，旨在打击滥用金融体系清洗贩毒黑钱的手法。1996 年，为对付层出不穷的清洗黑钱手法，《40项建议》首次修订。1996 年的《40项建议》得到超过 130 个国家采纳，成为反清洗黑钱活动的国际标准。

2001 年 10 月，特别组织把工作范围扩大至包括反恐怖分子融资活动，并进行一项重要工作，制订了《打击恐怖分子融资活动 8 项特别建议》。这 8 项建议载有一套措施，以打击资助恐怖行动和恐怖组织的活动，与《40项建议》相辅相成①。

要有效打击清洗黑钱和恐怖分子融资活动，关键之一是监察并评核各国在这方面的制度是否符合国际标准。特别组织和与特别组织性质相若的区域组织进行的互相评核，以及国际货币基金组织和世界银行进行的评估，都是确保各国切实执行特别组织建议的重要机制。

---

① 特别组织的《40项建议》和《打击恐怖分子融资活动 8 项特别建议》为国际货币基金组织和世界银行所认可，是打击清洗黑钱和恐怖分子融资活动的国际标准。2004 年 10 月，FATF 针对恐怖分子和犯罪分子跨国境运输现金问题单独制定了一项特别建议，使《特别建议》的内容从 8 项增加到 9 项。

《40 项建议》

A. 法律制度

清洗黑钱刑事罪行涵盖范围

1. 各国应根据《1988 年联合国禁止非法贩运麻醉药品和精神药物公约》（下称《维也纳公约》）和《2000 年联合国打击跨国有组织犯罪公约》（下称《巴勒莫公约》）的规定，把清洗黑钱活动列为刑事罪行。

各国应把清洗黑钱罪纳入所有严重罪行的涵盖范围，以尽量扩大清洗黑钱罪依据罪行的范围。依据罪行可以包括：所有罪行；或限定的某类严重罪行或刑罚为监禁的罪行（即限定范围的方法）；或所胪列的罪行；或结合以上几种方法后订明的罪行。

如某国采用限定范围的方法，则依据罪行最低限度应包括该国法例订明的所有严重罪行，或最高刑罚为一年以上监禁刑期的罪行；如某国本身的法律制度订有最低刑罚，则依据罪行应包括所有最低刑罚为六个月以上监禁刑期的罪行。

无论采取哪种方法，各国在规定依据罪行的范围时，最低限度应包括每个指定罪行类别[①]所包含的一些罪行。

清洗黑钱罪依据罪行的范围应予扩大，对于在外国发生且在该国构成罪行的行为，如在国内发生便可构成依据罪行，亦应列为依据罪行。各国可订明，要证明在外国发生的行为可构成依据罪行，唯一前提是有关行为如在国内发生便可构成依据罪行。

如国家本身法例的基本原则有所规定，则有关国家可订明清洗黑钱罪行不适用于干犯依据罪行的人。

2. 各国应确保：

a）证明某人蓄意和明知而干犯清洗黑钱罪行的准则，须符合《维也纳公约》和《巴勒莫公约》订定的标准，这包括可根据客观实际情况推断某人的心理状况。

b）法人应负上刑事法律责任，如不可行，则应负上民事法律责任或行

---

① 请参考词汇有关"指定罪行类别"的定义。

政责任。如法人所在国家的法例已订明这些责任可予追究，亦不排除可同时对法人提出刑事或民事诉讼或进行行政程序。法人应受到有效、适当和阻吓性的制裁。这些措施不应影响个人须承担的刑事法律责任。

临时措施和没收行动

3. 各国应采取与《维也纳公约》和《巴勒莫公约》所载措施相若的措施，包括订立法例，让主管当局可在不损害真正第三方权益的情况下，没收被清洗的财产、借清洗黑钱或干犯依据罪行而得来的收益、干犯有关罪行时所使用或意图使用的工具，又或价值相当的财产。

有关措施应包括授权有关当局：①找出、追查和评估须予没收的财产；②采取冻结和查封财产等临时措施，以防有人出售、转移或处置该等财产；③采取措施，防止或阻止那些妨碍国家收回须予没收的财产的行为；以及④展开适当的调查工作。

各国可考虑采取一些措施，让主管当局可无须循刑事法律程序定罪而能没收有关犯罪收益或工具，又或可在符合国内法律原则的前提下，要求违法者证明被指须予没收的财产的合法来源。

B. 金融机构及非金融企业及行业应采取的反清洗黑钱和恐怖分子融资活动措施

4. 各国应确保金融机构保密法例不会妨碍他们实施特别组织的建议。

对客户尽应尽努力和保存记录

5. *金融机构不应管有匿名账户或明显以假名开立的账户。

在下述情况下，金融机构应采取对客户尽应尽努力的措施，包括确定和查证客户的身份，建立业务关系；进行不常见的交易：①超逾指定金额的交易，或②在第Ⅶ项特别建议注释所述情况下进行的电汇交易；怀疑有人进行清洗黑钱或恐怖分子融资活动；或金融机构怀疑先前取得的客户身份资料是否正确或充分。

须采取的对客户尽应尽努力措施包括：

a）确定客户身份，并使用可靠、从独立来源所得文件、数据或资料①以查证客户身份。

b）确定实益拥有人，并采取合理措施以查证实益拥有人的身份，致使金融机构信纳其知道实益拥有人是谁。就法人及法律协议而言，金融机构

---

① 可靠、从独立来源所得文件、数据或资料在下文均称为"身份资料"。

应采取合理措施以便了解客户的拥有权及管理架构。

c）获取有关业务关系的目的及性质的资料。

d）对业务关系持续尽应尽努力，并审阅在业务运作期间进行的交易，以确保所进行的交易与金融机构所了解的客户、其业务及风险资料（如有需要，包括资金来源）情况相符。

金融机构应采用上述第 a 至 d 段每项对客户尽应尽努力措施，但可因应客户、业务关系或交易的类别作风险考虑，决定采取措施的程度。所采取的措施必须符合主管当局发出的指引。对于较高风险的类别，金融机构应加强尽应尽努力。在某些风险较低的情况下，各国可准许金融机构减少或简化采取的措施。

在与非经常客户建立业务关系或进行交易时或之前，金融机构必须查证客户及实益拥有人的身份。在有效管理清洗黑钱风险，以及确保不妨碍业务正常运作的情况下，各国可准许金融机构在建立业务关系后合理、可行的时间内，完成查证身份的工作。

如未能遵行上述 a 至 c 段的措施，金融机构不应开立账户、开始业务关系或进行交易；或应终止业务关系；及应考虑就客户提交一份可疑交易报告。

这些规定应适用于所有新客户，但金融机构也应按现实及风险情况使这些建议适用于现有客户，并应在适当时间就这类现有业务关系采取尽应尽努力措施。

6.＊就政治人物而言，除了执行一般的尽应尽努力措施外，金融机构应：

a）有适当的风险管理系统以决定客户是否政治人物。

b）获高层管理人员批准与这类客户建立业务关系。

c）采取合理措施确定财富及资金来源。

d）持续对业务关系加强监察。

7. 就跨境代理银行服务及其他同类业务关系而言，除了执行一般的尽应尽努力措施外，金融机构应：

a）收集有关答复机构的充足资料，以便充分了解答复机构的业务性质，以及凭公开资料判断该机构的信誉及监督质素，包括该机构是否正接受清洗黑钱或恐怖分子融资活动调查或被施以规管行动。

b）评估答复机构的反清洗黑钱及恐怖分子融资活动控制措施。

c）在建立新的代理业务关系前获得高层管理人员批准。

d）以文件记录每个机构须各自履行的责任。

e）在"可通过账户支付"方面，信纳答复银行已查证可直接使用代理银行账户的客户身份，并持续采取尽应尽努力措施，以及信纳该答复银行可应要求向代理银行提供有关的客户身份资料。

8. 各国应特别留意随新科技或发展中科技应运而生的任何清洗黑钱技术，这些技术可能有利于隐藏身份。各国应在必要时采取措施，防止这些技术用于清洗黑钱。更重要的是，为处理与非面对面业务关系或交易有关的各种风险，金融机构应备有相关的政策及程序。

9. *在符合下列准则的前提下，各国可准许金融机构依靠中介机构或其他第三者执行对客户尽应尽努力程序第 a 至 c 项或开展新业务。如准许有这种依靠，确定和查证客户身份的最终责任仍在依靠第三者的金融机构。

应符合的准则有：

a）依靠第三者的金融机构应立即获取对客户尽应尽努力程序第 a 至 c 项规定的必要资料。金融机构应采取充足措施，令本身信纳该第三者可应机构要求，实时提供符合对客户尽应尽努力规定的身份资料及其他有关文件。

b）该金融机构应令本身信纳该第三者得到规管及监督，并有措施根据建议 5 及 10 履行对客户尽应尽努力的规定。

各国可根据所得有关哪些国家没有或没有充分采纳特别组织建议的资料，自行决定符合这些条件的第三者以哪个国家为基地。

10. *为求迅速提供主管当局所索取的资料，金融机构应保存一切国内或国际间交易的必要记录最少五年。该等记录必须足以把每项交易重组（包括所涉及的款额和货币类别），以便在必要时提供有关犯罪活动的证据，供检控之用。

金融机构应在业务关系结束后的最少五年内，继续保存透过对客户尽应尽努力程序获得的身份资料记录（例如护照、身份证、驾驶执照等官方识别身份文件或类似文件的副本或记录）、账户档案和业务往来书信。

国内有关主管当局在适当授权下，应可查阅这些身份资料及记录。

11. *对于一切没有明显经济或合法目的的交易，不论是复杂且不寻常的大额交易，还是异乎寻常的交易方式，金融机构都应特别注意。金融机构应尽可能审查这些交易的背景和目的，并把审查结果记录下来，供主管当局及审计师使用，协助他们行事。

12. * 在下列情况下，建议 5、6、8 至 11 所载有关对客户尽应尽责任及保存记录的规定，适用于指定的非金融企业及行业：

a）赌场——客户进行的金融交易相等于或超逾指定金额。

b）房地产商——为客人进行买卖房地产的交易。

c）贵金属贩卖商及贵宝石贩卖商——与客户进行的现金交易相等于或超逾指定金额。

d）律师、公证人、其他独立法律专业人士及会计师——就下列活动为客人准备或进行交易：买卖房地产；管理客人款项、证券或其他资产；管理银行、储蓄或证券账户；组织创立、营运或管理公司的承担额；创立、营运或管理法人或法律协议，及买卖商业实体。

e）提供公司及信托服务机构——就"词汇"定义部分所列活动为客户准备或进行交易。

举报可疑交易及遵守规定

13. * 金融机构如怀疑或有合理理由怀疑有关款项是犯罪活动的得益，或与恐怖分子融资活动有关，必须直接根据法例或规例迅速通知财富情报组。

14. * 金融机构、其董事和雇员：

a）如果是本着真诚而向财富情报组举报可疑的事情，那么即使他们未能明确知道涉及的是什么犯罪活动，也不论是确有其事，他们应受到法律条文所保障，无须因违反合约或任何法例、规管条文或行政管理条文中对披露资料所定的限制而负上刑事或民事责任。

b）应在法律上被禁止披露正向财富情报组提出可疑交易报告或举报有关资料的事实。

15. * 金融机构应制定防止清洗黑钱及恐怖分子融资活动的措施。这些措施应包括：

a）制定内部政策、程序和控制措施，包括适当的遵守规定管理安排，以及在聘请雇员时采取足够的审查程序，确保雇员素质达到高标准。

b）持续推行雇员培训计划。

c）设立审查机制，以测试有关制度。

16. * 在不抵触下列条件的情况下，建议 13 至 15 及 21 所载规定适用于所有指定的非金融企业及行业：

a）律师、公证人、其他独立法律专业人士及会计师在代表或为客人进行建议 12d 所述活动的金融交易时，应按规定举报可疑交易。应鼓励各国扩大举报规定至包括审计等其他会计师专业活动。

b）贵金属贩卖商及贵宝石贩卖商在与客户进行相等于或超逾指定金额的现金交易时，应按规定举报可疑交易。

c）提供公司及信托服务机构在代表或为客人进行与建议 12e 所指活动有关的交易时，应按规定为客人举报可疑交易。

如律师、公证人、其他独立法律专业人士及作为独立法律专业人士的会计师取得的有关资料，涉及专业秘密或法律专业保密权，他们无须举报可疑情况。

阻遏清洗黑钱及恐怖分子融资活动的其他措施

17. 对于特别组织建议所涵盖，但未能遵守反清洗黑钱或恐怖分子融资活动规定的自然人或法人，各国应确保对其采取有效、符合适度及劝戒性的刑事、民事或行政制裁措施。

18. 各国不应批准建立空壳银行或准许其持续运作。金融机构应拒绝与空壳银行建立或保持代理银行关系。金融机构亦应防止与允许空壳银行使用其账户的海外金融机构建立关系。

19. *各国应考虑建立一整套系统的可行性及实用性，利用该系统可使银行和其他金融机构及中介机构得以向国家中央部门的电脑资料库报告所有超过某一固定数额的国内和国际货币交易，使主管部门能够将其用于反洗钱和恐怖分子融资的案件调查，但须严格确保资料用途适当。

该条建议在原 2003 年版本的基础上做了删改，并于 2004 年 10 月 22 日发布。原 2003 年版本为：

19. *各国应考虑：

a）实施可行措施，侦察或监管货币或不记名可转让票据的越境转运活动，但须严格确保资料用途适当，并且不妨碍资金自由流动。

b）设立汇报制度的可行性和效益。这个制度要求银行、其他金融机构和中介机构，向设有电脑资料库的国家中央机构汇报那些超过指定数额的国内和国际间货币交易。电脑资料库可供主管当局调查清洗黑钱或恐怖分子融资活动案件之用，但须严格确保资料用途适当。

20. 除指定的非金融企业及行业外，各国也应考虑把特别组织建议应用

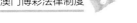

于存在发生清洗黑钱或恐怖分子融资活动风险的企业及行业。

各国应进一步鼓励发展较不容易被利用来进行清洗黑钱活动的现代化和稳妥的理财技巧。

为应付没有实施或未有全面实施特别组织建议的国家的问题而采取的措施

21. 金融机构应特别留意与来自没有实施或未有全面实施特别组织建议的国家的人士（包括公司和金融机构）在业务上的关系和所进行的交易。如这些交易没有明显的经济或合法目的，金融机构便应尽可能审查其背景和目的，并把审查结果以书面形式记录下来，供主管当局使用，协助他们行事。如这些国家继续不实施或未有全面实施特别组织建议，则各国可对其采取适当的对抗措施。

22. 金融机构应确保上述原则同样应用于其设在外地的分行和拥有大多数股权的附属公司，特别是在没有实施或未有全面实施特别组织建议的国家。金融机构应在当地适用法例和规例许可的范围内，应用这些原则。若当地的适用法例和规例不许可，金融机构应把他们不能实施特别组织建议的情况，知会母机构所在国家的主管当局。

规管和监督

23. ˙各国应确保金融机构受到充分规管和监督，并有效地实施特别组织的建议。主管当局应采取必要的法律或规管措施，以防止罪犯或与其有联系人士持有金融机构的有影响或控制权益，或成为有影响或控制权益的实益拥有人，或在金融机构中发挥管理职能。

受核心原则规管的金融机构，应把为进行审慎监管而实施，且与清洗黑钱有关的规管和监督措施，以相若方式应用于以反清洗黑钱和恐怖分子融资活动为目的的活动上。

考虑到界别内存有清洗黑钱或恐怖分子融资活动的风险，其他金融机构应领有牌照或注册、受到适当规管，以及受到出于反清洗黑钱目的的监督和监察。至少，提供现金或具价值物品转移、现金或货币兑换的企业应领有牌照或注册，并受到有效制度的监管，以确保符合国家打击清洗黑钱及恐怖分子融资活动的规定。

24. 指定的非金融企业及行业应遵守下列的规管和监督措施：

a）应制订一个针对赌场的全面规管和监督制度，以确保赌场有效地实施所需的反清洗黑钱及恐怖分子融资活动措施。最低限度：

赌场应领有牌照；主管当局应采取必要的法律或规管措施，防止罪犯或与其有联系人士持有有影响权益或控制权益，或成为赌场的有影响权益或控制权益的实益拥有人，或在赌场发挥管理职能，或成为赌场的经营者；主管当局应确保赌场受到有效监督，以遵守打击清洗黑钱及恐怖分子融资活动的规定。

b）各国应确保其他类别的指定非金融企业及行业受到有效制度的监管，并确保他们遵守打击清洗黑钱及恐怖分子融资活动的规定。监管应以防止风险为基础，可由政府或适当的自我规管机构承担，但这机构必须确保其成员履行打击清洗黑钱及恐怖分子融资活动的责任。

25. *主管当局应制定指引和提供回报资料，协助金融机构及指定的非金融企业及行业实施国家打击清洗黑钱及恐怖分子融资活动的措施，特别在侦察和举报可疑交易方面。

C. 打击清洗黑钱及恐怖分子融资活动机制中的制度性及其他必要措施
主管当局及其权力和资源

26. *各国应成立财富情报组，作为国家接收（如经允许，也可发出请求）、分析和发放可疑交易报告及其他潜在的清洗黑钱及恐怖分子融资活动情报的中心。财富情报组应可直接或间接地及时取用所需的金融、行政及执法方面的资料，以履行其分析可疑交易报告等职务。

27. *各国应确保指定执法当局履行其调查清洗黑钱及恐怖分子融资活动的责任。鼓励各国尽可能支持和发展适用于调查清洗黑钱活动的特别调查技巧，例如控制下交付、卧底行动及其他相关技巧。鼓励各国采用其他有效的机制，例如设立专责进行资产调查的常设或临时小组，以及与其他国家的对口主管当局合作开展调查。

28. 主管当局就清洗黑钱活动及潜在的依据罪行进行调查时，应可取得进行调查、起诉及采取相关行动所需的文件和情报；当中包括利用强制措施取得金融机构及其他人士所持有的记录、搜查有关人士及处所，以及扣押和取得证据的权力。

29. 监督者应具有足够权力，包括进行检查，以监察和确保金融机构遵守打击清洗黑钱及恐怖分子融资活动的规定，并应获授权强制规定金融机构交出任何与监察金融机构遵守反清洗黑钱及恐怖分子融资活动情况有关的资料，并对未能遵守这些规定的金融机构施加足够的行政制裁。

30. 各国应为参与打击清洗黑钱及恐怖分子融资活动的主管当局提供充

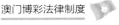

足的财政、人力和技术资源。各国应制定程序以确保有关当局的工作人员保持高度诚信。

31. 各国应确保政策制定者、财富情报组、执法机构及监督者之间建立有效的合作机制，以使其在适当时候就政策的发展和实施，以及打击清洗黑钱及恐怖分子融资活动的问题与国内人士互相协调。

32. 各国应确保主管当局备存与打击清洗黑钱及恐怖分子融资活动制度的成效和效率有关的全面统计资料，以检讨有关制度的成效。这些资料应包括所收到和发放的可疑交易报告统计资料、清洗黑钱及恐怖分子融资活动调查、起诉和定罪的统计资料、被冻结、扣押及没收财产的统计资料，以及司法互助或其他国际合作请求的统计资料。

法人和法律协议的透明度

33. 各国应采取措施防止法人被清洗黑钱人士非法利用。各国应确保主管当局可及时取得或取用有关法人的实益拥有权及控制权的充分、准确和适时的资料。特别是法人可在国内发行不记名股票的国家，应采取适当和充分的措施，确保法人不会被不法利用来进行清洗黑钱活动。各国可考虑采取措施以承担建议 5 所列规定，以便金融机构取用实益拥有权及控制权的资料。

34. 各国应采取措施以防止清洗黑钱人士非法利用法律协议。特别是各国应确保主管当局可及时取得或取用有关书面信托，包括信托财产授予人、受托人及受益人的充分、准确和适时的资料。各国可考虑采取措施以承担建议 5 所列规定，以便金融机构取用实益拥有权及控制权的资料。

D. 国际合作

35. 各国应立即采取步骤，使成为《维也纳公约》、《巴勒莫公约》和《1999 年联合国制止资助恐怖主义的国际公约》的缔约国，并全面推行这些公约。此外，也鼓励各国确认及推行其他有关的国际公约，例如《1990 年欧洲理事会清洗、搜查、查封和没收犯罪得益公约》及《2002 年美洲反恐怖主义公约》（*2002 Inter - American convention against Terrorism*）。

司法互助和引渡

36. 各国应迅速以具建设性和有效的方式，就清洗黑钱及恐怖分子融资活动的调查、检控和有关法律程序，提供范围尽可能最广泛的司法互助。各国尤其：

a）不应禁止司法互助或对司法互助施加不合理或不适当的限制条件。

b）应确保订有明确而富效率的程序，以执行司法互助要求。

c）不应纯粹因为有关罪行涉及财务事宜而拒绝执行司法互助要求。

d）不应因为法律要求金融机构保密而拒绝执行司法互助要求。

各国应确保第 28 项建议赋予本国主管当局的权力，也可在接到司法互助要求时行使；有关权力如果符合本国法律规定，也可在别国司法或执法机构直接向本国对等单位提出要求时行使。

如果可检控有关个案的国家超过一个，为免不同司法管辖权产生冲突，应考虑设计和运用适当机制来决定检控被告的最佳地点，以符合公正原则。

37. 即使有关罪行不属于双重犯罪，各国也应尽量互相提供司法协助。

在规定有关罪行必须属双重犯罪才可互相提供司法协助或进行引渡的情况下，如果两国都把构成有关罪行的行为列作犯罪，则无论两国是否把有关罪行列入同一罪行类别，或以同一罪名描述有关罪行，该罪行应视为双重犯罪。

38. * 各国在接到别国的要求时，应有权迅速采取行动，以识别、冻结、查封和没收所清洗的财产，清洗黑钱或所隐含罪行的得益、用于或拟用于干犯这些罪行的工具，或同等价值的财产。各国也应作出安排，以统筹有关查封和没收事宜，其中可能包括分配没收所得的资产。

39. 各国应公认清洗黑钱罪行为可引渡的罪行。各国应引渡本国国民；如果某国并非纯粹以国籍问题作为引渡的前提，则应在寻求引渡的国家提出要求时，尽快向本国主管当局呈交有关个案，以便就该项要求所提出的罪行作出检控。主管当局应按照本国法律的规定，以与处理其他严重罪行相同的方式，作出决定和进行法律程序。有关国家应互相合作，尤其在程序和举证方面，以确保检控工作富有效率。

各国可根据本国的法律架构而考虑简化引渡程序，容许有关部门之间直接提出引渡要求，只根据拘捕令或判令引渡有关人士，及/或向同意放弃正式引渡程序的人士实施简化引渡程序。

其他合作形式

40. * 各国应确保本国的主管当局向别国的对等单位提供范围尽可能最广泛的国际合作，并订定明确而有效的途径，以便各国的对等单位之间自发或应要求直接、迅速及以具建设性的方式，就清洗黑钱和所隐含罪行交换资料。资料的交换不应设有不适当的限制条件。尤其是：

a）主管当局不应纯粹因为有关要求涉及财务事宜而拒绝执行要求。

b）各国不应引用要求金融机构保密的法律作为拒绝合作的理由。

c）主管当局应能代表别国的对等单位进行查询，以及在可能的情况下进行调查。

如果别国主管当局索取的资料不属于某国对等单位的管辖范围，则后者应容许前者与其非对等单位迅速及以具建设性的方式交换资料。与别国非对等单位的合作可以直接或间接进行。如果某国主管当局不能确定索取所需资料的适当途径，应先向别国对等单位联络及寻求协助。

各国应订定管制及保障措施，以确保各国主管当局只以获授权方式使用互相交换的资料，履行保密和保护资料的义务。

词　　汇

建议采用了下列缩略语和术语：

1.“实益拥有人”指最终拥有或控制一个客户及/或代某人进行一项交易的自然人（或多个自然人），其中包括对法人或法律协议享有最终有效控制权的人士。

2.“主要原则”指巴塞尔银行监管委员会发出的《有效监管银行业的主要原则》、国际证券事务监察委员会组织发出的《证券规管目标和原则》，以及国际保险业监督机构联会发出的《保险业监管原则》。

3.“指定类别的罪行”包括：参与有组织犯罪集团和进行敲诈活动；进行恐怖活动，包括恐怖分子融资活动；贩运人口和偷运移民；利用他人进行色情活动，包括利用儿童进行色情活动；非法贩运麻醉品和精神药物；非法贩运军火；非法贩运赃物和其他货物；贪污和贿赂；欺诈；制造伪钞；仿制和非法复制产品；环境罪行；谋杀和令他人身体严重受伤；绑架、非法禁锢和劫持人质；行劫或盗窃；走私；勒索；伪造文据；盗版；内幕交易和操纵市场。

在决定上述各类订明罪行所涵盖的犯罪范围时，各国可按照本国法律界定有关罪行及使其构成严重罪行任何特定元素的性质。

4.“指定的非金融企业和行业”指：

（1）赌场（包括互联网赌场）。

（2）房地产商。

（3）贵金属贩卖商。

（4）贵宝石贩卖商。

（5）律师、公证人、其他独立法律专业人士和会计师——这是指独营执业者、合伙人或受专业事务所聘用的专业人士，但不包括属于其他类别企业雇员的"内部"专业人士，以及为政府机构工作的专业人士，因为他们或已受到打击清洗黑钱措施的制约。

（6）提供公司及信托服务机构是指建议涵盖范围以外的所有人士和企业。就一项业务而言，是指为第三者提供以下任何一项服务的人士和企业：担任法人的组成代表；担任（或安排另一人担任）公司董事或秘书、合伙商行的合伙人，或在其他法人中担任类似职位；提供注册办事处；为一所公司、合伙商行或任何其他法人或法律协议提供营商地点或住所、通信或行政地址；担任（或安排另一人担任）书面信托的信托人；担任（或安排另一人担任）另一个人的代名股东。

5. "指定金额"指注释中订明的款额。

6. "金融机构"指为客户或代表客户从事以下一项或多项活动或业务的任何人士或实体：

（1）接受公众人士存款和其他须付还的款项①。

（2）借贷②。

（3）财务租赁③。

（4）货币或价值的转移④。

（5）发行和管理付款工具（例如：信用卡和借贷卡、支票、旅行支票、邮政汇票和银行本票、电子货币）。

（6）财务担保和承担。

（7）从事下列交易：①货币市场工具（支票、票据、存款证、衍生工具等）；②外汇；③汇兑、利率和指数票据；④可转让证券；⑤商品期货交易。

---

① 私人银行服务亦包括在内。

② 其中包括消费者信贷、抵押信贷、（具有或没有追索权的）代理融通，以及商业交易融资（包括没收事宜）。

③ 不包括消费品的融资租赁协议。

④ 适用于金融机构和非金融机构的金融活动，例如替代性汇款活动。请参阅特别建议VI的注释，但不适用于任何纯粹为金融机构提供资金转移的信息或其他支援制度的自然人或法人。请参阅特别建议VII的注释。

（8）参与证券发行和提供关于发行事宜的金融服务。

（9）个别和集体投资组织者。

（10）替客户保管和管理现金或流动证券。

（11）以其他形式替客户投资、处理或管理资金或货币。

（12）承保和投购人寿保险及其他与投资有关的保险①。

（13）现金或货币兑换。

如某人或实体只是偶然或非常有限地（考虑到数量和绝对标准）进行金融活动，清洗黑钱的风险将微乎其微。该国可决定是否无须采取全部或部分打击清洗黑钱的措施。

在严格限制和合理的情况下，对于能证实清洗黑钱风险颇低的某些金融活动，该国可决定不实施部分或全部40项建议。

7. "FIU"指财富情报组。

8. "法律协议"指书面信托或其他类似的法律协议。

9. "法人"指法人团体、基金会、机构（anstalt）、合伙商行或协会，或任何可与金融机构建立持久客户关系或以其他方式拥有财产的类似组织。

10. "可通过账户支付"指第三者可直接用以自行进行交易的代理银行账户。

11. "政治人物"指受托或曾受托在外国履行重要公共职能的人员，例如国家或政府的元首、高层政要、高层政府、司法或军方人员、国营企业的高级行政人员、政党要员。与政治人物的家属或有密切联系的人士建立业务关系所涉及的信誉风险，与该政治人物本身建立业务关系的风险相若。定义中不包括中层或初级人员。

12. "空壳银行"指在某司法管辖区内成立，但没有实质注册，而且不是受规管金融集团成员的银行。

13. "STR"指可疑交易报告。

14. "监察机关"指负责确保金融机构遵守打击清洗黑钱和恐怖分子融资活动规定的指定主管机关。

15. "打击清洗黑钱财务行动特别组织的建议"指上述各项建议和特别组织就打击恐怖分子融资活动提出的特别建议。

---

① 适用于保险业务和保险中介人（代理人和经纪）。

附录三
打击清洗黑钱财务行动特别组织
《40 项建议》 的注释

注　　释
总则

1. 本文件凡提述"国家"之处，也泛指"领土"或"司法管辖区"。

2. 建议 5 至 6 及 21 至 22 订明金融机构或指定的非金融企业及行业应采取某些行动，规定各国采取措施，使金融机构或指定的非金融企业及行业遵守每项建议。建议 5、10 和 13 所载基本责任应在法例或规例中订明。至于那些建议的其他更详细规定，以及其他建议所载责任，可在法例或规例，或主管当局发出的其他可强制执法的工具加以规定。

3. 凡提述金融机构须信纳某事项，该机构必须能够向主管当局解释其信纳该事项之前作出的评估。

4. 为符合建议 12 和 16，各国无须纯粹就律师、公证人、会计师及其他指定非金融企业及行业颁布法例或规例，只要这些企业或行业已纳入涵盖所涉及活动的法例或规例便可。

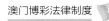

5. 在适当情况下，适用于金融机构的注释同时适用于指定的非金融企业及行业。

建议 5、12 和 16

（根据建议 5 和 12）金融交易的指定金额是：

- 金融机构（就建议 5 的非经常客户而言）——15000 美元/欧元
- 赌场，包括互联网赌场（就建议 12 而言）——3000 美元/欧元
- 与贵金属贩卖商及贵宝石贩卖商进行任何现金交易（就建议 12 和 16 而言）——15000 美元/欧元

超逾指定金额的金融交易包括一次进行的交易或看来相关联的多次交易。

建议 5

对客户尽应尽努力及暗中报讯

1. 在建立或保持客户关系时，或在进行非经常交易期间，如金融机构怀疑交易涉及清洗黑钱或恐怖分子融资活动，便应：

a）按正常方式确定和查证（长期或非经常）客户及实益拥有人的身份，而不考虑其他可能适用的豁免或任何指定金额限制。

b）根据建议 13 向财富情报组提出可疑交易报告。

2. 建议 14 禁止金融机构、其董事和雇员披露他们正向财富情报组提交可疑交易报告或有关资料的事实。存在的危机是，在金融机构欲履行其对客户尽应尽努力的责任时，客户可能在机构并不在意下获暗中报讯。如客户知道可能有可疑交易报告或调查，将影响日后调查怀疑清洗黑钱或恐怖分子融资活动的工作。

3. 因此，如金融机构怀疑交易涉及清洗黑钱或恐怖分子融资活动，在进行对客户尽应尽努力程序时，他们应顾及暗中报讯的危机。如机构有合理理由相信，进行对客户尽应尽努力程序将暗中向客户或准客户报讯，可选择不进行该程序，但应提交一份可疑交易报告。机构应确保其雇员在进行对客户尽应尽努力程序时，留意上述事项并提高警觉。

有关法人及法律协议的对客户尽应尽努力

4. 在执行有关法人及法律协议的对客户尽应尽努力程序第 a 及 b 项时，金融机构应：

a）查证声称代表客户的人士是否获正式授权，并确定其身份。

b）确定客户并查证其身份——有效执行这职能一般须要采取的措施包

括，获取证实法人或法律协议的法律身份的注册证明或类似证明，以及有关资料，包括客户名称、信托人姓名、法律形式、地址、董事及有关约束该法人或法律协议的权力规管条文。

c）确定实益拥有人，包括了解拥有权及控制架构，以及采取合理措施以核实这类人的身份。有效执行这职能一般需要采取的措施包括，确定有控制权益的自然人的身份，以及确定控制和管理法人或法律协议的自然人的身份。如客户或有控制权益的受益者是一间受披露规定规管的公众公司，则无须尝试确定和查证该公司任何股东的身份。

有关资料或数据可从政府登记册或向客户或其他可靠来源取得。

依靠已进行的确定及查证身份工作

5. 建议 5 所载的对客户尽应尽努力措施，并不意指金融机构需要在客户每次进行交易时，重复确定和查证每名客户的身份。除非机构对资料的正确性感到怀疑，否则机构有权依靠之前已采取的确定及查证身份程序。可能引起机构怀疑的情况，可以是机构怀疑客户涉及清洗黑钱，或是客户处理账户的方式明显改变，跟客户的业务概况不一致。

查证时间

6. 为了不影响正常业务运作，机构会获准在建立业务关系后才完成查证工作。这些情况包括：

• 非面对面业务。

• 证券交易。在证券业方面，公司及中介机构可能需要根据客户联络他们时的市况，非常迅速地进行交易，交易可能需要在完成查证身份之前进行。

• 人寿保险业。在人寿保险业方面，各国可准许在与保单持有人建立业务关系后，才确定和查证保单受益人的身份。不过，就所有这类个案而言，确定和查证身份的工作应在支付款项，或受益人欲行使保单赋给的权力时或之前完成。

7. 为免客户可能在查证工作进行前利用与金融机构的业务关系，金融机构也需要采纳风险管理程序。这些程序应包括一系列措施，例如限制可进行交易的数量、种类及/或款额，以及监察异乎该类业务关系惯常做法的大额或复杂交易。金融机构应参阅巴塞尔客户适当查证文件① （第 2.2.6

---

① "巴塞尔客户适当查证文件"指巴塞尔银行监管委员会在 2001 年 10 月发出的《银行客户适当查证》指引文件。

条），该文件列举了有关非面对面业务的各项风险管理措施的具体指引。

确定现有客户的规定

8. 当对涉及银行业务的机构执行对客户尽应尽努力程序时，巴塞尔客户适当查证文件中关于确定现有客户的原则可作为指引。在适当情况下，有关原则亦适用于其他金融机构。

简化或减少对客户尽应尽努力措施

9. 一般而言，客户必须受到整套对客户尽应尽努力措施的监管，包括确定实益拥有人的规定。但是，当清洗黑钱或恐怖分子融资的危害不高，或当客户和客户的实益拥有人的身份已公开，或当国家系统内已具备足够的监控措施时，则各国可容许其金融机构在确定和查证客户和实益拥有人的身份时，采用简化或减少对客户尽应尽努力措施。

10. 例如，简化或减少对客户尽应尽努力措施适用于以下客户：

• 金融机构——有关金融机构受到打击清洗黑钱和恐怖分子融资的规定监管（有关规定符合特别组织的建议），并须受到监督，以确定已遵循该等监管措施；

• 受到规管性披露资料规定的监管的公众公司；

• 政府机关或企业。

11. 简化或减少对客户尽应尽努力措施亦可适用于指定的非金融企业或行业所持有的集资户口的实益拥有人，只要该等企业或行业受到打击清洗黑钱和恐怖分子融资活动的规定监管（有关规定符合特别组织的建议），以及受到有效的监督，从而确保有关企业或行业遵守该等规定。当某个持有户口机构依靠身为专业金融中介机构的客户对其所拥有的客户（亦即银行户口的实益拥有人）进行对客户尽应尽努力时，银行应参阅巴塞尔客户适当查证文件（第 2.2.4 条），有关条文就上述情况订出特定的指引。

12. 简化或减少对客户尽应尽努力措施亦可用于以下多种类型的商品或交易（只作示例）：

• 每年保费不超过 1000 美元/欧元或单一保费不超过 2500 美元/欧元的人寿保单；

• 没有退保条款和不能用作抵押的退休金计划保单；

• 为雇员提供退休福利的退休金、离职金或同类计划。上述各种计划中的供款由薪金中扣除，以及根据计划的规条，参与计划的成员不得转让其利益。

13. 各国亦可决定，其金融机构是否只对其司法管辖区的客户执行此等简化措施，或容许金融机构亦对来自其他司法管辖区的客户同样执行此等简化措施，但原先的国家必须信服上述的司法管辖区已遵守并已有效执行特别组织的建议。

如果怀疑有清洗黑钱或恐怖分子融资的情况，或出现特定的较高风险情况，则简化对客户尽应尽努力措施不适用。

建议 6

各国应向在国内掌握重要公共职能的人士执行建议 6 的规定。

建议 9

此项建议不适用于外判工作或机构关系。

此项建议亦不适用于金融机构和其客户之间的关系、户口或交易。建议 5 和建议 7 会处理该等关系。

建议 10 和建议 11

就保险业务而言，"交易"这个字眼指涉保险产品本身、保费款项和权益。

建议 13

1. 建议 13 中提到的犯罪活动指：

a）在司法管辖区内足以构成清洗黑钱上游罪行的所有犯罪行为；或

b）最低限度包括建议 1 所规定的足以构成上游罪行的那些罪行。

各国应尽可能采用 a 项。所有可疑的交易，无论成功与否，无论交易金额的大小，都应该举报。

2. 在执行建议 13 时，无论可疑交易是否还涉及税务问题，金融机构都应该举报。为阻止金融机构举报可疑交易，清洗黑钱人士可能会声称其交易涉及税务问题或用其他借口，各国对此应多加留意。

建议 14（暗中报讯）

律师、公证人、独立法律专业人士和作为独立法律专业人士的会计师试图劝阻客户从事非法活动的做法不算暗中报讯。

建议 15

执行这项建议的每一项规定时所采取的措施的类型和程度，应与清洗黑钱和恐怖分子融资的危害大小及业务的规模相配合。

就金融机构而言，监察管理安排应包括在管理层任命一名监察人员。

建议 16

1. 各司法管辖区需自行界定属法律专业特权或专业保密的事项。一般

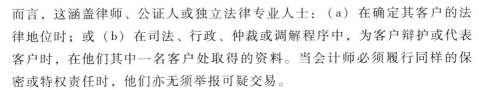

而言，这涵盖律师、公证人或独立法律专业人士：（a）在确定其客户的法律地位时；或（b）在司法、行政、仲裁或调解程序中，为客户辩护或代表客户时，在他们其中一名客户处取得的资料。当会计师必须履行同样的保密或特权责任时，他们亦无须举报可疑交易。

2. 如果本国的律师、公证人、其他的独立法律专业人士和会计师的自律组织与财富情报组之间有适当的合作机制，则各国可允许上述人士将可疑交易报告送交其适当的自律组织。

建议 19

1. 为方便侦查和监察现金交易而又绝不妨碍资金的自由流动，各国可考虑要求所有超逾指定金额的跨境货币转运，必须遵守有关核实、行政监察、申报或记录的规定。

2. 任何国家如发现国际间有不寻常的货币、金融工具、贵金属或宝石等付运，应考虑按情况通知输出及/或输入国家的海关或其他主管当局，并应通力合作，确定该次付运的来源地、目的地和目的，以期采取适当的行动。

建议 23

建议 23 不应看作规定引入一套单为反清洗黑钱而设的金融机构控制牌照定期检讨制度，而应看作是强调从特别组织的观点来看，检查金融机构（尤其是银行和非银行机构）内拥有控制权的股东合适与否的措施。因此，如测试股东是否合适（或是否"适当人选"）的机制已经存在，监督者应着眼于机制可否用作对付清洗黑钱活动。

建议 25

在考虑作出响应指示时，各国应参考《特别组织关于向举报的金融机构及其他人士作出响应指示的最佳实务指引》。

建议 26

已设立财富情报组的国家应考虑申请加入艾格蒙联盟。各国应参考《艾格蒙联盟声明书》及该联盟的《财富情报组就清洗黑钱个案交换资料的原则》。这些文件就财富情报组的角色与职能，以及财富情报组交换资料的机制等，订下重要的指引。

建议 27

各国应考虑在国家层面采取措施，包括立法措施，准许侦查清洗黑钱案件的主管当局押后或豁免拘捕可疑人物及/或扣押金钱，以便找出涉及这

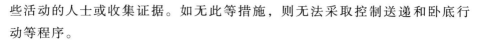

些活动的人士或收集证据。如无此等措施，则无法采取控制送递和卧底行动等程序。

建议 38

各国应考虑：

a）在国内设立资产充公基金，存入全部或部分被没收的财产，作执法、医疗卫生、教育或其他适当用途；

b）采取所需措施，以便与其他国家分配没收所得的财产，特别是如果有关财产是直接或间接通过联合执法行动没收得来。

建议 40

1. 就本建议而言：

• "对口单位"是指履行类似职责和职能的机构。

• "主管当局"是指打击清洗黑钱和恐怖分子融资活动的各行政和执法机构，包括财富情报组及监督者。

2. 资料交换宜因应主管当局的类别及合作的性质和目的，透过不同的适当渠道进行。可供交换资料的机制或渠道包括：透过双边或多边协议或安排、谅解备忘录、互惠交换或适当的国际或地区组织等进行。不过，本建议不涵盖相互法律协助或引渡等方面的合作。

3. 与非对口单位的外国机构间接交换资料的安排包括：外国机构交出要求取得的资料后，这些资料须经过一个或以上的本地或外国机构才能送交到要求方机构。要求资料的主管当局无论何时也应清楚表明要求资料的目的及代表哪些机关提出要求。

4. 财富情报组应可代表外国对口单位调查涉及金融交易的分析。调查应至少包括：

• 搜寻其资料库，这些资料库藏有关于举报可疑交易的资料。

• 搜寻其他可直接或间接取览的资料库，包括执法资料库、公共资料库、行政资料库和可用商业资料库等。

财富情报组在许可的情况下，亦应联络其他主管当局及金融机构，以取得有关的资料。

图书在版编目（CIP）数据

澳门博彩法律制度／邱庭彪著．—北京：社会科学
文献出版社，2014.7
（澳门特别行政区法律丛书）
ISBN 978 - 7 - 5097 - 5071 - 1

Ⅰ.①澳… Ⅱ.①邱… Ⅲ.①彩票 - 法律 - 研究 -
澳门 Ⅳ.①D927.659.228.04

中国版本图书馆 CIP 数据核字（2013）第 218324 号

·澳门特别行政区法律丛书·
澳门博彩法律制度

著　　者／邱庭彪

出　版　人／谢寿光
出　版　者／社会科学文献出版社
地　　　址／北京市西城区北三环中路甲 29 号院 3 号楼华龙大厦
邮政编码／100029

责任部门／全球与地区问题出版中心（010）59367004　　责任编辑／张志伟　王玉敏
电子信箱／bianyibu@ ssap. cn　　　　　　　　　　　　责任校对／王绍颖
项目统筹／王玉敏　　　　　　　　　　　　　　　　　　责任印制／岳　阳
经　　　销／社会科学文献出版社市场营销中心（010）59367081　　59367089
读者服务／读者服务中心（010）59367028

印　　装／北京季蜂印刷有限公司
开　　本／787mm×1092mm　1/16　　　　　　　　　印　张／20.75
版　　次／2014 年 7 月第 1 版　　　　　　　　　　　字　数／350 千字
印　　次／2014 年 7 月第 1 次印刷
书　　号／ISBN 978 - 7 - 5097 - 5071 - 1
定　　价／69.00 元